拓殖大学研究叢書(社会科学)48

The Development of Audit Regulation
in the United States

# アメリカにおける監査規制の展開

―監査基準の形成とエンフォースメント―

岡嶋 慶　Kei Okajima

国元書房

# は し が き

　本書は，アメリカ証券取引委員会（Securities and Exchange Commission；SEC）が，自らが規制当局となり法執行している連邦証券取引規制の枠内で，公共会計士による公開会社の財務諸表に対する監査への規制，すなわち監査規制をどのように形成してきたのかを探ることを目的としている。アメリカ監査規制の仕組みは，会計プロフェッションによる自主規制を盛り込む形で，歴史的に，形成されてきたものである。

　しかしながら，2001年末から翌年にかけて発覚したエンロン社，ワールドコム社等による不正会計事件とそれらの監査人であったアーサー・アンダーセン会計事務所の独立性をめぐる問題が引き金となり，2002年6月にサーベンス＝オックスリー法が制定され，監査規制の枠組みを大きく変容させるにいたっている。

　現在のアメリカ公開会社の監査規制の中核を担っているのは，このサーベンス＝オックスリー法に基づいて設立された"独立の監査監督機関"としての公開会社会計監視審査会（Public Companies Accounting Oversight Board；PCAOB）である。このPCAOB創設後は，イギリスの財務報告評議会（Financial Reporting Council）の職業会計士監視審査会（Professional Oversight Board）をはじめとして，EU諸国も，このアメリカPCAOB監査規制にその範を求めた監査監督機関を設置している。わが国の公認会計士・監査審査会もまたPCAOBをモデルとしている。

　アメリカ証券市場の公正性，健全性と透明性を支える財務ディスクロージャー制度は，会計プロフェッショナルたる公共会計士による監査業務をもって支えられる。そして，この制度の下では，会計プロフェッションのみならず，規制行政機関である証券取引委員会（SEC）の役割も非常に大きい。こうした観点から，本書では，アメリカ証券取引委員会の創設以来，漸次形成されていったと考えられる監査規制の枠組みが実際にどのように形成されていったのかを歴史的に辿る試みとなっている。

独立の監査監督機関として新しいフェーズの監査規制のモデルと目されているPCAOBは，もともと，アメリカ監査規制が進展する過程で生み出されてきたものである。したがって，その特殊アメリカ的な基礎環境を問わずして，おおよそPCAOBの監査監督機関としての可能性とその限界を見極めることはできない。アメリカにおいて，監査監督機関がPCAOBとなって，何が変わって，何が変わらなかったのか，これを歴史的に解明することが，まずもって求められているのではないかと思われる。

　本書の当初のモチーフは，ただ，監査基準という特殊な概念を用いて，SECがどのような規制を構築してきたのかを明らかにしたいというものでしかなかった。しかしながら，そうした単純なモチーフでは，すぐに研究上の停滞に陥るだけであった。SECという卓越した評価を与えられている規制行政機関が，実際にどのように証券規制全般を進めてきたのか，それを監査規制という局面にどのように投影させてきたのか，これをより深く分析，思考するためには，それまで不案内であった学問領域における知識も不可欠であると気づき，そうしたことから，何度も絶望的な気持ちに陥ることとなった。

　それでも，曲がりなりにも一冊の書物にまとめることができたのは，只々，これまで多くの先生方よりご指導をいただいてきた賜物であるに他ならない。とりわけ鳥羽至英先生には，遅々として進まない研究状況にもかかわらず，見守りいただいた。最初に監査基準というテーマを示唆してくださったのも鳥羽先生であった。本書をまとめるにあたっても種々のご助言とご鞭撻をいただいた。著者の遅筆により鳥羽先生には大変ご心配をお掛けしたが，こうして公刊の運びとなったことは本当に喜ばしいことである。

　また，大学院の指導教授である笠井昭次先生においては，大学院に進学して，研究の何たるかをまったく知らなかった著者を，懇切丁寧にご指導くださった。先生とはやや異なった研究領域を専門にすることになったが，笠井先生の研究に対する真摯な姿勢に接することができたことは非常に幸甚であった。

　他にも，現代監査理論研究会において，秋月信二先生，永見尊先生，林隆敏先生，福川裕徳先生，その他の諸先生からは多くの研究上の示唆・刺激をいただいた。また，友岡賛先生には，大学院時代から長い間，折に触れて，叱咤激励をいただいてきた。さらに，同じ会計史研究を専門とする身として，野口昌

良先生，杉田武志先生からは多くの研究上の刺激をいただいてきた。すべての先生のお名前を上げることができないが，他にもたくさんの先生方に支えられてきたことに対して，ここで深謝したい。

　本書の出版にあたっては，拓殖大学経営経理研究所から2018年度出版助成を受けている。出版助成に関してご助力いただいた関係者の皆様に深く感謝したい。また，このような市場性のない研究書の出版にあたり，ご尽力いただいた国元書房の國元孝臣氏に厚く御礼申し上げたい。

　最後に，研究者の道に進むことを黙って認めてくれた父，清治と母，美津子，それに，本書の出版を支えてくれた妻，安芸子と娘の雅，奏に深く感謝したい。

2018年7月

岡嶋　慶

## 〈初出一覧〉

岡嶋　慶「アメリカ証券法・証券取引所法制定期における監査人への期待」笠井昭次先生古稀記念論作集編集委員会編『笠井昭次先生古稀記念論文集』，2009年11月。

岡嶋　慶「SEC監査規制史におけるマッケソン＆ロビンス事件」『三田商学研究（慶應義塾大学）』第55巻第1号，2012年4月。

岡嶋　慶「アメリカにおける監査基準の発展（上）――そのステートメント化プロセス――」，『経営経理研究（拓殖大学）』，第99号，2013年12月。

岡嶋　慶「アメリカにおける監査基準の発展（下）――そのステートメント化プロセス――」，『経営経理研究』，第100号，2014年3月。

岡嶋　慶「SEC監査規制における監査基準の適用――エンフォースメント・アクションの史的分析――」，『経営経理研究』，第102号，2014年12月。

岡嶋　慶「エクイティ・ファンディング事件と監査基準」，『経営経理研究』，第104号，2015年9月。

岡嶋　慶「SECによる会計事務所の懲戒とその監視的役割――1970年代における展開――」『経営経理研究』第106号，2016年3月。

岡嶋　慶「PCAOB Audit Regulation in a Historical Perspective: How the Regulatory Structure Has Changed」『経営経理研究』第111号，2018年2月。

※なお，本書所収にあたり，大幅に加筆修正を行なっている。

# 目　　次

■**序　章**■　**本書の課題と視点，方法** ……………………………… 1

1. 本書の課題と視点 …………………………………………………… 1
    - (1) 監査規制　3
    - (2) 監査基準の形成とエンフォースメント　5
    - (3) 規制の及ぶ範囲　6
2. 本書の研究史上の位置と本書での研究方法 …………………………… 7
3. 本書の構成 …………………………………………………………… 9

■**第1章**■　**連邦証券二法の制定と証券取引委員会** …………… 11

1. は じ め に ………………………………………………………… 11
2. 1933年証券法と独立の公共会計士による監査 ……………………… 12
    - (1) 1933年証券法の制定　12
    - (2) 証券法における民事責任　17
3. プロフェッショナルに対して要求される注意義務 ………………… 23
    - (1) プロフェッショナルとしての注意義務　23
    - (2) 会計士および会計士協会の直面した状況　25
4. 規制機関としての"委員会" ……………………………………… 27
5. 1934年証券取引所法の制定と1933年証券法の改正 ………………… 29
    - (1) 1934年証券取引所法と証券取引委員会　29
    - (2) 証券法の一部改正と会計士の法的責任の規定　31
6. 小　括 ……………………………………………………………… 32

■**第2章**■　**"監査基準"以前の監査規制** …………………………… 35

1. は じ め に ………………………………………………………… 35
2. "監査基準"以前の監査実務の拠り所 ……………………………… 36

(1) 会計事務所の監査マニュアル　36
　　　(2) 会計士協会の"監査ガイダンス"　37
　3. SECの要求する財務諸表監査の品質と監査範囲の問題……………… 43
　　　(1) 当初の法執行の基本基調　43
　　　(2) 実施された監査範囲の問題　46
　4. マッケソン＆ロビンス事件前夜の状況 ………………………………… 52
　　　(1) モンロー貸付会社事案　53
　　　(2) 州際メリヤス製造事案　54
　5. 小　括 ………………………………………………………………………… 57

# ■第3章■　マッケソン＆ロビンス事件と監査基準 ……………… 59

　1. は じ め に ……………………………………………………………………… 59
　2. マッケソン＆ロビンス事件の概要 ……………………………………… 60
　　　(1) 会社の沿革　60
　　　(2) 不正のスキーム──未精製薬品の架空取引──　62
　3. SECの事件への対応 ……………………………………………………… 64
　　　(1) 事件の発覚と刑事訴追　64
　　　(2) 証券取引所法21条(a)項に基づく調査　67
　　　(3) 公聴会での専門家証人の証言　70
　4. SECによる調査の結果　──SECはこの事件をどうみたのか── ……… 74
　　　(1) 内部統制システムの調査について　75
　　　(2) 現金預金に対する監査について　78
　　　(3) 売掛金に対する監査について　81
　　　(4) 棚卸資産に対する監査について　85
　　　(5) 総括的な結論　88
　5. 小　括 ………………………………………………………………………… 91

# ■第4章■　監査基準による規制 ……………………………………… 99

　1. は じ め に ……………………………………………………………………… 99
　2. 監査基準登場までのSEC内の議論 …………………………………… 100

(1) 投資会社法案第32条(c)項(1)をめぐる議論　100
　　(2) マッケソン＆ロビンス事件報告書における結論　104
　3. "一般に認められた監査基準"の登場 ……………………………… 107
　　(1) 会計連続通牒第21号と"一般に認められた監査基準"の導入　107
　　(2) 監査手続委員会とSECとの間の監査基準をめぐる交渉　112
　4. 会計プロフェッション内部における監査基準をめぐる議論 ……… 117
　　(1) 監査手続委員会の基本方針　117
　　(2) 監査手続委員会の監査基準ステートメント『監査基準試案』　121
　5. 初期の監査基準適用事案 ………………………………………… 125
　　(1) 国際資源会社事案（1940年）　125
　　(2) アソシエーティッド・ガス＆エレクトリック社事案（1942年）　128
　　(3) レッド・バンク・オイル社事案（1946年）　131
　6. 小　括 …………………………………………………………… 136

## ■第5章■　SECによる懲戒手続と監査実務 …………………… 141

　1. は　じ　め　に ………………………………………………… 141
　2. 初期の法執行プログラムと会計士に対する懲戒規則 …………… 142
　　(1) 法執行プログラムと実務規則（Rules of Practice）　142
　　(2) 実務規則・規則2(e)　144
　　(3) 1950年代までの法執行プログラム　145
　3. 独立公共会計士に対する懲戒の枠組み …………………………… 147
　　(1) SECによる規則2(e)に基づく会計士に対する懲戒手続　147
　　(2) 会計士協会による懲戒手続　150
　4. 会計士事務所の懲戒 ……………………………………………… 152
　　(1) ドレイヤー＝ハンソン社事案（1948年）　152
　　(2) バロウ・ウェイド・グスリー会計事務所懲戒検討事案（1949年）　157
　　(3) ハスキンズ＆セルズ会計事務所懲戒検討事案（1952年）　163
　　(4) トゥッシュ・ニーヴェン・ベイリー＆スマート会計事務所懲戒検討
　　　　事案（1957年）　164
　5. 1970年までの会計士・会計事務所の懲戒にみられる傾向 ……… 166

6．小　　括……………………………………………………………… 168

■第6章■　　会計事務所の懲戒と品質管理レビュー………………… 173

　1．は　じ　め　に……………………………………………………… 173
　2．法執行プログラムの進展と付随的救済 ……………………………… 174
　　　(1) 精力的な法執行と付随的救済　174
　　　(2) 1970年代の法執行活動と懲戒手続　177
　　　(3) 和解の促進と矯正的制裁　179
　3．SECによる矯正的救済と品質管理レビュー……………………… 182
　　　(1) ラヴェンソール・クレックスタイン・ホーワース＆ホーワース会計事務
　　　　　所懲戒検討事案（1973年5月）　182
　　　(2) トゥッシュ・ロス会計事務所懲戒検討事案（1974年2月）　185
　　　(3) ピート・マーウィック・ミッチェル会計事務所懲戒検討事案
　　　　　（ASR第173号，1975年7月）　188
　　　(4) 法執行プログラムにおけるピア・レビューの位置づけ　189
　4．AICPAのピア・レビュー・プログラム ………………………… 194
　　　(1) 地方会計事務所向けの品質管理レビュー・プログラム　194
　　　(2) 複数の支局を持った会計事務所向けの品質管理レビュー・プログラム　196
　　　(3) AICPAの自発的品質管理レビュー・プログラム　197
　5．小　　括……………………………………………………………… 200

■第7章■　　監査基準の設定主体 ……………………………………… 203

　1．は　じ　め　に……………………………………………………… 203
　2．エクイティ・ファンディング事件とそこにおける不正 ……………… 204
　　　(1) エクイティ・ファンディング事件　204
　　　(2) 会計プロフェッションの対応　205
　　　(3) ストーン委員会報告書　208
　3．SECの対応………………………………………………………… 213
　　　(1) 不正の発覚とSECの調査　213
　　　(2) トゥッシュ・ロス会計事務所による"監査"　216

（3）SEC による会計事務所への懲戒検討手続　219
　4. コーエン委員会と監査基準の設定……………………………………………… 223
　　　（1）コーエン委員会　223
　　　（2）監査基準審議会の創設　225
　5. 小　括………………………………………………………………………………… 229

■**第 8 章**■　**規則 2 (e) 手続における有責性**…………………………… 233

　1. は じ め に………………………………………………………………………… 233
　2. 詐欺防止規定と公共会計士の法的責任………………………………………… 234
　　　（1）規則 10b-5　234
　　　（2）規則 10b-5 に基づく私的訴訟とそこにおける法的責任　235
　3. ホッフォフェルダー最高裁判決と規則 2 (e) 手続…………………………… 236
　　　（1）ホッフォフェルダー訴訟（1971 年，1974 年，1976 年）　236
　　　（2）規則 2 (e) 手続への影響　241
　　　（3）ホッフォフェルダー判決以降の法学者による批判　243
　4. 規則 2 (e) の法的妥当性………………………………………………………… 246
　　　（1）トゥッシュ・ロス会計事務所訴訟　246
　　　（2）SEC による制裁の決定　249
　5. チェコスキー判決と規則 2 (e) 手続における有責性………………………… 253
　　　（1）SEC による当初審決（1992 年）　253
　　　（2）チェコスキー判決 I（1994 年）　257
　　　（3）差戻しに対する SEC の見解（1997 年）　258
　　　（4）チェコスキー判決 II（1998 年）　261
　　　（5）規則 102 (e) の改正　262
　6. 小　括………………………………………………………………………………… 265

■**第 9 章**■　**2 つの議会委員会と SEC の監視的役割**………………… 267

　1. は じ め に………………………………………………………………………… 267
　2. モス小委員会と SEC の監視的役割…………………………………………… 268
　　　（1）エネルギー危機とエネルギー政策・保全法　268

(2) モス小委員会の調査　270
　3. メトカーフ小委員会と会計的支配体制 ……………………………… 274
　　　(1) スタッフ報告書『アカウンティング・エスタブリッシュメント』　274
　　　(2) メトカーフ公聴会と最終報告書　278
　4. 会計プロフェッション主導の改善策 …………………………………… 286
　　　(1) SEC 監査業務部会　286
　　　(2) ピア・レビュー・プログラム　288
　　　(3) 特定調査プロセス　289
　　　(4) 公共監視審査会　290
　5. 新たな自主規制システムに対する評価 ………………………………… 292
　　　(1) モス小委員会の公聴会　292
　　　(2) 公共会計規制法案（H.R.13175）　296
　　　(3) 監視的役割に関する SEC の報告　297
　　　(4) 会計士規制法案の行方　299
　　　(5) イーグルトン小委員会の公聴会　301
　6. 小　　括 …………………………………………………………………… 303

■**第10章**■　**POB システムと SEC による監視** ………………… 307

　1. は　じ　め　に …………………………………………………………… 307
　2. 会計プロフェッションによる自主規制において POB の果たすべき役割
　　　……………………………………………………………………………… 308
　　　(1) 会計プロフェッションの自主規制に対する SEC の立場　308
　　　(2) ピア・レビュー・プロセスの監視　310
　　　(3) 懲戒メカニズムと制裁賦課　313
　　　(4) プロフェッションによる自主規制システム　314
　3. ディンジェル委員会と会計プロフェッションによる自主規制 ………… 317
　　　(1) SEC の監査人への監督　317
　　　(2) 監査人による財務不正の摘発と開示　321
　　　(3) 制定法に基づく自主規制機関　324
　4. 監査人の独立性と会計プロフェッションによる自主規制 ……………… 330

(1) POB 特別報告書　330
　　　(2) カーク・パネル　334
　　　(3) 独立性基準審議会　336
　　　(4) オマリー・パネル　337
　5. 小　括 ……………………………………………………………… 339

## ■第 11 章■　PCAOB による監査規制 …………………………… 341

　1. は じ め に ………………………………………………………… 341
　2. POB の解体と PCAOB の創設 ………………………………… 342
　　　(1) エンロン事件と会計プロフェッションに対する規制の改革　342
　　　(2) POB の解体　344
　3. サーベンス＝オックスリー法と公開会社会計監視審査会（PCAOB）
　　　……………………………………………………………………… 348
　4. SEC によるイニシアチブ ………………………………………… 353
　　　(1) ピット委員長の委員会証言　353
　　　(2) SEC 主催のラウンドテーブル・ディスカッション　355
　　　(3) 公共会計責任審査会の枠組みの承認　357
　5. PCAOB を通じた監査規制システム …………………………… 359
　　　(1) PCAOB の権限と職能　359
　　　(2) PCAOB の活動開始　362
　6. 小　括 ……………………………………………………………… 364

## ■終　章■　本研究のまとめ，結論，今後の課題 ………………… 371

　1. 証券取引委員会による"監査規制" ……………………………… 371
　　　(1) 監査基準による監査規制　372
　　　(2) 監査基準の遵守確保と懲戒手続　374
　　　(3) 会計プロフェッションの自主規制と監査規制　376
　2. 監査基準の形成 …………………………………………………… 377
　3. 監査基準のエンフォースメント ………………………………… 380
　4. 自主規制の系譜と会計プロフェッションによる自主規制 …… 382

(1) 証券市場の自主規制　382
　　　(2) 証券市場における自主規制原理と会計プロフェッションによる自主規制　384
　5. 今後の研究課題 …………………………………………………… 388

参 考 文 献 ………………………………………………………………… 393
索　　　引 ………………………………………………………………… 411

# ■ 序　章 ■
# 本書の課題と視点，方法

---

## 1. 本書の課題と視点

　本書は，アメリカ証券取引委員会（Securities and Exchange Commission；SEC）が，連邦証券法規を法執行するなかで，規制対象となる公共会計士および会計事務所の監査業務をどのように規制してきたのか，その監査規制の仕組みはどのような状況のなかで構築されたのか，そして，どのような展開をみせてきたのかを明らかにしようとするものである。

　今日の財務諸表監査において，一般に認められた監査基準を遵守して監査を実施されていることを確保すること，さらに，会計事務所内部で用いられる品質管理の手法を何らかの形で監視，モニターすることが，財務諸表監査の品質を確保するうえでとりわけ有効であるとみなされている。そして，いずれの点も，規制機関であるSECが，連邦証券法規を法執行するなかで，監査規制のなかに取り込んできたものである。

　規制機関としての「SECは，通例，証券法規を解釈し，その解釈を，法執行のなかで［懲戒手続等の］行政手続が進められた場合に公衆の意識に最大限かつ最も効果的な影響を与えるであろう［違背］行為に適用することによって，自らの法執行上の目的を達成している[1]」といわれており，かようにして，「有効な法執行機関（an effective law enforcement agency）としてのSECの評判は，十分に確立されており，正当に獲得されたものであり，誰しもが知るところと

---

[1] Hawke [2002], "A Brief History of the SEC's Enforcement Program 1934-1981," p.1.

なっている[2]」と評されている。

　本書では，こうしたSECによる法執行（enforcement[3]）を取り上げ，とりわけ公共会計士および会計事務所の監査業務に対する，規制機関による規制のあり方に焦点を当てている。もとより，SECの証券法規の法執行は証券規制の全般にわたり広範に及ぶが，そうしたなかで，SECが法執行プログラムを通じて個々の法執行を秩序立った形で体系的に実施してきたことも事実である。その結果として，監査規制の領域に関しても，――たとえそれがSEC内部の論理によるものであったにせよ――，SECの法執行には一定の方向性が形成されていたと想定しておくことは，必ずしも不合理ではないであろう。

　一般に，行政資源が絶対的に制約されているなかで，法執行プログラムが有効であるためには，法執行プログラムがまずもって効率的なものでなければならない。なかでもこの領域では，法執行の効率性を達成するための有用な方法として，懲戒手続その他の行政手続の対象となるターゲットを注意深く選択しておくことが挙げられている[4]。このターゲット選択は，本書で取り上げるように，監査規制の領域においても少なからぬ影響を及ぼしていた。

　本書は，また同時に，SECにとって証券規制全般における監査規制の位置づけがいかなるものかにも注意を払いながら，論及を進めている。

---

[2] Pitt and Shapiro [1990], "Securities Regulation by Enforcement: A Look Ahead at the Next Decade," p.302. ピットはのちのSEC委員長（2001年より2003年）。

[3] なお，本書では，"規範のエンフォースメント"といった視点を活かすように，「エンフォースメント」の語を用いている。この分析的視点からすると，SECが連邦証券法規を法執行することそのものも，確かにエンフォースメントに相当するが，若干複雑なことに，規制機関であるSECが証券法規を法執行する過程で，いわば派生的に，監査基準のような行為規範の遵守確保が必要とされてきたという経緯があるため，SECの連邦証券法規の「法執行」とその行政管轄下での監査基準の「エンフォースメント」は同列に論ずることができない。そのため，規制機関による行政手続を「法執行」，監査基準その他のプロフェッションの職業基準の遵守状況およびそれを確保するための措置を「エンフォースメント」と記述する。

[4] Pitt and Shapiro [1990], pp.171-175; Burton [1975], "SEC Enforcement and Professional Accountants: Philosophy, Objectives and Approach," pp.240-241. 1970年代に活躍したSEC主任会計官ジョン・バートン（John [Sandy] Burton）は，やや誇張的表現ではあるが，SECの法執行のスタイルとして「生贄を晒すこと（hanging of scalps）」が重要であったと述べたという（McGraw [1982], "With Consent of the Governed: SEC's Formative Years," p.360）。

SECは，1933年証券法および1934年証券取引所法を法執行するために，証券取引所法によって創設された連邦行政機関である。したがって，本書のさしあたりの出発点も証券法および証券取引所法制定期に設定される。そして，本書の終着点としては，現行のPCAOBを通じた監査規制システムの枠組みが確定した2002年サーベンス＝オックスリー法制定期に設定することとする。

　アメリカ公共会計士業務は，証券法および証券取引所法の制定以前から，一定の発展を遂げていた。それまでにプロフェッショナルの業務（professional work）として監査業務が認知されていたために，証券二法の枠内に組み込まれた。したがって，監査規制の問題は，すでに認知されていた公共会計士のプロフェッショナルの監査業務をどのように規制するかという問題である。このような視点を内包させながら，本書での歴史的分析は進められる。

### (1) 監査規制

　本書では，監査規制をSECによる独立公共会計士および会計事務所の監査業務への規制と広く規定しておくが，本書で議論される監査規制は，これまで会計規制と呼んでいたもののごく一部分として捉えることもできるだろう。それでは，なぜ，ことさらに監査規制なる視点を設けて，公共会計士および会計事務所の監査業務に対するSECの法執行についてみていかねばならないのか。

　会計規制は，財務報告に対する規制全般を意味するものとして講学上通用している概念であると思われるが，これに対して，財務諸表監査に対する規制を固有に意味するものとして，監査規制（audit regulation）なる概念が用いられるようになったのは，比較的最近のことである[5]。そもそも，規制の対象となっている会計（財務報告）と監査とは領域上不可分なものである。そのため，会

---

[5] おそらくこのことは，規制の文脈において，監査固有の重要性が強く認識されるようになったことと無関係ではない。本書では監査規制（audit regulation）という用語がどの時点で用いられ始めたのかを特定することはできないが，1990年代後半頃から，監査プロフェッション（audit profession, or auditing profession），あるいは監査事務所（audit firm）という用語が好んで用いられるようになったことと軌を一にしているのではないかとみている。

計規制とは異なった視点から，それとは切り離したものとして監査規制という概念を採用し，これによって歴史的展開を切り取ってみても，得られるものは少ないかもしれないし，場合によっては，かえって正しい理解を歪めてしまうかもしれない。

ただ，現状，会計規制論のほとんどは，会計基準設定論として展開されている。そして，監査基準の設定についても，その延長線上で議論すれば十分であると考えられているようである。しかし，こうした規範形成の場面だけでなく，規範のエンフォースメント（遵守確保）の場面を射程に入れるならば，会計基準の遵守を確保するという課題と監査基準の遵守を確保するという課題とでは，かなり異なった様相を呈するであろうことが容易に理解される。財務諸表作成企業の会計基準の遵守確保は，財務ディスクロージャーの下では，独立の監査人による監査によってモニタリングされることが含まれている。対して，監査基準の遵守確保は，公共会計士および会計事務所の監査業務そのものをモニタリングすることにつながっている。こうした根本的な相違が存在するために，これから説明する，規範のエンフォースメントを強調する視点からすると，監査規制という領域を固有な領域として識別する方が，そうでない場合よりも，はるかに有益であると考えられる。

また，これまで，とりわけ会計基準設定の場面において，政府機関の権限がパブリック・セクター機関へ移譲されている（行政権能の移譲）と前提としたうえで，パブリック・セクターとプライベート・セクターの二分論の分析枠組みの下，そこでの政府機関と基準設定機関との関係のあり方について考察するという手法がしばしば取られてきた[6]。こうした分析視点は，監査規制の領域においてもそれなりに有効性が認められる側面があるとしても，監査規制の領域においてそのまま適用してよいかどうかは仔細に検討しておく必要がある。

---

6 その嚆矢として，Chatov [1975], *Corporate Financial Reporting: Public or Private Control?* が挙げられよう。ゼフ（Stephan Zeff）は，「アメリカの［財務報告に係る］規制システムを理解することはSECの働きぶり（working）とSECの［プライベート・セクターの］会計基準設定団体との関係性を理解することに他ならない」（Zeff [1995], "A Perspective on the U.S. Public/Private-Sector Approach to the Regulation of Financial Reporting," p.53）としている。

監査基準をどのようなものとして規定するかにも関連しているが，例えば，監査規制の場合，政府機関から規制権限の一部を移譲されるという前提が成立するのか，それ自体，必ずしも明らかでないところがある。その点についてあらかじめ留意しておくことは必要であろう。

### (2) 監査基準の形成とエンフォースメント

　法やルールの形成とそれらのエンフォースメントを考察するうえで有益と思われるものとして，「ソフトロー」という考え方がある。国家の制定したハードローと対置して用いられるソフトローは，それがなお，社会において遵守されることを確保する仕組みを持っている，あるいは持つべきであると観念される。本書が考察の対象としている監査基準もまた，カテゴリー上，ソフトローに属している。

　ソフトローは「裁判所その他の国の権力によってエンフォースメントされないような規範であって，私人（自然人および法人）や国の行動に影響を及ぼしているもの[7]」と定義されている。エンフォースメントは，規範として遵守され，その規範が求める私的秩序を確保するために必要とされる強制力を指している。監査基準なる規範（監査基準に準拠して監査を実施しなければならないという規範を含んでいる）は，第一義的には，規制機関も含めた国家によるエンフォースメントが想定されていない可能性がある。

　ハードローとソフトローの区分けは，形式的あるいは相対的なものにすぎない側面もあるが，規範の形成とエンフォースメントを見据える視点としては十分に有益なものである。また，監査基準の形成とエンフォースメントは，いずれの場面においても，他の規範の場合にはみられない特殊な側面を持っていることも重要である。

　そこで，本書では，"監査基準という規範"がどのように形成され，また，どのようにエンフォースメントされるのかという視点から，この点をめぐるSECの監査規制について論じていくこととしたい。

---

7　藤田編［2008］『ソフトローの基礎理論』有斐閣，はしがき，p.i.

(3) 規制の及ぶ範囲

　監査規制という領域は，監査の失敗と称される大きな事件が起きた場合に，それに対処するために規制の変更が検討されるという捉え方がなされる傾向にあった。アメリカ財務諸表監査の歴史を眺めてみても，何らかの規制の変更が求められる契機として，1938年のマッケソン＆ロビンス事件，1973年のエクイティ・ファンディング事件，2001年のエンロン事件，翌年のワールドコム事件など，その画期において大きな"監査の失敗（audit failure）"が起こっている。

　しかしながら，具体的な"監査の失敗"が規制の変更の起因となることは認められるにしても，それは引き金にすぎない側面もあるというのが，本書の基本的な見方である。当然のことではあるが，個々の事案，事件はその時々の社会経済的あるいは歴史的背景と無関係であるはずもなく，ある種の構造的な矛盾がそこで現出したにすぎないとも捉えられる。そのことは，本書でも取り上げる，マッケソン＆ロビンス事件，エクイティ・ファンディング事件，エンロン事件およびワールドコム事件においても当てはまることであった。

　また，規制の方向性を決定づける要因として，制定法においてどのような"為政権（mandate）"が用意されているのかが，規制機関にとっては最重要である。個別的な法執行上の権限はそこから派生してくるものである。この点に関連して，SEC創設当初から，SECに"監査基準"を規定する権限があるかどうかについて，制定法上の明文規定が存在しないために，明らかではないとされてきた。会計基準の設定に関しては，証券法上も証券取引所法上も，その権限がSECに付与されているのは明らかである。それに対して，監査基準に相当するものを規定する権限は，証券法および証券取引所法いずれにおいても明示されていない。

　このように監査基準を規定する明示的な権限を欠いているにもかかわらず，監査業務に関連するSECの権能はけっして小さいものではなかった。実際，SECは，当初から，監査人の独立性，監査証明書に要求される記載表示に関して，精巧な基準を実質的に規定してきた。とくに，提出された監査証明書が受け入れられるものであるため，監査証明書における監査人の表示は，監査人

が実施した業務によって一定の方法で裏づけられているものでなければならない。そのため，SEC は，実務上は，監査基準の発展に影響を与える，相当の，しかし，間接的な執行力を保持してきたといわれる[8]。加えて，SEC は，規定的な権限を持ち得ない領域においては，公認会計士や裁判所に対し，会計基準と監査基準双方についての自らの見解を知らしめる説得的権限も持っているといわれる。

こうした特殊な環境の下で SEC が監査業務に関わる法執行を実施しなければならなかったことは，監査規制の歴史的展開をみていくうえで，とくに留意しておく必要がある。

## 2. 本書の研究史上の位置と本書での研究方法

本書の基本的な立場は，あくまでも，SEC による法執行の視点からみて，証券規制全般にみられるようになった規制の枠組みのなかに，監査規制を跡づけるというものである。

この領域における近年の卓越した研究は，弥永真生『会計基準と法』(2013 年) と大石桂一『会計規制の研究』(2015 年) である。前者は，ヨーロッパ諸国，アメリカ，カナダ，オーストラリアにおける状況を詳細に調査しながら，会計基準の規範性のあり方について，憲法，行政法的な観点からの議論にも配慮しつつ，広範な視座から検討している。また，後者は，「会計基準設定のアウトソース」という仮説を設定し，それを検証する形で，アメリカ会計規制の歴史的諸局面を検討している。さらにまた，会計規制全体の大枠を捉えるうえで，「公開制度」の本質規定に立ち返り会計規制の構造を歴史的に分析した，津守常弘氏の一連の論稿「SEC ディスクロージャー制度と会計規制：史的考察」(1982 – 83 年) は，SEC 監査規制史の分析枠組みを措定するにあたっても，「政府規制と政府規制回避との葛藤」など，有益な視座を提供するものである。これらはいずれも会計規制を取り扱った研究ではあるが，監査規制を取り上げる

---

[8] Strother [1975], "The Establishment of Generally Accepted Accounting Principles and Generally Accepted Auditing Standards," pp.225-226.

本書の関心領域とも符合する部分がある。これらの諸研究は本書の監査規制研究に多大な示唆を与えるものであるが，一方で，会計と監査との関係性から，同一次元で捉えてよい側面と，別次元で捉えるべき側面があることにも留意しておく必要があることはいうまでもない。

　残念ながら，上記の諸研究と同等なパースペクティブをもって，監査規制固有の展開を辿った研究業績はほぼ皆無である。例外的に，監査規制に関係するものとして，盛田良久『アメリカ証取法会計』(1987年) と千代田邦夫『公認会計士―あるプロフェショナル100年の闘い―』(1987年) および『闘う公認会計士』(2014年) 等がある。網羅性の観点から，本書においても両者の著作との位置関係については触れている。

　また，SECの証券規制の歴史的分析に関して圧倒的に影響力のある研究は，ジョエル・セリグマン (Joel Seligman) の *The Transformation of Wall Street* (初版が1982年，第2版が1995年，第3版が2003年) である。それ以外にも，SEC創設期の歴史的考察を取り扱った古典的な研究には，デ・ベッド (Ralph de Bedts) の *The New Deal's SEC: The Formative Years* (1964年)，パリッシュ (Michael Parrish) の *Securities Regulation and the New Deal* (1970年)，マグロウ (Thomas McGraw) の *Prophets of Regulation* (1984年)，そしてチャトフ (Robert Chatov) の *Corporate Financial Reporting: Public or Private Control?* (1975年) など，多数のものが知られている。同時に，SEC関係者によるまとまった通史的な叙述も少なくない (Pitt and Shapiro [1990]，Hawke [2002]，SEC [1984] など)。さらに，関連する議会委員会の報告書あるいは公聴会記録においても，あるいはSEC委員や主任会計官による講演やSEC執行通牒などにおいても，証券規制，また，そのうちの監査規制のあり方を論じたものは多々あり，これらも本書の考察においては重要な史料となる。本書ではこれらの著作等において展開された議論を参照しながら，証券規制全般にみられるようになった規制の枠組みのなかに，可能な限り説得的に，監査規制を跡づけていくこととしたい。

## 3. 本書の構成

　本書は，連邦証券立法に始まる監査規制の歴史的展開を分析する。そのために，以下のような構成で論述する。

　まず，1933年証券法および1934年証券取引所法の制定と，そこにおける監査人の法的責任をめぐって，基本的な規制の枠組みの淵源を再確認する（第1章）。ついで，一般に認められた監査基準への準拠をメルクマールとした監査規制が形成される前段階として，監査基準による監査規制が明確に導入される以前の監査環境と規制機関であるSECの方針を検討する（第2章）。監査基準を用いた規制をSECが考えるようになったきっかけは，1938年末に発覚したマッケソン＆ロビンス事件である。この事件を目の当たりにしたSECが，どのような政策的判断を行ない，事態に対処しようとしたのかを検証する（第3章）。これを受けて，1941年に監査基準への準拠性を軸とした監査規制が導入されることになったが，その制度的背景と具体的な適用状況について分析する（第4章）。

　さらに，エンフォースメントの側面に関連し，SECが直接的な懲戒規則である規則2(e)を用いて，独立公共会計士の監査業務を規制するようになったプロセスについて，その背景，とりわけSECの法執行プログラムの展開と関連させながら考察した（第5章）。さらに，監査実務の組織化という傾向を踏まえ，SECが，会計事務所における監査業務の品質をどのように維持し，統制しようとしたのかを考察する（第6章）。

　また，1970年代を代表する監査の失敗であるエクイティ・ファンディング事件を取り上げ，この事件が会計プロフェッションと証券規制機関であるSECの政策方針に，どのような影響を与えたのか考察する（第7章）。直接的な懲戒規則である規則2(e)に基づいた行政手続を進めていくなかで，SECがいわゆる有責性の基準をどのように形成して，適用してきたのか，その考え方を探るべく，いくつかの訴訟を検討する（第8章）。

　続いて，上下両院における2つの議会委員会において俎上に載せられたSECの会計士業務に対する監視的役割について論じる（第9章）。そして，その後の展開である。会計プロフェッションによる自主規制の中核として位置づ

けられた公共監視審査会（POB）が，どのように評価され，どのような成果をあげてきたのかを考察するとともに，そのPOBへの信頼が大きく揺らいできた1990年代中旬以降からの状況の変化と，それへの対処策して考えられたSECその他によるイニシアチブについて確認する（第10章）。こうした状況のなかで，2001年末のエンロン事件が発覚し，問題の対処のために制定されたサーベンス＝オックスリー法の立法過程でどのような監査規制に関する議論がなされたのかを検証しながら，新設された公開会社会計監視審査会（PCAOB）による監査規制の意義について，とりわけSECによる監視という観点を重視して，考察する（第11章）。

　これらの考察を受けて，最終的な総括を終章にて行なう。

# ■第1章■

# 連邦証券二法の制定と証券取引委員会

## 1. はじめに

　まず，本章では，1933年証券法（Securities Act of 1933）と1934年証券取引所法（Securities Exchange Act of 1934）の制定によって，その前後で，アメリカにおける監査人の，職業専門家(プロフェッショナル)（professional）[1]としての業務のあり方に関して，変化が起こったのか，もし起こったとすれば，どのような変化が起こったのかについて考察する。

　証券市場において独立の公共会計士（public accountant）による監査の果たす役割については，証券法制定以前にも，広く理解されていた。20世紀の世紀転換期頃から，ニューヨーク証券取引所に上場する会社には，大手会計事務所による監査証明を受けるものが少なからずあったし[2]，証券法制定の直前には，そのニューヨーク証券取引所が上場申請会社に対して，独立の公共会計士による監査証明を受けることを要請するにいたっていた。

　こうした監査証明をその業務として担うプロフェッショナルとして，アメリ

---

[1] 本書では，さしあたり，一般的な定義に倣って，プロフェッション（profession）を「知的な技倆をもって専門的なサーヴィスを提供する職」（友岡［2010］『会計士の誕生』，p.26）と定義しておく。さらに，プロフェッショナル（professional）を，そうした専門職に従事するプロフェッションの構成員を指すものとして規定している。本書ではプロフェッションの概念が，歴史的な拡がりを持った背景をともなっていることを最大限に重視している。なお，会計プロフェッションの歴史的発展の諸局面については，友岡［2005］『会計プロフェッションの発展』を参照されたい。
[2] とりわけ千代田［1984］『アメリカ監査制度発達史』を参照されたい。

カ公共会計士は発達してきたが，証券法および証券取引所法の制定にともなって，彼らは新しい状況に直面することになった。証券法も証券取引所法も，証券市場を通じて資金調達を行おうとする一定の会社に対して，財務諸表を含めた関連情報の開示，さらに財務諸表に対する独立の公共会計士による監査証明を要求しており，それとともに，監査証明を行なった会計士に対して一定の法的責任を課している。

本章は，とくに監査人としての公共会計士の法的責任と注意義務の関係に焦点を当てて，証券法および証券取引所法で会計士に課されることになった法的責任が，同法の下で実施される公共会計士の監査業務に対してどのような影響を及ぼすことになったのかをみていく。

## 2. 1933年証券法と独立の公共会計士による監査

### (1) 1933年証券法の制定

1933年証券法を皮切りとする連邦証券諸法[3]の制定の契機となったのは，1929年秋のニューヨーク市場株価暴落に端を発する大恐慌であった。フランクリン・ルーズベルト（Franklin D. Roosevelt）は，証券市場の改革と投資公衆の保護の問題に着手することを選挙公約として掲げ，大統領となった。

証券法案として最初に議会に提出されたのは，連邦取引委員会（Federal Trade Commission；FTC）元委員長のトンプソン（Huston Thompson）の起草した法案であった。トンプソンによる「州際通商での投資証券に関する情報の提供およびその売買の監督のための」法案（H.R.4314, S.875）は，1933年3月29日に議会両院に提出され，その後，それぞれ上院銀行・通貨委員会（Senate

---

[3] 一般に証券諸法という場合，本章で取り扱う1933年証券法，1934年証券取引所法のほか，1935年公益事業持株会社法（Public Utility Holding Company Act of 1935），1939年信託証書法（Trust Indenture Act of 1939），1940年投資会社法（Investment Company Act of 1940），1940年投資顧問法（Investment Advisers Act of 1940）といったニュー・ディール期に制定された一連の証券関係法規を指している。1934年の証券取引委員会設置以降は，同委員会がこれらすべての法に関して行政管轄権を持っている。

Committee on Banking and Currency），下院州際対外通商委員会（House Committee on Interstate and Foreign Commerce）に付託されて審議されることになった。

　トンプソン法案では，"委員会（この段階ではFTCを指す）"に登録されていない証券を州際販売することは禁止される。証券登録にあたっては，当該証券とその発行者に関する情報を記載した登録届出書をFTCに提出することが義務づけられており，その登録届出書に記載すべき情報には証券発行者の貸借対照表と収益・費用の金額に関する計算書とが含まれていた。

　とくにトンプソン法案では証券登録の取消権がFTCに与えられるのが特徴で，この取消権との関連で，公共会計士による監査証明が規定されていた。FTCは，証券登録の適格性に疑義が生じた場合に，当該証券発行者の会社の状況を調査して，登録を取り消すことができる。この取消権を規定した6条において，「……この調査を実施するにあたって，……委員会は，その裁量において，委員会が承認した公共会計士（public accountant）による監査証明を受けた（be certified），証券発行者，その代表者，証券引受人の資産および負債を表示する貸借対照表，あるいは損益計算書，またはその両方の作成を要求することができる」と規定されている。

　ここでいう"委員会が承認した公共会計士による監査証明"が，具体的にどのようなものを想定しているかは明らかではなかったが，いずれにしてもこれは，証券登録の適格性に疑義が生じた段階でFTCが着手する調査の一環として要求されるものであるため，FTCへの提出前の貸借対照表や損益計算書に対して行なわれる監査でないことは確かであった。

　これに対応して，アメリカ会計士協会（American Institute of Accountants；AIA）は，法案が提出された翌日に，独立の立場から行なう監査（independent audit）の要請を証券登録のために提出されるすべての財務諸表にまで拡大すべきであるという内容の書簡を，法案を審議することになっていた下院側の州際外対外通商委員会に送付した[4]。しかし，AIAは，同協会の法律顧問であった

---

4　Carey [1969], *The Rise of the Accounting Profession: From Technician to Professional 1896-1936*, p.184.

コヴィントン（Harry Covington）判事の助言で，こうした議会委員会での聴聞会に公式の代表者を派遣することは見合わせた。その代わりに，AIA 内に，渉外活動に関する特別委員会を設置し，同委員会を通じて情報収集を行なうなどして，法案の行方を見守ることとした[5]。

このように AIA は表立って証券法の立法に関わることはなかったが，会計プロフェッションの指導者のなかには，証券法の立法に大きな影響を与えたと目される人物もいる。ジョージ・O・メイ（George O. May）とカーター（Arthur H. Carter）大佐の 2 人である。プライス・ウォーターハウス会計事務所（Price, Waterhouse & Co.）の上級パートナーで，AIA の証券取引所との協調に関する特別委員会委員長であったメイは，さきほどの下院の州際対外通商委員会に「証券法案に関するメモランダム」を提出している。そのなかでメイは，控えめながらも，独立の公共会計士による監査を要求した。

登録届出書に関して規定した法案 5 条 (a) 項では，「登録届出書には当該証券およびその発行者に関する以下のような情報を記載しなければならない」として，(1) から (9) までの項目が掲げられていた。そのうちの (4) がいわゆる会計関連情報となっており，具体的には，「(4) ……；提出日まで 90 日以内の時点の資産および負債を表示する発行者の貸借対照表；直近の会計年度における発行者の収益と費用の金額に関する計算書」とされていた。さらに，これらの項目については「(9) 本項 (1) から (9) に基づいて FTC より要求されるすべての表示項目……は，FTC の要求する方法と様式で，宣誓によって［真実性が］証されて（be verified by oath）いなければならない」と規定されていた。

この規定に対して，メイは，5 条 (a) 項 (4) 以降に，(5) から (9) の項目として彼が必要と考える会計関連情報を挿入すべきことを提案した。最後の (9) の項目が独立の公共会計士の監査を要請するものになっている。

> (9) 貸借対照表および損益計算書が，彼あるいは彼らの意見で，正確に作成され，……証券発行者の財政状態……および稼得利益を適正に反映している旨の証券発行者の財務担当責任者ないしは主たる経理担当役員，ある

---

5　*1933 Yearbook of the American Institute of Accountants*, pp.259-260.

いは独立の公共会計士による宣言（declaration）……[6]。

　一方，ハスキンズ＆セルズ会計事務所（Haskins & Sells）の上級パートナーで，ニューヨーク州会計士会（New York State Society of Certified Public Accountants）会長であったカーター大佐は，1933年の証券法案を審議する上下両院の委員会での聴聞会において証言した唯一の会計士であった[7]。上院の銀行・通貨委員会での聴聞会の席において，カーター大佐は，法案5条(a)項の(4)の末尾に，「かかる貸借対照表，損益計算書，剰余金計算書に関連する諸勘定は独立の会計士によって監査された（be[en] examined by an independent accountant）ものでなければならない。そして，……会計士は，自らの報告書において，諸資産と諸負債……の正確性についての意見を表明しなければならない」という文言を挿入して，独立の公共会計士による監査を導入すべきことを提案した。そのうえで，上院議員との間で次のようなやりとりをしている。

　　バークレイ（Alben W. Barkley）上院議員：言い換えると，あなたは，登録届出書が会社の役員により提出された後に，独立した組織がそれを調べて，そのうえでFTCにそれが正確かどうかを報告することを求めているのですね？
　　カーター大佐：私が申し上げているのは，すでに登録届出書そのものが独立の会計士の調査，あるいは監査の対象とされているべきという意味です。
　　ゴア（Thomas P. Gore）上院議員：FTCに提出される前に，ですか？
　　カーター大佐：提出される前に，です。

---

6　Memorandum regarding Securities Bill-H R 4314, undated, in B. C. Hunt (ed.), *Twenty-Five Years of Accounting Responsibility 1911-1936*, Volume 1, 1936, p.57. 圏点は引用者による。
7　AIAの事務局長であったケアリー（John L. Carey）は，「当時彼はAIAを代表する立場にはなかった」（Carey [1969], p.185）と記述している。むしろ，ケアリーは，独立の公共会計士による監査証明が導入されたのが下院の修正法案（後述するランディス＝コーエンによるレイバーン法案）であったことを取り上げて，独立監査を要請したAIAの書簡の果たした意義を強調している。

ゴア上院議員：それはイギリスのシステムに倣ったものなのですか？

カーター大佐：そのとおりです。

レイノルズ（Robert R. Reynolds）上院議員：意見を付して，ですよね。

カーター大佐：それが独立の会計士の与えうるすべてです。そう，すべてです。いかなる者をもってしても，貸借対照表について与えられるのはそれがすべてです。

ワーグナー（Robert F. Wagner）上院議員：わかりました。基本的に，これらは主張されるべき事実ではなく，意見なのですね？

カーター大佐：法案の条文では，宣誓の下でそれが与えられなければなりません。私には，何人も宣誓の下で，何百万ドルもの諸資産を示した貸借対照表が事実の問題として正確であると監査証明（certify）できるとは思えません。できるのは，徹底した調査に基づいた意見の表明だけです。……[8]

　こうしたカーター大佐の証言が上院委員会に強い影響を与え，同委員会に連邦政府機関雇用の会計士による監査の考えをあきらめさせ，プライベート・セクターの独立公共会計士による監査を受け入れさせたとされている[9]。

　ただ，カーター大佐の上院委員会聴聞会での証言が，独立公共会計士による監査の導入に関して一定の影響を与えたことは認められるとしても，聴聞会でのカーター大佐と上院議員と間のやりとりをみても，当時上院委員会の委員たちが，監査証明を行なう公共会計士（監査人）に証券法上どのような役割を期待していたのか，ほとんどわからないのが実情である。むしろ，やりとりからは，上院委員会が監査人の業務についての知識を欠いていたこと，あるいは監

---

8　Fletcher Hearings [1933], *Securities Act: Hearings before the Committee on Banking and Currency, 73rd Congress 1st session on S.875*, p.57.
9　Wiesen [1978], *The Securities Acts and Independent Auditors: What Did Congress Intend?* p.8；Previts and Merino [1979], *A History of Accounting in America: An Historical Interpretation of the Cultural Significance of Accounting*, p.240；Previts and Merino [1998], *A History of Accountancy in the United States: The Cultural Significance of Accounting*, p.273；Bealing *et al.* [1996], "Early Regulatory Actions by the SEC," pp.324-325.

査人の業務に関心を持っていなかったことが窺い知れる[10]。

　実際に独立公共会計士による監査証明が証券法案において導入されたのは，トンプソン法案が上下両院の委員会で激しい批判を浴びて行き詰まり，下院委員会において別の法案起草チームが用意された後である。法案の起草を担当したのは，ハーバード・ロー・スクール教授のフランクフルター（Felix Frankfurter）であり，実質的に草案を作成したのはその教え子にあたるジェイムス・ランディス（James M. Landis）とベンジャミン・コーエン（Benjamin V. Cohen）であった。この法案において，独立の公共会計士による監査証明の規定が盛り込まれ，同時に，監査証明を行なう会計士に対しても一定の法的責任を負わせることとされるのである。

### (2) 証券法における民事責任

　ランディスとコーエンの手による，いわゆるレイバーン法案（H.R.5480）は，1933年5月3日にトンプソン法案の修正法案として下院に提出された後，翌日下院を通過した。その後，トンプソン法案を若干修正する形で残していた上院との間で両院協議会が開かれ，最終的に，下院の法案を基礎とした証券法（Securities Act of 1933）が，5月27日にルーズベルト大統領の署名を受け，成立した。

　証券法では，郵便その他の州際通商の手段を用いて公衆に対して証券発行を行なう場合，当該証券の発行者は，"委員会（Commission[11]）"に対して登録届出書を提出し，証券発行の登録を行なわなければならないとされている。この

---

10　Wiesen [1978], pp.8-10；清水［2004］「アメリカ不正会計とその分析：歴史的視点」，pp.45-46. カーター大佐は，証言のなかで，財務諸表監査固有の問題として，監査には時間的・費用的制約のあること，監査補助者への信頼に基づいて業務が成り立っていること，個々の監査人間であるいは監査を請け負う会計事務所間で能力のばらつきがあることなどについても，触れている。これに対し，上院委員会のメンバーたちがそれらの財務諸表監査の固有の問題を正しく理解しているとは言い難い発言がところどころでなされている。清水［2004］は，「最終的に成立した法律では監査報告が要求されることとなったが，このやりとりから推測されるように，会計プロフェッションや監査という業務は法律や医療などの領域に匹敵するだけの地位や社会的認知を得ていなかった」（清水［2004］, p.46）と指摘している。

登録届出書には，附則 A において規定される情報を記載しなければならないが，附則 A25 項および 26 項では，「独立の公共会計士（independent public or certified accountant[12]）によって監査証明された」貸借対照表と損益計算書が要求されている。

完全かつ公正なディスクロージャーを確保するため，証券法は，11 条で，登録届出書に関して不実表示（misrepresentation[13]）があった場合に善意の証券取得者に与えられる民事救済について規定している。すなわち，11 条では，「登録届出書のなかに，それが効力を生じる時点で，重要な事実について真実でない表示（untrue statement）が含まれている場合，または証券法において表示することを要求されている，ないし登録届出書の表示を誤解を生じさせないものにするために必要とされる，重要な事実を表示していない場合」に，その登録届出書に基づき発行された証券を取得した者（真実でない表示や表示の省略を知っていて取得したことが立証された場合を除く）は，特定の者に対して訴訟を提起し，当該証券の購入対価の返還あるいは（すでに処分してしまっている場合には）その損害の賠償を求めることができる。

被告となりうる者の範囲は 11 条 (a) 項で定められており，証券発行者自身，その役員やその他取締役，証券引受人（アンダーライター）のほか，監査証明を行なった会計士も含

---

11　証券法の執行を管轄する連邦政府機関で，当初は，FTC を指していた。FTC は 1914 年に創設された独立行政機関で，その元来の任務は不公正な方法による商事上の競争を防止することにあった。FTC は創設当初より財務報告とその監査に関心を持っており，1917 年に連邦準備制度理事会の公報として公表された『統一会計』という財務諸表監査の標準的手続に関するガイドラインを作成する際にも大きく関与した経緯がある。

12　ここで，公共会計士（public accountant）のほか，"certified accountant" が含められた立法上の意図は不明である。証券法に基づく規則・レギュレーション 14 項の規定から推察すると，州の会計士法の下で正規に登録されている者を "certified accountant" と呼んでいるようである。1933 年証券法制定以前よりアメリカでは州単位で会計士資格を附与しており，州会計士法に基づいて登録された者だけが，業務上，公認会計士（C. P. A.）を呼称することができた。ただし，各州の公認会計士法は公認会計士だけが独立開業できるという制限を置いていなかったので，C. P. A. を呼称せずに開業している会計士もいた。実際，カナダの勅許会計士資格を持つ多くの会計士がアメリカ国内で監査業務を行なっていた。

13　不実表示（misrepresentation）は契約の場面において問題にされ，また不法行為にもなりうる。そして，不実表示の法理はアメリカ契約法における契約規制法理の 1 つとなっている。

まれる[14]。被告のうち証券発行者以外には，正当な注意義務を尽くしたという抗弁（due diligence defense）が与えられる。具体的に，会計士が被告となった場合，11条(b)項で，「合理的な調査（reasonable investigation）を実施した後に，登録届出書の関与部分（注：この場合，監査対象となっている財務諸表）が効力を生じる時点で，そこに含まれる表示が真実であること，および表示することが要求される，ないし，表示を誤解を生じさせないものとするために必要とされる，重要な事実を漏らさずに表示していることを確信するに足る合理的な基礎（reasonable ground）を持ち，かつそのように表示していることを確信して」いたことを自らが立証すれば，法的責任を問われないとされる。さらに，11条(c)項で，「何をもって合理的な調査あるいは確信するに足る合理的な基礎とするかを決定するにあたって，合理的であることの基準は，信認関係に置かれた人物に要求されるもの」とされている。

11条に関しては，法案提出段階で以下のような解説が付けられていた。

　「もともと，これらの条項[15]は，重要な事実に関する真実でない表示または表示の省略が含まれた登録届出書に基づき販売された証券を買い付けた者に対し，その真実でない表示ないし表示の省略を知っていた，あるいはそのことを発見するにあたっての正当な注意義務を果たさなかった，当該証券分売への参加者への……訴訟を提起する権利を与えている。そこでの注意義務は，参加者の分売スキームのなかでの役割の重要度によって，また，公衆が期待する権利を有する保護の程度によって，証券分売への参加者に要求するところが異なっている。……公衆に対する道徳上の責任がとくに重い者——登録届出書への署名者（注：6条では証券発行者，主たる執行役員，主たる財務

---

14　証券法上，会計士は「専門家（expert）」つまり「自らがなした表示にその人の属する専門職（profession）が権威を与えているところの人物」として証券発行に関与するものと位置づけられる。「専門家」には，会計士以外にも，技術者，鑑定人，弁護士などが含まれる。
15　この解説は，11条のほかに，真実でない表示または表示の省略が含まれた目論見書または口頭の通信に基づいて証券を売り付けた者に対する民事責任を規定した12条も一緒に想定している。ただし，12条は，原則として，監査証明を行なった会計士が関わることはないので，ここではこれについては言及していない。

担当役員，経理担当役員および取締役の過半数が署名することが義務づけられている），証券引受人，発行者の［署名していない］取締役，会計士，技術者，鑑定人，目論見書を作成し，これに権威を与えるその他の職業専門家（professionals）――に対しては，それに相応したより重い法的責任があり，それらすべての者は，公衆に対し提供した情報の不備について知らなかった（気づかなかった）ことを立証できない場合だけでなく，"合理的な調査"を実施した後でもそうした不備を発見できず，"表示が真実であり，省略がないと確信するに足る合理的な基礎を持ち，かつそのように表示していることを確信していた"ことを立証できない場合にも，買い手に法的責任を負うものである。これは，証券の創出者（注：証券発行に関与した者すべてを指している）に……知らないこと（innocence）とともに相応の能力を発揮すること（competence）の義務を課している。……[16]」

証券法11条で課される法的責任がそれまでのコモン・ロー上の民事責任から逸脱していたのは，(1) 当該証券がいったん流通した後に証券市場で購入した場合でも訴訟を提起できる点（つまり，当事者性が要求されない），(2) 購入前に，登録届出書をまったく読んでいなくても，また，真実でない表示ないしは誤解を生じさせる表示の存在を知っていたとしても訴訟を提起できる点（つまり，信頼が要求されない），(3) 不実と被った損失との間の因果関連を証明する必要がない点（つまり，因果関係が要求されない），(4) 欺罔の意図（scienter）が，調査の不十分性あるいは確信の基礎の非合理性という考え方に取って代わられている点，(5) 被告側に，調査と確信の合理性を立証する責任を課している点，(6) コモン・ローの下でのものとは異なった損害賠償額の算定が要求されている点であった[17]。

それまでのコモン・ロー上の訴訟では，表示の真実性（truth of the statement）についての確信に対する合理的な基礎を欠いていることは，直接に法的責任の基礎と認識されるわけではないものの，欺罔の意図，詐欺，ある

---

16 House Report No.85, 73rd Congress, 1st session, May 4, 1933, p.9. 圏点は引用者による。
17 Shulman [1933], "Civil Liability and the Securities Act," pp.248-253.

いは虚偽を知っていたことの証拠として取り扱われると考えられていた[18]。11条では，これを直接，法的責任の基礎と捉えており，被告側に，合理的な調査を実施し，表示の真実性についての確信に対して合理的な基礎を持っていることを立証する責任を負わせている。

　それでは，なぜこのような法的責任を，証券発行者やその役員，取締役にだけではなく，証券引受人や会計士のような専門家にも負わせることとしたのか。これに対する明確な説明はなされていないが，状況から判断して，おおよそ以下のようなものである。

　もともとのトンプソン法案では，9条で「……登録届出書が重要な点において虚偽(false)である場合，当該届出書が関係している証券のすべての取得者は，発行者から直接に取得した場合でもそれ以外の者から取得した場合でも，その取引を取り消して，当該虚偽を知っていた売り手，あるいは当該届出書への署名者（注：4条で，証券発行者，主たる執行役員，主たる財務担当役員および取締役が署名することが義務づけられている）から，……連帯して，当該証券と引き換えに購入対価の一部または全部の返還を受ける権利を有する。……そのすべての取得者はまた，当該虚偽がある登録届出書への署名者，あるいは登録届出書に権威を与えた者から，当該虚偽の結果として被った損失の一部または全部の損害賠償を受ける権利を有する」と規定していた。そこでは，被告となった役員やその他取締役に合理的な注意義務を果たしても免責されないより厳しい民事責任が課されていた。しかも，そうした責任（無過失責任）が課されるのは，証券発行者，その役員，その他取締役に対してのみであった。それ以外の者を責任の負担者として想定しなかったのは，おそらくは，すでに触れたように，登録届出書に記載されるべき情報については「宣誓によって証されている（be verified by oath）」ことが要求されているので，それで表示の真実性を保証するには十分であると考えられたからと推察される。

　しかしながら，ランディスらの証券発行市場に対する認識は，トンプソンのものとはまったく異なっていた。彼らは，むしろ，証券の公募を行なう際の証券分売プロセスには，証券引受人をはじめとして多くの職業専門家のグループ

---

18　Shulman [1933], p.251.

が関与しているという基本的認識を持っていた[19]。ランディスらによる法案は，「それが取締役であろうが，専門家（expert）であろうが，証券引受人であろうが，他人の資金の投資を支援する者は高い水準の受託者責任を果たすべきである[20]」という考え方を基礎にしている。したがって，証券分売プロセスにおいて別々の職業専門家によって担われている"相互に関連した"職能に関しては，完全なディスクロージャーを強制するという目的のため，別々の職能に対して別々の責任という基準で法的責任を割り当てるべきであるというのが，立法者としての彼らの考え方であった。「なぜ取締役に対しては絶対的な責任（無過失責任）を定めておいて，会計士，技術者，鑑定人，法律家その他の専門家のプロフェッショナルとしての責任（professional responsibilities）をまったく無視してしまうのか[21]」との疑問から，会計士を含めた専門家にも，登録届出書における不実表示に対する法的責任を負わせることとしたとみられる。

　いずれにしても，立法者が公共会計士を一定の専門的能力（competence）を持ったそうしたプロフェッショナルとして認知していたことは，間違いなさそうである[22]。この点に関連して，大石 [2015] は，「民間において会計プロフェッションの専門能力は信認されていたか」という興味深い検証を行なっている[23]。そのうえで，SECからみても，「SECが会計プロフェッションの専門能力を必

---

19　Parrish [1970], *Securities Regulation and the New Deal*, p.63；McGraw [1984], *Prophets of Regulation*, p.172；Miranti [1990], p.146, p.150.
20　House Report No.85, p.3.　圏点は引用者による。
21　Parrish [1970], p.63.
22　ランディスは，現代の行政プロセスには多くのプロフェッションが関与すべきであるという基本的考え方を持っていた。

　「今日の世界は，100年前の世界と区別するならば，多くのプロフェッションの世界である。……今や統治機構（government）は，その行政サービスに，様々な領域のプロフェッショナルとしての伎倆を持った者たちを呼集し，彼らが職歴の1つとして統治（governance）を眺めるようになるように，そのサービスを変質させてしまうことを求めている。……（Landis [1938], *The Administrative Process*, p.154）」

　これにとどまらずに，ランディスは，より明確に，「監督された自主規制」という持論に基づき，会計プロフェッションの専門能力を活用していた（大石 [2015]『会計規制の研究』, p.136）と指摘される。
23　大石 [2015], pp.102-106.

要とし，また評価していたのは明らかである[24]」と結論している。

## 3. プロフェッショナルに対して要求される注意義務

### (1) プロフェッショナルとしての注意義務

　証券法上，会計士を含む"専門家（expert）"は，プロフェッショナルとして証券発行に関与することが想定されており，それゆえに，11条の下で法的責任を負うすべての者のなかでも異質な存在となっている。もちろん，専門家は，証券発行者やその役員などとは異なって，登録届出書のうち関与した部分に真実でない表示や表示の省略が含まれていない限り，法的責任を問われることはないということもあるが，より本質的なことは，要求されている注意義務が，専門家とそれ以外の者とで少し意味合いが異なっていることである。

　プロフェッショナルに求められる注意義務の基準については，19世紀後半にミシガン・ロー・スクール教授，ミシガン州最高裁判事を務めたクーリー（Thomas Cooley）の不法行為論がすでに知られていた。

> 「他人に自らのサービスの提供を申し出て，雇われるすべての者は，雇われている間は合理的な注意と勤勉さ（reasonable care and diligence）を保持して，自らが持っている技能を行使する義務がある。とくに特殊な技能が必要不可欠とされて雇われる場合にはすべて，ある者が自らのサービスの提供を申し出たとすれば，その者は同一の雇われ方をしている他の者が通常保持している程度の技能を保持していると自らを主張しているものと理解される。そして，もしその主張が根拠のないものであれば，その者はその者が属する公共的な専門職（public profession）に信頼を置いてその者を雇ったすべての人に対して一種の詐欺を働いたことになる[25]。」

---

24　大石［2015］, p.136.
25　Cooley [1932], p.1386. 圏点は引用者による。

11条は，参加者全般に，それぞれの置かれた状況の下での合理的な注意を求めるものであるが，クーリーの不法行為論は，とくに職業専門家(プロフェッショナル)が直面するような，その状況が特殊な技能の関わっている状況であれば，被告は自分と同じ専門職に属する他の者が同一の状況において行動したであるように行動しなければならなかったと考えるものである[26]。

　こうした考え方は，証券法の下でも当然に踏襲されていると考えられていた。当時イェール大学法学部教授であったウィリアム・ダグラス（William O. Douglas）らは，11条の下での"専門家"の法的責任に関して，「監査証明書のような専門家の報告書は，実務的にはほぼすべての場面で，ある決められた形式の調査に基づいたものであり，さらに，要求される注意義務の基準も，その専門職（profession）に求められているものを超えるとはいわないが，おそらくはそれと同等であろう[27]」と解説している。

　したがって，当時の会計士たちは，証券法に基づく監査業務を行なう限りは，こうした"職業専門家（プロフェッショナル）としての合理的な注意義務"を果たしながら，業務を実施しなければならなくなった。もし，そうした注意義務を果たさない，あるいは果たしたことを立証できない場合には，法的責任を負わされることもある。それが監査人としての彼らの直面した状況であった。もちろん，証券法制定以前でも，コモン・ローそのものの性格上そうした責任を負わされる可能性がまったくなかったわけではないが，証券法11条によってそれが確定的なものとなった[28]（その点，ウルトラマレス事件におけるカルドーゾ判事の見解では，その法的状況は曖昧であった）。

　決定的な問題は，当時，どのようなレベルがプロフェッショナルとしての当然果たすべき注意義務水準なのかについての一般的な合意が［会計プロフェッション内部ですら］なかったことである。具体的には，財務諸表監査を実施するにあたって，どのような手順や方法を採用し，それをどの程度行なえば，あ

---

26　Rich [1935], *Legal Responsibilities and Rights of Public Accountants*, pp.5-6.
27　Douglas and Bates [1933], "The Federal Securities Act of 1933," pp.197-198. なお，プロフェッショナルの責任に関する理論的枠組みについては，能見［1994］「専門家の責任——その理論的枠組みの提案——」を参照されたい。
28　Miranti [1990], pp.150-151.

るいは，どのような判断を下せば，プロフェッショナルたる監査人としての合理的な注意と勤勉さを保持して監査業務を遂行したことになるのか，言い換えれば，合理的なプロフェッショナルたる監査人が実施するであろう手順や方法，あるいは下すであろう判断はどのようなものなのか，これについての合意がなかったことである。第2章でも触れるように，当時でも，AIAとの協力の下で連邦準備制度理事会から出された1929年の『財務諸表の検証』という"監査ガイダンス"があったが，それは，厳密には，ここでいうプロフェッショナルとしての注意義務水準を示したものにはあたらなかった。しかし，反面，この領域は会計プロフェッションが本来対処すべき［いわば自主規制の］問題であると暗に捉えられていたようであった。

### (2) 会計士および会計士協会の直面した状況

　会計士を取り巻くこうした新しい法的環境の到来を目の前にして，プロフェッションの団体であるAIAはどのような対応をしたのだろうか。まず，AIAは，実務者を束ねている組織であるという立場から，証券法の民事責任規定に直面する会計士たちに対して，当面の指針を提示する必要があった[29]。そこで，AIAは，1933年10月17日の年次総会において，同協会の法律顧問であったゴードン（Spencer Gordon）による「会計士と証券法」と題する講演を用意し，とくに11条の民事責任規定に対する注釈を与えようとした[30]。そこでゴードンは11条に関して事細かに注釈を加えていったが，結論として述べたのは以下のようなものであった。

　　「会計士は，自らの義務を果たすにあたり特殊な技能を持っていると自ら主張しているわけであるし，ましてや，報酬のためにその義務を果たすのだから，信認関係に置かれた人物の基準を受け入れる限り，会計士は高い水準の忠実さ（fidelity），用心深さ（vigilance），有能さ（ability）を発揮しなければならない。この問題の条項が法廷の場において解釈を受けるまで私がかろうじていえるのは，会計士が自らの合理的な注意義務を全うするために発揮しなければならない警戒心（precaution）の程度が大きくなったのではない

かということくらいである[31]。」

　合理的な注意義務を果たしたかどうかは，「会計士自身が［主観的に］合理的な調査を実施したと確信しているかどうかではなく，裁判所が［客観的に］……会計士の調査がその事案におけるすべての証拠から見て実際に合理的であったと判断するかどうかによって決められる[32]」ため，ゴードンが法律家として述べられるのはこれが限度であった。こうして，証券法の下で監査証明を行なう会計士が採るべき行動，果たすべき役割についての基準は，裁判所で決められることになると当時の会計士たちは理解した[33]。

---

29　まだ，会計プロフェッションは，証券法における民事責任を受け入れられるべきものとは考えていなかった。以下のジョージ・O・メイによる批判は，最も本質的で，また最もよく会計プロフェッションの立場を代弁しているものといえる。

「こういった［11条の下での］法的責任を会計士に負わせるためには，彼が詐欺的であったという必要もないし，さらには，認識ある過失があった（reckless），ないしは，能力が劣っていたという必要もないことを今一度強調させてほしい。監査をどこまで実施すべきかについての判断の誤りがあっただけで，あるいは有能かつ通常は信頼できる補助者によってなされた悪意でない間違いや見過ごし（honest errors or oversight）があっただけで，会計士は法的責任を問われる可能性がある。そして，重大な事案で責任を問われた場合には，課されるコストはそれまでの職業専門家としての職歴のなかで蓄えてきた貯蓄を簡単に上回る金額となる可能性がある。どうして，会計事務所全体の収入の5％から10％程度の業務を引き受けるのに，事業全体からの収益や剰余金を危険に晒さなければならないのであろうか。
……わたしの判断によれば，職業専門家にプロフェッショナルとしての判断の誤りに対する金銭賠償の責任を課すにあたっては歯止めを用意することがつねに賢明なことである。そうした判断の誤りは，……これを犯した人物のプロフェッショナルとしての評判に重大な痛手を与える結果となる。職業専門家に，プロフェッショナルとしての判断をなすにあたって注意力と綿密さが必要であることを印象づけるため，［11条のように］新たに個人に対する法的責任を加えることはまったく不必要である」（May [1933], "The Position of Accountants Under the Securities Act," pp.74-75）。

30　講演は，同日に行なわれた AIA 執行委員会のホール（James Hall）の講演とともに，AIA の機関誌である『ジャーナル・オブ・アカウンタンシー（*Journal of Accountancy*）』誌12月号に転載され，さらに，小冊子としてまとめられ11月6日付で AIA 会員に送付された。
31　Gordon [1933], p.446.
32　Gordon [1933], p.442.
33　Wiesen [1978], pp.50-52.

監査証明業務に従事する公共会計士は，こうした意味で不確実な法的環境に直面することになった[34]。

## 4. 規制機関としての"委員会"

証券法の当初の執行機関であるFTCには，「一見して登録届出書に重要な点において不備がある，ないしは不正確であることが明らかな場合」には，その不備または不正確な記載を訂正するまで登録届出書の効力発生を遅らせる命令（一般に，拒絶命令と呼ばれている）を発行できるという権限が与えられている（8条(b)項）。さらに，FTCは，「登録届出書が重要な事実に関する真実でない表示ないし表示の省略を含んでいることが明らかな場合」には，登録届出書の効力発生を停止する命令（停止命令）を発することもできる（8条(d)項）。

実際に，登録届出書がFTCに提出されると，まず，FTCスタッフは，届出の内容が法に合致しているかについての審査を行なう。登録届出書の効力が生じる前に，届出書の不備等を発見した場合には，欠陥指摘文書（letter of deficiency）を通じて，届出をしている証券発行者との間で個別の折衝を行なうことになる。

問題は，登録届出書のなかに財務諸表とともに会計士の作成した監査証明書が含まれていることである。したがって，監査証明書に関しても，FTCスタッフがこれに不備があると思慮した場合には，同様の手続が採られる。つまり，監査証明書の内容についてもFTCの審査の対象となる。ここで重要なことは，監査証明書を作成した会計士（監査人）とFTCは，この場面で，"実務者"と"その実務への規制者"として対峙することになったことである。このことはすぐに公共会計士とFTCとの間の深刻な摩擦の種になったと指摘されている[35]。この点の重要性は過小評価することはできない。というのも，こうした

---

34 『ジャーナル・オブ・アカウンタンシー』誌1933年10月号の編集欄はこう始まっている。「連邦証券法のいくつかの規定によって会計士の実務に齎された潜在的な危険性のせいで，会計士たちは今まだ不確実性のひどい暗雲の下で仕事をしている」（Editorial, *Journal of Accountancy*, October 1933, p.241）。

35 Miranti [1990], p.152.

文脈からみると，FTC に付与された別の権限の持つ意味合いが少し違った形で理解できるかもしれないからである。

　委員会には，登録届出書や目論見書の形式・内容に関わる，規則およびレギュレーション（rules and regulations）を発行する権限が与えられている（19条(a)項）。この権限（general rulemaking authority）は証券法の運用にあたって執行機関に当然に与えられているものではあるが，規則やレギュレーションそれ自体が証券発行者に対して一定の強制力を持つため，さきほどの文脈からみると，少し異なった状況が浮き彫りになってくる。

　FTC は，証券法施行後の 1933 年 7 月 6 日に，証券法に基づく規則・レギュレーションを発行している。このうち監査証明書の様式について規定した 15 項では，「独立の公共会計士による監査証明書は，日付を記載し，また，当該会計士その他の専門家が，合理的な調査を実施した後に，監査証明書の日付の時点において，登録届出書に含まれる表示が真実であること，および表示を誤解を生じないものするために必要とされる重要な事実を漏らさず表示していることを確信するに足る合理的な基礎を得て，ここにそのように表示していることを確信している旨を表示するものでなければならない」と規定されていた。

　このように，FTC は，11 条(b)項に直接関連させ，職業専門家としての注意義務を果たして実施した監査に基づいた監査証明書であることが判然とするような監査証明書の記載を要求した。実際，この規則・レギュレーションの場合には，AIA メンバー（渉外活動に関する特別委員会の下に設置された小委員会の 4 人の委員）と何度か協議を重ねながら作成され，発行されたが，会計プロフェッション側の主張するところが規則・レギュレーションに常に反映されるとは限らない。これ以降，公共会計士の行なう監査業務に対してもこうした規則・レギュレーションを通じて規制が掛けられる可能性があったという点はけっして軽視することができない。この点も含めて，次のミランティ（Paul Miranti）の指摘は非常に有益な視点を提示している。

　「連邦規制機関に付与された強大な権限は，必然的に，監査実務者の自治領域（practitioner autonomy）を脅かすものとなった。いまや政府の役人たちが会計士のプロフェッショナルとしての業務を評価する権限を与えられ

た³⁶。……」

## 5. 1934年証券取引所法の制定と1933年証券法の改正

### (1) 1934年証券取引所法と証券取引委員会

　証券法が制定されて約1年経った1934年6月6日に，証券取引所法(Securities Exchange Act of 1934) が制定された。1934年証券取引所法は，国内の証券取引所を実質的に監督下に置くことを目的としたもので，事実上，ニューヨーク証券取引所を規制対象とした法律といわれる。証券取引所法は，証券取引所について登録制をとり，国法証券取引所として連邦の監督下に置くこととしている。

　また，証券取引所法は，連邦の独立行政機関として，新たに，証券取引委員会（Securities and Exchange Commission；SEC）を創設し，SECに専属的に証券規制を担当させるものとしている³⁷。当初，大統領と下院は，証券法および証券取引所法の所管をFTCに置いたままにすることを望んでいたといわれるが，上院では，法案起草者に同意し，新たな規制機関を創設するためのロビイングが行なわれた。最終的に，上院が優位に立ち，SECの創設が盛り込まれた³⁸。

　証券取引所法では，国法証券取引所で取引されている証券の発行者は証券を登録しなければならないとされている。証券を登録するには，発行者が上場申

---

36　Miranti [1990], p.146. 圏点は引用者による。ただし，ミランティの文脈では，practitioner autonomy は，自主規制を旨とする領域というよりは，外部からの規制を受けない自律性を持った領域というニュアンスで使われているのではないかとも思われる。どちらのニュアンスで捉えるかによって，自主規制の議論において大きな差異が生じてくる。ここでは，さしあたり，後者のニュアンスを活かす意味で「自治領域」としておきたい。なお，大石［2015］は，実態としては，規制機関がリソース不足を理由にむしろ積極的に協調行動に出たという側面を強調している。

37　SECは，FTCに代わって，証券法の執行についても管轄することとされた。Securities and Exchange Commission の名称も証券法（Securities Act）と証券取引所法（Securities Exchange Act）の両法を執行する機関であることに由来している。

請書を取引所（および SEC）に提出しなければならない。上場申請書に記載すべき情報には，貸借対照表と損益計算書が含まれ，SEC の規則・レギュレーションが要求すれば，これに対して独立の公共会計士による監査証明を義務づけることが可能であった（実際に SEC は規則で独立の公共会計士の監査証明を義務づけた）。さらに，証券を登録した発行者は，毎期，年次報告書を取引所（および SEC）に提出しなければならず，年次報告書に記載すべき情報にも同様の貸借対照表や損益計算書が含まれる。これは継続開示システムとよばれる。

1934 年証券取引所法においても，18 条 (a) 項で，「本法もしくはこれに基づく規則・レギュレーションに従って提出されるすべての申請書，報告書または文書中に，それが作成された時点およびその当時の状況に照らして，重要な事実に関して虚偽（false）もしくは誤解を生じさせる表示を行ないまたは行なわせた者は，信認に従って行動し，かつ当該表示が虚偽もしくは誤解を生じさせるものであることを知らなかったことを立証しない限り，……その表示を信頼して，当該表示の影響を受けた価格で証券の売買を行なった者に対し，当該信頼により生じた損害賠償の責任を負う」とし，提出書類における不実表示に対する民事責任について規定している。

ここでは，被告の免責条件として，証券法の場合とほぼ同様に，"信認に従って（in good faith）行動したこと" および "表示が虚偽もしくは誤解を生じさせるものであることを知らなかったこと" の立証が要求されている。しかし，原告側にも，証券法の場合とは異なって，"表示を信頼して，当該表示の影響を受けた価格で証券の売買を行なったこと"（信頼の要件）および "損害が，当該信頼により生じたこと"（因果関係の要件）の立証が要求される。

---

38 Keller [1988], "A Historical Introduction to the Securities Act of 1933 and the Securities Exchange Act of 1934," pp.347-348; Tracy and MacChesney [1934], "The Securities Exchange Act of 1934," p.1039 fn. なお，Parrish [1970], pp.132-139 も参照されたい。

### (2) 証券法の一部改正と会計士の法的責任の規定

証券取引所法は，これと同時に，1933年証券法の一部分に改正を行なっている。そのうち，善意の証券取得者に私的訴権を与える証券法11条(a)項の末尾に，「もし証券発行者が登録届出書の効力発生日以降に始まる12ヵ月以上を対象とする損益計算書を，当該証券の保有者に対して一般に利用可能にした後で，この証券を取得した場合には，本項の下での損害賠償請求権は，登録届出書におけるその真実でない表示を信頼して証券を取得したこと，あるいは登録届出書を信頼し，かつ当該表示の省略を知らずに証券を取得したことを立証することが行使の条件となる。……」という文言を挿入し，権利行使に対する条件を加えた。これにより，登録届出書の発効日以降の期間の損益計算書が利用可能になってから取得した場合には，原告には，"登録届出書におけるその真実でない表示を信頼して証券を取得したこと"あるいは"登録届出書を信頼し，かつ当該表示の省略を知らずに証券を取得したこと"（信頼の要件）の立証が要求されるので，依然原告側の因果関係の立証は必要とはされないものの，当初の民事責任規定ほどは被告側に不利でなくなった。

また，合理的な調査や合理的な基礎のいう合理性の意味する内容についても，新しい11条(c)項で，"信認関係に置かれた人物に要求されるもの"から，"自己の財産を管理する慎重な人物に要求されるもの"と変更された。これは曖昧な文言であるとの批判が強かった"信認関係に置かれた人物"という表現をやめ，コモン・ロー上も受容されている"自己の財産を管理する慎重な人物"という表現に直したものである。注意義務についての要求としては，変わるところがなかったとされている[39]。

ただし，留意しておくべき点がある。このとき，各被告の免責条件を規定し

---

39 「立法史が示すところでは，いずれの修正・改正も実質的な変更を意図するものでないし，実質的な変更をもたらすものでもない」（Folk [1969], "Civil Liabilities under the Federal Securities Acts: the *Barchris* case," p.19）。なお，この点に関連して，ランディスは，証券法が施行されてまもなくに，FTC委員としての立場で，こう説明している。"信認関係に置かれた人物に要求される"とは，「慎重な人物が自分自身の問題の場合に用いるであろう程度の注意を用いることを要求する基準に言及したものである」（Landis [1933], p.332）。

た証券法 11 条 (b) 項の一部も改正されている。登録届出書のうち"専門家"の関与した部分について，当該専門家にはこれまでどおりの合理的な調査を要求するが，それ以外の者に対しては，「合理的な調査を実施した後に，登録届出書の［専門家の］関与部分が効力を生じる時点で，そこに含まれる表示が真実でないこと，および表示することが要求される，ないし表示を誤解を生じさせないものとするために必要とされる重要な事実が省略されていることを確信するに足る合理的な基礎を持たず，かつそのように表示していること（つまり，真実でない表示もしくは表示の省略）を確信していな」かったことを証明すれば，免責されるとした。

　この規定では，専門家以外の者は専門家の関与した部分に依拠することができ，その表示の真実であること，省略のないことを積極的に実証するほどの合理的な調査を実施しなくても免責されることになる。そのこと自体，専門家以外の者に対する法的責任の減免であると捉えられる[40]。しかしながら，この変更は法的責任の分担関係を変えただけにすぎず，これによって，専門家に要求される注意義務のレベルが変わった（高くなった）わけではない。

## 6. 小　括

　1933 年証券法および 1934 年証券取引所法は，独立公共会計士による監査証明の規定を導入するとともに，監査証明を行なう会計士に対して，財務諸表における不実表示に関する法的責任を課している。公共会計士は，とくに専門能力（と独立性）を買われて財務諸表の監査証明を担当するのであるから，当然に，彼らにはそれに見合った相応の高度な注意義務を課すべきであるというのが証券法および証券取引所法の立法者の基本的な考え方であった。

---

40　ある論者は，「11 条の下での専門家以外の者の責任（responsibility）の減免は，とくに財務諸表に関するものは，ある程度，専門家の責任の増強とみなすことができる」（Wiesen [1978], p.22) とし，「11 条は，登録届出書に含まれる財務諸表の正確性に関して，会計士に，証券発行者を除く他のいかなる関与者よりも重い責任を課している」（Wiesen [1978], p.21) と結論づけている。ただ，この結論は，法的責任（liability）の問題とは関係なしに，会計士（監査人）が，財務諸表の正確性に対して，発行者の次に重い責任（役割）を果たすべき立場にいるということを強調するものであるにすぎない。

会計プロフェッションの指導者たちも，そうした職業専門家としての責任は，むしろ積極的に受け入れるべきものと考えていた。証券法や証券取引所法が独立公共会計士の監査証明の規定を導入したことは，公共会計士にとって，さらには会計プロフェッション全体にとって，非常に好ましい出来事であった。

　しかし，半面，証券法および証券取引所法の民事責任規定は，監査証明を担う公共会計士の法的環境を一変させることとなった。不確実な法的環境は，しばらくの間，会計プロフェッションに，財務諸表監査についてのより大きな責任を受け入れることをいくらか渋らせた可能性がある[41]。

　さらに重要なことには，それまで公共会計士による監査業務は長く「自治領域」のなかで実施されてきたが，証券法および証券取引所法の制定によって，その自治領域が脅かされるようになった。証券法および証券取引所法の下で監査証明を行なう会計士（監査実務者）は，主観的にだけではなく，客観的にも，プロフェッショナルとして行動することを，明示的に要求されるようになった。少なくとも，証券法および証券取引所法の下で監査証明を行なう公共会計士は，合理的なプロフェッショナルたる監査人が同じ状況で実施するであろう手順や方法を実施し，下すであろう判断を下すことを要求されることになった。今後は，そうしたプロフェッショナルとして実施しなければならない監査実務上の基準——それが監査基準である——が何らかの形で明示されなければならない。そうした状況をもたらしたのが証券法であり証券取引所法であった。

---

41　Previts and Merino [1998], p.273.

# ■ 第 2 章 ■

# "監査基準" 以前の監査規制

## 1. は じ め に

　プロフェッショナルたる監査人によって担われる財務諸表監査の最も重要な特質の1つは，一般に認められた監査基準に準拠して監査が行なわれることが確保されていることにある。これによって，財務諸表監査の全体としての品質が一定程度保持されているものとみなされる。同時に，監査人には，個々の監査報告にあたって，一般に認められた監査基準に準拠して自らの監査を実施したことを明示することが求められている。これによって，監査報告書における監査意見が，一定水準の監査に基づくものであることを個別的に保証している。

　しかしながら，SECの創設当初から，こうした意味における監査基準概念を前提とした一般に認められた監査基準への準拠を確保する政策が存在していたわけではなかった。むしろ，SEC監査規制初期の1930年代末にいたるまでの期間のなかで，SECの側で次第に監査基準に相当するものを必要とするようになっていったというのが実情を示している。その大きな引き金になったのが，1938年末に発覚したマッケソン＆ロビンス事件であることは知られているが，同事件発覚までにすでに監査基準に相当するものを必要とする規制上の問題をSECは認識し始めていた。

　本章では，まだ公式に特定されていない状態ではあるが，"監査基準"が存在していたものと捉えたうえで，監査基準以前のアメリカ監査業務をめぐる状況について考察する。まず，AIAが1917年以降公表していた一連の"監査ガ

イダンス"を取り上げ,それらがどのような経緯で公表され,それが監査実務者にどのような捉えられ方をしていたのかについて考察する。続いて,監査規制において"監査基準"という概念を導入するにいたるまでの,会計士監査に対するSECの規制機関としての基本的な立場,とくに監査証明書をめぐって会計士によって実施される監査の範囲に対する考え方とその変遷について検討する。その帰結として,マッケソン&ロビンス事件発覚の直前において,SECがどのような監査規制に関する問題に直面していたのか,について検討する。

## 2. "監査基準"以前の監査実務の拠り所

### (1) 会計事務所の監査マニュアル

今日,監査基準はプロフェッショナルたる監査人が準拠すべき実務上の指針としての役割を果たしているが,そうした役割を果たすものは,一般に認められた監査基準として特徴づけられた,いわゆる監査基準だけに限られない。プロフェッショナルのサービスとして提供される業務,とりわけ監査業務は,個々の場面において,何らかのプロフェッショナルとしての標準(基準)に従って実施されていることが合理的に期待される。

会計事務所に所属する会計士であれば,おそらくは,その会計事務所内部で用いられる監査マニュアルに従って業務を行なっていたであろう。このように,それぞれの会計事務所内部で一定の監査マニュアルが存在していたと推察されるが,具体的にどのような内容のものが存在していたかについてはあまり明らかではない。ただ,そうした会計事務所ごとの監査マニュアルが,そこに所属する監査実務者の監査判断を規律しているという意識は,一般的に共有されていた模様である。例えば,1900年代から会計士業務に携わるようになった,ハーモン・ベル(Hermon F. Bell)という会計士は,回顧録のなかで,自らの会計士としての経験は相当に個人主義的であったと弁明している。すなわち,「[本回顧録で]私は,公式の指示書,あるいは私の所属していた事務所あるいはその他の事務所で一般に遵守されていた手続に関する議論に踏み込もうとはしていない。もし会計事務所に採用されたのであれば,当然,監査人は,自ら

の個人的な考えのいかんにかかわらず,定められた(established)手続に従うべきである。それでも,私には,自分が好んで用いた手法があった[1]」と振り返っている。有名会計事務所の所属ではないこの会計士による述懐は,当時の会計事務所には監査マニュアルに相当するものが存在していたこと,それに従う者も従わない者もいたものの,おおむねこれに従うべきだと考えられていたことを示唆している。

あるいは,監査テキストを通じた監査実務の標準化という側面があったことも無視することはできない。1912年に初版が出版されたモンゴメリー(Robert H. Montgomery)の『監査論(*Auditing: Theory and Practice*)』では,教育的,啓蒙的な観点から監査業務の標準化を促進することを意図して,貸借対照表監査の下での監査プログラムを中心に監査業務を解説している。このように,監査テキストを通じた監査実務への教育,啓蒙効果があったこともおそらく間違いないだろう。しかし,残念ながら,具体的にどの程度の影響があったのかを評定することは困難である。

### (2) 会計士協会の"監査ガイダンス"

各会計事務所の監査マニュアルや出版された監査テキストとは別に,監査実務の拠り所としての役割を果たしたと思われるのが,1917年の『統一会計』をはじめとする,一連の"監査ガイダンス"である。

第一次大戦当時,連邦取引委員会(Federal Trade Commission;FTC)の委員長であったハーレイ(Edwards N. Hurley)は,FTCの規制目的を達成するためには緻密で信頼しうる財務データが必要であるとして,すべての産業に対する統一会計(uniform accounting)システムを確立すべきであるとの考えを持っていた。ハーレイは,統一会計は監査済みの財務諸表を利用する銀行家たちに有益であるとして,AIAの前身であるアメリカ職業会計士協会(American Association of Public Accountants;AAPA)に対して,FTCと協力し,一般的に利用できる標準的財務諸表,資産および負債の評価ルール,ならびに財務諸

---

1 Bell [1959], *Reminiscences of Certified Public Accountant*, p.42.

表の検証の手法を開発するよう提案してきた。これを受けて，AAPA は，モンゴメリーを委員長として，チェース（Harvey Chase）とメイ（George O. May）を委員とする連邦立法に関する下位委員会にて検討を始めた。その後，連邦準備制度理事会（Federal Reserve Board；FRB）もまた，公共会計士によって監査証明された財務諸表に関心があるとして，これに関与することとなった[2]。

そのときの状況について，1930 年代後半から 40 年代にかけて AIA の事務局長を務めたケアリー（John L. Carey）は，以下のように語っている。

「実際，[FTC の委員長である] ハーレイ氏は，信用目的で利用される監査済み財務諸表よりも，産業グループごとの統一会計により関心を持っていた。しかし，FRB は，連邦準備銀行が割引を行なう商業手形の発行会社の信用力に非常に関心を持っていた。……われわれ会計士は，ハーレイ氏とは協調していたものの，統一会計には熱心ではなかった。しかし，公衆からの信頼を高めるようなパフォーマンスの基準を維持することを目的とした，権威ある監査ガイドライン（authoritative audit guidelines）の必要性を認識していた[3]」。

そして，アメリカ会計士協会（AIA）は，AAPA での交渉を引き継ぐ形で，1916 年，モンゴメリーを委員長としてチェースとメイを委員とする委員会において，信用目的での財務諸表の作成とそれに対する独立監査についての協議を始めた[4]。その結果，貸借対照表監査の公式なガイダンスを用意することが決定され，ガイダンスとして，プライス・ウォーターハウス会計事務所（Price,

---

2 当時は，AAPA のアメリカ会計士協会（AIA）への改組という問題もあり，状況は若干複雑であった。『統一会計』の公表にいたるまでのこうした経緯については，Carey [1969], *The Rise of the Accounting Profession: From Technician to Professional 1896-1936*, pp.62-63, pp.129-133, Miranti [1990], *Accountancy Comes of Age: The Development of an American Profession, 1886-1940*, pp.106-110, Previts and Merino [1998], *A History of Accountancy in the United States: The Cultural Significance of Accounting*, pp.230-232 を参照されたい。

3 Carey [1969], p.132.

4 *1917 Yearbook of the American Institute of Accountants*, pp.217-218.

Waterhouse & Co.) のスコービー (John C. Scobie) によって作成されていた『貸借対照表監査に関する覚え書き (*Memorandum on Balance Sheet Audits*)』が，ほとんどそのまま採用されることになった[5]。このガイダンスが，FRB の後援を受けて，『統一会計 (*Uniform Accounting; Uniform Accounts*)』として公表された。また，翌 1918 年には，『貸借対照表等の作成のための是認された方法 (*Approved Methods for the Preparation of Balance Sheet Statements*)』というタイトルに変更されて，再発行された。

『統一会計』は，その名称とは異なって，実際には，推奨される監査手続と貸借対照表および損益計算書の様式を取り扱っており，ゼフ (Stephen A. Zeff) によれば，「アメリカにおいて公表された最初の監査手続に関する権威あるガイダンス[6]」となっていたとされる。メイは，「この小冊子は，主として，いわゆる貸借対照表監査において適用されるべき最低限の手続を扱っており，委員会によって発行される監査に関する主題についての［その後の］一連の小冊子のまさに最初のものであった。そして，その後の 1947 年の監査手続委員会による"一般に認められた監査基準"の開発につながっているものであった[7]」と振り返っている。ケアリーもまた，『統一会計』は「監査基準と監査手続に対して，即時的影響だけではなく，永続的影響をも及ぼすものであった[8]」として，「AIA のこの領域での［1936 年『独立の公共会計士による財務諸表の監査』までの］一連のプロナウンスメントは，公衆の大きな利益となるように，監査の品質を着実に改善してきた。……そしてまた，基準に従っている監査人に対して不合理な法的責任の追及がないように，保護策の役割を果たしてきた[9]」と，その果たしてきた役割を強調している。

---

5 実際に，数箇所の記述を除いて，スコービーの覚え書きがそのまま使用されている。この監査ガイダンスが，ある 1 つの会計事務所における監査業務だけを反映しているにすぎないと断じてよいか，微妙なところである。ケアリーは，「［委員長の］モンゴメリーは，指導的な監査テキストの著者として，そうした変更点のすべてに関わっていた (had a hand in whatever change was made) とみるべきである」(Carey [1969], p.133) と述べている。
6 Zeff [2003a], "How the U.S. Accounting Profession Got Where It Is Today: Part I," p.191.
7 May [1962], p.36. 圏点は引用者による。
8 Carey [1969], p.134.
9 Carey [1969], p.135.

しかしながら，こうした会計プロフェッションの指導者たちの認識と，個々の監査実務者の捉え方には若干の相違があったかもしれない。実際，会計史研究者の観察は，多少異なっている。プレヴィッツ（Gary J. Previts）とメリノ（Barbara D. Merino）は，「良好な内部統制を整備している大規模な会社をクライアントに持った一会計事務所の実務に基づいた文書を［AIA のプロナウンスメントとして］受け入れたことは，小中規模の会計事務所に所属する監査実務者に対して差別的な影響を与えた[10]」と指摘している。『統一会計』は，売上債権への確認と棚卸資産の立会の手続は任意のものであるとしており，また，実施した監査の範囲について何ら示さないような標準監査証明書の使用を推奨していた[11]。さらにまた，確認と立会の手続は良好な内部統制を整備している場合にのみ任意であるということは強調されていなかったため，当時の主たる監査証明書利用者であった商業銀行家たちは，監査証明書の記載内容は自分たちにはまったく役に立たないと不満を述べていた。銀行家たちは，監査証明を行なった会計事務所が有名会計事務所であるか，彼らが直接被監査会社と事業を行なうのでない限り，監査証明書における監査意見を信用することができなかった。その結果，評判のよい大規模会計事務所が選好される。このようにして，『統一会計』の発行は有名会計事務所の競争優位を生じさせたと指摘している。

プレヴィッツとメリノは，こうした帰結とはまた別に，『統一会計』の規制の効力についても論及し，「［監査手続については］『統一会計』は，監査手続の選択に関して実務者に大幅な裁量を与えており，一方で AIA は［そこで］広く支持されていたわけではない会計手続を指定していた。……幅広い支持を受けていない文書を発行したことで，会計と監査についての確立した，さらには認められた理論が存在しているという幻想を作り出してしまった。……多く

---

10 Previts and Merino [1998], p.232.
11 『統一会計』において推奨された監査証明書の様式は，以下のとおりである。

　　私は，（　　）社の……から……までの期間の会計帳簿を監査した。そして，上記の貸借対照表及び損益計算書が，FRB によって提案され，勧告されたプランに準拠しており，私の意見で……時点の企業の財政状態及び当該期間の経営成績を表示していると監査証明する。

の実務者は，『統一会計』を一部の会計士の見解にすぎないと考えていたので，これを無視していた[12]」としている。

さらに，1929年5月には，1918年に発行された『貸借対照表等の作成のための是認された方法』は全面的に改訂され，FRBの後援の下で，『財務諸表の検証 (Verification of Financial Statements)』として公表された。『財務諸表の検証』の"一般指示書 (general instruction)"の冒頭部分には，監査範囲の問題と関連して，内部牽制 (internal check) についての言及が含まれるようになった。

「この指示書に示されている監査業務には，……内部牽制の効率性を確かめるために行なう会計システムの調査が含まれる。……検証の程度は，それぞれの企業における状況によって決定されるものである。あるケースでは，監査人は，帳簿に記録された取引の相当程度あるいはすべてを検証することが必要であるとみなすこともあり，またあるケースでは，内部牽制が良好である場合に試査だけで十分であることもある。要求される検証業務がどの程度（範囲）であるかについての責任は監査人がとらなければならない[13]」。

しかしながら，『財務諸表の検証』は，"特定指示書 (specific instructions)"に示された監査手続が被監査会社の内部牽制が満足のいくものであると判断された場合にのみ適切であるということを明示してはいなかった。また，監査証明書もまた，監査範囲について何も示すものではなかったため，『統一会計』における致命的な欠陥はそのまま引き継がれていたとされている[14]。

その後1933年証券法および1934年証券取引所法が制定され，また，1934年1月にはAIA委員会とニューヨーク証券取引所株式上場委員会との間の往復書簡をまとめた『会社会計の監査 (Audits of Corporate Accounts)』が公刊された。こうした監査環境の変化に対応して『財務諸表の検証』は改訂されることとなり，1936年1月に，『独立の公共会計士による財務諸表の監査 (Examination

---

12 Previts and Merino [1998], p.233. 圏点は引用者による。
13 AIA [1929], *Verification of Financial Statements*, p.1.
14 Previts and Merino [1998], p.290.

*of Financial Statements by Independent Public Accountants*)』として公表された。『独立の公共会計士による財務諸表の監査』は，それまでのように FTC，FRB，SEC などの連邦機関，あるいは商業銀行家協会などの関係団体の後援を受けることなく，純粋に AIA の権限の下において発行されたものであった。

『独立の公共会計士による財務諸表の監査』は，「監査人が直面する広範で多岐にわたる状況に適合する手続を規定するのは実務的ではないが，他方で，詳細な監査プログラムの指針（guide）としての価値は一般に認められている[15]」として，第Ⅱ部で紙幅を割いて，中小規模の製品製造会社ないし商品販売会社に対する監査プログラムを提示している。具体的には，実質 13 頁にわたって，合計 21 の財務諸表項目の監査プログラムが示されている。さらに，第Ⅲ部で，大規模会社あるいは小規模会社の場合の変更点について指示している。

また，『独立の公共会計士による財務諸表の監査』では，とりわけ，監査プログラムを適用するにあたっての合理的な［個々の状況への］順応性（elasticity）が認められるべきことが強調されていた[16]。この点に関して，プレヴィッツとメリノは，『独立の公共会計士による財務諸表の監査』を起草する特別委員会の委員長であったブロード（Samuel J. Broad）が，これによって，AIA が画一的な監査手続を課そうとしているのではないかという監査実務者の怖れを和らげようとしたのではないかと解釈している[17]。実際，ブロードは「より順応性を高めるようにして，会計士個人の判断（individual judgment）の余地を残そうと試みた[18]」ことを強調していた。こうした点から，プレヴィッツとメリノは，『独立の公共会計士による財務諸表の監査』は，こうした手続の順応性の向上を強調したことで，監査プロセスを強化することはなかったと結論している。

ケアリーは，「1916 年から 1936 年の 20 年間で，［監査上の］技術基準（technical standards）に対する会計プロフェッションのアプローチは，急進的な変化をとげた。そこには，放任的で，主観的な，自分主義的（ever-man-for-himself）ア

---

15　AIA [1936], *Examination of Financial Statements by Independent Public Accountants*, p.7.
16　Carey [1969], p.205.
17　Previts and Merino [1998], p.293.
18　*Ibid*.

プローチから，一般的に適用される基準を発行する責任を受け入れる方向への強力な動きがあった[19]」と総括している。その一方で，プレヴィッツとメリノは，そうした技術基準が監査実務をさほど有効には規律していなかったことを強調している。AIA の監査ガイダンスはこうした両側面を持つものであった。

## 3. SEC の要求する財務諸表監査の品質と監査範囲の問題

### (1) 当初の法執行の基本基調

　証券取引所法は，証券規制を専属的に管轄する行政機関として証券取引委員会（SEC）の創設を規定した。これにともなって，SEC は 1934 年 10 月に活動を開始することとなった。ジョセフ・ケネディー（Joseph P. Kennedy）が初代委員長に任命され，当初の委員として，FTC 委員であったジェイムス・ランディス（James M. Landis），同じく FTC 委員のマシューズ（George C. Mathews），FTC の主任法務官（chief counsel）であったヒーリー（Robert E. Healy），フレッチャー上院議員付きの主任法務官のペコラ（Ferdinand Pecora）が就任した。

　1933 年証券法と 1934 年証券取引所法の共通した目的は，公衆の利益（public interest；公益）を守り，公衆投資者（public investors）を保護すること，また，証券の公正かつ秩序だった取引を維持することであった。これらの目的を有効に達成するため，証券法 19 条 (a) 項，さらに証券取引所法 21 条 (a) 項によって，SEC には，公衆投資者が投資意思決定に必要な情報を提供されることを確保するための一般的規則設定権限（general rulemaking authority）が与えられた。

　とりわけ，会計原則を確立するという SEC の権限は，制定法上，確固たる根拠を持っている。証券法 19 条 (a) 項の後段では，「委員会は，本法の目的を達成するため，求められる情報が明らかになるような様式（form），貸借対照表および利益計算書（earning statement）に表示される項目および詳細，あるいは計算書を作成するにあたって，資産および負債を評定，評価するにあたっ

---

19　Carey [1969], p.212.

て，減価償却額ないしは減耗償却額を決定するにあたって，経常利益項目か特別利益項目かを判定するにあたって，委員会が必要とする場合，連結貸借対照表および連結損益計算書を作成するにあたって準拠すべき方法を規定する (prescribe) 権限を有する」と明定されている。また，証券取引所法13条 (b)項においても，「委員会は，本法に基づいて作成される報告書に関して，求められる情報が明らかになるような様式，貸借対照表および利益計算書に表示される項目および詳細，あるいは計算書を作成するにあたって，資産および負債を評定，評価するにあたって，減価償却額ないしは減耗償却額を決定するにあたって，経常利益項目か特別利益項目かを判定するにあたって，委員会が必要とする場合，連結貸借対照表および連結損益計算書を作成するにあたって準拠すべき方法を規定する権限を有する」とされている。

それでは，SEC 創設当初の会計問題に対する法執行の基本方針はいかなるものであっただろうか。大石 [2015] によれば，「ケネディー／ランディス時代の SEC は，会計問題に積極的には関わらないという方針をとったが，この姿勢はダグラスが委員長に就任した1937年から変化し始める[20]」とされる。

3代目 SEC 委員長となるウィリアム・ダグラスは，委員長に就任する以前の委員時代の1936年から1937年にかけて，ヒーリーとともに，「SEC が1933年法によって付与された権限を行使して，会計原則の制定に関して指導的役割を果たすべきだ」と主張していた[21]。ダグラスとヒーリーの目指した路線は，主要な会計問題に関して専門家のアドバイスを仰ぎつつ SEC が判断を下し，ケースバイケース（コモンロー・アプローチ）によって漸進的な発展をはかるというものであった。

1936年から1937年にかけて，ダグラスと「私的統制派」のマシューズとの間の議論は白熱したものとなっていた。ただし，1937年1月の講演のなかで，

---

20　大石 [2015]『会計規制の研究』，p.69.　創設期の SEC 会計規制の形成過程については，大石 [2015] および小川 [2007]「米国財務報告システム改革と SEC 規制体制の構造」においてすでに詳細に分析，評価されているので，これらを参照されたい。
21　Seligman [1985], "The SEC and Accounting: A Historical Perspective," p.253.　なお，ダグラスこそ会計プロフェッションによって捕囚されていたとの見方については Merino and Mayper [2001] を参照されたい。

マシューズは，ケースバイケース・アプローチを採用していることを認めている。

　「ご承知のとおり，これまでSECは会計手法を統制する全般的レギュレーションを採用してきていない。そうでなく，個々のケースで提示される問題に対処しようとしてきた。このように，ケースバイケースで，SECは不適切な会計実務とみなされるものを選別し，財務諸表が修正されることを確保し，財務諸表に反映されている手法を批判してきている[22]。」

　SEC委員の多数派（マシューズ，フランク（Jerome N. Frank），ヘインズ（John W. Hanes））は，SECによる会計原則の制定に反対していたが，5人の委員の間での妥協が図られた。1938年4月，SECは，マシューズの不同意で，会計連続通牒第4号を採択し，控えめに，ケネディーおよびランディスの脚注政策によってなされた緩和を引き締めることとなった。統一的会計原則の制定を目指さないというダグラスSECの決定の最終的な帰結は，基準設定機構を構築するための負担を会計プロフェッションに課すというものであった。これはSECの証券市場規制と並行したものであった。それぞれ，規則設定は「SECの検討を受け（subject to SEC review），プライベートの組織によって[23]」なされるものとされた。

　翻って，監査問題についてはどうであろうか。当時，会計問題と監査問題とが峻別されて認識されていたかどうかは疑わしいところではあるが，少なくとも，証券法および証券取引所法は，独立の公共会計士による監査証明を要求する規定を持っていた。そのことから，SECは，監査証明を行なった会計士あるいは会計事務所が実際に公共会計士あるいは公共会計事務所であるかどうか，証券発行者から実際に独立しているかどうか，さらに，監査証明書における表示が証券諸法での監査人の職能を十分に完遂するものであるかどうか判断するための黙示的権限（implicit authority）を正当に主張できると考えられて

---

22　Mathews [1937], "SEC Accounting Issues and Cases," pp.59-60.
23　Seligman [1985], p.254.

いた[24]。

　実際，SECは，当初から，監査人の独立性と，監査証明書に要求される記載表示に関して，精巧な基準を規定してきた[25]。提出された監査証明書が受け入れられるものであるため，監査証明書における監査人の表示は，監査人が実施した業務によって一定の方法で裏づけられているものでなければならない。そのため，SECは，実務上は，監査基準と監査手続の発展に影響を与える，間接的ではあるが，相当の能力（capacity）を具備していたといわれる[26]。とりわけ公共会計士の独立性については，より力点が置かれてきた。当初，独立性については重要視されていたが，監査基準に相当するものの制定に関してはとくに明確にされていなかった。

　このように，1934年証券取引所法によって創設されたSECは，証券法および証券取引所法の下で開示される財務諸表への独立の公共会計士による監査証明に対する一定の規制権限を与えられた。規制機関であるSECは，1つは，実際に独立しているかどうかを判断すること，さらには，独立性に関する基準を規則として設定すること，もう1つは，どのような記載がなされた監査証明書であれば受け入れられるか，逆にどのようなものが受け入れられないのかの基準を規則として設定することができるとされていた。

### (2) 実施された監査範囲の問題

　SEC創設段階で一般に通用していた監査証明書は，実施した監査の範囲について記述するうえで，会社の会計記録を監査したという事実に言及する以上のことはしていなかった。当初，FTCは――そしてSECも――そうした通例の監査証明書を受け入れることとした。この一連の法執行は，「監査手続の適切性に対する責任を，監査証明書の提出の根拠となっている証券法規における

---

24　Strother [1975], "The Establishment of Generally Accepted Accounting Principles and Generally Accepted Auditing Standards," p.225.
25　「証券法の下でのレギュレーション」では，会計士の独立性に関する規則（第14項）と財務諸表の監査証明に関する規則（第15項）が規定された。
26　Strother [1975], pp.225-226.

明示的な処罰規定の範囲内に組み込む[27]」ことを意味していた。その結果，監査手続は，財務諸表が不適切に作成された，あるいは注意を欠いて監査証明された証拠が明らかになった場合にのみ，FTCやSECの調査の対象とされた。

実際，当初証券法に関する規制機関とされたFTCによる監査証明書の記載に関連する規定では，デュー・ディリジェンスについて規定した証券法11条(b)項と直接関連づけて，会計士がプロフェッショナルとしての注意義務を果たして実施した監査に基づいた監査証明書であることが判然とするような監査証明書の記載を要求している[28]。監査証明書の記載事項について規定したFTC規則・レギュレーション第15項は，具体的に，「独立の公共会計士による監査証明書は，……当該会計士が合理的な調査を実施した後に，監査証明時点において，登録届出書に含まれる表示が真実であること，および表示を誤解を生じさせないようにするために必要とされる重要な情報を漏らさずに表示していることを確信するにたる合理的な基礎を獲得して，ここにそのように表示していることを確信している旨を表示するものでなければならない」と規定していた。1934年6月以降FTCに代わり証券規制に関する規制機関となったSECも，当初，この規則を継承した。

しかしながら，1934年1月に公表された『会社会計の監査』において上場会社の場合の監査報告書の標準様式が提示されたことを受けて，SECは，1935年5月には，それまでの監査証明書の記載に関する規定を改訂し，「AIAの推奨する監査報告書と同様な監査証明書を要求する新たな規定を採用する[29]」こととした。したがって，具体的に，新たに規定された「証券法の下での一般規則および準則」651項では，以下のように規定されることとなった。

「会計士の監査証明書は，……実施した監査の範囲について合理的に理解可能な（reasonably comprehensive as to scope of the audit made）ものでなければならない。……財務諸表を監査証明するにあたって，独立の公共会計士

---

27 Barr and Koch [1959], "Accounting and the S.E.C.," pp.186-187.
28 Carey [1970], *The Rise of the Accounting Profession: To Responsibility and Authority 1937-1969*, p.157.
29 Blough [1937], "Accountants' Certificates," p.108; Carey [1970], p.157.

は，登録届出書提出会社のスタッフとして雇用されている内部監査人によって正規に運用されている内部監査システムに対して，相応の信頼を置くことができる。その場合でも，独立の会計士は，当該会社とその子会社が採用している会計手続を調査し，それらが実際に遵守されていることを適当な方法で確かめなければならない。ただし，本規定は，正規の年次監査を実施する際に独立の会計士が通常採用するところのいかなる手続の省略についても，その省略に承認を与えているものと解釈されてはならない。」

そして1935年12月にはSEC内部に主任会計官室（Office of Chief Accountant）が設置されるようになり，初代の主任会計官にカーマン・ブラウ（Carman G. Blough）が就任した。さらに，1937年4月からは，「主要な会計問題における統一的な基準および実務の発展に寄与することを目的として，会計原則についての意見を公表する[30]」通牒として，会計連続通牒（Accounting Series Releases；ASR）が発行されることになった。

1937年11月に入って，主任会計官のブラウは，監査証明書に関する規定が正しく理解されていないとして，監査証明書に関連した講演を行ない，SECの法執行上の考え方を説明した。そこで，とくに後段の但し書きの部分について，「私の理解によれば，独立の会計士は，包括的で信頼しうる財務諸表を提示するために必要な監査手続をいっさい省略してはならないことを意味している[31]」と強調した。さらに，そのうえで，「AIAは，『独立の公共会計士による財務諸表の監査』において，適用可能である場合の，こうした監査においてなされなければならない範囲を決定する際の指針（guide）としてプロフェッションに認識されている監査プログラムを規定している。しかるべき権威を持った者たちがこの課題について詳細に論じている。そして，それは会計士の訓練と啓蒙の役割である[32]」との見解を提示していた。このように，SECの主任会計官は，監査問題は，会計プロフェッションによる自主規制の枠内の問題であると捉えていた。

---

30　*Second Annual Report of the SEC*, Fiscal Year Ended June 30, 1937, p.82.
31　Blough [1937], p.116.
32　*Ibid.*

ブロード（Samuel J. Broad）が委員長となって起草された AIA の 1936 年『独立の公共会計士による財務諸表の監査』では，監査証明書の様式に関して，以下のように規定していた。

「会計士の報告書あるいは証明書は，提出された財務諸表に対する会計士の意見の明瞭な表示と整合する簡潔なもの（concise）でなければならない。採用された会計原則に関して必要であると会計士が考えた説明と開示が財務諸表あるいは監査報告書に含まれていなければならない。明瞭かつ簡潔に限定事項を付すことの重要性に注意が払われることになる。単純に，情報をより多く提供することを意図してなされる，あるいは会計士の［監査］業務の範囲の制約を示すことを意図してなされる記載と，被監査会社の特定の会計実務への異議をあらわす記述には，区別がなされなければならない。文字どおりには真実とはいえないという表示，あるいは内容が保証されないインプリケーションをもたらす可能性がある表示を行なうことを避けるため，注意が払われなければならない。」

一方で，SEC が監査証明書の記載のうち，とくに監査範囲の表示について関心を持つようになっていたことは，この頃から会計プロフェッション側にも感じ取られるようになっていた。実際，1938 年 9 月の AIA 年次大会で設定された監査証明書をテーマとするラウンドテーブル・セッションにおいて，ブロードは，1938 年 5 月 16 日に発行された ASR 第 7 号で示されている監査証明書に対する SEC の見解について言及している[33]。ASR 第 7 号には，SEC に提出された監査証明書を分析した結果，典型的に見受けられる欠陥事項が例示されているが，そこで，主任会計官（ブラウ）は，「監査証明書での表示が，実施された監査の範囲に関する合理的に理解可能な表示となっていない」事例とは別に，「適切な監査が監査証明を実施した会計士によってなされていない」事例を挙げていた[34]。そこに示されている SEC の見解に対して，当該セッションにおいて，ブロードは以下のような理解を示した。

---

33 Broad [1938], "Accountants' Certificates and the S.E.C.," p.78.

「この批判は、[われわれ AIA の推奨する]標準様式の文言そのものに対する批判ではなく，会計士がこれまで引き受けてこなかったものの，"独立の公共会計士が毎年の年次監査の過程で通常採用している手続"を省略することを事実上禁じているレギュレーションの規定の下では引き受けてしかるべきだと SEC が考える一定の[監査]業務を[監査証明書において]特定していない事例に向けられた批判である[35]。」

しかしながら，ブロードは，さらに「会計士の実施した監査の範囲についての表示に対して時折向けられる批判は，もともと意図されていない，適用可能でない状況において，さらに内部統制および牽制システムがまったくもって適切でない場合に，その標準様式が用いられることがあるという事実から来ている[36]」とも主張しており，内部統制システムがある程度整備されていることを前提とした上場会社に対してなされる監査証明においては，必ずしも標準様式に問題があるわけではないとの認識を示していた。

こうしたなか，1938 年末にマッケソン＆ロビンス事件が発覚することになる。事件後の監査証明書の記載様式の捉え方を先取りして説明すると以下のようである。事件発覚後の 1939 年 5 月，全米コントローラー協会のカンファレンスの場で，SEC 委員のヒーリーは，監査範囲の問題を直接槍玉に挙げ，監査証明書における記載方法のあり方を痛烈に批判した。

「われわれは，監査人の実施した業務の大まかな範囲についての合理的な表示を要求してきた。しかしながら，この要請はまったく誇らしいほどに守られていない。通例の監査証明書は，何を実施し，何を実施せずに済ませたかを何ら開示していない。事実上，ただ監査を実施したことだけを示してい

---

34 *Deficiencies Commonly Cited by the Securities and Exchange Commission in Connection with Financial Statements Filed Pursuant to the Securities Act of 1933 and the Securities Exchange Act of 1934*, Accounting Series Release No.7 (May 16, 1938).
35 Broad [1938], p.79.
36 *Ibid*.

るにすぎない。……通常実施すべき監査手続（normal audit procedure）が省略された場合に，そのことが監査証明書において指摘されていない事例が数多く見受けられる。……私にとって何よりショッキングだったのは，一般的な監査契約の条項のなかで監査人がこうした通常実施すべき監査手続の一部を実施しないことをあらかじめ合意することがあるという事実である[37]。」

さらに，ブラウに替わって主任会計官となったワーンツ（William W. Werntz）も，1939年9月に開かれたAIA年次大会において，監査範囲の問題に触れて，以下のように述べている。

「これまでのところ，証券法および証券取引所法の下での財務諸表の監査証明に不可欠とされる監査の範囲を規定する試みはほとんどなされてこなかった。代わりに，われわれSECは，会計プロフェッションが公表した手続基準，さらに制定法ないしはコモンローに含まれた一般的な規則に依拠するという代替案を採用してきた。……［現行の規則651項と証明書様式の］ルールは，監査人が実施しなければならないことに関して，積極的には，何も規定していない。……［通常実施すべき監査手続の省略の禁止という］実体的要請（substantive requirements）や一定の手続上の事項に加えて，現行ルールはまた，会計士の監査証明書が実施した監査の範囲に関して合理的に理解可能なものでなければならないことを要求しているが，この要求は……全米コントローラー協会での最近の講演でヒーリー委員によってはっきりと指摘されたように，期待された情報をもたらしていない。われわれSECが会計原則に関して費やしてきた年月とは対照的に，実際に合理的な監査がなされていたのかどうかという問題を含んだ事案はわれわれの前にほとんど提起されてこなかった。……今日の状況は，［監査上の問題が認識されたマッケソン＆ロビンス事件のような］個々の事案において採用された監査手続について開示させても，財務諸表の作成にあたって採用された会計原則につい

---

37　Healy [1939], "Responsibility for Adequate Reports is Placed Squarely on Controllers," p.197.

て開示させることを要求する場合ほどの多くの問題点を生じさせることはないのかについての検討をわれわれにさせようとしている[38]。」

　この講演のなかで，ワーンツは，SEC が会計士の実施した監査の範囲に関してより積極的な開示を要求する意向であることを示唆していた[39]。そして，マッケソン＆ロビンス事件によって触発されたといえるワーンツによるこの講演が，「監査基準の発展（the development of basic standards of auditing）を促す端緒となった[40]」，あるいは「監査基準の定式化を導いた[41]」とケアリーは振り返っている。

## 4．マッケソン＆ロビンス事件前夜の状況

　マッケソン＆ロビンス事件発覚の直前，SEC は，モンロー貸付会社事案（*In the Matter of Monroe Loan Society*）や州際メリヤス製造事案（*In the Matter of Interstate Hosiery Mills, Inc.*）などの，SEC からみて「監査上採用された手法や技術の適切性に疑問を投げ掛ける[42]」事案を抱えていた。

---

38　Werntz [1939], "What Does the Securities and Exchange Commission Expect of the Independent Auditors?" p.18.
39　「示唆していた」としたのは，講演のなかでワーンツが，今後の規制の方向性について断定した言い回しをしているわけではないものの，文脈上，明らかにその方向性を伝えようとしているとみられるためである。ワーンツは，監査証明書が一般投資家に伝えている当然の含意として，「1．業務が独立した立場の専門家（expert）によってなされていること，2．事業についての監査が行なわれていること，3．監査活動およびその結果が監査人に情報に基づいた意見を表明させるに十分なものであること，さらに，その意見が，最大限，明瞭かつ公正に表明されていること」（Werntz [1939], p.19）の 3 点を挙げている。ここから，ワーンツが，監査証明書ではこの 3 点について明瞭に表示するものであることを期待していたことが窺い知れる。非常に興味深いことに，この 3 点は，のちに監査基準ステートメントに要求されることになった要素（一般基準・実施基準・報告基準）とその視点が符合している。
40　Carey [1970], p.147.
41　Carey [1970], p.157.
42　*Fifth Annual Report of the SEC*, Fiscal Year Ended June 30, 1939, p.118.

### (1) モンロー貸付会社事案

まず，モンロー貸付会社事案では，支店での監査手続をめぐって，実施された監査の十分性が問題にされた[43]。この事案では，モンロー貸付会社（Monroe Loan Society）による証券発行の登録をめぐって，証券法8条(d)項に基づいて，登録届出書の効力を停止する停止命令を発するべきか否かを判断するための手続が進められた。これに先立ちSECは，1938年3月4日より，8条(e)項に基づく予備調査[44]を実施していたが，その際，モンロー貸付会社側から，フィラデルフィア支店長が，長年にわたって，相当程度（金額不明）の横領を行なっていたという情報を得た。こうした情報を受けてSECは3月29日付で停止命令手続に着手したが，会社側が登録届出書の訂正を行なったため，いったん告示された聴聞会の開催は無期限延期され，こうした訂正が十分であるかという観点からの事実認定のみが行なわれた。

モンロー貸付会社の財務諸表は，1927年の事業開始時点から，定期的に，ローレンス・スカッダー会計事務所（Lawrence Scudder & Co.）による監査を受けていたが，同会計事務所は，会社の総資産の25％，問題とされたフィラデルフィア支店の資産の83％を超える約50万ドルにものぼる横領を発見できなかった。この横領は，フィラデルフィア支店の帳簿の記録管理，貸付けた金銭の取扱い，貸付の承認と貸付金の回収など，同支店のすべての業務活動を統括する責任者であった支店長のモンタギュー（Edward G. Montague）が行なっていたものであった。横領は，この数年前より行なわれており，そのほとんどが借入申込書を偽造することによって隠蔽されていた。

ローレンス・スカッダー会計事務所による監査の対象は，ニューアークにあった本店の会計記録のみに限定されていた。そのため，同会計事務所からは，誰も，また一度も，支店に出向いて往査していなかった。また，各支店に保管

---

43 *In the Matter of Monroe Loan Society*, File No.2-3205, 3 S. E. C. 407, 413 (May 25, 1938).
44 証券法8条(e)項では，「ここにおいて，委員会は本条(d)項の下で（注：登録届出書が重要な事実に関する不実表示ないし表示の省略を含んでいることが明らかな場合）停止命令を発するべきかどうかを判断するためにいかなる事案においても調査を実施する権限が与えられる」と規定されている。

されているはずの借入申込書もいっさい調べられておらず，支店での貸付についても，いっさい借り手への直接確認による検証がなされていなかった。同会計事務所のパートナーは，SEC に対して，もともと監査契約では本店の会計記録のみを監査対象とすると取り決められていたため，また，この会社の内部牽制システムが適切であると"合理的に確認した"ため，支店の会計記録の監査を実施しなかったと証言した。しかしながら，貸付会社の関係者の証言によれば，実際に支店の規程上の内部監査手続あるいは現実に適用されている内部監査手続に関する質問をした会計士は誰もいなかった。それゆえ，監査人がこの会社の採用する支店の内部監査および統制のシステムに実際に精通していたかどうかは疑わしかった。

その一方で，実際に監査を担当した会計士も，SEC に対し，支店の会計記録を監査することがよりよい監査実務であることは間違いないと証言した。また，本事案に関して専門家（expert）としての意見を求められたウィリアム・ベル（William H. Bell：なお，マッケソン＆ロビンス事件での公聴会でも専門家証人となる）も，小規模な貸付会社の監査の場合，資産の実物の検証（actual verification）が最も重要な要素であり，さらに，たとえどのような方法でそれらの資産が本社スタッフによって［内部］統制されていても，その場合の検証は，必ず，その資産が実際に配置されている場所でなされなければならないと証言した。

こうした状況から判断して，SEC は，「会計士が，その監査の全体からみて，この証券発行者のような金融会社の監査において不可欠なもの（essentials）と認められていた手続——すなわち，監査を担当した会計士が自ら認めているとおり，もし採用されていたらフィラデルフィア支店での横領を早期に発見できたと思われる手続——を省略していたのは事実である[45]」との意見を述べた。

### (2) 州際メリヤス製造事案

さらに，州際メリヤス製造事案では，会計事務所による監査業務に対するレ

---

[45] *In the Matter of Monroe Loan Society*, p.412.

ビューの適切性が問題にされた[46]。この事案では，証券取引所法 19 条 (a) 項 (2) に基づいて[47]，ニューヨーク・カーブ取引所に上場された州際メリヤス製造社 (Interstate Hosiery Mills, Inc.) 株式の登録を停止する，あるいは取り消すことが投資者の保護のために必要ないし適切であるかどうかが検討された。1938 年 2 月，州際メリヤス製造社の会計帳簿に異常事項があることが発覚し，調査の結果，同社の証券登録申請書（1934 年）および年次報告書（1934 年度，1935 年度，1936 年度）における財務諸表には毎年の売上総利益の過大表示とその累積としての貸借対照表項目（現金預金，売掛金，棚卸資産，剰余金）の過大表示が含まれていたことが判明した。こうした改ざんを行なっていたのは，州際メリヤス製造社の監査を担当していたホームズ＆ディビス会計事務所（Homes & Davis）の被用者（employee）[48]のマリエン（Raymond Marien）であった。

ニューヨーク・カーブ取引所では，すでに 2 月 15 日の取引開始から同社株式の取引が停止されていたが，SEC は，提出された 1934 年度，1935 年度，1936 年度の財務諸表に不実表示および誤導する表示が含まれていると信じるに足る根拠があるとして，調査を開始した。6 月 28 日に，同社株式のカーブ取引所への登録および上場を廃止すべきかどうかを判断するための公聴会が開催された。公聴会では，とくに，ホームズ＆ディビス会計事務所がマリエンの業務をレビューするにあたって正当な注意を払ったのかどうかが主要な論点となった。具体的には，州際メリヤス製造社ランスデール工場の会計帳簿に関す

---

46　*In the Matter of Interstate Hosiery Mills, Inc.,* File No.1-300, 4 S.E.C. 706, 722 (March 18, 1939).
47　証券取引所法 19 条 (a) 項では，「委員会は，自らの意見において投資者の保護のためにそれが必要ないしは適切であれば，以下を行なう権限を有する。…… (2) 証券発行者が本法の規定およびその下での規則，レギュレーションを遵守していないと判断された場合，適当な告知と聴聞の機会を与えたうえで，命令を発することによって，その証券の登録を認めない，その登録の発効日を延期する，あるいは 12 ヵ月を超えない期間登録を停止する，取り消す［こと］。……」と規定されている。
48　一般に，会計事務所の"構成員"のうちパートナー以外は，ここでいう被用者にあたる。その限りでは，被用者よりもむしろ所属会計士と呼ぶ方が適切である。ただし，少なくともこのマリエンの場合には，会計事務所の指揮および統制下で終始行動していたわけではなく，彼の実施した業務，具体的には財務諸表に関する報告書の作成という業務が，フィリップスによって会計事務所のものとして受け入れられるという形式を採っていた。そのため，マリエンに関しては，"雇われ会計士"という表現が実情を表している。

るマリエンの報告書がレビュー担当者であったフィリップス（Theodore Phillips）によって適切にレビューされていたのかどうかが問題となった。

　フィリップスは，マリエンから提出された報告書の素案を熟読し，異常な点についてはマリエンに質問を行ない，必要であれば訂正を加えていた。また，報告書のコメント部分で触れられている金額が財務諸表上の金額と一致していることを確認し，裏付資料に照らして財務諸表上の金額をチェックした。さらに，試算表残高に遡りながら貸借対照表上の資産および負債の金額もチェックした。このように，証言による限り，フィリップスは，マリエンに質問し，監査調書を調べることによって，監査計画が実際に行なわれたかを確かめていた。しかしながら，実際には，フィリップスがレビューする際の起点としていた試算表残高はマリエンによって改ざんされていた。監査調書にも転載されていた試算表残高には明らかに操作された痕跡があった。試算表残高は全7頁のもので，1頁ごとに1/7頁，2/7頁のように通し番号がつけられていたが，マリエンはこれに"手書きによる"8頁目を加えていた。結果，全8頁あるにもかかわらず，1/7頁，2/7頁という通し番号が残ったままであった。いずれにせよ，フィリップスは，試算表残高の正確性については監査実施責任者であるマリエンを信頼して，試算表残高を計算照合するなどのチェックをしていなかった。

　公聴会では，ホームズ＆ディビス会計事務所とは関わりのない2人の公認会計士が，監査スタッフの業務のレビューに関連した通常の健全な監査実務（usual sound auditing practice）について専門家としての証言（expert testimony）を求められた[49]。その専門家証人は，「レビュー担当者は，監査を直接担当している会計士に対して不明な点や異常な点に関する質問を行なえば，合理的と

---

49　この証言は，SECは会計プロフェッションのものではなく自らの知識に基づいて会計・監査上の基準を判断すべきであるという州際メリヤス製造側の弁護士の反論に対して，ホームズ＆デイビス会計事務所側の弁護士によって提出されたものである。SECは，「最終的には，健全な会計ないし監査実務に対するSEC自身の判断を規準としてすべての専門家の証言の価値を評定しなければならないが，公共会計士実務に従事している資格を持った専門の会計士の証言は，目的に適っており，有益であると思われる（*In the Matter of Interstate Hosiery Mills, Inc.*, p.715)」として，SEC公聴会での事実認定にあたって専門家証人の証言を受け入れることを認めている。

判断できる回答をとくに検証なしに受け入れても,それで十分である。とくにレビュー担当者は,必ずしも,試算表残高や監査調書を詳細に調査することはなく,また,売掛金や外部保管された棚卸資産についての確認[書]の存在は確かめるが,確認された金額とレビュー対象になっている報告書での数字との照合までは必要とされない[50]」として,フィリップスの実施したレビューを支持した。

こうした調査の結果,SEC は,「[最終的には]証拠記録では,ホームズ&ディビス会計事務所によって実施されたレビューが[当時の]会計事務所によって通常採用されているものよりも狭い範囲のものであった（less extensive）ことを示すことはできなかった[51]」としながらも,監査業務をレビューするにあたって通常採用されている実務（一般に認められた監査実務）に関して,「われわれの意見では,そうした実務には全面的な修正が必要である[52]」と強く主張した。また,さらに進んで,「会計事務所が配下のスタッフの実施した業務に責任を持つにあたって依拠しているレビューは,監査計画における特定の項目の実施状況に関するおざなりの質問を超えるものでなければならないことは自明であると思われる。レビュー担当者は,異常な項目についての説明を,監査調書からの詳細な裏づけもなしに受け入れるべきではない[53]」との見解を述べた[54]。

## 5. 小 括

創設当初,1938 年頃までは,SEC は,こと監査規制についてはとくに確固とした方針もなく,ケースバイケース・アプローチに基づいて,法執行がなされていた。しかしながら,"監査基準"が導入される以前においても,監査基準に相当するものは状況的に存在しており,規制機関である SEC は,どのように"それ"を遵守させるかを次第に意識するようになっていた。

ここでは,州際メリヤス製造事案を「監査証明に携わった会計士の独立性や

---

50 *In the Matter of Interstate Hosiery Mills, Inc.*, p.715.
51 *Ibid.*
52 *Ibid.*
53 *In the Matter of Interstate Hosiery Mills, Inc.*, pp.715-716.

監査証明書の記載様式ではなく,監査証明書の基礎となっている実施された監査自体が合理的であったかどうかを問題にしている」画期的な事案であったとみている。モンロー貸付会社事案や州際メリヤス製造事案に共通していたのは,それ以前のような,監査証明に携わった会計士の独立性や監査証明書の記載様式ではなく,監査証明書の基礎となっている実施された監査自体が合理的であったかどうかを問題にしている点である。しかも,合理的な監査が実施されたかどうかを判定するための規準として"一般に認められた監査手続"にあたるものを想定していたことである。

こうした状況のなかで,SECは,"一般に認められた監査手続"を知るために,マッケソン&ロビンス事件の以前から,局地的な領域ではあるが,専門家証人による一般に認められた監査実務についての証言を"必要としていた"。

---

54 ここでは,レビュー業務に焦点を当てて,明らかに一般に認められた監査基準が問題にされている。フェルカー(Nathan Felker)は,この州際メリヤス製造事案で採られたSECのアクションは「それから長年続くことになる会社経営者と監査人の役割および責任についての[SECの]見解の起点を反映(Felker [2003], "The Origins of the SEC's Position on Auditor Independence and Management Responsibility for Financial Reports," p.45)」するものとして捉えている。そのうえで,とりわけ監査上のレビューに関連して,「[SECの示した]見解は,監督レベルでのレビューという視点からその後のすべての監査の実施についてSECがどのようなものを期待するのかを,監査事務所に知らしめるものであった(Felker [2003], p.57)」と指摘している。また,ハイエー(Jan R. Heier)とリーチ-ロペス(Maria A. Leach-López)も「州際メリヤス製造事案は,監査人の独立性,監査上の監督,経営者の[財務諸表に対する]責任についての監査上の原則を会計プロフェッションの最前線に押し出しており,より有名な1938年のマッケソン&ロビンス事件が監査実施のやり方を変容させたのとまったく同様に,監査の思想を根本的に変えた(Heier and Leach-López [2010], "Development of Modern Auditing Standards: the strange case of Raymond Marien and the fraud at Interstate Hosiery Mills, 1934-1937," p.71)」と解説しており,「[州際メリヤス製造事案]の結果としての1939年のSECの裁定(ruling)は[監査業務の]監督,独立性,経営者責任に関連した現代の監査基準の発展と適用に関係している(Heier and Leach-López [2010], p.68)」と強調している。

# ■第3章■

# マッケソン&ロビンス事件と監査基準

---

## 1. は じ め に

　SECは，1934年証券取引所法に基づいて，1933年証券法および1934年証券取引所法の執行を管轄するものとして創設された連邦行政機関である。1933年証券法と1934年証券取引所法がSECに提出される一定の財務諸表に対して"独立の公共会計士"による監査証明を要求していることから，SECには，法執行上，監査証明を実施した監査人が実際に公共会計士であるかどうか，また，独立の立場にあるかどうか，あるいは監査証明書での記載表示が証券諸法で要求されている目的を十分に果たしているかどうか，に関する事実上の監査規制権限が認められていた。

　マッケソン&ロビンス事件は，会計プロフェッションに対し，売掛金の確認と棚卸資産の立会を通常実施すべき監査手続であると認めさせた，アメリカ監査史上最も重要な事件であるとされている。マッケソン&ロビンス事件を契機にして，アメリカ会計プロフェッションを代表するアメリカ会計士協会（AIA）は，この事件をめぐって問題視された売掛金と棚卸資産に対する監査手続に関して，売掛金の確認と棚卸資産の立会を通常実施すべき監査手続とする監査手続上の改善を行なった。そのことからすれば，大まかにみれば，上記のような解釈は確かに誤ってはいない。しかしながら，会計プロフェッション側がなぜ売掛金の確認と棚卸資産の立会をプロフェッショナルとして通常実施すべき——合理的かつ実務上実施可能であれば実施すべき——監査手続として認めることになったのかを突き詰めてみると，会計プロフェッションとSECとの関

係性はそう単純なものであったとは言い難い。

とくに,監査規制史という観点から改めて眺めてみると,この事件に関連して,はじめて会計事務所による監査実務の水準(standards)について検討される場が持たれたこと,そして,そこで監査プロセスのほとんどの局面に関わる論点について徹底的な検討がなされ,その成果がそれ以降のSECの監査規制の基礎となったであろうことが明らかになってくる。

本章では,マッケソン&ロビンス事件に直面したSECがこの事案をどのように取り扱ったか,具体的には,どのような法執行を行なったかを考察することを通じて,監査人および監査業務に関する規制機関としてのSECが,どのような意図を持って監査規制を推し進めたのか,また,それは会計プロフェッションとの関係性をどのように変えることになったのか,を考察する。

## 2. マッケソン&ロビンス事件の概要

### (1) 会社の沿革

ニューヨーク証券取引所上場会社であったマッケソン&ロビンス社(McKesson & Robbins, Incorporated (Maryland);メリーランド州法人)が提出した1937年度の連結財務諸表には8,700万ドルを超える総資産が計上されていたが,そのうちの1,900万ドル近くが架空のものであったことがのちに判明した。こうした資産の過大表示の背後では,マッケソン&ロビンス社の社長コスターらによる未精製薬品の架空取引を通じた不正が行なわれていた。

マッケソン&ロビンス社の母体は,事件の首謀者であるフランク・ドナルド・コスター(Frank Donald Coster)が1923年1月にニューヨーク州において設立したジラード社(Girard & Co., Inc.)である[1]。ジラード社は,1926年10月に,ニューヨークにある創業93年の老舗薬品会社マッケソン&ロビンス社を吸収合併したが,合併にあたって新たに設立されたのがマッケソン&ロビンス社[コネチカット州法人](コネチカット会社)であった[2]。

---

1 SEC [1940b], *Report on Investigation in the Matter of McKesson & Robbins, Inc.*, pp.24-26.

さらに翌年1927年10月には，コネチカット州を中心にしていた販売をカナダ国内，さらに大英帝国全域に拡大するために，事実上の完全子会社としてのマッケソン&ロビンス社［カナダ法人］（カナダ会社）が設立された。コスターが社長を兼務し，その他の経営執行者もコネチカット会社の者が兼任した。カナダ会社では，当初から，事件で問題となる未精製薬品（crude drug）の仕入と再販売しか行なわれなかった[3]。

その後，全米各地で広範囲に展開していた多数の薬品販売会社（wholesale drug companies）を集積して1つの会社の下でグループ経営を行なうため，1928年8月4日に，持株会社としてマッケソン&ロビンス社［メリーランド州法人］（メリーランド会社）を設立し，全米15の薬品販売会社とコネチカット会社の発行済普通株式のすべてを取得して，それらをメリーランド会社の完全子会社とした[4]。

さらに，メリーランド会社は，1928年11月に，ニューヨーク証券取引所への株式上場を果たした[5]。続く1929年中には，さらに28の薬品販売会社を買収した。またタラ肝油の販売事業に進出するためにノルウェーのイスダール社（Isdahl & Co., A/S）を買収するなど，北米域外の薬品以外の販売会社をも傘下に置くようになった。1930年末の時点で，薬品販売子会社は43となり，販売拠点は全米67都市に広がっていた[6]。

しかしながら，事業は必ずしも順調とはいえず，メリーランド会社は，1932年に，1928年の設立以来，はじめて，経常損失を計上し，無配に陥った。続く1933年も無配となり，1934年には，子会社の事業活動を最大限中止して，残った事業もメリーランド本社の一事業部として運営するという方針転換が行なわれた。メリーランド会社は，それまで純粋持株会社であったが，1934年10月に，完全子会社であったコネチカット会社は清算され，その事業をメリーランド本社のコネチカット事業部として引き継ぐこととした[7]。

---

2　SEC [1940b], pp.26-28.
3　SEC [1940b], p.30.
4　SEC [1940b], pp.31-32.
5　SEC [1940b], p.33.
6　SEC [1940b], p.36.

事件発覚の時点で，マッケソン＆ロビンス本社（メリーランド会社）の普通株式・優先株式ならびに社債はニューヨーク証券取引所に上場されており，1934年証券取引所法に基づく証券登録がなされていた。マッケソン＆ロビンス本社の財務諸表およびその在カナダ子会社を含むグループの連結財務諸表は，1924年度以降，当時"最も評判の高い"会計事務所と目されていた[8]プライス・ウォーターハウス会計事務所（Price, Waterhouse & Co.；PW会計事務所）によって監査されていたが，監査を担当していた同会計事務所は，14年の長きにわたって，資産の過大表示を発見することができなかった。

(2) 不正のスキーム——未精製薬品の架空取引——

マッケソン＆ロビンス社の公表財務諸表に含まれた不実項目は，未精製薬品（crude drugs）に関する完全に架空の売買（輸出入）取引から生じたものであった。この架空の取引は本社コネチカット事業部（1934年10月まではコネチカット子会社）と在カナダ子会社によってなされたものであった。

① 架空取引の規模

破産申し立てを行なった1938年12月5日時点で，マッケソン＆ロビンス社は連結ベースで約9,000万ドルの総資産を計上していたが，のちの再建債務者による調査で，そのうちコネチカット事業部とカナダ子会社の帳簿に計上された棚卸資産・売掛金・現金預金2,100万ドル超部分が未精製薬品に関わる架空取引から生じていたことが判明した[9]。

② 架空取引の実態

未精製薬品の架空取引は，1935年のある時期を境にして，異なったやり方で行なわれていた。1935年以前には，架空の商品は，ブリッジポート工場で受け取られ，そこから再発送されたことになっていた。しかし，1935年中旬以降，未精製薬品の架空の仕入は，カナダの5つの納入業者からなされた取引

---

7　SEC [1940b], p.38.
8　SEC [1940b], pp.140-143.
9　SEC [1940b], p.23, pp.42-48.　金額は，会社再建手続開始後，再建債務者によって任命されたレイデスドルフ会計事務所（S. D. Leidesdorf & Co.）の調査によるものである。

であるかのように偽装され，仕入後には，マッケソン＆ロビンス社の勘定において，その納入業者の倉庫で棚卸商品を保管していることにされていた。また架空の売上は，マッケソン＆ロビンス社の勘定において，W・W・スミス社 (W. W. Smith & Company, Inc.) によってなされた取引であるかのように偽装されていた。商品は，W・W・スミス社によって，カナダの納入業者から得意先へ直接に発送されることとされていた。仕入代金の支払い，および得意先からの売上代金の回収は，マッケソン＆ロビンス社の勘定において，マニング社 (Manning & Company) を通じてなされていたように偽装されていた[10]。

しかしながら，W・W・スミス社，マニング社，カナダの5つの納入業者はすべて，架空の会社か，実在してもこうした取引実態を持たない会社であった。架空取引を本物らしく見せるために，これらの会社の社名を印刷した偽造の送り状や各種通知書まで作成していた。さらに，W・W・スミス社およびマニング社との間の契約書や回収保証（条項），信用調査会社ダン＆ブラッドストリート社 (Dun & Bradstreet) による W・W・スミス社に関する信用調査報告書なども偽造し，用意していた。

③　W・W・スミス社との契約

この架空取引において鍵となるのはマッケソン＆ロビンス社とW・W・スミス社との間にあるとされた契約であった。少なくとも1937年の時点では，未精製薬品の海外売上のすべてが，このW・W・スミス社との契約に基づいて，マッケソン＆ロビンス社の勘定でなされ，仕入代金の支払いと売上代金の回収は，マニング社が直接行なったことになっていた。商品は，同じW・W・スミス社との契約に基づいて，W・W・スミス社が販売・発送するまでの間，カナダの5つの納入業者の下に保管されていることになっていた。さらに，この契約には回収保証 (collection guaranty) の条項が含まれていた。マッケソン＆ロビンス社では，これらの契約を裏づける文書を偽造し，用意していた[11]。なお，監査を実施するにあたってPW会計事務所は，マッケソン＆ロビンス社から，ダン＆ブラッドストリート社が作成したとされる W・W・スミス社

---

10　1931年以前には，架空の仕入（当時は，アメリカ国内の納入業者からなされたことになっていた）に対する支払いは直接現金でなされていたが，支払われた現金の大半は架空の売上の代金回収として受け取ることで取り戻し，辻褄を合わせていた。

に関する信用調査報告書を入手している（注：1931年10月14日付の報告書を入手した後，1934年度以降，毎年1月下旬にこの報告書を入手していた）が，これらの報告書もすべて偽造されたものであった。

## 3．SECの事件への対応

### (1) 事件の発覚と刑事訴追

　マッケソン＆ロビンス社による資産の過大表示が規制当局であるSECの知るところになったのは，1938年12月5日に，同社がコネチカット州ハートフォード地区裁判所に対して破産の申し立てを行なったことがきっかけである[12]。その申立書には，マッケソン＆ロビンス社の経営執行者および取締役たちがこれまで長年にわたって資産を不正に表示してきた旨，そして，そうした資産に

---

11　契約文書上，マッケソン＆ロビンス社は，1930年3月12日付でチャールズ・マニング社（Charles Manning & Company, Limited）との間で販売代理契約を結んだことになっていた。W・W・スミス社との契約はこの契約の延長上にあるもので，内容としては，チャールズ・マニング社からW・W・スミス社［ニューヨーク］へと販売代理相手を変更するものであった。この合意を裏づける文書として，①マニング社とマッケソン＆ロビンス2社（コネチカット会社およびカナダ会社）との合意書，W・W・スミス社とマッケソン＆ロビンス2社との合意書の署名なしのコピー，②W・W・スミス社とマッケソン＆ロビンス2社との合意書のW・W・スミス社社長の署名入りの別のコピー，③「W・W・スミス社［リバプール］（W. W. Smith & Co.）は，1931年の8月1日の契約内容（注：マッケソン＆ロビンス社商品の販売と代金の回収）の実行を無条件に保証すること」を明示した合意事項の概略説明書，の3点があった。W・W・スミス社［ニューヨーク］との間の契約合意は，当初1933年8月1日までの2年間の期限のものであったが，その後1935年8月1日まで2年間延長された。その後，コネチカット会社の清算にともなって，1935年8月1日付で，新たにメリーランド本社およびカナダ子会社とW・W・スミス社［ニューヨーク］との間で，同様の契約を締結した。この合意にも，W・W・スミス社［リバプール］による「保証」（"Guaranty of Agreement"）が付随していた。
　そもそも1931年8月1日の契約では，チャールズ・マニング社がマニング社（Manning & Company）に吸収され，チャールズ・マニング社の国内外のすべての購入・販売部門をマニング社へ移すことを規定していた。マニング社は，1931年中に，銀行業務のみに特化して，輸出部門はW・W・スミス社［リバプール］に売却するという形をとっていた。また，これと同時に，マッケソン＆ロビンス社はマニング社の勘定口座を設けていた。そして，マニング社は，それぞれのマッケソン＆ロビンス社の勘定で，仕入代金の支払い・売上代金の回収を行なうものとされた。

は1,000万ドルを超える架空の棚卸資産・売掛金が含まれている旨の記載がなされていた[13]。同日夕刻には，破産申し立てのニュースが流れ，翌日6日の昼前にはニューヨーク証券取引所でのマッケソン＆ロビンス社証券の取引が停止された。そして午後には，SEC委員長が，事件に関わっていないマッケソン＆ロビンス社の取締役の1人から直接に本件に関わる通報を受けた。この時点でSECは正式に事件に関与することとなった[14]。

　SECは，直近の1937年度の年次報告書の中の財務諸表には不実表示および誤導する表示が含まれていると信ずるに足る合理的な根拠があると判断し，直ちに調査命令[15]を出した。これに基づき，マッケソン＆ロビンス社の本社オフィスと製造工場のあったブリッジポート近郊のフェアチャイルドに調査官を派遣した。数日間の工場での関係者への尋問および帳簿や関係記録あるいは会計システムの調査の結果，一定の情報が得られたとして，9日には，そこでの情報を基に，本件を司法省へ付託し，必要な刑事訴追のための手続を求めることとした[16]。訴追方法についてSEC担当官が司法省と折衝した結果，本件は，ニューヨークの連邦検察庁の指揮の下，連邦大陪審で検討されることとなった。

---

12　SEC [1940b], p.13. そもそも未精製薬品の架空取引を通じた不正に気がついたのは，同社の監査を担当していた監査人ではなく，ジュリアン・トンプソン（Julian F. Thompson）というメリーランド本社の元役員で財務担当責任者であった（Keats [1964], *Magnificent Masquerade: The Strange Case of Dr. Coster and Mr. Musica*, pp.153-174）。1938年初旬頃，未精製薬品の海外取引に疑念を抱いたトンプソンは独自に調査を行ない，不正の存在を確認した。こうした不正の証拠をもってトンプソンはコスターに弁明を求めたが，その直後に突然一方的にこうした破産の申し立てが行なわれたとされる（Keats [1964], pp.172-175）。

13　SEC [1940b], p.13, 41. *Dennis v. McKesson & Robbins, Incorporated*, U. S. D. C. District Court of Connecticut, Civil Action No.66.

14　SEC [1940b], pp.15-16.

15　*In the Matter of McKesson & Robbins, Inc.*, December 6, 1938.

16　そもそもSECには，直接被疑者を刑事訴追する権限が与えられていない。ただし，証券取引所法21条(e)項では「委員会（注：SECを指している。以下，同様。）は，その裁量において，本法の下での必要な刑事訴追手続に着手することができるとされている連邦検察官に対して（本法の規定等にすでに違反している，あるいは違反するであろう）行為（acts）ないし実務（practices）に関する利用可能な証拠を提出することができる」とされ，司法当局に対して訴追のための情報提供を行なうことができるとされている。

この間，首謀者を除いた経営陣は，12月8日に1938年連邦倒産法の第X章に基づく会社再建手続をニューヨーク連邦裁判所に申し立てた。直ちに申し立ては承認され，再建債務者としてウィリアム・ウォーダル（William J. Wardall）とチャールス・ミカエルズ（Charles F. Michaels）が任命された。連邦法の優先により，すでに任命されていた管財人は解任され，会社再建手続が開始された[17]。

一方SECは，司法省への付託後，刑事訴追に向けた調査の範囲を拡大した。事件の全容を把握するために，ブリッジポート近郊に加えて，調査官を，ジラード社の本拠地であったニューヨークのブルックリンとマウント・ヴァーノン，カナダのモントリオール，コスターが文書を偽造する拠点としていたコネチカット州スタムフォードにそれぞれ派遣した。また，同時に，カナダとイングランドの関係当局から情報を収集し，証拠確認が進められた。

こうした広範囲の調査の結果，証券取引所法違反についての容疑が固まり，事件の被疑者は逮捕され，立件されることとなった。12月15日，ニューヨーク連邦大陪審は，マッケソン＆ロビンス社社長のコスター，コスターの実弟で財務担当副責任者であったG・デイトリッヒ（George Dietrich），同じくコスターの実弟で架空取引の偽装活動に従事していたヴァーナード（George Vernard），そして，法人としてのマッケソン＆ロビンス社を，証券取引所法13条（年次報告書）および32条（罰則）違反ならびに同共謀罪で起訴した。

起訴の翌日コスターが自殺したため，12月22日，被疑者死亡となったコスターを除いたG・デイトリッヒとヴァーナードにブリッジポートでの商品発送・受入・保管部門責任者であった同じく兄弟のR・デイトリッヒ（Robert Dietrich）を加えた，3人の兄弟に対して，同一の容疑で，2度目のインダイトメントが発せられた。その後，翌1939年3月30日には，3度目のインダイトメントが発布され，3人の兄弟に加えて，シモン（Benjamin Simon），J・ジェ

---

[17] マッケソン＆ロビンス社の会社再建は連邦倒産法第X章の下での最初の大型会社再建事案の1つとなった（Keats [1964], p.182）。その後，1941年4月に，26ヵ月にわたる破産裁判所での会社再建手続が終了し，マッケソン＆ロビンス社は旧株主たちのもとに戻された（DeMond [1951], *Price, Waterhouse & Co. in America: a History of a Public Accounting Firm*, p.277）。

ンキンス (John Jenkins), L・ジェンキンス (Leonard Jenkins), マクグルーン (John H. McGloon), メルウィン (Horace B. Merwin), フィリップス (Rowley W. Phillips) が起訴された[18]。

## (2) 証券取引所法21条(a)項に基づく調査

SECも, 事件発覚後は, 関係者の刑事訴追を求めることを目的とした行政調査に専念していたが, いったん関係者が起訴された後, 週明けとなる19日からは, 一転して,「14年間にわたって, マッケソン&ロビンス社およびその前身であるジラード社の会計帳簿上の資産における巨額の過大表示を発見することができなかった監査実務および監査手続 (auditing practices and procedures) を調査すること[19]」に関心を移すこととなった。こうした法執行を可能にした規定が証券取引所法21条(a)項であった。

21条【調査；インジャンクションおよび刑事訴追】
(a) 委員会は, その裁量において, ある者が本法の規定およびその下での（委員会）規則・レギュレーションにすでに違反している, あるいは違反しつつあると判断するために必要と考えられる調査を実施することができる。……委員会はまた, そうした違反行為のうちいかなるものについてもこれに関する情報を公開し, さらに, 本法の規定を執行するうえで, あるいは本法に関連する論点に関わるさらなる立法措置を勧告するための基礎となりうる情報を確保するうえで, 必要ないし適当と考えられる事実関係 (facts), 状況 (conditions), 実務 (practices) および論点 (matters) を調

---

18 本書が依拠した資料からは, J・ジェンキンスとL・ジェンキンスがコスターの義兄弟であったこと, メルウィンとフィリップスが事件にはまったく関与していなかったものの比較的長期にわたってマッケソン&ロビンス社の取締役であったこと, マクグルーンが同社のコントローラーであったことしか判明しなかった。ただ, 注目すべきなのは, コントローラーであったマクグルーンである。彼はもともとPW会計事務所の所属会計士で, 同会計事務所がマッケソン&ロビンス社と監査契約を結ぶ際にも重要な役割を果たしていた (SEC [1940b], pp.145-152)。
19 SEC [1940b], p.19.

査する権限を与えられる。……

(b) こうした調査の目的で……，委員会のすべての委員および事務官は，（聴聞の際の）宣誓ないし確約を要請し，証人に召喚状を発し，証人の出頭を強制し，証言を入手し，さらに，委員会が審問にあたって有用ないし重要であると考える書籍，書類，書簡，メモ，その他の記録の提出を要求する権限を与えられる。……

そもそも証券取引所法21条(a)項は，条文前段にも明示されているように，SECに対して，証券取引所法およびその下でのSEC規則・レギュレーションへの違反行為に対する予備的調査の権限を与える規定である。そのため，21条(a)項に基づく調査は「SECが被疑者に対する正式な［行政］手続に着手するだけの根拠があるかどうかを判断するために行なう予備的な事実調査（preliminary inquiry）である[20]」とされていた[21]。21条(a)項は，さらに加えて，証券取引所法およびSEC規則・レギュレーションへの特定の違反行為とは直接関係なしに，「［証券取引所］法の規定を執行するうえで，あるいは（証券取引所）法に関連する論点に関わるさらなる立法措置を勧告するための基礎となりうる情報を確保するうえで，必要ないし適当と考えられる事実関係，状況，実務および論点」を明らかにするために，独自の調査を行なうことを認めていた。

SECは，マッケソン＆ロビンス社への監査についての予備的な調査を済ませ，12月29日付で，証券取引所法21条(a)項に基づいて，以下の3点を見極めるために公聴会を開催することを公示した[22]。

---

20　*In the Matter of Harold T. White, Weld & Co. et al.*, 1 S.E.C. 575 (July 14, 1936), p.575.
21　この規定はSECに大きな幅の裁量を与えていると指摘されることがある。例えば，1977年から1980年までSEC委員を務めたロベルタ・カーメル（Roberta S. Karmel）は，必要以上に，21条(a)項に基づく調査の顚末を公表することでSECは自らの権限強化を図ったのでないかと指摘している（Karmel [1982], *Regulation by Prosecution: The Securities and Exchange Commission vs. Corporate America*, p.192）。
22　*In the Matter of McKesson & Robbins, Inc.: Order for Public Hearing Designating Officer for Taking Testimony*, December 29, 1938.

(1) PW 会計事務所が採用した監査手続 (audit procedure) が，どんな性質のもので，詳細はいかなるもので，どれほどの範囲のものであるか
(2) 支配的に採用され一般に認められた監査手続の基準および要請 (prevailing and generally accepted standards and requirements of audit procedure) が，問題の財務諸表の提出にあたって，どの程度 PW 会計事務所によって遵守され，適用されたか，
(3) こうした一般に認められた監査手続の実務および原則 (generally accepted practices and principles of audit procedure) に固有に備わっている保護策が，財務諸表の信頼性および正確性を保証するうえで，適切であるか

12月29日付で発せられたこの命令書では，具体的に，「1934年証券取引所法21条(a)項に基づいて，(1) 証券取引所法の規定を執行するにあたって，(2) 同法12条(a)項および(b)項，13条(a)項および(b)項，その他の関連規定に関わる規則・レギュレーションを定めるにあたって，(3) 同法で委員会にとって必要ないし適切であると規定するすべての論点に関わるさらなる立法措置を勧告するための基礎として役立つと思われる情報を確保するにあたって，それらの助けになるよう，［マッケソン&ロビンス社の資産の過大表示をめぐる］上述された［3点からの］事実関係，状況，実務，論点を見極めるために，公聴会を開催することを命令する」と明示されている。

ここでは監査証明に関わった者に対して何らかの処分を下すことは想定されておらず，この調査は，むしろ，今後の立法措置を勧告するという視野からなされたものであった。しかも，その核心は「代表的な会計事務所が実務上行なっているような一般に認められた監査手続と考えられているもの (what was considered generally accepted auditing procedures as practiced by representative firms) [23]」を見極めるところにあった。

---

23 SEC [1940b], p.363. 圏点は引用者による。

### (3) 公聴会での専門家証人の証言

マッケソン&ロビンス社への監査に関するSECの公聴会は，1939年1月5日に開始され，4月25日まで続けられた。その間，マッケソン&ロビンス社の役員や従業員，PW会計事務所のパートナーと所属会計士，さらにSECが専門家証人（expert witness）として出廷を要請した会計士を中心に，合計46人が証言を行なった[24]。

公聴会の前半部分では，監査を担当したPW会計事務所の監査スタッフ[25]，被監査会社であるマッケソン&ロビンス社の役員および従業員への聴聞が行なわれ，PW会計事務所の採用した監査手続がいかなるものであったのか，詳細に検討された。

続いて後半，SECは，「会計プロフェッションを横断的に代表する者たちの意見を聴取することを通じて一般に認められた監査手続を明確にするという目的で[26]」，2月20日より，専門家証人に対する意見聴取を開始した。ここでは，12人の会計士が専門家証人として出廷した。出廷順に，それぞれ以下のとおりである。

---

24 46人の内訳は，PW会計事務所のパートナーと所属会計士が9人，専門家証人としての会計士が12人，全米コントローラー協会および全米コンサルタント技術者協会の代表者がそれぞれ1人，再建債務者任命のレイデスドルフ会計事務所の代表者が2人，マッケソン&ロビンス社の従業員が8人，取締役が11人，偽造文書の作成に携わった人物1人，さらにSECの会計調査官1人であった。

25 証人となったPW会計事務所の監査スタッフは，出廷順に，以下のとおりである。
 1　ロウボッサム（Geoffrey G. Rowbotham）：パートナー
 2　ジャレグイ（Anthony Jaureguy）：パートナー，元担当マネージャー
 3　ソーン（Ralph E. Thorn）：担当マネージャー
 4　リッツ（Albert B. Ritts）：ブリッジポートでの上級会計士
 5　ワイマン（George F. Wyman）：ブリッジポートでの上級会計士
 6　グラハム（William Combrinck-Graham）：ブリッジポートでの下級会計士
 7　シュミンケ（Herbert Schmincke）：ブリッジポートでの下級会計士
 8　ヒル（Clifford H. Hill）：ブリッジポートでの下級会計士
 9　キャメロン（Arnold Guyot Cameron, Jr.）：ブリッジポートでの下級会計士
 このうち，マッケソン&ロビンス社に対する監査への関与が比較的大きかったロウボッサム，ソーン，リッツについては，複数回にわたって，聴聞が行なわれた。

26 Edwards [1960], *History of Public Accounting in the United States*, pp.164-165.

1 サミュエル・ブロード（Samuel J. Broad）：ピート・マーウィック・ミッチェル会計事務所（Peat, Marwick, Mitchell & Co.）
2 オリヴァー・ウェリントン（Charles Oliver Wellington）：スコーヴェル・ウェリントン会計事務所（Scovell, Wellington & Co.）
3 ヴィクター・ステンプ（Victor H. Stempf）：トゥッシュ・ニーヴェン会計事務所（Touche, Niven & Co.）
4 ウィリアム・ベル（William H. Bell）：ハスキンズ＆セルズ会計事務所（Haskins & Sells）
5 ノーマン・レンハート（Norman J. Lenhart）：ライブランド・ロスブラザーズ＆モンゴメリー会計事務所（Lybrand, Ross Bros. & Montgomery）
6 ジョン・マシーソン（John K. Mathieson）：マシーソン・エイトケン会計事務所（Mathieson, Aitken & Co.）
7 ヘンリー・ホーン（Henry A. Horne）：ウェブスター・ホーン＆ブランシャール会計事務所（Webster, Horne & Blanchard）
8 チャールズ・コックマン（Charles B. Couchman）：バロウ・ウェイド・グスリー会計事務所（Barrow, Wade, Guthrie & Co.）
9 ヒラム・スコヴィル（Hiram T. Scovill）：イリノイ大学
10 ジョセフ・クレイン（Joseph J. Klein）：クレイン・ヒンズ＆フィンケ会計事務所（Klein, Hinds & Finke）
11 ジョージ・ベイリー（George D. Bailey）：アーンスト＆アーンスト会計事務所（Ernst & Ernst）
12 チャールズ・ジョーンズ（Charles W. Jones）：アーサー・アンダーセン会計事務所（Arthur Andersen & Co.）

このように，12人の会計士のうち11人が大手ないし中堅会計事務所[27]のパートナーで，残り1人が会計学担当の大学教員であった[28]。専門家証人に対する審問に限っては，主任会計官であるウィリアム・ワーンツ（William W. Werntz）が担当した。聴聞は，2月20日のブロードから，3月14日のジョーンズまで，1人1日ごとで実施された。彼ら専門家証人に対しては，以下のような7つのカテゴリーに分類された共通の質問に基づいて，聴聞が進められた。

Ⅰ．現在の所属，これまでの経歴に関連する質問（会計事務所内のものだけでなく，AIA や州会計士会におけるものを含む）
Ⅱ．財務諸表監査の範囲に対する認識および理解に関連する質問
Ⅲ．所属する会計事務所での監査のやり方（とくに，新規顧客に対する予備調査，契約上の監査範囲の設定），そこでのスタッフ組織と訓練に関連する質問
Ⅳ．所属事務所での財務諸表監査の各場面での実施（内部牽制および統制システムの調査，個々の貸借対照表項目の監査，損益計算書項目の監査）に関する質問
Ⅴ．所属事務所での個々の監査業務についてのレビュー手続に関連する質問
Ⅵ．監査報告書の作成方法に関連する質問
Ⅶ．その他，監査全般に関わる示唆やコメントを求める補足的質問

公聴会の記録は 4,587 頁にも及び，提出された証拠資料は 285 点で合計 3,000

---

27　11 の会計事務所の全米監査市場での位置づけを示すために，問題となった 1937 年の事業年度で証券取引所法に基づいて SEC に提出された財務諸表の監査証明に関するデータを掲げておく（SEC [1940b], p.139）。数字は監査証明された財務諸表の数（延べ）と占有度である。

|   | 会計事務所名 | 監査証明数 | 占有度％ |
| --- | --- | --- | --- |
| 1 | プライス・ウォーターハウス会計事務所 | 238 | 11.91 |
| 2 | アーンスト＆アーンスト会計事務所 | 204 | 10.21 |
| 3 | ライブランド・ロスブラザーズ＆モンゴメリー会計事務所 | 162 | 8.11 |
| 4 | ハスキンズ＆セルズ会計事務所 | 157 | 7.86 |
| 5 | アーサー・アンダーセン会計事務所 | 127 | 6.36 |
| 6 | ピート・マーウィック・ミッチェル会計事務所 | 103 | 5.15 |
| 7 | アーサー・ヤング会計事務所 | 67 | 3.35 |
| 8 | レイデスドルフ会計事務所 | 39 | 1.96 |
| 9 | トゥッシュ・ニーヴェン会計事務所 | 36 | 1.80 |
| 10 | バロウ・ウェイド・グスリー会計事務所 | 35 | 1.75 |
|  | 上位 10 事務所　合計 | 1,168 | 58.46 |

28　12 人すべてがいずれかの州の公認会計士（C. P. A.）資格の保持者である。唯一大学教員であったスコヴィルも，実務家出身で，シカゴにあるマグレガー・チェース会計事務所で監査実務の経験がある（SEC [1939], *Testimony of Expert Witnesses in the Matter of McKesson & Robbins, Inc.*, pp.431-432）。

頁を超えるものとなった。この公聴会は，会計プロフェッションにとっても重要な意味を持っていたと考えられる。AIAの機関誌『ジャーナル・オブ・アカウンタンシー』誌では，1939年4月号から6月号にかけて，専門家証人による証言のうちの重要部分を取り上げ，転載している。この転載にあたって，4月号の論説欄では，以下のように解説している。

　「［専門家証人による証言は］監査を学ぶ者と監査実務者にとってのまさに情報の宝庫となるだろう。われわれのみるところ，この証言の持つ価値は，プロフェッションにとっても公衆にとっても，計り知れないものである。この証言は，まず第一に，監査手続についての最低限度の基準（minimum standards of auditing procedure）に関して共通に理解されているものとこうした基準として共通に受け入れられているものを示している。また，これは，監査の範囲が個々の監査人の気まぐれや被監査会社の指示に左右されるといった不幸にも蔓延っている誤解を払拭するのに大きく役立つだろう[29]。」

　会計プロフェッション側の視点からみても，それまでは，ただ漠然と個々の監査実務者ごとに意識されていた，あるいは会計事務所ごとに共有されていた"一般に認められた"監査手続ないし監査実務について，公聴会という公の場において，客観的かつ具体的に"語られる"ことが非常に重要な意味を持っていることは間違いないことであった。これによって，いわば，それまで個々の実務者の頭のなか，ないしは，個々の会計事務所のやり方のなかにあった"監査基準"が客観的な形で姿を見せてきたことは，歴史的にみて，決定的な意義があるものと思われる。

　なおSECの側も，この専門家証人による証言について，その重要性に鑑みて，「監査実務者および監査を学ぶ者だけでなく公衆一般にとっても即時的な関心のあるところであり，監査手続のさらなる発展に寄与するであろう」として，1939年9月15日付で，証言記録を一冊にまとめて公刊した[30]。

---

29　Editorial, *Journal of Accountancy*, Vol.67, No.4, April 1939, pp.194-195.　圏点は引用者による。
30　SEC [1939].

## 4. SECによる調査の結果 —SECはこの事件をどうみたのか—

　公聴会は1939年4月25日までですべて終了したが，一連の調査を踏まえた調査報告書はしばらく出されなかった。マッケソン＆ロビンス事件の調査報告書が公表されたのは翌年1940年12月5日，調査を開始してからほぼ2年経ってのことであった[31]。

　本報告書は，主任会計官ワーンツの指揮の下で，主任会計官室の調査会計官であったアンドリュー・バー（Andrew Barr）[32]と上級弁護士であったガルピアー（Irving J. Galpeer）の手によって起草・作成された[33]。SECによって洗い出された論点は，①監査人の選任，契約上の監査範囲の設定，スタッフの構成・教育訓練，新規顧客（クライアント）に対する予備調査，②内部牽制および統制システムの調査，③現金預金に対する監査，④売掛金に対する監査，⑤親子会社間取引から生じる項目の監査，⑥棚卸資産に対する監査，⑦その他の貸借対照表項目の監査，⑧損益計算書項目の監査，⑨薬品販売子会社の監査上の取り扱い，⑩会計事務所でのレビュー手続，⑪監査報告書，および，⑫監査報酬，と監査プロセスの全般にわたる広範なものであった。

　調査報告書では，マッケソン＆ロビンス社への監査においてPW会計事務所の監査人[34]が採用してきた個々の監査手続についての事実認定と評価がなされている。本章では，そのうち，内部牽制および統制システムの調査，現金預金に対する監査，売掛金に対する監査，棚卸資産に対する監査についてのものだけを取り上げて，PW会計事務所の実施した監査手続に対するSECの評

---

31　SEC [1940b]．また，同調査報告書の要約にあたる第1章（「事実認定と結論（Findings and Conclusions）」）部分については，その重要性から，同日，会計連続通牒（Accounting Series Release）第19号として公表された。

32　のちに1953年11月より1972年1月の16年間にわたって主任会計官を務めることになるアンドリュー・バーは，1938年にSECスタッフとなるとすぐに，ワーンツの下で本件マッケソン＆ロビンス事件への調査の基礎資料の収集という重要な任務を任された。さらに，専門家証人への聴聞に関しても，そこでの質問内容の作成という重要な役割を果たした（Previts and Flesher [1994], "A Perspective on the New Deal and Financial Reporting: Andrew Barr and the Securities and Exchange Commission, 1938-1972," pp.222-224)。

33　SEC [1940b], p.III.

価および結論を中心に概括することとする。

## (1) 内部統制システムの調査について

『独立の公共会計士による財務諸表の監査（*Examination of Financial Statements by Independent Public Accountants*）』では，「監査計画を策定するにあたって会計士が考慮すべき重要な要素は，監査対象組織の内部牽制および統制（internal check and control）がいかなるもので，また，どの程度のものであるかである[35]」と規定されていた。これを踏まえてSECは，「監査しなければならない取引の割合を確定するためだけでなく，実際に監査した記録にどれだけ依拠できるか，また，そこから推定して，実際に監査していない部分にどれだけ依拠できるかを判断するために実施しなければならないテストの種類を確認するために，被監査会社の［内部牽制および統制］システムの正確な評定が必要とされる[36]」という基本的理解の下で，監査人による内部牽制および統制システムの調査をとくに重要視していた。

---

34　1928年度の監査から1937年度の監査までの主要なスタッフ配置は以下のとおりである。
　・1928年度以降，マッケソン＆ロビンス社の監査に関して人員を配置する責任を持っていたのはパートナーのロウボッサムである。さらに当時のPW会計事務所では，マッケソン＆ロビンス社の監査のようなケースでは，ニューヨーク事務所のマネージャーが業務全体を指揮・統括することになっていた。
　・ジャレグイは，パートナーに昇格するためにボストン事務所に異動した1932年の監査まで，マネージャーとしてマッケソン＆ロビンス社の監査全体に責任を持っていた。
　・ソーンは，ジャレグイを引き継いで，1932年度の監査以降1937年度の監査にいたるまで，マッケソン＆ロビンス社の監査全体に責任を持つマネージャーであった（1931年秋の試験に合格して1932年春にニューヨーク州の公認会計士となった）。
　・リッツはブリッジポート・オフィスでの業務を割り当てられたシニアであった。リッツは1931年のブリッジポートでの業務に関してソーンの監査補助者となり，翌年ソーンが連結会計業務を助けるためにニューヨークに滞在することになってからは，ソーンの業務を引き継いで，1937年度の監査にいたるまでブリッジポートでの業務に携わり，直近にはニューヨークでのソーンの連結会計業務を補助していた（1937年春にニューヨーク州の公認会計士となった）。1937年度は，1932年度から1936年度までマッケソン＆ロビンス社の別の部門での監査を経験したワイマンが代役としてブリッジポートでの業務を割り当てられた。

35　AIA [1936], *Examination of Financial Statements by Independent Public Accountants*, p.8
36　SEC [1940b], p.378..

① 内部牽制および統制システムを調査する手法について

　PW会計事務所のスタッフのなかで，ブリッジポートでの内部牽制および統制システムの調査を目的として工場を視察したのはソーンだけであった。ソーンは，現場担当になった1928年度の監査で，製造活動に関する知識が自らの監査業務に有用であると考え，工場を視察した。また，本社にて，社長のコスターとも製造活動についての十分な議論を行なった。しかし，それ以降は，後任のリッツもその配下のスタッフも，誰一人工場を視察することはなかった[37]。こうした点に対して，SECは，「このように，監査対象となっている［工場での］資産や事業活動への物理的接触について関心を欠いていたことは，専門家証人の証言および権威ある監査文献での記述から判断しても，支持されるものではない[38]」と指摘した。

　また，PW会計事務所では，被監査会社の内部牽制および統制システムの適切性に関して必要な情報を得るための手段として，長年にわたって，質問表（questionnaire）を利用していた[39]。このような内部統制に関する質問表による情報収集は一般に用いられる手法の1つであった[40]。しかしながら，公聴会の証言から，多くの会計士がこうした内部牽制および統制システムの調査を相当にぞんざいなやり方で実施していたことが明らかになった。とくに，本件の場合，それぞれの部門ごとの会社組織の概要を理解するための質問や海外未精製薬品事業に直接関わっていたG・デイトリッヒに関連する質問が未実施であったこと，あるいは用いられた手法ではマッケソン&ロビンス社での海外未精製薬品事業の取り扱い方法の異質性を見出すことができなかったことなど，いくつかの落ち度がみられた。SECは，これらのことによって，PW会計事務所が質問書により入手した結果は，全体としてその有用性を弱められたと指摘した[41]。

---

37　SEC [1940b], pp.175-176.
38　SEC [1940b], pp.379-380.
39　SEC [1940b], pp.176-183.
40　SEC [1940b], p.381.
41　SEC [1940b], p.382.

② 内部牽制および統制システムの評定について

内部牽制および統制に関わる重要な質問事項へのPW会計事務所のアプローチの仕方は以下のようなものであった。まず，パートナーのロウボッサムは，回答された質問表には目を通しておらず，その代わりにマネージャーのソーンを信頼して質問に対する重要な発見事項があればこれを報告するようにさせていた。こうしたなか，ソーンは，質問表から内部牽制および統制における些細な弱点（minor weakness）を見出したが，こうした種々の弱点はロウボッサムに報告するほど重要なものではないと判断した。また，質問表をどのように利用するかは直接業務にあたっているシニアの裁量に委ねられるものと考えていた。ブリッジポートで内部牽制および統制について評定するための情報を集めていたリッツは，内部統制に関する一般的な質問を行なう任務を果たせばよいと考えていた。結果的にリッツは，8年間もブリッジポートでの業務に携わったにもかかわらず，ブリッジポートの各オフィスで海外向け未精製薬品取引がどのように取り扱われていたのか，そのやり方を正確に把握していなかった[42]。

リッツのソーンへの，ソーンのロウボッサムへの報告は，ブリッジポートでの内部牽制システムはおおむね良好であるという内容であった。しかし，ブリッジポートでの状況とその他の部門での状況とでは明確な相違点がみられた。ブリッジポートでは，外部からの送金に関わる郵便物を開封する権限を持ったG・デイトリッヒがその一覧表を作成しておらず，また，カナダ会社のすべての帳簿は，当初はG・デイトリッヒが，のちにはその指揮下のある帳簿係が記録・管理していた。SECは，「執行職能が分掌されていないことは，帳簿係や出納係への統制を強化する側面があるかもしれないが，本件の場合には，その代償は高くつくように思われる。分掌がなされていないことは，とりわけ，現金預金［の管理］その他の職能への統制と結びつくときには，より詳細な調査ないし試査を必要とする［内部牽制上の］弱点を示しているのはわれわれには明らかである[43]」と指摘した。結論として，PW会計事務所による内部牽制および統制システムの評定が，事件に関与した者を含むマッケソン&ロビンス

---

42　SEC [1940b], p.188.
43　SEC [1940b], p.384.

社の役員に対しては，甘いものであったことを SEC は指摘した。

## (2) 現金預金に対する監査について

マッケソン&ロビンス社の監査に利用するためのすべての項目に対する監査計画は担当マネージャー（1932年度から1937年度まで）のソーンによって作成された。現金預金にかかる監査業務もこうして策定された現金預金にかかる監査計画[44]に準拠して実施されており，実施された監査業務は，監査の範囲について，一般に認められた当時のプロフェッションの基準に合致していた。

本件においてとくに重要なこととして，PW会計事務所では，現金回収がなされていることが現金預金取引自体の真正性に対する（つまり，取引が本物であることを裏づける）最善の証拠であると考えられ，それゆえに，現金監査業務の結果に大きな力点が置かれていた[45]。

① 預金の確認について

監査計画では，帳簿締切日前後それぞれ3日間の複製の預金入金票（duplicate deposit slips）と預金出納帳記入との比較を求めていたが，ブリッジポートではそうした複製の入金票は入手できなかった。マッケソン&ロビンス社側がブリッジポート・オフィスでの保管をしていなかったためである。代わりに，銀行残高証明書に示された預金残高を預金出納帳との照合に用いた。ブリッジポート以外の薬品販売会社については複製の入金票との照合がなされたが，それらの場合も，入金票の原票（original deposit slips）や銀行側によって真正性を保証された入金票写票（copies authenticated）は，入手していなかった[46]。監査の予備段階で社長のコスターからこの手順を省略するように要請されたた

---

44 全15項目からなる現金預金に関する監査計画が SEC [1940b], pp.195-196 に転載されている。

45 貸借対照表監査は，とりわけ貸借対照表上の資産項目と負債項目の残高の検証（verification）から成り立っていると広く理解されていたが，現金預金の検証という場合でも，PW会計事務所の監査人たちは「現金預金取引（cash transactions）を適切に検証することが，現金預金の残高を検証するだけでなく，得意先や債権者との間の取引の真正性を確かめるうえでも，重要な監査上の手順である」（SEC [1940b], p.193）と認識したうえで監査を行なっていた。

めであり，PW 会計事務所も，この手順の実施をコスター側に推奨はしたものの，最終的にこの場合にどうしても必要な手順とは考えなかった[47]。

　SEC は，「［当時の］通常実施すべき監査手続は，PW 会計事務所に対して，銀行から入金票の原票を入手することを要求してはいなかった[48]」としながらも，ブリッジポート以外では複製の入金票を調べていることから判断して，「もし監査人が，自らの判断で，その状況の下で，ある監査手続を必要と考えたのであれば，被監査会社からの要請でそのような手続を省略したことは，……職業専門家としての責任を放棄したことにほかならないであろう[49]」とブリッジポートでの預金監査のあり方を批判した。

　②　マニング社の真正性に対する調査について

　本件では，マニング社を実在する銀行として受け入れたことが現金預金取引を真正のものとして受け入れることにつながっており，それが 1931 年から事件発覚までの間まったくの虚構であった海外未精製薬品事業に実態を与えてしまう決定的な要因になっていた。SEC のみるところ，この点は，現金預金だけでなく，売掛金や棚卸資産が偽装されたものであったことを暴けなかったこととも関係した非常に重要な点であった[50]。

　PW 会計事務所の監査人は，マニング社が設立されたとされる 1931 年の時点から，同社を実在する銀行であると誤認し続けていた[51]。1931 年度の監査においてブリッジポートでの業務を担当していた責任者は［マネージャーになる前の］ソーンであった。マニング社の素性に関連してソーンが閲覧したのは，マッケソン＆ロビンス 2 社（コネチカット会社とカナダ会社の 2 社）が 1931 年 8 月 1 日付で W・W・スミス社との間で取り交した署名入りの契約書であった[52]。そこでは，マニング社がチャールズ・マニング社を買収する旨，マニン

---

46　『独立の公共会計士による財務諸表の監査』では，「ある場合には，そうした［預金の］照合は入金票の原票や真正性を保証された入金票写票でのチェックまで拡張することができる」（AIA [1936], p.12）と，これを任意の手順としていた。
47　SEC [1940b], pp.196-197.
48　SEC [1940b], p.388.
49　Ibid.
50　SEC [1940b], p.389.
51　SEC [1940b], p.201.

グ社が完全子会社として W・W・スミス社［ニューヨーク］を設立する旨が説明されていた[53]。PW 会計事務所側はその存在を認識していなかったが，上記の契約書のコピーに付帯されていた 8 月 1 日付のマッケソン＆ロビンス 2 社とマニング社との間の 9 頁の合意事項が存在していた。そこではマニング社の共同パートナーシップとマッケソン＆ロビンス 2 社の間で契約された銀行業務サービスについて規定されていた。同パートナーシップは，100 万ドルを上限として，商品の発送を賄うための信用状を取り扱うための組織とされていた。これがマニング社を銀行であるとみなさせる根拠であった。

いずれにしても，監査人は，こうしたマニング社との間の契約については一度もみたことがなかった。しかし，閲覧できなかったマニング社との契約合意に記載されていたとおり，マニング社はそれまでチャールズ・マニング社の行なっていた外国為替および銀行業務のすべてを取得したと聞かされていたため，マニング社を銀行であると思い込んでいた。公聴会で，ソーンは，PW 会計事務所現地カナダ法人のモントリオール・オフィスに対してマニング社が架空のものであって銀行ではないことを明らかにできるような調査を依頼するようなことは慣例的ではなかったし，思いつくこともなかったと証言している[54]。また，1932 年度にソーンの業務を引き継いだリッツも，さらに 1937 年度にリッツの業務を引き続いたワイマンも，マニング社が銀行であることに対しての疑念をとくに抱くことはなかった[55]。

結論的には，監査人にとって，マニング社から得られる毎年の残高確認とマニング社からマッケソン＆ロビンス社のニューヨーク銀行口座への預金振替記録が，マニング社を実在するものと受け入れるための強力な根拠になっていたようである[56]。しかしその一方で，マニング社が通常の商業銀行業務を営んでいなかったこともまた明らかであるとして，SEC は「全体の取引についての真正性を裏づける最適な証拠が得意先からの代金回収に求められていることを

---

52　SEC [1940b], pp.202-203.
53　SEC [1940b], pp.57-59.
54　SEC [1940b], p.208.
55　SEC [1940b], pp.210-215.
56　SEC [1940b], pp.212-213, p.392.

考え合わせると，こうした［通常の商業銀行業務を営んでいないという］事実から，とくに納入業者および得意先とマニング社のような決済業者との間の直接の取引という観点からのいっそうの調査が必要とされてもおかしくないだろう[57]」と指摘した。

とくに本件の場合には，「現金預金による代金回収や代金支払いのような銀行を通じた取引が，その基礎にある［仕入および売上］取引の真正性を裏づける証拠とみなされているのだから，素性のわからない銀行が本物であるかどうかを確かめるにあたってだけでなく，銀行を通じて行なわれている実際の取引が想定されているとおりのものであるかどうかを確かめるにあたっても，もっと大きな注意が払われてしかるべきであろう。……［そうした観点からすると］現金監査業務だけでは監査計画全体の中核として多くの監査人が担っていると思われる重責に耐えうるものでなく，他の監査上の手順を強化してその重責を分担するべきである[58]」というのが SEC の結論であった。

### (3) 売掛金に対する監査について

PW 会計事務所によって採用された売掛金にかかる監査計画[59]は，おおむね，当時の一般に認められた監査実務に従ったものであった。この監査計画が海外未精製薬品の売掛金が偽装されたものであったことを監査人に気づかせることができなかったのは，入手した証拠を適切に理解し，評価していないこと，および，得意先への直接確認という監査上の手順を省略したことに原因があった[60]。

① マッケソン&ロビンス社の売掛金勘定の特徴

マッケソン&ロビンス社の得意先勘定には際立った特徴があった。1937 年度末のコネチカット事業部の海外得意先に対する売掛金残高は 750 万ドル以上にのぼり，得意先ごとの金額も大きかったが，そのうち支払期日がすぎた売掛

---

57 SEC [1940b], p.392.
58 *Ibid.*
59 全 18 項目からなる売掛金に関する監査計画が SEC [1940b], pp.216 に転載されている。
60 SEC [1940b], pp.392-393.

金はいっさいなかった。カナダ子会社についてもほぼ同様で，150万ドルを超える期末残高のうち支払期日をすぎた売掛金は，わずかに3件（14,520ドル，10,788ドル，13,485ドル）のみであった。これについて，監査人（リッツおよびワイマン）も，「異常なほどに良好な（unusually good）」あるいは「若干通常でない（a little unusual）」状況と捉えてはいたものの，とくに疑念を生じさせるものとは理解しなかった。さらに，これらの売掛金勘定には，売上戻り，売上値引，売上割引あるいは貸倒れによる貸方記入がまったくなかった。こうした「通常ではない（unusual）」状況もまた，彼ら監査人の疑念を引き起こすものではなかった[61]。

　こうした特徴にもかかわらず，文書上の証拠は監査人にはとくに異常とは映らなかったため，また，記録では売掛金は適切に回収されていたため，売掛金（勘定）は真正のものとして受け入れられていた[62]。海外未精製薬品での売掛金の真正性を実際に証明するものは売掛金が回収されているという事実であるというのが彼ら監査人の考えであった。監査人は，得意先に掛売上がなされ，その対価としての現金預金が受け取られた証跡が存在すれば，その取引の真正性に対してあえて疑問を差し挟むことはないと考えていた。しかしながら，その現金預金が得意先から直接受け取られたものでなければ，こうした仮定は成り立たない。実際には，取引がマニング社によって媒介されるようになった1931年以降，マニング社が本当に銀行であるかを確かめるための調査はいっさいなされなかった。現金回収分は［W・W・スミス社［ニューヨーク］が商品を発送したことになっている］得意先から受け取っている旨のマニング社からの通知書および月次報告書を信用し切っていた[63]。つまり，とくに1931年以降，売掛金が回収されたことの証明は，マニング社を銀行として受け入れる

---

61　とくにワイマンは，売掛金は実際に回収されていたため，また監査人の唯一の関心が売掛金の価額であったために，売掛金が通常でないことに強い疑念を持つことはなかったと証言している（SEC [1940b], p.218）。さらに，記録では支払期日には全額速やかに回収されているし，また，別にW・W・スミス社［リバプール］による回収保証も存在しているから，売掛金に対する貸倒引当金の計上はいっさい必要ないというのがリッツの見解であった（SEC [1940b], p.220）。

62　SEC [1940b], p.393.

63　SEC [1940b], p.225.

ことを前提にしてはじめて成り立つものであった。この場合，実際には得意先から直接の入金があったわけではないので，回収されたという外観があったとしてもそれだけではまだ実態のない幻影にすぎないことは明らかであった[64]。

② 売掛金に関する確認の省略について

本件では，1931年度以降の監査における合意事項として，売掛金について確認を実施しないこととされていた[65]。PW会計事務所は，翌1932年度の監査で連結薬品販売会社に関して売掛金への確認を実施することをマッケソン＆ロビンス社側に提案したが，そのときもブリッジポートでの業務に関しては必要ではないと判断していた。薬品販売会社における売掛金についてのみ確認を提案したのは，そこではブリッジポートよりも内部統制が弱かったこと，回収がより遅かったことが理由であった[66]。

ここでの基本的な考え方は，「……確認は，適切な内部牽制システムを保持している会社の場合には，しばしば不必要であると考えられるが，一方で，異常事項を洗い出すための最も効果的な手段の１つである[67]」という『独立の公共会計士による財務諸表の監査』での考え方に従ったものであった。ブリッジポートで売掛金の確認を実施しないのは，ブリッジポートでは「適切な内部統制システムを保持している」と判断されたためということになる。

公聴会でSECは，PW会計事務所がブリッジポートでの内部統制を正当に評価していたといえるかについて検討した[68]。海外販売取引に対する内部統制の有効性の程度を正確に把握するためには，監査人は，まずもって，商品の販売，とりわけ輸出に関わるマッケソン＆ロビンス社の実務手続を正確に把握している必要があるが，SECのみるところ，監査人がこれを詳細に把握していたとは言い難い状況であった。PW会計事務所のなかで最も長い期間にわたってブリッジポートでの監査業務に携わったのはリッツであったが，彼のマッケソン＆ロビンス社の輸出に関わる実務手続への理解は，公聴会での彼の証言か

---

64　SEC [1940b], p.394.
65　SEC [1940b], p.154, p.229.
66　SEC [1940b], pp.229.
67　AIA [1936], p.15.
68　SEC [1940b], pp.231-241.

ら判断して，かなり覚束ないものであった。例えば，監査では大量の商品発送を裏づける船荷証券（bill of lading）を確認しているとしながら，証言のなかでは，棚卸商品がカナダに保管されるようになってから船荷証券を調べたかどうかも思い出せないという具合であった。また，リッツの前任で，その後長い間担当マネージャーであったソーンについても，その証言による限り，取引の実在性を裏づけるにあたって，販売をめぐって残される文書上の証拠に依拠するのではなく，売掛金が実際に回収されている点に依拠した判断を行なっていたようであった。

結局，PW会計事務所の監査では，海外未精製薬品に関する売掛金については，回収保証が存在していた[69]こと，取引にとくに異常性が見受けられなかったこと（さらにその文書上の証拠もあったこと），得意先勘定に対するトップ・マネジメントによる統制が効いていたこと，また他面では，最終的な監査判断を下す段階までに得意先勘定の大部分がいつも回収されていたことを理由に，確認が必要であるとされなかった。

公聴会開催時点における権威ある見解の大多数は，最終的な監査判断の前に相当程度回収されていることが明らかになっている場合には売掛金の確認は不可欠ではないという見方を支持していた。そのため，SECも「［本件の場合］海外未精製薬品に関する売掛金に関連して確認を省略したこと自体は問題視されるべきではない[70]」と判断した。しかし，その一方で，「しかしながら，たとえ選択的な試査であったとしても，すべての状況の下で売掛金の確認が認められた実務であったとしたならば，そうした試査は［かなり早期のうちに］売掛金の偽装性を明らかにすることができたであろう[71]」ことも強調した。

---

[69] この回収保証に関連して，W・W・スミス社［リバプール］の信用格付についての専門調査会社ダン＆ブラッドストリート社の報告書があったが，監査人は，報告書を同社から直接入手するのではなく，毎回，マッケソン＆ロビンス社のG・デイトリッヒから手に入れていた。SECは，報告書を直接に入手していたとすれば，少なくとも1936年の時点で，ダミー会社であるW・W・スミス社［ニューヨーク］が，まだ4年も回収保証の期間を残しているにもかかわらず，解散していたことが明らかになったであろうと指摘している（SEC [1940b], p.219）。

[70] SEC [1940b], p.394.

[71] *Ibid.*

最終的にSECは,「得意先勘定に対する慎重な確認は,これまですべてのケースで強制されると考えられてきたわけではないが,良き実務であることには相違なく,われわれの見解では,通常実施すべき監査手続とすべきものである[72]」と指摘した。

### (4) 棚卸資産に対する監査について

1935年のある時点から,問題の棚卸商品はカナダにある納入業者の倉庫に保管されていると想定されていた。また,それ以前は,1933年と1934年の2年間はすべてがブリッジポートにあるマッケソン&ロビンス本社の工場に,さらに1933年までは一部が営業倉庫に保管されていると想定されていた。そしてこれらの棚卸商品はすべて実在していなかった。

コネチカット事業部においても,またカナダ子会社においても,現場の担当監査人は,マネージャーであるソーンの策定した監査計画[73]に準拠して,必要な監査手続を実施した。とくに,コネチカット事業部でも,カナダ子会社でも,社長のコスター,財務担当副責任者のG・デイトリッヒ,さらにコントローラーのマクグルーンの署名入りの棚卸資産の品質・数量・状態に関する証明書(inventory certificates)が入手されていた[74]。しかし,その一方で,棚卸資産の実物調査や実地棚卸への直接的な監視はいっさい行なわれていなかった。

① 棚卸資産の価額決定(pricing)に対する監査について

PW会計事務所は,棚卸資産が適切に価額決定されていたかを確かめるため,棚卸資産の価額決定に用いられている価格(単価)を,前年度の価格,当年度の仕入価格,実地棚卸日以降のマッケソン&ロビンス社の販売価格,および,時価相場価格と比較した[75]。こうした手続自体は権威ある見解の支持を受けていた[76]。

---

72 SEC [1940b], p.396.
73 全24項目からなる棚卸資産に関する監査計画がSEC [1940b] pp.252-253に転載されている。
74 SEC [1940b], p.254, pp.272-273.
75 SEC [1940b], pp.261-267.

しかし，マッケソン＆ロビンス社が取り扱う商品が未精製薬品という特殊な商品であったためか，監査人は，棚卸商品のいくつかの品目について公表された相場が得られないという事態に直面した[76]。その場合には，専門ディーラーに問い合わせて，相場価格を入手していた。このようにして海外未精製薬品の棚卸資産価格（単価）と相場価格を比較したところ，いくつかの品目について品質やパッケージ方法に関して対応させられないこと，相場価格と仕入・販売価格との間に著しい乖離があることが明らかになった。監査人は，乖離は取引数量が原因であるとのブリッジポート工場での説明を受け入れて，相場価格（単価）が適用される数量についてはまったく検証しようとしなかった[78]。単価に対するテスト手続に関しては売上および仕入のインボイスに過度に頼っていたため，監査人は必然的に，得意先からの現金回収をもって完了する営業取引サイクルの真正性に依拠せざるを得なかった。結果的に，監査人は，コス

---

76　SEC [1940b], p.401.
77　SEC [1940b], p.255, p.263.
78　現場の監査人は，数量に適合した相場価格を得るのに問題がある場合には，ブリッジポート工場の原価計算部門のオステルホウト（Harry W. Osterhout）という人物に相談していた。しかし，SEC は，話を聞くべき相手は別にいたはずだと判断した。マッケソン＆ロビンス社の販売部門のバイヤーであったハーマン（Charles Hermann）は未精製薬品取引に長い経験を持っていたが，当時ニューヨーク本社に勤務していたこともあって，監査人から未精製薬品事業に関する相談を受けることはなかった。オステルホウトではなく，ハーマンからの情報が得られれば，未精製薬品事業へのより正確な知識が得られたであろうと SEC は結論した。ハーマンの意見では，棚卸商品の事実上すべての品目の数量が 1 年間のアメリカ国内での取引量ないし輸出量よりも多いということであった（SEC [1940b], p.269）。しかも，全 40 品目のうち 8 品目は商取引上みられない大きさないし種類の容器で保管されているということであった（Ibid.）。例えば，駆虫剤用の結晶状サントニン（santonine crystals）は，密封のため通常 25 キロ缶でパッケージングされるが，マッケソン＆ロビンス社は 17 ポンド・ケースでと記録されている。最大のサントニン消費国であるアメリカ全土でも年に 5,000 ポンド以下しか用いないにもかかわらず，1937 年度末の価額は 13,260 ポンド分であった。一般に香水の製造にごく少量しか使われない粉末状ビーバー香（castor fibre powder）の量が 18,000 ポンドも計上されているのは，まったくありえない量であると証言している（Ibid.）。また，商品の一部にはカルテルによる統制を受けるものがあり，ハーマンは，経験上，これらの商品は日常的にはカナダに発送できない，あるいは他の大英帝国の管轄地域に利益を乗せて再発送することができないと証言している（Ibid.）。このように，ハーマンは，特定の倉庫にあるという棚卸商品の物理的実在性には疑念を持っていた。しかし，監査人は，こうしたハーマンに対する聞き込みはいっさいせずに，オステルホウトの意見を鵜呑みにしてしまった。

ターが従事していたとされている事業についての独立的な調査を実施するのではなく，ここでも現金監査業務に重点を置いていた。これに対しSECは，「こうした独立的調査から得られる知識は取引サイクル全体の虚偽性を明らかにすることにつながるものであろう[79]」と述べている。

② 棚卸資産の数量，品質，状態に対する監査について

『独立の公共会計士による財務諸表の監査』では，棚卸資産の数量等について，「合理的な調査およびテストを実施して，[被監査会社で]棚卸数量が注意深く確認されていること，品質および状態に対して配慮がなされていることを確かめる[80]」ことが推奨されていた。

現場の監査人は，実地棚卸に基づいて作成されている棚卸表（inventory sheet）を入手し，コネチカット事業部については実地棚卸の数量確認の際に作成される数量確認表（count sheet）を比較照合して，実地棚卸が適切に行なわれていることを確かめた[81]。カナダ子会社では，例の納入業者から直接入手した保管者側の確認書があったため，これらの手続を省略していた[82]。

SECのみるところでは，監査人による棚卸資産への実在性に関わる検証は，マッケソン&ロビンス社が実地棚卸の際に用いた方法に対する調査と，その棚卸結果が帳簿上の記録と一致していることを確かめるための会計上のテストに限定されていた[83]。PW会計事務所がコネチカット事業部およびカナダ会社における棚卸資産に対して実施していた検証は，いうならば，納入業者の倉庫にある大量の在庫資産についての真正性の確認となりそうなものによって裏づけられた記録に基づいた会計上のテストに限定されるものであった。しかし，この納入業者については，十分な事業関係を保っていたためその財務状態を一度も問題視することがなかった。こうした検証で十分であると考えられていたために，ブリッジポートでの監査手続は棚卸資産へのいかなる意味における物理的接触（physical contact）も含むことはなかった[84]。こうした監査業務のやり

---

79　SEC [1940b], p.401.
80　AIA [1936], p.18.
81　SEC [1940b], p.259.
82　SEC [1940b], pp.253-254.
83　SEC [1940b], p.283.

方に対して，SEC は「ブリッジポートに保管されていると想定されていたとはいえ，棚卸資産への物理的接触をまったく試みなかったことは，棚卸資産の数量に対する監査人の責任を認めないような論理の下でさえも，正当化しうるものではない[85]」と指摘した。

さらに，公聴会では，専門家証人の全員が，スポット・テストや実地棚卸への立会はとくに例外的な手続ではないと証言していた。また，権威ある監査文献の代表であるモンゴメリー（R. H. Montgomery）の『監査論（*Auditing: Theory and Practice*)』においても，棚卸資産の検証に際しては実物にあたったテスト（physical test）を積極的に実施すべきとされていた。SEC は，これらの状況から判断して，「われわれの見解では，合理的で実施可能であれば実施する監査の一部分として，監査人が，棚卸資産との物理的接触を実施して，この公聴会以前にもすでに多くのケースで実務とされていたように，これに対する合理的な責任を負担しなければならないときがやってきた。……監査人は，財務諸表の他の項目に対して行なっているのと同じやり方で，この項目の真実性に対するプロフェッショナルとしての意見を表明するため，帳簿に限定されたものだけではなく，すべての合理的なテストと調査を実施すべきである[86]」と結論した。

### (5) 総括的な結論

以上のように，PW 会計事務所によって実施された個々の監査手続に対する評価および結論を示したうえで，SEC は，委員会としての総括的な結論（この結論部分はそのまま会計連続通牒第 19 号にも転載されている）を以下のようにまとめている。

「証拠記録，専門家証人による証言，権威ある監査文献によって明らかにされた事実に基づいたわれわれの結論によれば，PW 会計事務所が実施した

---

84　SEC [1940b], p.287, pp.290-291.
85　SEC [1940b], p.407.
86　SEC [1940b], p.411.

第3章 マッケソン&ロビンス事件と監査基準　89

監査は，形式上，監査範囲に関しても採用される監査手続に関しても，監査契約が締結されていた期間（注：1925年から1937年）に強制されると一般に認識されていたものにおおよそ合致していた[87]。……」

つまり，本件の監査人は，当時の"監査手続についての一般に認められた基準（generally accepted standards of auditing procedure）"と呼びうるものを遵守して監査を実施していたと判断された[88]。しかしながら，報告書はさらに続けて，以下のように指摘している。

「……この監査人が資産と利益の巨額の過大表示を発見できなかったのは監査業務のやり方（manner）に原因があった。監査業務を遂行するにあたって，それがプロフェッショナルとして引き受けた業務である限り必要とされる……一定程度の警戒心，詮索力，入手可能な証拠に対する分析力を用いていなかった。加えて，すでに多くの会計士に用いられ，より望ましい監査実務であると認識されてはいたものの，今回の公聴会の以前には，会計プロフェッションに強制されるものとまでは認識されていなかった監査上の手順である棚卸資産への定期的視認や売掛金についての確認を含めた手続を通じての実物に対する観察ないし独立の立場からの確認によって，マッケソン&ロビンス社の会計記録を検証していたならば，こうした過大表示は発見されたであろう[89]。……」

SECが問題視したのは，立会や確認を実施しなかったことそのものではな

---

[87] SEC [1940b], p.443; SEC [1940a], *In the Matter of McKesson & Robbins, Inc.—Summary of findings and conclusions. File No.1-1435 — Securities Exchange Act of 1934, Section 21 (a),* Accounting Series Release No.19 (December 5, 1940), p.3030. なお，これ以降，会計連続通牒（ASR）からの引用は，便宜上，すべてSEC [1981], *SEC Accounting Rules* より行なっている。

[88] もとより，一般に認められた監査手続に準拠していなかったとの調査報告書への記載に対してPW会計事務所側が難色を示したともいわれている（Baxter [1999], "McKesson & Robbins: A Milestone in Auditing," p.172）。

[89] SEC [1940b], pp.443-444; SEC [1940a], ASR No.19, pp.3030-3031.

かった．本件では，むしろ，与えられた状況の下で，強制されるものとは認識
されていなかったものの合理的かつ実施可能であった手続である立会や確認
を，あまりに不用意に省略してしまっていたことを問題にしていた．実施する
監査の範囲についての判断は，最終的には監査人が下すものである．そのため
に必要なのは，プロフェッショナルとしての十分な警戒心であり，詮索力であ
り，証拠に対する分析力である．本件の監査人はこうしたプロフェッショナル
としての資質（professional competence）を欠いていたというのが SEC の到達
した結論であった．

　さらに，公聴会の開催が決定した段階からすでに暗示されていたことではあ
るが，SEC によるこの調査が，PW 会計事務所が実施した監査手続だけでなく，
代表的な会計事務所が実務上行なっているような一般に認められた監査手続を
も俎上に載せるものであったために，調査報告書には，監査人である PW 会
計事務所に向けたというよりは，むしろ，会計プロフェッション全体に向けた
とみるべきコメントが，数多く含まれることとなった．総括的結論部分でなさ
れた以下のコメントもまた，会計プロフェッションに向けてのものである．

　　「われわれは，被監査会社の記録や文書によって明らかにされる事実は，
　実査や独立的な確認を通じて，かなりの程度，監査人によってチェックされ
　るように，監査手続に大幅な改善がなされなければならないと強く感じている．
　……とりわけ，今回の公聴会以前には，任意の手順とされていた棚卸資産へ
　の視認と売掛金の確認に関する監査手続は，いくつかの会計士団体によって
　すでに採択された決議に基づいて，……通常実施すべき監査手続と認められ
　るべきであるというのがわれわれの意見である[90]．」

　このように，1939 年 9 月の年次総会で承認された『監査手続の拡張（*Extensions of Auditing Procedure*）』での AIA の積極的な改善策，とくに，棚卸資産の監査
手続としての立会および売掛金の監査手続としての確認を"通常実施すべき監
査手続（normal audit procedure）"として指定したこと[91]に対して好意的な見

---

90　SEC [1940b], p.445; SEC [1940a], ASR No.19, p.3031. 圏点は引用者による．

方を示している。しかしながら,調査報告書を締め括る以下のコメントは,依然 SEC の基本的な立場を示すものとして,非常に重要な意味を持っている。

「本件で検討された監査手続を採択する会計プロフェッションによるアクションはすでに起こされている。われわれには,この時点でこうした手続の拡張が維持されない,あるいはこの報告書で示された流れに沿ってさらなる監査手続の拡張がなされることはないと信ずる理由はない。……事態がそうでないことを証明するまでは,われわれは——委員会に財務諸表を提出する証券発行者のタイプごとに監査の範囲とそこで採用されるべき手続を詳細に規定するという——別の選択肢よりもこの方針をより好ましいものと考える。……92」

最終的に SEC は,この報告書のなかで,実施すべき監査手続に関する詳細な規則・レギュレーションを定める権限を行使することを宣言することはなかった。しかし,ここでは,現状ではその必要性がないためにそうした権限の行使を留保しているだけで,今後の状況次第によっては,その行使の可能性があることが示唆されていることも見逃してはならない。こうした点も念頭に置いて SEC による法執行を解釈しなければならない。

## 5. 小 括

本章では,事件に直面した SEC がいかなる法執行を行なったのかという観点から,マッケソン&ロビンス事件を概括してきた。本件で SEC は,当初は,コスターをはじめとする事件の首謀者を証券取引所法違反容疑で刑事訴追する

---

91 いささか細かいことをいえば,最終的に承認を受けた『監査手続の拡張』では,当初の"通常実施すべき監査手続"という表現が"一般に認められた監査手続(generally accepted auditing procedure)"という表現に置き換えられている。当然,こうした用語の変更についても AIA 側にそれなりの意図はあったと推察されるが,本書では,議論の煩雑化を避けるために,この点を指摘するにとどめる。
92 SEC [1940b], p.445; SEC [1940a], ASR No.19, pp.3031-3032.

ための情報収集に専心していたが，連邦大陪審で起訴が決定した後は，一転して，この事件で浮かび上がってきた監査の失敗に関心を移し，14年間にわたりマッケソン＆ロビンス社の資産過大表示を見逃してきた監査実務および監査手続について，本格的な調査と検討を実施した．

　ここで，とくに注目しておくべきことは，この事件の発覚時点ですでに，監査人に対する懲戒権限が与えられていたにもかかわらず，SECは，結果的にこの種の行政処分に着手しなかったという点である．当時の実務規則において，SECの所管業務を行なう者が，必要とされる資格（qualification）を保持していないと判断された場合，誠実性を欠いていたと判断された場合，あるいはプロフェッショナルとして非倫理的ないしは不適切な行為に従事したと判断された場合には，SECは，そうした業務を行なう特権を剥奪する，あるいは停止することができると規定されていた[93]．これに基づいて，証券法および証券取引所法の下での監査証明を行なった会計士に対しても，上記の問題がある［または，あった］と判断される場合には，こうしたSECに対する監査証明業務を行なう特権を剥奪する，あるいは停止するという懲戒処分を行なうという選択肢をSECは持っていた．しかしながら，こうした権限を行使することはせずに，すでにみたように，証券取引所法21条(a)項に基づき，主として将来の立法措置を勧告するための情報を確保するという目的から，PW会計事務所が実施していた監査手続とその背後にある会計プロフェッションにおいて一般に認められた監査手続を調査し，検討するという手順を採用した．このように，SECは，それが意図的であったかは不明であるが，個別案件としての処分でなく，のちの規則・レギュレーションの改訂のような立法措置に対する基礎的前提としての調査を行なうことを選択した形となった[94]．

　前章において触れたように，マッケソン＆ロビンス事件の前夜は，SECが"監

---

93　1938年6月改正のSEC実務規則・規則2(e)では，「委員会は，本件に関する告知と聴聞の後，委員会によって以下のように事実認定された者に対し，本委員会に出頭し，あるいは，その所管業務に従事する特権（privilege）を一時的または恒久的に停止し，あるいは剥奪することができる．(1)他の者を代理するにあたって不可欠な資格を保持していない［と判断される者］，あるいは，(2)品性あるいは誠実性を欠いていた，ないし，プロフェッショナルとして非倫理的あるいは不適切な行為に従事した［と判断される者］」と定められていた．SECによる規則2(e)手続の利用については，第5章以降で本格的に検討する．

査"規制に本格的に乗り出そうとしていた時期であった。SEC は，1938/39 年度（1938 年 7 月 1 日 – 1939 年 6 月 30 日）の年次報告書において，こうした状況を以下のように総括している。

　「最近まで，当委員会の会計領域での関心は，主として，会社の財務報告を改善すること，会計原則を基準（標準）化することに向けられてきた[95]。……しかしながら，最近のいくつかの出来事は，監査において採用されている手法や技術の適切性に対して疑問を投げ掛けるものであった[96]。」

いくつかの出来事とは，第一にマッケソン＆ロビンス事件のことであるが，ほかにも，すでに前章で触れた，モンロー貸付会社事案と州際メリヤス製造事案が挙げられている[97]。また 1939 年 9 月，AIA 年次総会で行なった講演のなかでも，主任会計官ワーンツは，以下のように述べている。

　「われわれが会計原則に関して費やしてきた年月とは対照的に，実際に合理的な監査がなされたのかどうかという問題を含んだ事案はわれわれの前に

---

94　これも結果的にそうした形になったと指摘しているだけで，この証券取引所法 21 条(a)項に基づく調査が担当会計士の懲戒等の検討につながる可能性がなかったといえるかは不明である。ただ，SEC が，個々の会計士の処分ではなく，むしろ，その後の監査規制の基礎となる一般に認められた監査手続に対する検討を最優先にしていたことは，明らかである。

95　実際，マッケソン＆ロビンス事件発覚の時点ですでに公表されていた会計連続通牒のうち会計士による監査証明に関連しているのは，第 2 号（会計士の独立性）と第 7 号（提出財務諸表に多く見受けられる欠陥事項）のみである。1937 年 5 月 6 日付で公表された会計連続通牒第 2 号で，主任会計官カーマン・ブラウ（Carman Blough）は監査人の独立性が具体的にどのような場合に侵害されるか外観的な規準についての見解を示していた。また，1938 年 5 月 16 日付で公表された会計連続通牒第 7 号では，SEC に提出される財務諸表に見受けられる欠陥事項を分析し，具体的な事例を挙げて注意を喚起しているが，そのうち監査証明書について，「監査証明書での表示が，実施された監査の範囲に関する合理的に理解可能な表示（a reasonably comprehensive statement）となっていない」ケース，あるいは「適切な監査が監査証明を実施した会計士によってなされていない（まま監査証明書が作成されている）」ケースなど 12 のケースを挙げていた。

96　*Fifth Annual Report of the SEC*, Fiscal Year Ended June 30, 1939, pp.117-118.

97　*Fifth Annual Report of the SEC*, Fiscal Year Ended June 30, 1939, pp.118-119.

ほとんど提起されて来なかった。おそらくこれは，通常の事案では実際に採用された監査手続に関する情報が不足していたからであろう。［しかし］モンロー貸付会社事案，州際メリヤス製造事案，さらにマッケソン＆ロビンス事件のごとき，われわれの前にあらわになった事案は，まさに納屋から馬が飛び出してしまった後に，われわれをおそったものであった（注：馬が飛び出した後で納屋の戸を閉めても遅すぎるという意味)。……98」

　マッケソン＆ロビンス事件が，SEC の監査規制史において重大な画期を示すものであったことはおよそ間違いないところである。
　この事件はまた，プロフェッショナルたる個々の監査人の過誤（professional malpractice）の問題だけではなく，プロフェッション全体の問題も提起するものであった。この点に関して，プレヴィッツ（Gary John Previts）およびロビンソン（Thomas R. Robinson）は以下のように指摘している。

　「マッケソン＆ロビンス事件の帰結は，個々の監査人の判断における裁量に限定が設けられたことであった。この事件は，また，監査人さらには彼らの属するプロフェッションの協会，すなわち AIA と SEC の関係性を再構成するものであった。この事件は，1939 年 9 月 19 日に『監査手続の拡張』というタイトルの最初の監査手続書（Statement on Auditing Procedures）を公表するための AIA 会員による投票を行なう際に，自主規制プロセスを通じて監査手続を規定するように強く促していた 99。」

　そこでは，マッケソン＆ロビンス事件は「会計プロフェッショナルたちの［監査判断に関する］裁量に基づいた役割の，原則や手続に関する個人の自由放任主義的判断から，AIA 下位委員会（注：監査手続委員会を指している）の仕組み

---

98　Werntz [1939], "What Does the Securities and Exchange Commission Expect of the Independent Auditors?" p.18.　圏点は引用者による。
99　Previts and Robinson [1996], "Samuel J. Broad's Contributions to the Accounting Profession," p.75.　なお，『監査手続の拡張』が監査手続書の第 1 号となったのは，実際には 1941 年 4 月のことである。

を通して導出された仲間内のプロフェッションの基準（peer professional standards）によって方向付けられる判断プロセスへの変革を完遂させる[100]」事件であったとみられており，こうした意味において，プロフェッション全体に関わるものと理解されている。

また，ビーリングら（Bealing et al.）は，マッケソン＆ロビンス事件をめぐるものも含めたSECの初期の法執行活動を分析している。それによれば，マッケソン＆ロビンス事件をめぐる法執行のなかで，SECは，C・オリバー（Christine Oliver）のいう"黙従戦略（acquiescence strategy）"と"妥協戦略（compromise strategy）"の両方を実施していたと解釈される[101]。そして，彼らは，「マッケソン＆ロビンス事件は，この事件とこれをめぐるSECの法執行行為が監査を担う会計プロフェッションと財務報告を行なう企業社会にとって何をもたらす

---

100 Previts and Robinson [1996], p.76.
101 Bealing et al. [1996], "Early Regulatory Actions by the SEC," pp.332-333. そこでは，「マッケソン＆ロビンス社の財務担当責任者（トンプソン），顧問弁護士，ニューヨーク証券取引所社長，PW会計事務所の上級パートナー（G・O・メイ）らのごく初期段階からの積極的な関与とPW会計事務所によって監査証明されたマッケソン＆ロビンス社の財務諸表に重要な虚偽表示が含まれている強力な証拠とがあって，SEC委員長には，証券諸法を執行するというSECに付与された為政権（mandate）に黙従するしか選択肢がなかった」（Bealing et al. [1996] p.332）と解釈されている。また，一方のSECの妥協戦略は，関係者のなかでも，とくに会計プロフェッションとの間で発揮されたとして，「SECは，公聴会を通じて，(a)はじめに，一方で被規制者――PW会計事務所と会計プロフェッション――の全般的なプロフェッショナリズムを公然とほめたたえつつ，また一方で焦点となったこの被規制者を疑問のある，ないし欠陥のある実務を行なっていたと問題視する，(b)次いで，すでに広く実務上用いられていた会計プロフェッションが実施すべき改善可能な手続を規定する，(c)被規制者が…強制すべきとして規定された改善可能な手続をすでに"自発的に"受け入れていることを受けて，その責任を果たした被規制者であるとして儀礼的に再構成する，(d)最後に，会計プロフェッションは，SECの法執行活動への敏感な対応を通じて，SECに監視されるものとして自らを規制する（つまり，自主規制する）資格に価値を見出したと公然と表明する，という4つの"（ドラマトゥルギー社会学における）演出上のアジェンダ"を通じて，事態を進めた」（Bealing et al. [1996], p.333）と解釈されている。

こうした法執行行為は，制度理論に基づき，SECと外部の組織体との間の政治的な交換の演出（ドラマトゥルギー）を用いるものとして解釈されているが，ここでの交換関係の演出を通じて進行していたSECの水面下での発展は，被規制者だけでなく，SECそれ自体に対しても影響を与えるものであったとして，こうした法執行はSEC自身の正統性獲得の過程でもあったと捉えられている（Bealing et al. [1996], pp.334-335）。

ものであったかという見地からだけでなく，彼ら相互の関係性が正統性を獲得していく過程のなかで，SEC のために，会計プロフェッションと企業社会のために何をもたらすものであったのかという見地からも解釈されるべきである[102]」としている。そのうえで，とくに会計プロフェッションのために，SEC は，すでに広く実務上採用されていた監査手続を遵守させよう（enforce）としただけでなく，会計プロフェッションが引き続き自主規制を行なうことを容認したと指摘している。

　このように，プレヴィッツおよびロビンソンやビーリングらの議論では，その分析上の前提は異なるものの，マッケソン＆ロビンス事件は，会計プロフェッションに対して，監査実務に関する自主規制を一方的に認める契機となったと捉えられているようである。こうした解釈は，SEC が，会計原則と同様に，監査基準の設定権限を会計プロフェッションに移譲したという一般的理解に通底するものである。しかしながら，マッケソン＆ロビンス事件に先立って SEC の前に提示された事案を合わせて検討してみると，たとえ SEC が監査基準の設定権限を委譲したと理解するにしても，そこに隠された SEC の監査規制に関する意図はそう単純ではないように思われる。そのために，本章では，この事件に対応して，SEC が，その後の立法措置に対する基礎的前提として一般に認められた監査手続についての調査，検討を実施した点を強調してきた。以下は，マッケソン＆ロビンス事件の調査報告書が公表された直後に『ジャーナル・オブ・アカウンタンシー』誌の 1941 年 1 月号の論説欄においてなされたコメントである。

　「あるプロフェッション全体において通例的に採用されている技術的な手続が，その意図された目的に対して適切であるかどうかを政府機関が判断しようなどという試みは，おそらくはこれまで一度もなかったことであろう。このような調査は，われわれ以外のプロフェッションの場合にはいかなる場合でも正当とはいえないだろうが，われわれ公認会計士は独特ともいえる二重の責任を意識している。顧客(クライアント)に対する責任と会計士の報告書に依拠してい

---

102　Bealing *et al.* [1996], p.335.

る公衆に対する責任である。投資公衆——そして彼らを代表しているのがSECである——が，要求されている情報を提供するために会計プロフェッションが会社側と十分協力しながら実施している一般に認められた監査手続（generally accepted auditing procedure）について，知りたいことを知る権利があるのは間違いのないことである[103]。」

少なくともAIA執行部は，こうしたSECの法執行を会計プロフェッション全体にとって重大なものとして受け止めていた。当時AIA事務局長であり『ジャーナル・オブ・アカウンタンシー』誌の編集長であったケアリー（John L. Carey）は，のちに振り返って，以下のように総括している。

「［プロフェッションがマッケソン&ロビンス事件に組織としてどのように対応すべきか迫られた危機的状況とは別に］プロフェッションはもう1つの危機を乗り切っていた。この事件が実務全般に与えたインパクトは非常に大きかった。『監査手続の拡張』に具体化された特定の規定のほかに，ほとんどの会計事務所は，SECの公聴会での証言の見地から，自分たちの事務所で採用している手続やアプローチを落ち着いて再検討（review）した[104]。」

「マッケソン&ロビンス事件は，プロフェッション全体——とりわけ，当時AIAの執行部にいた者——および［公聴会に］関わった著名会計事務所のパートナーたちにとっては，いらいらさせられる経験（abrasive experience）ではあったけれども，会計プロフェッションは，大勝利して立ち上がってきたとまではいえないまでも，永久に続くような痛手を受けることなくこの［危機的］事態から抜け出すことができた[105]。」

最後に，当時のSECの最終的な意図を知るために，事件後1939年5月18日にウィリアム・ダグラス（William O. Douglas）を引き継いでSEC委員長と

---

103 Editorial, *Journal of Accountancy*, Vo.71, No.1, January 1941, p.1.
104 Carey [1970], p.37. 圏点は引用者による。
105 Carey [1970], p.41.

なったジェローム・フランク (Jerome N. Frank) の就任直後のプレス・コンファレンスでの発言をみておきたい。

「本委員会の最も重要な職能の1つが会計実務の基準(スタンダード)を維持，改善することである。最近の出来事は，われわれがこの領域において差し迫った問題に直面していることを浮彫りにしている。……われわれは公衆が公共会計士の報告書への信頼を失うようなことがけっしてないことを確認したいのである。

この目的のために，公共会計士の独立性は保持され，強化されなければならない。また［監査の］十分さ (thoroughness) や正確さの基準(スタンダード)は遵守されなければならない。私自身は，現在，プロフェッションのいくつかのグループがよい方向に歩みを進めていると承知している。……しかし，もし被監査会社(クライアント)からの圧力が原因で会計士が自らの仕事を十分に (thoroughly) 行なえない，ないしは，行なうことを躊躇(ためら)っているとわれわれが判断した場合には，われわれに制定法上与えられている権限のすべてをもって，ここに介入することをいとわないだろう[106]。」

---

106 *Fifth Annual Report of the SEC*, Fiscal Year Ended June 30, 1939, p.121 より引用。

# ■第4章■

# 監査基準による規制

## 1. は　じ　め　に

　アメリカ監査規制史における最も重要な発展は，一般に認められた監査基準（generally accepted auditing standards；GAAS）概念の形成とこれを用いた監査規制の確立である。監査基準という概念は，1941年2月に行なわれたレギュレーション S-X の改正の際に監査証明書の記載事項として新たに導入され，用いられるようになったものである。このとき証券取引委員会（SEC）は，監査証明を行なった会計士に対して，監査証明書に「われわれの実施した監査は，その個々の状況において適用可能な一般に認められた監査基準に準拠して行なわれたものであり，必要とみなされたすべての手続を含んでいる」旨の記載を加えるように要求した。こうした監査規制に対応する形で，今度は，会計プロフェッション側，具体的にはアメリカ会計士協会（AIA）が，一般に認められた監査基準の具体的内容を特定し規定する役割を担うことになった。こうした経緯から，監査基準は，準拠されるべき標準（基準）としての役割を果たすものでなければならないばかりではなく，まず，それに準拠して監査を実施したことを監査証明書に記載することを前提として規定される必要があった。この点において，監査基準は，その概念が登場する以前から AIA によって公表されていた1917年の『統一会計』をはじめとする"監査ガイダンス"とは，まったく異なった成り立ちを持っているものであった。監査基準は，プロフェッショナルたる監査人が準拠すべき監査の実務指針という意味では"監査ガイダンス"と共通した役割を担うものではあるが，同時に，監査報告書（監査証明

書）における監査意見を支えている実際の立証活動の内容を明らかにするものでなければならないため，その概念は，具体的な手続的要素だけでなく，むしろ全般的な監査の目標や，監査の原理，アプローチ等を含むものでなければならなかった。

　本章では，SECによって"監査基準"概念が導入され，それが正式に承認されていくプロセスについてみていく。まず，SECが，マッケソン＆ロビンス事件に強い影響を受け，監査証明書の記載事項との関係で"一般に認められた監査基準"を導入するにいたった経緯を明らかにし，これを受けて，会計プロフェッション側がどのようにこれに対応したのか，とくに，どのような任務を引き受けようとしていたのか，詳細に分析する。最終的にAIAが会員の承認を得て協会のものとした監査基準のステートメントである『監査基準試案』が取りまとめられたことを踏まえて，アメリカにおける監査基準の形成，その具体的適用に関連して，その歴史的意義について総括する。

## 2. 監査基準登場までのSEC内の議論

### (1) 投資会社法案32条(c)項(1)をめぐる議論

　監査証明書における監査基準への準拠記載の要請が，1938年末に発覚したマッケソン＆ロビンス事件を直接の契機としていることについては，すでに論及してきたところである。しかしながら，実際には，SECは，マッケソン＆ロビンス事件にかかる公聴会の終了後1940年12月にいたるまで，事件の調査報告書を公表していなかった。また，レギュレーションS-Xによる開示規制についても，調査報告書が公表されるまで未確定なものとされていた[1]。しかし，その間，この"監査基準"の問題に対して，少なくとも間接的な影響を及ぼしたと思われる重要な流れがあったことを見逃すことはできない。それは，投資会社法案32条(c)項(1)をめぐって展開された議論である。

　1940年当時，上院銀行・通貨委員会は，連邦証券規制の一環として投資会社および投資信託に対する立法を検討していた。連邦証券諸法の一部として審議中であった投資会社法案（S.3580；ワグナー＝リィ法案）の32条（会計士と

監査人）には，規制機関に法執行上特別に付与される権限の1つとして，以下のような条項が盛り込まれていた。

32条(c) 委員会は，公衆の利益のため，あるいは投資者の保護のため，委員会の規則・レギュレーション・命令を通じて，(1)登録投資会社での監査にあって従うべき最低限度の監査範囲および監査手続を規定する（prescribe）権限を有する。……

そもそも同法案はSECが議会に対して提出した投資信託および投資会社に関する報告書[2]に基づいて起草されたものであり，本規定は，SEC管轄下の登録投資会社に対する監査証明に限定されてはいたものの，明示的に，SECに対してある種の"監査基準"を設定する権限を付与するものであった。

この法案の提出を受けて，会計プロフェッション側は，『ジャーナル・オブ・アカウンタンシー』誌の論説欄において，「これまで多くの連邦政府機関にその管轄下にある会社の会計実務に対する監督権ないし統制権を行使するための制定法上の権限が与えられてきたが，……独立の監査人が自らの業務を遂行する際のその遂行方法を規定する権限が付与されるという例は聞いたことがない[3]」と強い反対を示すコメントを掲載した。

1940年4月22日に開かれた公聴会には，AIAを代表して執行委員会からコールマン・アンドリュース（Coleman Andrews）が出席した。AIAでは，こうした立法の流れに対抗して，すでに特別委員会を設置して検討しており[4]，そこ

---

1 最初のレギュレーションS-Xを設定することを告示した1940年2月21日付のASR第12号では，「現在，マッケソン＆ロビンス事件その他の事案が手続上係属となっていることから，会計士による監査証明を統制する規則は，いくつかの点で変更や明瞭化はあるものの，実質的に，1933年証券法の下での一般規則およびレギュレーションに記載される様式，1933年証券法および1934年証券取引所法の下での様式において引き続き留保される。しかし，係属中の手続が完了したあかつきには，監査証明書に関する規則は，これらの事案の結果として必要とみなされる改訂を目的として再検討されることになる」として，監査証明書の記載規則については最終決定ではないことを明示していた。

2 *Investment Trusts and Investment Companies: Report of the Securities and Exchange Commission*, 1939.

3 Editorial, "Government Regulation of Auditing," *Journal of Accountancy*, May 1940, p.337.

で検討された協会としての見解を示すステートメント[5]を提出した。このステートメントの主張するところは，端的に，以下のとおりであった。

　「われわれ AIA は，本規定が，プロフェッショナルたる実務従事者が本来担うべき責任，つまりは，被監査会社の財政状態および経営成績に関する監査人のプロフェッショナルとしての意見を表明するのに先立って独立の監査人が実施すべき調査をどの程度の範囲で行なえばよいのか，さらに，どのようなやり方でこれを実施すべきなのかを決定する責任を何らかの政府の行政機関に担わせることを許容するような規定であるために，この規定には反対する。……[6]」

さらに，このステートメントでは，以下のようにも主張していた。

　「監査は，単純な機械的プロセスではない。……監査人は，個々の取引記録を検証するために必要とされる検証の範囲 (extent)，ならびに，納得できるための検証の方法 (manner) に関して，自身の判断を下さなければならない。……［監査人が直面する状況には］二度として同じものはない。……監査人は，自らの監査意見を支えるうえで実施しなければならない業務の量 (amount) と性質 (nature) を監査人自身で決定しなければならない。……［それゆえに］最低限の監査範囲と監査において従わなければならない最低限の監査手続は，法案 32 条 (c) 項 (1) に定められるような規則やレギュレーションによっては十分に規定できるようなものではない[7]。」

公聴会においてアンドリュースは，このステートメントを実際に読み上げながら，途中，何度か質問を受けて，やりとりをしている。その際に強調された

---

4　*1940 Yearbook of the American Institute of Accountants*, pp.126, 133.
5　AIA [1940], *Statement by the American Institute of Accountants before a Subcommittee, Senate Committee on Banking and Currency*, April 1940.
6　AIA [1940], p.2.
7　AIA [1940], pp.4-5.

のは，監査業務における"プロフェッショナルとしての判断"の重要性であった。以下は，アンドリュースとマロニー（Maloney）上院議員とのやりとりの一部である。

> マロニー議員：32条(c)項(1)に言及されて，それがプロフェッショナルたる実務従事者が本来担うべき責任を政府の行政機関が担うことを許容しているという根拠で反対されているようですが，そうした場合，［公衆の利益と投資者の保護という目的を］保証してくれるものがどこにあるのですか？
> アンドリュース：会計士が責任を担う保証という意味ですか？
> マロニー議員：そうです。
> アンドリュース：プロフェッショナルとしての判断の行使（exercise of professional judgment）です。上院議員，これをもっての責任の負担はあらゆるプロフェッションの実務（the practices of any profession）に特有なものなのです。
> マロニー議員：マッケソン＆ロビンス事件に関してはどうですか？
> アンドリュース：おっしゃられているマッケソン＆ロビンス事件のようなケースでは，おそらく，ある種の違背行為（wrong doing）があったのでしょう。……ただ，プロフェッションは，責任を負担し，自らの実務を遂行していくうえで，その実務が適切な行為規則に準拠していること，過失を犯していないこと，義務の遂行するうえでの技能を十分に備えていることを自ら確認する責務があると申し上げたいのです。……[8]

その後，AIAは，非公式に，SECが当該規定を削除するように上院委員会に働きかける代わりに，30条に別の条項を挿入することで解決することを打診された。これを受け入れた結果，投資会社法でSECにこのような権限を付与することは見送られることとなった[9]。最終的に1940年8月22日に成立し

---

[8] Wagner Hearings [1940], *Investment Trusts and Investment Companies: Hearings before a Subcommittee on Securities and Exchange of the Committee on Banking and Currency, 76th Congress 3rd session on S.3580*, Part 2, 1940, p.690.

た投資会社法（Investment Company Act of 1940）では，30条(e)項において，以下のように規定するところとなった。

30条(e) ……独立公共会計士による監査証明書は，包括的で信頼しうる財務諸表を提示するという目的の下で独立公共会計士が通常実施するところのものを範囲および用いられる手続の面で下回らない監査（audit not less in scope or procedures followed than that which independent public accountants would ordinarily make）に基づいているものでなければならず，また，公衆の利益のため，あるいは投資家の保護のため，監査の性質（nature）と範囲ならびに監査人の発見事項および意見に関し，SECが規則およびレギュレーションによって規定する情報を含んでいるものでなければならない。

### (2) マッケソン&ロビンス事件報告書における結論

マッケソン&ロビンス事件における監査人の監査のあり方について検討するための公聴会は，1939年4月25日までに終了していたが，調査報告書が出されるまでにはしばらく時間がかかっていた。SECは，最終的に，事件発覚からほぼ2年後にあたる1940年12月6日に，マッケソン&ロビンス事件の調査報告書を公表した。

調査報告書において最終結論を述べるにあたって，SECは，まず，以下のように説明している。

「結論部分を導くにあたって，われわれSECは，監査手続それ自体(auditing procedures as such)と，ある場面で監査手続が適用される際の適用のされ方（the manner in which they are applied in a given case）との間の区別を認識することが必要とわかった[10]。」

---

9 *1940 Yearbook of the American Institute of Accountants*, p.126.
10 SEC [1940b], p.361.

そのうえで，調査報告書は，最終的に，「……われわれの結論によれば，［マッケソン＆ロビンス社の監査人であった］プライス・ウォーターハウス会計事務所が実施した監査は，形式上，監査範囲に関しても採用される監査手続に関しても，監査契約が締結されていた期間に強制されると一般に認識されていたものにおおよそ合致していた。この監査人が資産と利益の巨額の過大表示を発見できなかったのは監査業務のやり方に原因があった[11]」と結論づけ，本件の監査人が，監査業務を遂行するにあたって要求されるプロフェッショナルとしての資質を欠いていたことを批判した。

また，監査証明書（監査報告書）に関しては，プライス・ウォーターハウス会計事務所の監査証明書の形式については当時の一般に認められた実務に準拠したものであったと結論づけたうえで，あくまで監査証明書の記載に関連する"一般的な問題"として，以下のような結論を述べている。

「実施した監査は，監査人が適切とみなしたものとして記述されるべきであり，計算書類に関わる必要な情報はどのようなものでも表示されてしかるべきである。われわれ SEC は必ずしもすべての監査上の手順を規定するべきとは考えていないが，真の意味で理解可能な用語法（really descriptive language）……が用いられるようになることを望んでいる。われわれはこの点に関連して1つの積極的な要求を行なう。監査証明書は，実施した監査範囲を記述する区分において，一般に認められた通常の監査手続（generally recognized normal auditing procedure）が省略されている場合には，当該省略された手続とその省略の理由をくまなく表示するものでなければならない。……会計士は自ら実施した監査がそうした監査意見を形成するために必要なものを下回っていない（not less than）ことを監査証明（certify）するべきであるとわれわれ SEC は確信している。……つまり，われわれは，実施した監査が手続［それ自体］とその適用のされ方の両方に関して認められた実務の最低限度とされているものを下回っていないことを監査人が監査証明（certify）するべきであると述べているのである。……[12]」

---

11　SEC [1940b], p.443; SEC [1940a], ASR No.19, p.3030.

その一方で，SEC の全体的な結論は，必ずしも SEC が直接的に"監査基準"を設定する方向ではないとしている。報告書では，1939 年 9 月の年次大会で承認した『監査手続の拡張（*Extensions of Auditing Procedure*）』での AIA の積極的な改善策，とくに，棚卸資産の監査手続としての立会および売掛金の監査手続としての確認を"通常実施すべき監査手続"として指定したことを評価しつつ[13]，以下のように締め括っている。

「本件で検討された監査手続を採択する会計プロフェッションによるアクションはすでに起こされている。われわれには，この時点でこうした手続の拡張が維持されない，あるいは，この報告書で示された流れに沿ってさらなる監査手続の拡張がなされることはないと信ずる理由はない。監査証明書上のディスクロージャー……に関して本報告書でなされた特定の勧告を採用することによって，認められるレベルの監査手続の基準（acceptable standards of auditing procedure）が遵守され，また，そこからの逸脱があった場合にそれが特定的に考慮されることが可能となる。［ただ］事態がそうでないことを証明するまでは，われわれは——委員会に財務諸表を提出する証券発行会社の業種タイプごとに監査の範囲とそこで採用されるべき手続を詳細に規定するという——別の選択肢よりもこの方針をより好ましいものと考える。……[14]」

このように，報告書で SEC は監査範囲および実施すべき監査手続に関する詳細な規則・レギュレーションを定める権限を行使することを宣言することはなかったが，同時に，この時点で，現状ではその必要性がないためにそうした権限の行使を留保するだけで今後の状況次第によってはその行使の可能性があることも示唆していた[15]。とりわけ監査証明書に関する開示規則に関しては，その改訂がある程度明確に示唆されていたとみられる[16]。

---

12　SEC [1940b], pp.434-435. 圏点は引用者による。
13　SEC [1940b], p.445; SEC [1940a], ASR No.19, pp.3020-3021.
14　*Ibid.*

## 3. "一般に認められた監査基準"の登場

### (1) 会計連続通牒第21号と"一般に認められた監査基準"の導入

マッケソン＆ロビンス事件報告書を公表して，いよいよ，SECは，1941年2月5日付で，SEC提出書類に対する財務諸表規則にあたるレギュレーション

---

15　再三指摘しているように，SECに対して，直接"監査基準"に相当するものを設定するような権限が与えられているかどうかは明らかではなかった。会計原則については，証券法19条(a)項や証券取引所法3条(b)項をもってSECにその設定権限が与えられていると解することができるが，監査基準についてはそうした明文規定が存在せず，せいぜいのところ，証券法11条(b)項および証券取引所法18条(a)項に置かれている民事責任規定が監査人に"一般に認められた監査基準"に相当するものを遵守させる根拠になる程度であるとされている (Strother [1975], "The Establishment of Generally Accepted Accounting Principles and Generally Accepted Auditing Standards," pp.221-225)。それにもかかわらず，SECは，すでに触れたように，この事件の調査報告書において，自らに監査基準の設定権限が留保されていることを宣言したと解されている。

　「……監査基準の設定にあたってSECがどれだけの最終権限を持っているのかは明らかではないといわれている。伝統的にSECは（直接的ではなく）間接的に監査基準に影響力を行使することを選択してきたが，すでに，会計連続通牒第19号（およびマッケソン＆ロビンス事件の調査報告書）の最後の段落でSECは，自らに『委員会に財務諸表を提出する証券発行者に対して監査の範囲とそこで採用されるべき手続を詳細に規定する』権限があることを明確に主張していた (Campbell and Parker [1992], "SEC Communications to the Independent Auditors: An Analysis of Enforcement Actions," p.301)。」

その法的根拠は別にして，このようにSECに監査基準の設定権限があると内外に認めさせたことは，その後のSECと会計プロフェッションとの間の関係性のあり方に大きな影響を与えることとなった。マッケソン＆ロビンス事件後しばらくして，いわゆる監査基準設定の問題が生じることになるが，そのとき，会計プロフェッションは，自分たちが監査基準を設定しなければ，SECがそれを設定してしまうのではないかという怖れを抱くことになる。そう考える根拠はここにあった。

16　実際，SEC年次報告書（1940年7月から1941年6月）は，「少なくとも当面のところ，[報告書では] SECは様々な業種の証券登録会社に対する監査の範囲およびその監査において用いられるべき手続について詳細に規定しないであろう……ことが示唆されていた。しかし，監査証明書の形式・内容に関するSECの規定は，マッケソン＆ロビンス事件の調査によって明らかになったような監査証明書のある欠陥が克服されるように改訂されるであろうことも示唆されていた」(*Seventh Annual Report of the SEC*, Fiscal Year Ended June 30, 1941) と報告している。

S-X の規則 2-02（会計士の監査証明書）および規則 3-07（会計方針の変更）について改正する旨を告示する会計連続通牒（ASR）第 21 号を発行した。変更された規則 2-02 の (b)（実施した監査についての表示）では，以下のように規定されることになった[17]。

> (b) 会計士の監査証明書は，(i) 実施された監査の範囲についての合理的に理解可能な表示を含むものであり，それには，財務諸表中の重要な項目に関して一般に認められた通常の監査手続が省略された場合の，当該手続を特定する説明およびその省略の理由が含まれる。また，監査証明書は，(ii) 監査が，その個々の状況において適用可能な一般に認められた監査基準（GAAS）に準拠して行なわれたかどうかを表明するものである。さらに，(iii) 実施された監査が，特定の状況の下で会計士が必要と考えた手続を省略したかどうかを表明するものである。……（後段省略）……

ここにおいて，監査規制上はじめて，"一般に認められた監査基準"なる概念が導入された。本規定について，ASR 第 21 号では，以下のような解説が付されていた。

> 「［規則 2-02 の］(b) は，会計士が実施した監査の性質（nature）に関する会計士による表示（representation）に対する要求を含んでいる。とくに，(b) の (i) の下では，会計士は，自らが実施した監査の範囲についての合理的に理解可能な記述を与えなければならない。マッケソン＆ロビンス事件報告書におけるわれわれ SEC の見解に沿って，この (b) はまた，財務諸表中の重要な項目に関して一般に認められた通常の監査手続（generally recognized

---

[17] 変更以前のレギュレーション S-X の規則 2-02 (a) で「(a) 会計士の監査証明書は，……(4) 実施された監査の範囲についての合理的に理解可能な表示を含むものでなければならない。……」と規定されていた部分に対応している。なお，すでにみたように，レギュレーション S-X の導入を告示した ASR 第 12 号において，会計士による監査証明を規制するルールに関してはマッケソン＆ロビンス事件に関する結論を踏まえて変更されることがあらかじめ明示されていた。

normal auditing procedures)が省略されている場合には，その省略については，省略の理由の明確な説明を付して，記載することを要求している。……特定の状況では，そういった省略が正当な場合もあるので，会計士に対し，自らの監査が，その個々の状況において適用可能な一般に認められた監査基準に準拠して行なわれたかどうかを表明することを要請する(ii)との関連で，特別に除外事項・限定事項とされる場合を除いては，実施した監査の記述に関連した，省略の特定およびその理由は，除外事項あるいは限定事項とはみなされない[18]。」

本規制の導入をめぐる状況を知りうる史料として ASR 第21号が発行される直前に記された1月7日付の「アメリカ会計士協会に対するメモランダム[19]」がある。このメモランダムによれば，改訂規則 2-02 (b) における追加部分「……, (i) ……それには，財務諸表中の重要な項目に関して一般に認められた監査手続[20]が省略された場合の，当該手続を特定する説明およびその省略の理由が含まれる。また，監査証明書は，(ii)監査が，その個々の状況において適用可能な一般に認められた監査基準に準拠して行なわれたかどうかを表明するものである」の部分については，「一般に認められた監査手続が省略されたかどうかに関して，事実の表示（factual statement）を求めており，監査人がこれを意見として表明することは認めていない[21]」と説明されている。そして，この規定の趣旨は「(1) ［一般に認められた監査手続が省略されたことの］判定を主観的なものではなく，客観的なものにすること，(2) SEC による証券諸法の法執行を容易にさせ，会計士が，何が"一般に認められた監査手続"であるのか，また，それらを省略した場合，その理由が正当なものであるかどうかに関して，監査

---

18　SEC [1941b], *Accounting Series Release No.21: Amendment of Rule 2-02 and 3-07 of Regulation S-X*, p.3022.
19　SEC [1941a], *Memorandum for American Institute of Accountants: Rule 2-02 of Regulation S-X*, dated January 7, 1941. (http://3197d6d14b5f19f2f440-5e13d29c4c016cf96cbbfd197c579b45.r81.cf1.rackcdn.com/collection/papers/1940/1941_0107_RuleMemorandumT.pdf)
20　これはメモランダムの時点での用語法で，実際の規則では，上記のとおり，"一般に認められた通常の監査手続"と変更されている。
21　SEC [1941a], p.3.

証明書のうえで，自らを弁明し切っているかどうかを SEC が判断できるようにすること[22]」にあるとされている。また，「法律的な観点からは，監査は一般に認められた監査基準に準拠していると会計士が述べる（say）ことと，そのように会計士が監査証明する（certify）ことの間には基本的な相違はない。……基本的な相違は，この新規定によって［会計士の］民事・刑事責任が高められ，証券法 8 条に基づく停止命令の発行権限が強められることである[23]」とも記されている。

本規制に関連して，SEC 委員のヒーリー（Robert E. Healy）は，監査人は，監査証明書において，何を実施したのか，そして，何を実施していないのかについての厳密な(exact)表示を行なうべきであると主張していたが，SEC スタッフはヒーリーの意見に反対していたと記されている。SEC スタッフは，すでに投資会社法 30 条(e)項に規定されているように，実施された監査が合理的に慎重な会計士が特定の状況の下で必要であるとみなすものを，範囲および用いられる手続の面で下回らないことを，"意見として"表明（state）するだけで十分であると考えていたという[24]。メモランダムからは，このときの他の SEC 委員の意見は明らかでないが，ヒーリーの意見が最終的に反映されたことは，この監査規制の決定の際にも SEC 委員内部での政治的駆け引きが存在していた可能性を示唆しており，興味深いところである。

さらに，メモランダムによれば，本規制は，「たとえ会計士が，特定のケースにおいて適用可能ではなかったという根拠で，ある一般に認められた手続を省略することについて自らを正当化できるという誠実な意見を抱いている場合であっても，SEC に対し監査証明書を書き直させる権限を与えるものであり，また，そうした自らの判断を行使する能力がプロフェッションの一員たることの不可欠な要素であるにもかかわらず，そうした彼らのプロフェッショナルとしての地位までをも奪うものである[25]」とはっきりと認識されていたにもかかわらず，導入されたものであった。

---

22　*Ibid.*
23　*Ibid.*
24　SEC [1941a], pp.3-4.
25　SEC [1941a], p.4.

いずれにしても，通常実施すべき監査手続の省略は，その際の監査人の判断が正しい場合もあれば，正しくない場合もあるので，SEC としてもそれを受け入れる限り，単に省略についての開示を要求するだけでは規制としては不十分であるということになる。そこで，何らかの形で，その際の監査人の判断そのものを評価できる開示上の規則が必要ということになり，最終的に"一般に認められた監査基準"という概念が導入されたものと推察される。

しかしながら，"一般に認められた監査基準"という概念は，それまで監査規制上用いられたことはなく，会計プロフェッション内部でさえ認知されているとはいえないものであった。この点に関し，SEC の想定する監査手続と監査基準は，ASR 第21号での説明のなかでそれぞれ次のように措定されている。

「一般に認められた通常の監査手続に言及するにあたってわれわれ SEC が念頭に置いているのは，技能ある（skilled）会計士によって通例採用されているもの，この問題を取り扱う権威ある団体，例えば，各種会計士団体および政府監督機関によって規定されたものである[26]。」

「一般に認められた監査基準に言及するにあたってわれわれ SEC が念頭に置いているのは，一般に認められた通常の監査手続を採用していることに加えて，適切に訓練された人物によってプロフェッショナルとしての能力（professional competence）を用いてそれらの手続が適用されていることである[27]。」

通例，ASR は，SEC が会計プロフェッション側の代表者（具体的には，AIA の関連委員会）と事前に入念な協議を行なったうえで，発行するものとされており，この第21号の場合にも，改正規則の草案の段階から，数ヵ月の協議が実施されており，公式な聴聞会も2度ほど開催されていたとされている。先のメモランダムもまたこの間に取り交されたものであろう[28]。しかしながら，

---

26　SEC [1941b], ASR No.21, pp.3022.
27　*Ibid.*

実際に発行された ASR には，"一般に認められた監査基準"という，これまで SEC の監査規制において用いられたことのない，さらに，会計プロフェッション内部でさえ用いられていない概念が"新たに"盛り込まれていた。

このように，SEC によって，監査報告書（監査証明書）において"一般に認められた監査基準"に準拠した旨を記載することがいわば一方的に決定された形になり，AIA は，こうした事態に，プロフェッションとして組織的に対応することを迫られることになった。

(2) 監査手続委員会と SEC と間の監査基準をめぐる交渉

監査証明書に関する新ルールは約 1 ヵ月後の 3 月 1 日から効力を発することになっていた。新ルールの発効に先立って，AIA の監査手続委員会は，2 月 10 日と 12 日に会合を開き，この規制に対する対応を協議した[29]。

そこで，監査手続委員会は，2 月 14 日付の SEC に向けた書簡のなかで，新ルールで監査証明書において"一般に認められた監査基準"への準拠記載を要求していることに対し，以下のように申し立てることとした。

「当監査手続委員会が，SEC との間の議論のなかで，ある与えられた状況において実施した監査手続が一般に認められた［監査］基準に合致しているか否かを事実の問題として判定するための規準になりうるものは何もない，さらに，SEC 通牒の想定するような記載の仕方は監査人が合理的な基礎を持つ対象である信念についての［意見］表明以上のものではありえないと，再三主張してきたことはこの通牒もはっきり認識しているはずである。……

---

[28] メモランダムには，その時点での改正規則案の全文が記されており，そこには"一般に認められた監査基準"への準拠記載についても明示されてはいた。ただ，メモランダムでの規則案の説明の中心はあくまでも"一般に認められた監査手続"が省略された場合に対するもので，"一般に認められた監査基準"の用語には説明上ほとんど重きが置かれていなかった。そのため，たとえメモランダムの内容を承知していた会計士ですらも，ASR 第 21 号で告示された監査証明書における監査基準への準拠記載要求は"唐突なもの"と感じたのではないかと推察される。

[29] *The Certified Public Accountant*, March 1941, p.6.

監査人は自らがそうした［監査］基準に準拠しているという固い信念を持っているだろうが，いかなる監査人も，自らが行なった監査が，いまだ定義されておらず，そしてそもそも定義不可能なものである［監査］基準に準拠していることを事実として表明する立場に身を置くことはできない。」

このように，監査基準なるものの存在は認めるものの，そうした監査基準には"一般に認められる"と呼べるものがいっさいなく，それゆえに，"一般に認められた監査基準"は，いまだ定義されていないばかりか，そもそも"定義しえない"ものであるというのが監査手続委員会の主張であった。そうである限り，改正規則 2-02 (b) が要求する監査基準への準拠記載部分は，必然的に，事実ではなく，監査を実施した会計士の意見の表明でなければならないというのが，監査手続委員会における支配的な見解であった。

そこで，監査手続委員会は，規則 2-02 (b) (ii) が要求する監査証明書の具体的な記載文言として，従来から用いられてきた監査報告書（監査証明書）の標準様式に以下のような文言を追加したものが受け入れられるのかどうか，SEC に対して確認を行なった。

われわれの意見では，われわれの実施した監査は，その個々の状況において適用可能な一般に認められた監査基準に準拠して行なわれたものであり，必要とみなされたすべての手続を含んでいる。

しかしながら，2月21日付の返信において，SEC は，実施した監査の範囲を表示する該当部分は「［監査証明を実施した］会計士がプロフェッショナルであり熟練した専門家である会計士または監査人として自らを主張することによって暗黙裏に行なっている表示に整合する積極的表示（a positive representation consistent with the implied representation [the accountant] makes by holding himself out as professional and expert accountant or auditor)」でなければならないとし，監査手続委員会の提案するように"われわれの意見では"という文言を挿入してこれを意見として表明することはこの要求に適合しないとの見解を示し，こうした監査手続委員会の提案は受け入れられない旨を通告

してきた[30]。

　このSEC側の返答を受けて，監査手続委員会は，25日に再び会合を開き，善後策を協議した[31]。AIAの法律顧問であった法律事務所と有力会計事務所の提携する3法律事務所を交えて協議した結果，監査証明書での記載が"われわれの意見では (in our opinion)" という文言を挿入せずに断定的になされたものであっても，明示的に意見の問題としてなされたものであっても，法律上は，意見の表明としてしか取り扱われないという助言を受け，最終的にSEC側の要求を全面的に受け入れることとした。同時に，AIAの基本的立場を示すステートメントを4法律事務所との連名でSEC側に提出した[32]。

　これにより，会計士は，改正されたレギュレーションS-Xの規則2-02に準拠して監査報告書（監査証明書）を作成する限り，監査報告書において，自らの実施した監査が"一般に認められた監査基準"に準拠して行なわれたことを事実の問題として記載することを余儀なくされることになった。

　監査手続委員会の下したこの決定は，非常に緊要性が高く，他の一般会員・準会員に周知される必要があったため，その間の経緯を含め，監査手続委員会公報（Bulletin）第5号『「監査証明書」に関する改正SEC規則』[33]においてまとめられて，新ルールが効力を発する直前の2月末までにすべての一般会員・準会員に送付された[34]。

　当時，会計士側にこのようなSECの事態の進め方に強い反発を抱く者が少なからずいたことも事実である。例えば，ある会計士は，のちに，SECのやり方はまるで銃を突きつけて合意を迫るようなもの("shotgun wedding")であったと述べている。そして，会計プロフェッションが一定の監査基準を何らかの

---

30　最終的に，監査手続委員会の提案した文言のうち"われわれの意見では"という文言を削除したものを監査証明書に記載すべきであるとされた。
31　*The Certified Public Accountant*, March 1941, p.6.
32　Midyear Report of the Committee on Auditing Procedure, April 28, 1941；Staub [1942], p.86；Carey [1970], p.157.
33　AIA [1941a], *The Revised S.E.C. Rule on "Accountants' Certificates."*
34　*The Certified Public Accountant*, Vol.21, No.3, p.2. 結果的に『ジャーナル・オブ・アカウンタンシー』誌に転載されなかった唯一の監査手続委員会公報となった。

第 4 章　監査基準による規制　115

形で採用するまで，実務に携わる会計士は規則 2-02 の該当部分に準拠した監査報告書の表示を拒否すべきであり，もし，"われわれの意見では"との文言を加えて作成された監査報告書を SEC が認めないのであれば，SEC はそれを認めない新しい表示を強制するための適切な法的手続を採るべきであったと主張していた[35]。こうした主張自体は，行政法上も，根拠のありうるものであった。

しかしながら，実務に携わる会計士として不愉快なことであったとしても，プロフェッションの団体である会計士協会としては，プロフェッション全体としての利害も考慮する必要があった。ここで重要なことは，ここで浮上してきた監査基準のステートメント化の問題が，本質的にプロフェッション全体としての責任を問うものであったことである[36]。その後，AIA の執行部は，監査

---

35　Webster [1943], "Why We Need Auditing Standards," p.427.
36　のちにブロードが監査基準に関する講演を行なった際の同じテクニカル・セッションで，当時ニューヨーク州公認会計士会会長であったフェデ (A. S. Fedde) は，「われわれは，SEC のレギュレーションによる制約，プロフェッションの倫理綱領，その他財務諸表を監査するために自らに課している基準 (self-imposed standards) にすでに服している。拘束服 (strait jacket) に袖を通すのは簡単なことだが，脱ぎ捨てるのはそれほど簡単ではない。受け入れる規則が少なければ少ないほど，われわれが，状況によって，良き実務において育まれる基準によって定められる要請に従って必要とされるものを，プロフェッショナルとして実施する自由度は大きくなるだろう」(Fedde [1941], "Auditors' Reports," p. 30) と述べて，暗に，監査基準のようなもので規制を課すやり方ではかえってプロフェッショナルの実務の劣化を招きかねないと主張している。

これに関連して，ワーンツ (William W. Wernz) が新ルール導入後に実際に行なった説明は以下のようなものであった。

>「監査証明に関する規則は，会計士に対し，彼の計画し実施した監査がその状況において適用可能な一般に認められた監査基準に則ったものであること，つまり，その監査が，用いられた監査手続の範囲に関して，また，それらの手続が技能的に適用される適用のされ方に関して，彼の仲間の会計士であればその状況で必要であると考えるであろうものと，少なくとも同程度であることを要求している」(Werntz [1941a], "Progress in Accounting," pp.319-321. 1941 年 9 月 AIA 年次大会にて)。

>「新規則は，実施された監査がその状況において適用可能な一般に認められた監査基準に準拠しているかどうかに関する積極的表示 (positive representation) を求めている。……無限定の監査証明書には，[監査証明を行なった] 会計士が仲間の会計士たちに一般に是認されている基準に背かないように行動しているという黙示的な表示が含まれて

基準のステートメント化について，これが公衆の利益に資することを強調することになるが，そうした戦略も，長い目でみた場合，自ら進んで監査基準のステートメント化に尽力しなければ，何らかの規制機関——もちろん具体的にはSEC ——によるステートメント化がなされてしまうかもしれないという怖れから生じたものであった。その意味では，会計プロフェッションが自分たちの手で"一般に認められた監査基準"を規定（定義）する必要が生じたのは，監査基準という概念を持ち込んだのがほかでもないSECであったためである。もちろん，そのような事態がもたらされることをSECがはじめから想定していたのか，あるいは偶然にもそうなってしまったのかを歴史的な視点から検証することは非常に難しいことではある。

　いずれにしても，監査実務者は，少なくともSEC向けの監査については，いまだ正式に定義されていない"監査基準"なるものに準拠して監査を実施した旨を監査証明書に記載しなければならないことになった。

---

いる（an unqualified certificate contains an implied representation that the accountant has lived up to the standards which are generally approved by his colleagues.）。かかる表示は，まさに，すべてのプロフェッションに対して黙示的なものであり，自らをプロフェッショナルの一員であると主張する者はその職に共通する技能と知識を保持し，またそれを行使してきたことを示しているのだと思われる。新規則は，これまで黙示的であったものを明示的にしたにすぎない」（Werntz [1941b], "Some Current Deficiencies in Financial Statements," p.27. 1941年11月ウィスコンシン州公認会計士会大会にて）。

こうしたワーンツの見解に対して，フェデは，以下のように異論を唱えていた。

　「私は少し違った見方を示したい。私は，無限定の監査証明書には，会計士が自らの技能，知識，判断力を行使し，関連する事柄について合理的な注意を用いており，それゆえに，意見表明をすべき財務諸表に対し適切な基礎を置いていると確信しているという黙示的な表示が含まれていると考えている。会計士は基準に背かないように行動していると［事実］表明しているのではなく，そのように行動していると［ただ］確信しているにすぎない」（Fedde [1942], "Auditing Procedure," p.371. 1942年1月メリーランド州公認会計士会大会にて。圏点は引用者による）。

少なくともニューヨーク州公認会計士会会長のような立場の人物が，AIA監査手続委員会による監査基準ステートメント化が進行しているなかでもこうした本質的な点を指摘しながら異論を唱えていたことは注目に値する。

## 4. 会計プロフェッション内部における監査基準をめぐる議論

### (1) 監査手続委員会の基本方針

すでにみたとおり，SEC の主張を全面的に受け入れる形で事態が収拾した直後，3月に，監査手続委員会は，もう一度本件についての同委員会の方針をまとめて，監査手続委員会公報第6号『「監査証明書」に関する改正 SEC 規則（続き）』[37] として公表した。そこでは，問題の規則 2-02 (b) (ii) について，SEC との議論の結果を踏まえ，こう述べられている。

「監査基準と監査手続との間の峻別が，われわれ監査手続委員会との議論のなかで，SEC によってなされた。監査基準は，監査手続という手段によって入手されるべき証拠の性質（nature）と範囲（extent）を統制する監査の根本原則とみなすことのできるものである。例えば，棚卸資産の評価に関して，監査基準は，監査人に対して，その価額がその状況における一般に認められた方法を基礎にして決定されていることを合理的な証拠と是認された方法とでもって確かめることを要求している。これに対して，監査手続は，製造原価記録，仕入証憑，公示相場表，販売価格などの参照，総利益テスト，売価還元法，その他の方法によって確かめるという監査人の業務の詳細なものを含んでいる。監査手続委員会は，基準と手続との間のこの峻別はこれま

---

[37] AIA [1941b], *The Revised S.E.C. Rule on "Accountants' Certificates" (Continued)*.
マッケソン＆ロビンス事件報告書（ASR 第19号）および ASR 第21号において SEC が行なっている説明から監査手続委員会が理解したのは，以下のような点であった（Broad [1942], "The Need for a Statement of Auditing Standards," p.28)。
 (1) SEC は，主たる監査手続とその適用の方法との間に明確な区別を行なっている。
 (2) SEC は，認められるレベルの監査手続の基準（acceptable standards of auditing procedures）が遵守されることを保証する方向での一定の勧告を行なっている。
 (3) SEC には，会計プロフェッション側が自らの責任を認識するだろうと確信するにたる根拠があったため，監査基準の決定を会計プロフェッションに委ねる用意ができている。
 (4) SEC は，監査手続を適用する場合にも，その状況によって，証券発行者（被監査会社）の業種・業態によって，様々な取り扱いがありうることを認識している。

で会計文献のなかで十分明確になされておらず，今後はもっと強調されるべきであると強く感じている。

　このように，(b) (ii) 項は，監査が，特定のケースで有能な（competent）監査人が必要であると考えたものと比較してみて，遜色ないものである（stand up）ことを〔監査証明書の〕読み手に保証することを監査人に対して要求することを明らかに意図している。"その個々の状況において適用可能な一般に認められた監査基準"という文言は，特定のケースにおいて，大多数のケースで採用されている監査手続のすべてが採用された旨の表示を意味するのではない。そうではなく，会計士が特定の状況において一般に適切であると考える証拠を意味しているのである。」

こうした監査基準と監査手続の峻別を踏まえたうえで，サミュエル・ブロード（Samuel J. Broad）委員長率いる監査手続委員会が"一般に認められた監査基準"の内容の集約を含めたステートメント化の作業に入っていくこととなった[38]。

監査手続委員会はまた，こうした監査基準のステートメント化を進めていくにあたっての委員会の基本方針を整理している。1941年4月28日に理事会へ提出された監査手続委員会の1941年上半期報告書で，以下のように示されている。

「監査手続委員会では，……大部分が合理的な水準の内部牽制および統制を整備している中小の製造会社および商会社が特定の状況において適用な可

---

[38] 1941年度（1940年10月首より41年10月末まで）の監査手続委員会のメンバーは，委員長のブロード，委員のブランデージ（Percival F. Brundage），エリス（George P. Ellis），エリー（William Erye），フィッチ（Stanley G. H. Fitch），グローバー（P. W. R. Glover），ナイト（Paul K. Knight），クラック，リンドクイスト（John A. Lindquist），メイヨー（Ralph B. Mayo），プロウベ（Maurice E. Peloubet），シェーファー（Walter L. Schaffer），ステンプ（Victor H. Stempf）の13人であった。監査手続委員会は，当初，マッケソン＆ロビンス事件で明らかになった監査上の欠陥を是正するための方策を検討するために組織された特別委員会であったが，特別報告書『監査手続の拡張（*Extension of Auditing Procedures*）』を公表した後，1939年9月の年次大会において常設委員会とされていた。

能な監査手続の要綱である『独立の公共会計士による財務諸表の監査』の改訂作業を押し進める前に，まずは，より根本的な課題（more fundamental subject）である監査"基準"を取り扱うことが望ましいという結論に達した。……こうしたプログラムを推進して，監査基準のステートメントが出された場合，その後は，生じてくる種々の問題点をケースメソッドによって取り扱う監査手続書（Statements on Auditing Procedure）としてその時々で委員会公報を発行するというのが本委員会の方針である。『独立の公共会計士による財務諸表監査』の改訂は分割積み上げ方式（instalment method）で取り扱うことができる。委員会は，このプログラムを採用することによって，長期的には，より本質的でより健全な発展を遂げることができると確信している[39]。……」

マッケソン＆ロビンス事件の発覚を受け，すでに AIA は，1939 年から専門の特別委員会を設置して『独立の公共会計士による財務諸表の監査』の改訂を検討しており，実は，この頃には改訂版の草案が完成していた[40]。しかしながら，監査基準の課題が生じてきたことと相まって，図らずも，改訂作業を進展させることの難しいことが判明してきた。『独立の公共会計士による財務諸表の監査』が現時点での"一般に認められる監査手続にあたるもの"のステートメントをどの程度包含するべきか，あるいは，まだ一般には認められていない監査技術からより良い実務が生まれてくる可能性をどの程度公式に認めるべきかを判断することが困難であった。そのため，当座のところは『独立の公共会計士による財務諸表の監査』の改訂作業は行なわないこととされた。

これと同時に，監査手続委員会が同委員会の意見を示すものとしてそれまで発行してきた委員会公報（Bulletin）については，以降，『監査手続の拡張』（1939年10月）から『相互保険会社との間の保険契約の下での偶発債務』（1941年3

---

39 Midyear Report of the Committee on Auditing Procedure, April 28, 1941. なお，このプログラムの採用が決定された旨を報告している Annual Report of the Committee on Auditing Procedure, September 5, 1941 も参照されたい。

40 Zeff and Moonitz [1984], *Sourcebook on Accounting Principles and Auditing Procedures: 1917-1953*, vol.2, pp.377-378.

月)までの7つのステートメントをまとめて,"監査手続書(Statements on Auditing Procedure)"の統一名称の下に置くことを決定した[41]。すでに,"会計研究公報(Accounting Research Bulletins)"が会計手続委員会によってシリーズ番号を付けて発行されていたが,監査手続委員会の発行するステートメントであるこの監査手続書についても同様の位置づけとした[42]。

監査手続書の効力であるが,会計手続委員会の発行する会計研究公報では,第4号より第51号まで,それ自体の効力について個々に明示していた[43]が,監査手続委員会の監査手続書にはそうした明示的な注意書きが付されたわけではなかった。当初から監査手続委員会の意見を表わすものと暗黙に理解されていたようであるが,1945年5月に発行された監査手続書第22号『証券登録での独立会計士の関連規定』ではじめて,以下の前書きが加えられた。

「監査手続書は,[監査手続]委員会および研究部門による主題(subject matter)についての研究調査の後で正式な投票によって表明された監査手続委員会のメンバーたちの考え込まれた見解を表わしている。監査手続書は重要でない項目に対して遡及することも適用することも意図されておらず,AIA会員総会においての正式な承認がなされている場合を除いて,監査手続書の権威は,その意見の一般的受容可能性に拠っている[44]。」

つまり,1945年当時までは,監査手続書の効力は明示されておらず,『監査手続の拡張』のように個別にAIAの会員総会で承認を受けたものを除くと,

---

41  *1941 Yearbook of American Institute of Accountants*, p.68.
42  監査手続委員会の発行する監査手続書は,会計手続委員会の会計研究公報と同じ形式で,会員・準会員に無料で郵送される(そして,バインダー形式で綴じてもらう)ことになった旨を1941年2月に通知している。それまでは,『ジャーナル・オブ・アカウンタンシー』誌およびパンフレット形式(有料)で発行されてきたが,これによって『ジャーナル・オブ・アカウンタンシー』誌の購読者以外の関係者に対しても広く頒布することができるようにした。
43  Zeff [1972], *Forging Accounting Principles in Five Countries: A History and an Analysis of Trends*, p.161.
44  AIA [1945], *Statement on Auditing Procedure No.22: References to the Independent Accountant in Securities Registrations*, p.151.

その効力は曖昧な状態にされていた。

### (2) 監査手続委員会の監査基準ステートメント『監査基準試案』

監査手続委員会による監査基準のステートメントに関する特別報告書は，最終的に，1947年10月に公表された[45]。特別報告書は，「すべてのAIA会員からコメントや批判を受けられる[46]」ようにと，暫定的ステートメント，つまり，『監査基準試案―その一般に認められた意義と範囲（Tentative Statement of Auditing Standards; Their Generally Accepted Significance and Scope）』というタイトルを付されて公表された[47]。すでに提示されていた9つの監査基準の具体的記述を含み，個々の監査基準についてのコンメンタールを加えた，全体で43頁の報告書であった。

『監査基準試案』は，監査基準概念について，あらためて以下のように述べている。

「監査手続は，実施されるべき行為に関係するのに対し，監査基準は，こうした行為の実施（performance）の質の測定と，必要な手続を採用することで達成されるべき目標（objectives）を取り扱うという意味で，監査基準は，監査手続とは峻別されるべきものということができる。こうして監査手続から峻別された監査基準は，監査人のプロフェッショナルとしての資質のみならず，監査人の監査実施および監査報告にあたっての判断の行使にも関連している[48]。」

---

45 『監査基準試案』にいたるまでのAIA内部での議論，とりわけ監査手続委員会でのステートメント化作業に関しての詳細については，すでに岡嶋［2014a］「アメリカにおける監査基準の発展（下）―そのステートメント化プロセス―」で解説しているので，そちらを参照されたい。
46 Report of the Committee on Auditing Procedure, October 7, 1947.
47 AIA [1947], *Tentative Statement of Auditing Standards; Their Generally Accepted Significance and Scope.*
48 AIA [1947], p.9.

こうした概念規定に基づいて,『監査基準試案』は,監査基準がグループⅠとグループⅡの2つの系統の基準に分類されるとの説明を繰り返している。そのうえで,監査手続委員会の監査基準問題に対するこれまでの検討の結果として,以下のような監査基準を特定したとしている。

まず,グループⅠの一般基準は,以下のような文言でステートメント化された。

一般基準——
1. 監査は,監査人として適切な技術的訓練および熟練をともなった人物によって実施（perform）されなければならない。
2. 契約上与えられた任務に関わるすべての事項について,精神的態度における独立性が,監査人によって保持されていなければならない。
3. 監査の実施および監査報告書の作成にあたって正当な注意が行使されていなければならない [49]。

さらに,グループⅡの実施基準と報告基準は,それぞれ以下のようにステートメント化された。

実施基準——
1. 監査業務は適切に計画され,補助者がいる場合には適切に監督しなければならない。
2. それに依拠するため,また,監査手続を一部分に限定する試査の程度を決定するための基礎として,実際に運用されている内部統制への適正な調査および評定がなされなければならない。
3. 実査,立会,質問,確認等を通じて,監査対象の財務諸表についての意見を裏づける合理的な基礎を与えるだけの,十分な程度の適格な証拠資料が入手されなければならない。

---

[49] AIA [1947], p.11.

**報告基準――**

1. 監査報告書は，財務諸表が一般に認められた会計原則に準拠して作成・表示されているかどうかを表明するものでなければならない。
2. 監査報告書は，前年度と比較して，当該年度においてその会計原則が継続的に遵守されているかどうかを表明するものでなければならない。
3. 財務諸表における情報開示は，監査報告書にそうでないと記載しない限り，合理的に適切なものとみなされなければならない[50]。

そして，『監査基準試案』では，カテゴリーごとに，9つの監査基準それぞれについて詳細に解説している[51]。また他方で，グループⅡの監査基準の概念規定に沿って，「［［監査実施と監査報告を］支配する原則の広範なステートメントとしての監査基準は，すべての状況を網羅するものとみなされるべきものであり，その一方で，監査手続は，あるケースには適用可能であるが，あるケースにはできないようなものである[52]」との整理がなされ，これにともなって，監査証明書の記載についても，それまでの「われわれの実施した監査は，その個々の状況において適用可能な一般に認められた監査基準に準拠して行なわれたものであり，必要とみなされたすべての手続を含んでいる」という文言から「われわれの実施した監査は，一般に認められた監査基準に準拠して行なわれたものであり，その状況において必要とみなされたすべての手続を含んでいる」へと変更すべきものとされた[53]。

『監査基準試案』は，会計プロフェッションのメンバーだけでなく，監査報告書を利用する可能性があるすべての関係者にとっても，大きな重要性を持つものであった[54]。それは，何より，『監査基準試案』が「長年にわたって，会計プロフェッションに準拠されてきたものの，これまでは，成文化された規則

---

50 *Ibid.*
51 AIA [1947], pp.12-42.
52 AIA [1947], p.43.
53 *Ibid.*
54 Steele [1960], *A History of Auditing in the United States 1914 to 1957*, pp.36-37.

（written code）の形では一般公衆が利用できなかった，成文化されていなかった原則を規定するはじめての試み[55]」であったからである。当時『ジャーナル・オブ・アカウンタンシー』誌の論説欄では，『監査基準試案』公表の意義について，「……AIA 監査手続委員会による特別報告書の公表によって，監査業務に従事するすべての会計士と監査サービスを利用するすべての関係者は，監査の品質上の基準を成文化したもの（codification of qualitative standards of an audit）を利用できるようになった。本報告書は，とくに新しい基準を設定しているからではなく，監査手続と監査基準の間の区別を明確にしたうえで，現在における良き監査を代表する監査基準を記述しているからこそ重要性が認められる[56]」と述べられている。論説欄が監査サービス利用者にとってのステートメント化の便益に言及していることは，監査が公益性を持ったサービスであることをプロフェッションとして喧伝するという側面もあっただろうが，それだけではなく，もともとそのような形でこのステートメント化が必要とされていたのだという事態の本質も示唆している。

　その後，監査手続委員会の特別報告書である『監査基準試案』は，翌年1948年5月のAIA 理事会に上程され，同年9月の年次大会・会員総会において，『監査基準試案』でステートメント化された9つの監査基準はAIA 会員による正式承認を得ることとなった。これにより，会計士は，未定義の"一般に認められた監査基準"に準拠した旨の言及をSEC 提出用監査報告書に行なううえでのリスクはなくなった。すなわち，監査実務者たる会計士は，もはやこの用語が何を意味しているのかを推し量りながらSEC 向けの監査証明を行なう必要はなくなった[57]。そして，同時に，『独立の公共会計士による財務諸表の監査』は，事実上無効とされた[58]。

---

55　Steele [1960], p.37.
56　Editorial, "Tentative Statement of Auditing Standards," *Journal of Accountancy*, December 1947, p.444.　圏点は引用者による。
57　Blough [1948], "Auditing Standards and Procedures," p.266.
58　Carey [1970], p.163；Report of the Committee on Auditing Procedure, 1948.

## 5. 初期の監査基準適用事案

### (1) 国際資源会社事案 (1940年)

　『監査基準試案』が会計プロフェッション内部で承認される1947年以前にSECに取り扱われた事案のなかにも，その後の"監査基準"による規制を意識したものがあった。とりわけ，1940年7月に裁定された国際資源会社事案では，監査証明書での記載表示について，さらに実施された監査の範囲について，問題視されていた。本件は，停止命令を発して国際資源会社（Resources Corporation International）の提出した登録届出書の効力を保留（suspend）すべきか否かを判断する証券法8条(d)項に基づく手続として進められた[59]。事前に実施された予備調査に基づいてまとめられた事案概要書では，1938年2月28日に提出され，3月20日に効力を発した登録届出書は，30の特定項目，4の提出資料，および目論見書において不実表示を含んでいると主張された。そこでは，監査証明書についても欠陥事項が指摘されていた。続いて，当初通知書に基づき聴聞審理官によって聴聞が実施されたが，登録届出書に対して指摘された欠陥事項は，主として，国際資源会社がメキシコの森林資源を取得した際に同社の主たる会社発起人で，かつ，主要株主であり取締役社長であり財務責任者であったフーヴァー（Harper S. Hoover）に発生した巨額な個人的利益を正確かつ完全に開示しなかったことから生じたと申し立てられた。

　登録届出書に含まれる財務諸表等を対象としたアーサー・アンダーセン会計事務所（Arthur Andersen & Co.）による監査証明書には，以下のような限定（qualification）が付されていた。

---

[59] *In the Matter of Resources Corporation International*, File No.2-3612, 7 S.E.C. 689 (July 10, 1940). 証券法8条(d)項では，「登録届出書が重要な事実に関する不実表示を含んでいる……ことがSECにとって明らかとなれば，委員会は，通知をした後，さらに聴聞の機会を与えた後，登録届出書の効力を保留する停止命令を発することができる」とされている。また，8条(e)項では「ここにおいて，委員会は本条(d)項の下で（登録届出書が重要な事実に関する不実表示ないし表示の省略を含んでいることが明らかな場合）停止命令を発するべきかどうかを判断するためにいかなる事案においても調査を実施する権限が与えられる」と規定されている。

「ここでは，メキシコ森林帯への投資が，子会社によって所有されているものも含めて，事実上，証券発行会社（国際資源会社）のほぼ唯一の資産項目である。われわれが監査人として当該資産の評価額を評定することはおよそ不可能である。したがって，われわれは，その資産および資本金に付された評価額の問題，ないしこれに関連して採用された会計原則の問題を内包している附属貸借対照表に関する監査意見を述べる立場にない。会社の 1937 年 11 月 30 日時点の貸借対照表における残りの項目は，われわれの意見で，認められた会計原則に準拠して表示されている。」

しかしながら，監査証明書にみられる，国際資源会社の主要な資産の評価額，資本金，およびこれらに関連して採用された会計手続についての除外事項は，900 万ドルを超える総資産のうち，資産の約 3 万 5 千ドルのほかはすべて，監査証明書の対象範囲から除外してしまうものであった。そのため，SEC は，「会計士の報告書が 900 万ドルを超える総資産のうちのわずか 3 万 5 千ドルに関して監査意見を表明しているだけであるならば，監査証明された財務書類に対するわれわれの要求は満たされない。したがって，われわれは，アーサー・アンダーセン会計事務所による報告書は規則 651 項で要求されるタイプの"[監査]証明書"ではないと認定する[60]」とした。

さらに，SEC は，監査証明書の記載表示のみならず，その根拠となる実際に実施された監査の範囲にも踏み込んで批判している。すなわち，「監査人はその職務を遂行するにあたり 2 つの点で過ちを犯した。第 1 に，会社発起人であるフーヴァーと国際資源会社との関係についての開示されていない重要な追加的事実を監査人は認識していた［にもかかわらず，この情報を開示することなく放置した］。第 2 に，本件の状況の下で必要とされるとわれわれが想定する程度の範囲の監査を実施していなかった（they failed to make as extensive an

---

[60] *In the Matter of Resources Corporation International*, p.740. なお，当時有効であった規則 651 項では，「会計士の監査証明書は，……実施された監査の範囲について合理的に理解可能な（reasonably comprehensive as to scope of the audit made）ものでなければならない。……財務諸表に関する会計士の意見を明瞭に表示するものでなければならない」と規定されていた。

examination as, in our opinion, is required under the circumstances of this case)  61」と断定した。とくに2点目に関連して，アーサー・アンダーセン会計事務所の担当マネージャーであったクイパー（Arthur Kuiper）の，1937年1月の時点で，国際資源会社の運営方法の正当性に対して重大な疑念を抱き，これをパートナーに伝えていたという証言を，SECはとくに重要視した。そのうえで，「そうした疑念が生じた後で，入手しうる情報を注意深く調査して，そうした疑念を合理的に払拭できるような事実を確認できないのであれば，せめて，そうした疑念について開示することが会計士の責務となろうが，本件では，そうした調査はいっさい実施されなかった 62」と批判した。そして，「国際資源会社の前身である国際シンジケートのシンジケート協定（Syndicate agreement），シンジケート引受人台帳（Syndicate subscription ledger），同会合議事録を調査すれば，会計士にとって，フーヴァーがそれらの財産の取得にまったく自身の金銭を使用していなかったこと，フーヴァーの個人的利益がシンジケート引受人や国際資源会社に開示されていないことを明らかにするに十分であったであろう 63」と指摘した 64。

---

61　*Ibid.*
62　*Ibid.*
63　*In the Matter of Resources Corporation International*, p.742.
64　なお，1941年2月の新ルールの採用を報告した『第7期年次報告書（1940年7月から1941年6月まで）』では，「実施された監査の適切性ないしは監査証明書に含まれる記載の正確性に関する問題が1933年証券法の下での3つの停止命令事案——アメリカン・タング・グローヴ社事案（*In the Matter of American Tung Grove Developments, Inc.*, 8 S.E.C. 51），ナショナル・エレクトリック・シグナル社事案（*In the Matter of National Electric Signal Company*, 8 S.E.C. 160），そして国際資源会社事案——において浮上したが，いずれも監査証明書に関する改正ルールの条項に基づいた事案ではなかった（*Seventh Annual Report of the SEC*, Fiscal Year Ended June 30, 1941, p.187）」として，国際資源会社事案を位置づけている。さらに，「監査手続に関する問題に関わるこうした公式の裁定に加えて，証券発行会社およびその会計士とSECスタッフ・メンバーとの間の議論ないし協議を通じて非公式に解決されたより多くの事案が存在していた（*Seventh Annual Report of the SEC*, Fiscal Year Ended June 30, 1941, p.189）」とも述べている。

(2) アソシエーティッド・ガス&エレクトリック社事案（1942年）

　さらに1942年8月に裁定されたアソシエーティッド・ガス&エレクトリック社事案においても，監査証明書の記載表示について言及されていた[65]。本件は，証券取引所法19条(a)項(2)に基づいて，ボストン証券取引所，ロサンゼルス証券取引所，ニューヨーク・カーブ取引所に上場されたアソシエーティッド・ガス&エレクトリック社（Associate Gas and Electric Company）の普通株式について，12ヵ月を超えない期間の売買取引停止ないし登録廃止が投資者保護にとって必要か，また，適切かどうかを判断するための手続として進められた。聴聞開始命令書は，1934年度から1937年度までの各年度について財務諸表に欠陥事項が存在しているかどうかについても問題にしていた。さらに，この事案では，アソシエーティッド・ガス&エレクトリック社の監査人であったハスキンズ&セルズ会計事務所（Haskins & Sells）による1934年度より1937年度の監査証明書について，これらがSECの要件（様式10）に準拠しているかどうかについても検討された[66]。

　ハスキンズ&セルズ会計事務所による監査証明書の意見区分には，以下のような記載表示がなされていた（引用は1937年度の財務諸表に対するもの）。

　「われわれの意見で，われわれの監査とそして帳簿を監査していない関連会社については他の会計士の報告書とに基づいて，われわれが連邦所得税の不確定の負担額に関して，あるいは固定資産の除却，更新，取替（ないし減価償却）のための引当額に関して，意見を表明する立場にはないという事実を条件にして（subject to），附属する貸借対照表，損益計算書，附属明細表は，脚注も含めて，（前2段落での説明[67]を条件にして）継続的に適用された認められた会計原則に準拠して，登録会社とその連結子会社の1937年12月末日の財政状態および同日で終了する1年間の経営成果を適正に表示している

---

65　*In the Matter of Associate Gas and Electric Company*, Securities Exchange Act of 1934, Release No.3285A, 11 S.E.C. 975 (August 4, 1942).
66　本件では，監査人であったハスキンズ&セルズ会計事務所は，当該手続に審判当事者として参加していなかった。

ものと認める[68]。」

　聴聞会で，ハスキンズ＆セルズ会計事務所のウィリアム・H・ベル（William H. Bell）は，これらの監査証明書はSECのレギュレーションに従っていると主張したが，SECはこれには同意できないことを強調した。すなわち，「たとえ，法律上，問題の監査証明書がその時点の一般に認められる監査実務に準拠していたと仮定したとして，それでも，これらの監査証明書はわれわれSECの要請を満たしていないものと納得している[69]」と主張した。

　SECは，ハスキンズ＆セルズ会計事務所の監査証明書は，以下の3点に関して，要請を満たさないと説明した。①ハスキンズ＆セルズ会計事務所によって実施された監査は，根拠づけられた監査意見を表明できるほどのものとしては，その範囲において不十分（inadequate）であった。②数多くの項目について監査人が表明した監査意見も，要求されているほどには明瞭に表示されていなかった。③除外事項および説明事項はその性質上広範にすぎて，本来，全般的な性格である監査意見の表明を無意味なものにしてしまっている[70]。

---

67　ここでの前2段落での説明とは，以下のとおりである（*In the Matter of Associate Gas and Electric Company*, p.1050）。

　　当年度に，アソシエーティッド・ガス＆エレクトリック社は，過年度に償却した社債残高に対する社債発行差金を戻し入れている。添付された損益計算書に示された社債発行差金の償却は，若干の例外を除いて，発行会社の未払いの債務についての社債発行差金償却を意味している。発行会社以外による社債の売却損は，社債発行差金とは扱わず，当期の費用として計上している。会社間で割引発行により生じている社債発行差金残高は，連結上，未償却の社債発行差金の控除ないしは資本剰余金への加算として，取り扱われている。

　　1937年12月末日以降，アソシエーティッド・ガス＆エレクトリック社は，取締役会決議に基づいて，同時点での欠損金を資本剰余金に振り替えており，また，子会社の剰余金（から欠損金を控除したもの）はすべて，連結上，資本剰余金として取り扱っており，そのため，過年度の資本剰余金に対する対応額が，現在の一般に認められた会計原則に準拠して，利益剰余金に対してなされるべきであったかどうかといった問題は避けられている。

68　*In the Matter of Associate Gas and Electric Company*, pp.1049-50.　括弧内も原文による。
69　*In the Matter of Associate Gas and Electric Company*, p.1051.
70　*Ibid.*

1点目について,「ハスキンズ＆セルズ会計事務所は,問題とされた財務諸表に対する監査意見を表明することを根拠づけるだけの十分に理解しうる範囲の監査を実施していなかった,とわれわれは考える。……われわれは,証券発行会社の誤った会計処理の影響額に関する会計士たちの認識にこれほど大きな相違が残されていた監査に基づいた監査証明書はSECの規定を遵守していない,と確信する[71]」と指摘している。

次の2点目については,「上記のハスキンズ＆セルズ会計事務所の監査証明書は,そこに併記されている限定事項とともに読まれた場合,明瞭ではない。……監査証明書が,監査人が好ましいわけではないと考えた (which he did not prefer) 会計原則や会計手続に関して会計士としての意見を述べていないことは明らかである。加えて,ハスキンズ＆セルズ会計事務所は,われわれが誤っていたと考えるそのほかの種々の会計手続の利用を除外しておらず,説明すらしていなかった。……監査人自身は,それに対しては監査意見を述べていない多くの会計手続を好ましいとはしておらず,それを明瞭に表示していない場合,監査証明書そのものに欠陥がある。それゆえ,監査証明書は規定を遵守していないと判断する[72]」としている。

さらに3点目については,「われわれは,ハスキンズ＆セルズ会計事務所がどのようにして監査証明書にて表明した基本的な監査意見を形成するにいたったかがわからない。証券発行会社の財務諸表に表われた会計原則は"継続的に適用されて"いなかったことをすでに十分に示してある。証明書の意見区分を自己の判断の慎重で重大なる表明と捉えていたとして,どのようにして継続的に適用されていたと表明できたのか理解できない。……実際,本件での開示は,十分な情報を伝えることを企図するというよりも,批判や責任から身を守ることを企図しているようにみえる。この事案で示されたような状況下では,われわれは,ハスキンズ＆セルズ会計事務所は監査証明する立場にはなかったと主張する。われわれは,会社の主たる目的が率直に開示することではなく,欺き,惑わし,誤導し,隠蔽することであり,会計士の監査証明書はその目的の達成

---

71　*In the Matter of Associate Gas and Electric Company*, p.1051, p.1055.
72　*In the Matter of Associate Gas and Electric Company*, pp.1055-1056.

を防ぐのに何の役にも立たなかったという印象を捨てきれない[73]」と指摘している。

なお，こうした SEC の見解について，『ジャーナル・オブ・アカウンタンシー』誌の論説欄では，当時，監査基準のステートメント化作業が進行していたことを反映して，「[アソシエーティッド・ガス＆エレクトリック社事案に関する]"事実認定と見解"は，……実務に携わる公認会計士にとって注意深く検討するに値するものである。そこで示された見解は，ほとんどすべて，会計，監査，独立監査人の監査報告書に関連する論点に関わっている。それらは，証券登録会社の財務諸表と監査報告書への厳しい批判を含んでおり，さらに，[現在]本格的な考察が求められている会計原則および監査基準についてのステートメントを含んでいる[74]」とコメントされている。

### (3) レッド・バンク・オイル社事案（1946 年）

SEC に一般に認められた監査基準に準拠した監査が行なわれていなかったと判断された初期の事例として，1946 年のレッド・バンク・オイル社事案がある[75]。本件は，証券法 8 条 (d) 項に基づく停止命令と，同時に，証券取引所法 19 条 (a) 項 (2) に基づく国法証券取引所への登録停止の両者に関わる調査のための手続として着手された。レッド・バンク・オイル社（Red Bank Oil Company）が 1945 年 5 月に普通株式の公募発行にあたって SEC に提出した登録届出書，および 1940 年度から 1944 年度にわたってニューヨーク・カーブ取引所に提出した年次報告書に含まれる個別および連結財務諸表についていくつかの欠陥事項が指摘されたため，①当該財務諸表を監査証明した会計士の独立性，②当該財務諸表に関連して会計士が実施した監査の範囲の 2 点について，当初の通知書および命令書で指摘されたことを踏まえ，予備聴聞会（advance hearing）において検討された[76]。

問題とされた財務諸表には，その一部を除いて，ウラン・ヒル会計事務所

---

73 *In the Matter of Associate Gas and Electric Company,* p.1056, p.1058.
74 Editorial "The Associated Gas Case," *Journal of Accountancy,* September 1942, p.194.
75 *Twelfth Annual Report of the SEC,* Fiscal Year Ended June 30, 1946, p.120.

（Ulan Hill & Company）による監査証明書が添付されていた．さらに，それらの監査証明書には，1941年度のものを除き，ウラン・ヒル会計事務所名とともに，ブライドウェル（Charles F. Bridewell）という公認会計士による署名がなされていた．実際には，ブライドウェルは監査計画の策定やその実施に関わることはなく，また監査業務の監督も行なっていなかった．実際の監査業務は，1943年の監査を除き [77]，ウラン・ヒル会計事務所に被用されていたブルックス（Frank A. Brooks）という会計士が行なっており，監査調書も彼によって作成されていた．一方，ウラン・ヒル会計事務所は，ウラン・ヒル（Ulan Hill）の個人事業で，テキサス州ダラスで主に租税関連業務に従事していた．事務所の代表者であるヒルも，またブルックスも，公認会計士（C.P.A.）のライセンスは持っておらず，テキサス州とニューメキシコ州での公認会計士資格を持つブライドウェルが，ウラン・ヒル会計事務所に代わって監査証明を行なう形を採っていた．

　こうしたレッド・バンク・オイル社の監査をめぐって，会計事務所の代表者であるヒル，実際に監査業務を行なったブルックス，その監査業務を監督する立場にあったブライドウェルの3人に対して，それぞれ，監査人として独立的であったか，さらに，監査がその範囲において適切（adequate）であったかどうかが検討された．

① フランク・ブルックス

　ブルックスは，1940年から1942年，および1944年に現場で監査手続を実施したが，1944年には，レッド・バンク・オイル社が1943年に持分取得して連結子会社としたフェデラル・スティール・プロダクツ社（Federal Steel Products Company）のヒューストン部門——連結売上高の約70％，連結資産額の約45％を占めていた——の監査を行なっていなかった．これについては，地元ヒューストンの会計事務所の作成した監査報告書を自らの監査調書にただそのまま転載しただけであった．しかも，このように他の監査人に依拠してい

---

[76] *In the Matter of Red Bank Oil Company*, Securities Act Release No.3110, Securities Exchange Act Release No.3770, 21 S.E.C. 695 (January 4, 1946).

[77] 1943年の監査については，ブルックスが軍役に就いたため，レッド・バンク・オイル社の財務担当者と経理担当者が一時的に業務を担当していた．

ることは監査証明書の方ではいっさい開示していなかった。SECの見解では，「部分的に他の監査人の監査報告書に依拠して自己の監査意見を表明しようとする場合には，監査人は，基礎となる事実と採用された会計原則とを，この程度ではなくもっとよく理解していることが不可欠である」が，ここではそうした十分な理解がみられないため，他の監査人が報告した数値が連結財務諸表に適切に含められているかどうかを合理的な根拠をもって判断することは不可能である。したがって，この点においてブルックスの監査には欠陥があったと判断された。

　もう1つの，本件において最も重大な欠陥は，ブルックスがレッド・バンク・オイル社およびその子会社と社長のベネット（Frank W. Bennett）個人およびその関連事業との間の取引を深く調べなかったことであった。すでにSECは，ASR第37号（1942年11月）で，"会社とその経営者個人との間の取引についての十分な開示"が重要であることを強調していた[78]。ブルックスがベネット個人との間の特殊な勘定口座の存在を認識していたことは明らかであったことから，ブルックスにはこの取引の実態に関して確かめる責任が明確にあったと判断された。もしブルックスがそうした調査を注意深く行ない，十分かつ適切な開示を経営者に強く要求していたら，問題にされた欠陥の大半が避けられた可能性がある。その意味では，監査人ブルックスのこの点に対する接近の仕方は標準的な水準（standards）に及ぶものとはいえなかった。

　こうして，「上記の事実は，ブルックスの業務は適切な監査（adequate examination）であったという水準に及ぶものではなく，その状況において適用可能な一般に認められた監査基準に従っていなかったことをはっきりと物語っている。さらに，これらの事実……は，ブルックスが，独立の公共会計士の責務であるところの批判的かつ独立的な分析力（critical and objective analysis）

---

[78] *Amendment of Rule 2-01 of Regulation S-X–Qualifications of Accountants Certifying to Financial Statements Required to Be Filed with the Commission,* Accounting Series Release No.37 (November 7, 1942). そこでのSECの独立性に対するルールは，「会計士の独立性の実態についての最も決定的なテストは，会社と経営者個人との間の取引についての十分な開示である。その場合，経営者の要望に同意することは会計士が実際に独立であるかどうかに関する重大な疑問を不可避的に生じさせるはずである」というものであった。

を行使しなかったことを明らかにしている[79]」と結論している。

② チャールズ・ブライドウェル

会計事務所の代表者であるヒルは，公認会計士の資格を持つブライドウェルが監査業務を実施したブルックスの監査調書をレビューし，そのうえで監査証明を与えるという取り決めで，会計事務所の名義を使用させていた。ブライドウェルは，この期間，種々の政府機関に常勤で勤務していたため，レビュー業務は，ウラン・ヒル会計事務所あるいはレッド・バンク・オイル社から遠く離れた政府機関の所在地で，平日の夜半あるいは日曜日に実施されていた。

ブライドウェルは，ブルックスの業務に過剰なまでの信頼を寄せていたとみられる。実際，監督者にあたるブライドウェルはブルックスの提出した財務書類にほとんど異議を唱えることはなかった。そして1944年には，ウラン・ヒル事務所がヒューストン部門への監査をいっさい実施したことがなかったにもかかわらず，フェデラル・スティール・プロダクツ社の財務諸表とレッド・バンク・オイル社の連結財務諸表を承認し，監査証明書に署名した。それにもかかわらず，ブライドウェルは，ブルックスの業務を十分に監督しなかったばかりか，監査計画の策定にいかなる形でも関与することはなかった。

こうして，SECは，「ブライドウェルが，財務諸表を承認するにあたって，われわれが州際メリヤス製造社事案についての見解のなかで指摘した"健全な監査プログラムの実施に不可欠なレビュー（review which…was essential to the conduct of a sound audit program）"をまったく実施できていなかったことには疑問の余地がない。ブライドウェルによる監査調書等のレビューは，一般に認められた監査基準の下で要求されている配下スタッフ（subordinate）の業務に対する注意深い吟味と呼べる水準には，はるかに及ばなかった[80]」と結論している。

③ ウラン・ヒル［会計事務所］

監査証明書の名義の見地からすると，［証券諸法にいう］専門家（expert）として，独立した監査証明を担う会計士として，対外的にふるまっていたのは，

---

79 *In the Matter of Red Bank Oil Company*, pp.706-707.
80 *In the Matter of Red Bank Oil Company*, p.708.

あくまでも，ウラン・ヒル会計事務所であった。それにもかかわらず，ヒル自身は，監査業務自体にほとんど関心を持っておらず，ブルックスにレッド・バンク・オイル社の監査業務に関わる権限を全面的に与えていた。会計事務所名義の監査証明書を発行する役割を担っていることからして，代表者であるヒルか署名者であるブライドウェルのいずれか，あるいは両者が一定の責務を負っているはずであるが，いずれもがブルックスの業務を十分にレビューしていなかった。そもそもブルックスには監査証明を発行する権限がないため，この点は徹底するべきであった。それゆえに，SECは，「この点において，ウラン・ヒル会計事務所は，その名義の使用がもたらす最低限度の責任をまったくもって果たすことができていなかった[81]」と結論している。

この調査の結果，SECは，監査人としての独立性について，「ウラン・ヒル会計事務所は，検討の対象となった財務諸表の対象期間において証券発行会社に対して独立の公共会計士であったとはみなしえない[82]」と結論づけた。「会計士の独立性の欠如を根拠づけるおそらく最も重要な事実は，その業務についてここで議論した3人のいずれもが，証券発行会社とその関連会社との間に存在する取引とそこから生じる債権債務関係について，十分に調査していないことである[83]」と指摘した。

一方，実施された監査の範囲については，SECは，以下のとおり結論づけている。

「われわれは，検討の対象となった年度の監査は，不十分（inadequate）であり，一般に認められた監査基準に一致したやり方では実施されなかったと判断する。独立性の問題と監査範囲の問題は，往々にして区別することができない。独立性を欠いた会計士が，自己の任務に不可欠であり，かつ一般に認められた監査基準によって要求されているところの客観性（objectivity），警戒心（vigilance），詮索力（inquisitiveness）を行使できるかは非常に疑問だ

---

81　*Ibid.*
82　*In the Matter of Red Bank Oil Company*, p.711.
83　*Ibid.*

からである。[レッド・バンク・オイル社とその親会社あるいは関連会社との間の]問題の取引に対する[監査人の]取り扱いは，一般に認められた会計処理および監査手法が当該監査をなすにあたって採用されていなかったことの証左である。

それゆえに，われわれは，実施した監査が一般に認められた監査基準に準拠していることを記載したウラン・ヒル会計事務所による1940年度，1943年度，1944年度の監査証明書はその点において，虚偽であり，誤導を招くものであると判断する[84]。」

このように，レッド・バンク・オイル社の財務諸表の監査証明を行なったウラン・ヒル会計事務所はレッド・バンク・オイル社との間について独立的であったとみなすことができない，また，そこでの監査は一般に認められた監査基準に従っていなかったと認定された。しかしまた，SECは，いまだ不明な欠陥事項が存在するとして，レッド・バンク・オイル社証券に対する最終命令が発行されるまで，普通株式の登録停止を継続することを決定した[85]。

## 6. 小　括

そもそも監査基準という概念は，1941年2月になされたレギュレーションS-Xの改正の際に監査証明書の記載事項として新たに導入され，用いられるようになったものである。このときSECは，監査証明を行なった会計士に対して，監査証明書に「われわれの実施した監査は，その個々の状況において適用可能な一般に認められた監査基準に準拠して行なわれたものであり，必要とみなされたすべての手続を含んでいる」旨の記載を加えるように要求した。こう

---

84　*In the Matter of Red Bank Oil Company*, p.712. なお，圏点は引用者による。
85　なお，SECは，翌年1947年に，順次，上場登録停止命令，停止命令の検討を進めた。最終的には，証券法の停止命令のみを発した（*In the Matter of Red Bank Oil Company*, Securities Act Release No.3184, Securities Exchange Act Release No.3902, 25 S.E.C. 1 (January 3, 1947)；*In the Matter of Red Bank Oil Company*, Securities Act Release No.3197, Securities Exchange Act Release No.3918, 25 S.E.C. 334 (February 27, 1947))。

した監査規制に対応する形で，会計プロフェッション側，具体的には，AIAが，一般に認められた監査基準の具体的内容を特定し規定する役割を担うことになった。こうした経緯から，監査基準は，準拠されるべき標準（基準）としての役割を果たすものでなければならないばかりではなく，まず，それに準拠して監査を実施したことを監査証明書に記載することを前提として規定される必要があった。

　監査基準はプロフェッショナルたる監査人が準拠すべき実務上の指針としての役割も果たしているが，歴史的にみると，アメリカにおける監査基準は，必ずしも，そうした要請から生まれてきたというわけではなかった。むしろ，監査意見を表明している監査人がこれに準拠して監査を行なったことを自ら監査証明書上で明らかにさせることによって財務諸表監査の品質を高めるという要請から，その発展が促されてきたものであった。そのため，監査基準の概念は，監査の具体的な手続だけでなく，監査の目標などの全体的な内容も含むものとして規定されなければならなかった。

　実際に，SECは，一般に認められた監査基準という概念が登場する1941年2月のレギュレーションS-X改正の以前から，何らかの形で，会計士が実施した監査がどのようなものであったのかについて，監査証明書の利用者が理解できるような明瞭な表示がなされることを望んでいた。どのような監査を実施してこの監査証明をしている（この監査意見を表明している）のか，［SECも含めて］一般投資家のような監査サービスの利用者としては監査証明書からそのような情報を得るしかないが，監査証明書がそのような情報を十分に与えているのかについて，SECは関心を持つようになっていた。それが，実施された監査範囲の問題であった。

　AIAによって1936年に『独立の公共会計士による財務諸表の監査』が公表されてもなお，一般に認められた監査基準という概念を導入するまではそうした規制目的を達成することができなかった。その直接の契機になったのが，1938年末に発覚したマッケソン＆ロビンス事件であった。この事件を調査，検証するにあたって，SECは，自らの規制権限が及ぶ範囲，とくに監査証明書の開示規制のなかで，合理的な監査の実施を確保する方法を求めたものとみられる。それが監査証明書の開示規制の枠内で"一般に認められた監査基準"

への準拠を導入した理由であった。

　SECは，会計士が実施した監査について，監査証明書の利用者が理解可能な明瞭な表示を要求した。これを突き詰めた結果，一般に認められた監査基準への準拠を記載することを要請することになった。こうしたSECの意図からすれば，はじめから，求められていた監査基準の内実も明らかであった。これこそがプロフェッショナルによる財務諸表監査であると監査実務者たる会計士が考えているものという意味で，監査の目標や監査上の原理，基本的アプローチのような，監査の全般的本質を規定するものでなければならなかった。そこには，監査人のプロフェッショナルとしての判断［が認められている］というある種の限定的な側面も暗黙に含んでいるものである。そして，そこには監査業務を標準化する(standardization)という意図はまったく存在していなかった。

　これに対して，会計プロフェッション側，とくに監査基準のステートメント化の任務を担うことになったAIA監査手続委員会の出発点は，監査基準とは監査手続とは峻別されなければならないという点であった。ブロードの監査基準論が，監査基準と監査手続との間の線引きということに最大の重きを置いていたのはその影響である。

　監査手続委員会による監査基準ステートメント化の活動は，大戦によって，中断せざるをえなくなった。戦後に監査手続委員会が押し進めるようになった監査基準のステートメント化は，ブロードの監査基準観よりも，むしろフリスビー（Ira Frisbee）やカリフォルニア州会計士会監査基準委員会の監査基準観に依拠しているようでもあった[86]。それが，結果的に，もともとSECが要求していたものにより合致していた。フリスビーがメンバーとなって，AIA監査手続委員会内の風向きが変わったのか，当初に立ち戻ってもともとのSECの意図を重要視しようと考えたのか，単純に委員長が交替したからなのか，これらについてはまったく検証されていない。しかし，結果として，おおむねSECの要求したものが『監査基準試案』のなかの監査基準に反映されたと解釈できることは，それ自体重要な意味を持っている。

---

86　詳細については，岡嶋［2014a］「アメリカにおける監査基準の発展（下）」を参照されたい。

西田［1974］は，SEC の規制に関して，「SEC 会計は自主規制（self regulation）を本質的な特徴とするが，情勢（事件ないし社会・経済・法律的環境における）が一旦，発生したりまた成熟すると，強力な規制力を発揮してきたといえよう。典型的な例は一般に認められた監査基準の制定に関してみられる[87]」と述べている。とくに，SEC のレギュレーション S-X の展開という視点から，その史的展開の第一段階は，SEC が ASR 第 21 号を通じて監査証明書への"一般に認められた監査基準"の準拠記載を要求したことから始まるとして，「歴史的展開の第一段階が監査基準の成文化の端緒を開いた[88]」とし，その帰結として，監査基準における二重性質の概念を生じさせてしまったと理解している[89]。

　監査基準による規制が導入される過程において見出される最も重要な点は，もし SEC からの圧力がなかったとしたら，会計プロフェッションが自発的に一般に認められた監査基準の形で監査基準を法典化することはなかった可能性が高いと考えられる点である。それ以前の『独立の公共会計士による財務諸表の監査』と同様の位置づけで，監査手続書あるいは監査基準書が設定されていったとしたら，また違った規制環境が生まれてきたであろうと考えられる。

　いずれにしても，監査基準遵守を強制するというエンフォースメントの側面を考慮する限り，単純に SEC が会計プロフェッションに監査基準の設定を委ねたという理解は正当とはいえないだろう。

---

[87]　西田［1974］『アメリカ会計監査の展開—財務諸表規則を中心とする—』，p.58. 括弧内も原文のまま。
[88]　西田［1974］，p.90.
[89]　SEC が発揮した規制力の影響で，監査基準における二重性概念が生まれてしまった（グループ I の監査基準を含んでいるという意味だろうか）という解釈は若干単純である。むしろ AIA が，監査基準ステートメント化のなかで，監査証明書利用者の利害を体現しているはずの SEC の求めるところを取り込もうと努力してきたというのが実像なのではないかと思われる。

# 第5章

# SECによる懲戒手続と監査実務

## 1. は じ め に

　監査証明書に一般に認められた監査基準（GAAS）への準拠を記載させることによって，監査証明に従事する公共会計士の監査基準の遵守を間接的に促進する効果は期待できるものの，公共会計士による監査基準の遵守は，本来，別の手段をもって確保する必要がある。現実に監査基準を制定していたアメリカ公認会計士協会（American Institute of Certified Public Accountants；AICPA）は，1973年以降，職業倫理綱領（Code of Professional Ethics）のなかで，会員に対して監査基準の遵守を求めている。監査基準の遵守の確保，つまりエンフォースメントにSECが直接に関与する唯一の方法が，監査証明を行なった公共会計士の違背行為（misconduct）を問題にし，その有責性に応じた懲戒処分（規律づけ）を行なうことである。これを行なう手段が実務規則・規則2 (e) に基づく手続である。

　本章では，SECが，「必要な能力に欠ける，非倫理的あるいは不誠実なプロフェッショナルから自らの行政手続の廉潔性を保持するために（to protect the integrity of [the Commission's] processes from incompetent, unethical or dishonest professionals）」，実務規則・規則2 (e) を用いて，「プロフェッショナルとして非倫理的あるいは不適切な行為に従事した」会計士に対する懲戒処分を行ない，その顛末を公表していく1930年代末葉から1970年にいたるまでの最初期の状況を，その政策的背景を踏まえながら分析する。

## 2. 初期の法執行プログラムと会計士に対する懲戒規則

### (1) 法執行プログラムと実務規則 (Rules of Practice)

SEC は,連邦証券法規を法執行するにあたって法執行活動 (enforcement action) [1] を体系立てて行なっていることを強調するために,これを法執行プログラム (Enforcement Program) と称している。SEC の法執行プログラムの進展という観点からみて,SEC 創設当初 10 年間のうちに達成された規則制定上さらには規制上の画期的な功績として挙げられているのが,証券取引所法 10 条 (b) 項に基づく規則 10b-5 とここで検討する実務規則・規則 2 (e) の制定である[2]。どちらも,規則が採用された時点では,法執行プログラムの重要部分とは位置づけられていなかったが,その後,とくに 1960 年代以降,同プログラムの発展に大きな影響を与えることになる[3]。

実務規則 (Rules of Practice) は,SEC 創設 2 年目の 1935 年 9 月に,証券法および証券取引所法の下での一般的規則制定権限 (general rulemaking authority) [4] に基づいて,「委員会への[主として代理人としての]出頭,所管業務の従事……に関して規定する[5]」ものとして制定された。

実務規則・規則 2 (g) では,「SEC が,彼らの申請を審査して,高い道徳的な品格を持ち,他の者を代表するために不可欠な資格を保持していると判断した……者」に対して SEC 所管業務で実務することを認可することができると規定されていた。そこで明示されていたのは弁護士 (Attorney at law) とその他の代理人 (agent) のみであった。また規則 2 (k) で,SEC には,「他の者を

---

[1] 一般には,SEC スタッフによる違反行為の調査後に行なわれる SEC の正式なアクション,つまり,差止請求,刑事告発,懲戒措置(取引所や NASD を介するものも含む)を指すとされている(宇賀[1995]『行政手続法の理論』,pp.248-269)。具体的には,ワシントン D.C. の本部での関連部署(主たるものは売買・取引所部)および各地域事務所によって実行される。

[2] Hawke [2002], "A Brief History of the SEC's Enforcement Program 1934-1981," p.11. なお,SEC 通牒で示されている表記では,1970 年の規則改正において "規則 2 (e)" と記載され,それ以降,規則 2 (e) の表記となった。それまでは "規則 II (e)" と記されていたが,行論上の混乱を防ぐために,本書ではすべて規則 2 (e) と記載することとした。

[3] *Ibid.* なお,規則 10b-5 に関しては,第 8 章において言及する。

代理するために不可欠な資格を保持していない，あるいは品位，誠実性，プロフェッショナルとしての適切な行動を欠いていると判断した場合，その者に対する認可を取り消し，停止し，剥奪することができる」とされていた。

実務規則は，当初，SECへの出頭およびSEC所管業務の従事を望む申請者を審査する際に準拠できる正式の登録申請手続（enrollment procedure）を規定するものであり，基本的に，弁護士，あるいは他の者の代理人に適用されるものであった。そこでは，SECが登録を想定する者として，会計士，技術者その他の専門家はとくに明示的には識別されていなかった。

しかしながら，1938年3月のジョセフ・ファン・ドーン（Joseph M. Van Dorn）事案では，代理人としての登録を申請し，認可されていた公認会計士が，自らをSECの上級職員（officer）であると名乗り，また，公共的調査に従事しているため帳簿その他の文書を強制閲覧できる権限があると虚偽に示したと申し立て，同会計士の懲戒処分が検討された。そのとき，SECは，「実務規則を制定し，一定の基準を満たした申請者のみを正当な弁護士その他の代理人として認めるSECの権限は明白である。……そうした規則を定め，そうした基準を確立する権限から当然に派生するものが，違背行為（misconduct）に対して業務停止ないし資格剥奪を行なう権限である[6]」との見解を示し，当然に，所管業務に従事する代理人として会計士の懲戒処分が可能であるとした。この懲戒手続自体は嫌疑不十分で取り下げられたが，規則に明示されている弁護士以外のプロフェッショナルについても懲戒が可能であることを知らしめることと

---

4 証券法19条(a)項では「委員会は，多様な証券ないし証券発行者に対する登録届出書および目論見書を規制するもの，本法で用いられる会計用語・証券取引用語を規定するものを含む，本法の各条項を実行するために必要とされる規則・レギュレーションを制定し，改定し，廃止する権限を有する」とされ，証券取引所法21条(a)項では「委員会……は，本法によって与えられた職務を果たすため必要とされる……規則・レギュレーションを制定する権限を有する」とされている。当初から，SECは，規則2(e)を設定する根拠をこの一般的規則設定権限に求めていたようであるが，1979年のトゥッシュ・ロス会計事務所訴訟（控訴審）で言及される（Touche Ross, 609 F.2d 570, at 579）までは，とくに明示されることもなかった。当時の法律学者のなかには，こうした根拠づけは正当でないとする見解がみられる（Downing and Miller [1979], "The Distortion and Misuse of Rule 2 (e)," pp.776-781）。

5 *Second Annual Report of the SEC*, Fiscal Year Ended June 30, 1936, p.61.

6 *In the Matter of Joseph M. Van Dorn*, 3 S.E.C. 267 (March 23, 1938), p.269, fn.2.

なった[7]。


(2) 実務規則・規則2 (e)

3ヵ月ほど経った1938年6月に改正された実務規則の規則2 (e) では，以下のように規定されることとなった[8]。

規則2【委員会への出頭および所管業務の従事】
(e) 委員会は，本件に関する告知と聴聞の後，委員会によって以下のように事実認定された者に対し，本委員会に出頭し，あるいは，その所管業務に従事する特権（privilege）を一時的または恒久的に停止し，あるいは剥奪することができる。
　(1) 他の者を代理するにあたって不可欠な資格を保持していない［と判断される者］，あるいは
　(2) 品性あるいは誠実性を欠いていた，ないし，プロフェッショナルとして非倫理的あるいは不適切な行為に従事した［と判断される者］。

改正規則2 (g) では，「委員会の所管業務に従事する（practicing before the Commission）」とは，「登録届出書，上場申請書，年次報告書その他の弁護士，会計士，技術者その他の専門家(エキスパート)の同意が与えられた文書のなかに含めて委員会に提出された，当該弁護士，会計士，技術者その他の専門家による届出書類や意見の作成業務が含まれる」と規定され，これにより明示的に，SECは，監査証明を行なった公共会計士を懲戒処分する権限を持つこととなった。

改正された規則2 (e) では，名簿登録の手続が省略され，SECに出頭する者，ないしは証拠資料を提出する者は，すべて所管業務に従事しているとみなされる。そうした当事者に関して，規則2 (e) は，SECに出頭し，実務に従事する特権を剥奪する，あるいは停止する権限を与えている。

---

7　Downing and Miller [1979], p.775.
8　*Fourth Annual Report of the SEC*, Fiscal Year Ended June 30, 1938, pp.99-100.

連邦証券諸法の目的を遂行するための会計プロフェッショナルの責任を確実に果たさせる手段として位置づけられているのが，この規則2(e)に基づく懲戒手続である。規制機関であるSECには，その所管業務の適切性が確保されるようにするために，当該業務従事者に対する制裁を課すことが認められる。

### (3) 1950年代までの法執行プログラム

SEC創設当初は，法務部（Legal Division）が連邦証券諸法違反に関わる調査を担当していたが，2年ほどで，その任務は各地域事務所（Regional Office）に移管された[9]。それ以降，法執行活動の増大がみられ始める1950年代末葉頃までは，主として地域事務所が，違反事実の調査を実施して，そのうえで，差止請求訴訟を提起する，あるいは必要な行政手続に着手するなどの法執行活動を実施していた。そのうえで，ワシントンD.C.に本局のある売買・取引所部（Division of Trading and Exchanges）が，一方で，各地域事務所をサポートし，刑事訴追が必要な場合には，司法省に訴追を促すなどの監視的，調整的役割を果たしていた[10]。

こうしたなか，創設された当初，SECの法執行上の権能は，証券諸法の違反行為を抑止するための連邦裁判所への差止（injunction）請求[11]に大きく限定されており，行政審理に関わる明示的な条項といえば，証券取引所法19条(a)項に規定された登録証券取引所の会員および理事を懲戒処分するものが唯一であった[12]。

その後，SECは，差止請求の権限に加えて，様々な行政上の権能を手に入

---

9 1939年のSEC組織図では，ニューヨーク，ボストン，シカゴ，デンバー，アトランタ，フォートワース，サンフランシスコの7つの地域事務所が配置されている（http://www.sechistorical.org/collection/papers/1930/1939_SEC_OrgChart.pdf）。

10 Hawke [2002], p.22; Atkins and Bondi [2008], "Evaluating the Mission: A Critical Review of the History and Evolution of the SEC Enforcement Program," p.372.

11 証券法20条(b)項，証券取引所法21条(e)項では，「何者かが本法における条項ないし規則・レギュレーションの違反となる，あるいは違反となるであろう行為や慣行（practice）に従事し，ないしは従事しようとしていることが委員会に明らかである場合にはいつでも，委員会の判断の下で……かかる行為あるいは慣行を差止めるための訴訟を提起することができる」と規定されている。

れるようになる。本章で焦点を当てている 1938 年の規則 2 (e) によるプロフェッショナルに対する懲戒権限のほかにも，1936 年の証券諸法改正においてブローカー・ディーラーの一定の違反行為に対して登録を無効にする権限が SEC に付与され，1938 年の証券諸法改正によって全米証券業協会（National Association Securities Dealers, Inc.；NASD）が創設された際には，NASD の会員の資格剥奪および停止の権限が与えられた。そうした権能拡大の結果として，1960 年代に法執行プログラムは飛躍的に発展することとなり，「SEC の生存に欠くべからざるもの（life and breath of the Commission）となり，……行政庁（規制機関）の心臓部となった[13]」と称されることになる。

1934 年から 1972 年頃の期間にみられるこうした行政上の権能の拡大は，「いずれの場合も，直接の規制対象者あるいは SEC に対し彼らを代理する者への行政庁の監視という観点に結びついており，たとえその場合でも，連邦裁判所に訴えることによってしか得られないようなより広範な救済やサンクションに大きく付随していた[14]」とされており，その取りかかりとして，規則 2 (e) において，「SEC は，その所管業務への従事に関して弁護士，会計士その他のプロフェッショナルを懲戒処分する規制機関固有の，そしてその後で裁判所が承認することとなる権限（inherent authority, subsequently approved by the courts, …）を主張した[15]」と捉えられている。

---

12 Rakoff [2014], "PLI Securities Regulation Institute Keynote Address: Is the S.E.C. Becoming a Law unto Itself?" November 5, 2014, p.3；Patterson [2016], "Many Key Issues Still Left Unaddressed in the Securities and Exchange Commission's Attempt to Modernize Its Rules of Practice," p.1681.

13 SEC [1984], "…*Good People, Important Problems and Workable Laws, 50 Years of the U. S. Securities and Exchange Commission*," p.46. なお，1960 年代以降にみられる法執行プログラムの進展と付随的救済の頻出については次章において詳述する。

14 Rakoff [2014], p.3.

15 *Ibid.*

## 3. 独立公共会計士に対する懲戒の枠組み

### (1) SEC による規則 2 (e) に基づく会計士に対する懲戒手続

　SEC 所管業務に従事する会計士を含めたプロフェッショナル（弁護士，会計士，技術者その他）に対する懲戒手続を規定した規則 2 (e) は，1930 年代にはいっさい用いられることはなく，1938 年末に発生したマッケソン＆ロビンス事件においても用いられることがなかった。しかしながら，1940 年代に入って，SEC は，この規則 2 (e) に基づいて，監査証明を行なった会計士の SEC に向けた監査証明業務の特権の停止および剥奪を含めた懲戒処分を検討するようになる。

　規則 2 (e) に基づく懲戒処分をはじめて行なったのは 1941 年 11 月のエイブラハム・H・プダー事案においてであるとされている[16]。本件については，会計連続通牒ではなく，証券取引所法通牒のみにおいて顛末が公表されている。プダー会計士（Abraham H. Puder）と彼の会計事務所であるプダー＆プダー会計事務所（Puder & Puder）は，A・ホランダー＆サン社（A. Hollander & Son, Inc.）の財務諸表に関して虚偽証明を行なったと申し立てられた[17]。プダーは，

---

[16] *In the Matter of Abraham H. Puder and Puder & Puder*, Securities Exchange Release No.3073 (1941); *Eighth Annual Report of the SEC*, Fiscal Year Ended June 30, 1942, p.45. なお，弁護士に対して行なわれた最初のものは，1950 年 6 月のフレイシュマン事案（*In the Matter of Albert J. Fleischmann*, 37 S.E.C. 832）である。これまで規則 2 (e) 手続の対象はほとんどすべてが会計士ないし弁護士である。公表されているもののなかで，会計士と弁護士以外のプロフェショナルが規則 2 (e) 手続の懲戒対象となった事例は，1979 年の地質調査士の事案と 1994 年の技術者の事案の 2 例しかないといわれる（Coppolino [1995], "*Checkosky*, Rule 2 (e) and the Auditor: How Should the Securities and Exchange Commission Define its Standard of Improper Professional Conduct?" p.2232, fn.23）。

[17] この懲戒検討事案は，1941 年 2 月の A・ホランダー＆サン社事案（*In the Matter of A. Hollander & Son, Inc.*, 8 S. E. C. 586）から派生した事案である。この事案は，もともと，証券取引所法 19 条 (a) 項 (2) に基づいて，A・ホランダー＆サン社のニューヨーク証券取引所への登録を停止する，あるいは廃止するべきかどうかを判断する手続として取り扱われたが，そこで問題とされた欠陥の 1 つとして，独立の公共会計士による監査証明を適切に受けていない財務諸表を提出したことが挙げられ，いくつかの証拠から同社の監査証明を担当したプダー会計士は独立的とはいえないとの事実認定がなされていた（*In the Matter of A. Hollander & Son, Inc.*, pp.612-617）。

同社の株式を保有しており，しかも，同社経営者らから融資を受けていた。さらに経営者たちが財務諸表上，プダーの名前を不正に使用して，彼らの支配下にあるホランダー社株式を売買取引する別会社の帳簿上の負債を隠蔽していたことをプダーは知っていた。これらの関係の累積的効果を考慮して，SECは，プダー個人も会計事務所もいずれも独立的な立場にはなかったと認定し，3ヵ月の実務特権の停止と裁定した。

懲戒手続の顛末を会計連続通牒（ASR）において公表したのは，翌1942年1月8日に発行されたASR第28号[18]においてが最初である。この事案ではローガン会計士（Kenneth N. Logan）に対する懲戒処分が検討された。本件で，SECは，監査人であったローガンが，実際には，独立の公共会計士とはいえない状況で，被監査会社がSECに提出した各種報告書を監査証明するにあたって独立の公共会計士として不当にふるまった，さらに，被監査会社の種々の勘定科目を適切に分類表示せず，これにより会社資金の流用を誤表示（misstate）し，その資金が自社株式の取引に関連して用いられたという事実を隠蔽したと申し立てた。

聴聞審理官（trial examiner）による審理終了後，SECは，ローガン個人の同社への株式保有と同社における"ケネス・ローガン特別勘定"の存在を理由に，「ローガンは，財務諸表提出時点で，独立の公共会計士とはいえなかった，また，外観的に示される自分の独立性は真実のものでなく不適切なものであると彼は認識していた[19]」として，規則2(e)の趣旨に照らして，ローガンは，プロフェッショナルとして不適切な行為に従事したと認定した。

審理官による第一次審決では，被審人であるローガンの嫌疑については認めるものの，同会計士のそれまでの高い品格および名声と情状酌量が認められる状況とを勘案して，被審人の懲戒処分に関する勧告はいっさいなされていなかった。SECは，問題とされた取引に関わるローガンの行為は「非常に不適

---

18　*In the Matter of Proceedings Under Rule II(e) of the Rules of Practice, to Determine Whether the Privilege of Kenneth N. Logan to Practice as an Accountant Before the Securities and Exchange Commission Should Be Denied, Temporarily or Permanently*, Accounting Series Release No.28 (January 8, 1942).

19　ASR No.28, p.3047. 圏点は引用者による。

切である (grossly improper)」ため見逃すことはできないとし，しかしまた，審理官の指摘するようにローガンはすでに重い罰を受けているとし，最終的に，ローガンは 60 日間の実務特権の停止と裁定した。

　会計士に対する懲戒手続の顛末をとくに会計連続通牒 (ASR) において公表することとした理由は明らかにされていない。しかしながら，これ以降，SEC は，必要に応じて，ASR において，規則 2 (e) に基づく懲戒手続の顛末を「事実認定と見解 (Findings and Opinion)」などとして公表するようになる。

　SEC 政策一般においても，行政手続の顛末を公表することは，一方で，デュー・プロセス条項を遵守したうえでなされる行政上の措置として合理的なものと捉えられていた。例えば，「SEC の法執行の方針をその業界に知らしめ，自発的な法令遵守を促すために法執行活動［の顛末］を公表することの重要性は過小評価するべきではない [20]」ともいわれていた。

　1940 年代に規則 2 (e) に基づく会計士に対する懲戒手続の顛末が ASR によって公表されたのは，この第 28 号を含めて，第 48 号 (1944 年 2 月)，第 51 号 (1945 年 1 月)，第 59 号 (1947 年 1 月)，第 67 号 (1949 年 4 月；次節で取り扱う BWG 会計事務所懲戒検討事案)，第 68 号 (1949 年 7 月) の 6 件であった。これらが 1940 年代において規則 2 (e) に基づいて着手された SEC の会計士懲戒検討事案のすべてかどうかは必ずしも明らかではない [21]。しかしながら，SEC があえて ASR においてその顛末を公表しているということは，少なくとも，これらの事案が，監査業務について SEC の関心を示している事案であったことは確かである。

　1940 年代に個人会計士ではなく会計事務所を対象としたケースは，プダー

---

20　Thomforde [1977], "Negotiating Administrative Settlements in SEC Broker-Dealer Disciplinary Proceedings," p.257. ただし，ブローカー・ディーラーの懲戒手続のなかでの和解プロセスのあり方を論じる文脈での指摘である。

21　規則 2 (e) に基づく手続は，被審人を保護するために秘密を厳守して進められるのが原則とされており，そのため，SEC が関与会計士に対して積極的な是正措置を採らない限り，その内容が公開されることはないとされていた。当時，SEC は会計士に対する懲戒手続に着手した件数などの実数をいっさい公開していなかったが，会計士側は，記録上公開とされなかった懲戒手続の件数は「おそらく，［公開された件数よりも］多い」(Editorial, *The Journal of Accountancy*, May 1948, p.365) との見方をしていた。

事案のような限りなく個人事務所に近いものを除けば，次節で詳述するドレイヤー＝ハンソン社（Drayer-Hanson, Incorporated）の監査をめぐる第 67 号の BWG 会計事務所懲戒検討事案のみであった。1950 年代に入ると，ASR が取り扱ったものも，規則 2 (e) に基づく懲戒手続に関して公表した第 73 号（1952 年），第 77 号（1954 年），第 78 号（1957 年），第 82 号（1959 年）のみであった。ただし，第 73 号も，第 78 号も，大手会計事務所を対象とした事案であった。

### (2) 会計士協会による懲戒手続

規則 2 (e) に基づく懲戒手続の規制上の実像を知るうえで無視することができないのは，当時の会計プロフェッション内部での，監査基準を含めたプロフェッションの職業基準（professional standards）のエンフォースメントと懲戒の仕組みがどのようなものであったかである。

アメリカ公認会計士協会（AICPA；1957 年以前は，アメリカ会計士協会）と各州会計士会もまた，自ら職業倫理綱領を持ち，会員の公認会計士個人に対し，懲戒処分を行なう仕組みを持っていた。AICPA および州会計士会の懲戒権能は，会員の資格停止および剥奪を含む，相応なものであった。これらの制裁の実務上の効果は，大半のケースで，"プロフェッショナルにあるまじき行為（unprofessional conduct）" を抑止する手段として十分なものであったともいわれていた[22]。

AICPA では，職業倫理上の問題をめぐる権限を，職業倫理委員会（Committee on Professional Ethics）に置いていた。職業倫理委員会は，職業倫理綱領（Code of Professional Ethics）[23] の変更を勧告し，綱領規定を解釈し，実際の場面に適用するうえでの公式見解を公表する。さらに，倫理委員会は，会員に対する苦情申立（complaint）があった場合，これを調査する任務を負う。会員が職業倫

---

22　Ingalls [1965], "Developing and Implementing Higher Professional Standards," p.882.
23　現在の職業行為綱領（Code of Professional Conduct）に相当する。村上 [2014]「米国会計職業倫理基準に対するパブリック・セクターの関与：1960 年代後半から 1970 年代における AICPA 職業倫理規程を素材として」；盛田 [1976]「AICPA 職業倫理規則について―その修正と歴史―」を参照されたい。

理綱領に違反していると倫理委員会が判断した場合，同違反者は，審理審査会 (Trial Board) で査問を受け，そこで無罪放免，訓告，業務停止，資格剥奪，いずれかの処分が決定される。

しかしながら，会計プロフェッションは，1970年以前には，会計基準や監査基準のような会計士協会の発行するプロナウンスメントの遵守に関わる苦情申立を取り扱うことはほとんどなかった[24]。それまでは，プロフェッションにそぐわない競争的慣行 (unprofessional competitive practice) とみなされる，広告，顧客勧誘，競争入札などの制限という点に重きが置かれ，それに基づいて懲戒処分が行なわれていた。実際，当時の職業倫理綱領は，AICPA会員に，監査手続書はおろか，会計原則審議会意見書（APBオピニオン）に準拠することさえ，明示的には，要求していなかった。

しかし，1970年代に入ると，司法省からの強いプレッシャーによりほとんどの競争的慣行の禁止条項が撤廃され，そして，会計基準や監査基準に代表されるプロフェッションが設定している技術基準（technical standards）の遵守の確保が最優先の重要性を持つようになった。

1973年には職業倫理綱領が全面改定され，会員に，一般に認められた監査基準に基づき，AICPAの発行するプロナウンスメントを遵守することが明示的に要求されることとなった[25]。とりわけ規則202では，以下のように規定している。

**規則202―監査基準** 会員は，協会が設定した適用可能な一般に認められた監査基準を遵守していない限り，独立の公共会計士としてふるまっているとみなされるやり方で，自らの名義が財務諸表に関連づけられることを認めてはならない。協会の監査手続委員会の発行する監査手続書は，この規則のうえでは，一般に認められた監査基準の一解釈としてみなされ，監査手続書に準拠しない場合，手続書からの離脱の理由を説明しなければならない[26]。

---

24 Olson [1982], *The Accounting Profession, Years of Trial: 1969-1980*, p.109.
25 Olson [1982], p.111.
26 AICPA [1974a], *Code of Professional Ethics: Concepts of Professional Ethics, Rules of Conduct, Interpretations of Rule of Conduct*, effective March 1, 1973, pp.19-20.

また一方，懲戒の機構に関しても，AICPA は，1971 年に，職業倫理委員会のみで構成されていた職業倫理部門を改組して，執行委員会と 3 つの下位委員会から構成されるものへと再編成した。3 つの下位委員会は，それぞれ，技術基準の規定，独立性の規定，その他の行為規定を専属的に取り扱うこととなった。さらに，各州会計士会と AICPA との間で重複していた懲戒の仕組みを整理して，単一の審査会の下で事案を取り扱えるように変革した。その結果，原則として，州の倫理委員会は，相対的に重要性の低い倫理違反を取り扱い，AICPA の職業倫理委員会は，技術基準に関わる違反や全米規模での重要性を持った倫理違反を取り扱うという棲み分けがなされるようになった[27]。

その後，第 9 章でみるように，1977 年 9 月に，公認会計士事務所管轄部が創設され，会計事務所についても対象とした新たな懲戒の機構が導入されることになるが，この段階で確認されるのは，少なくとも 1970 年代に入るまでは，監査基準を含めたプロフェッションの職業基準の遵守を実質的に確保する仕組みは，会計プロフェッション側の自主規制としては，何らも存在していなかったことである。

## 4. 会計士事務所の懲戒

複数の地方支局を持つ全米規模の会計事務所で規則 2 (e) に基づく懲戒の対象となったのは，1949 年のバロウ・ウェイド・グスリー会計事務所（Barrow, Wade, Guthrie & Co.；BWG 会計事務所）が最初であった。

### (1) ドレイヤー＝ハンソン社事案（1948 年）

1948 年 3 月のドレイヤー＝ハンソン社事案では，証券発行にあたって提出された登録届出書の不備とともに，そこに附属していた監査証明書についても問題とされた。

ドレイヤー＝ハンソン社は，1946 年 4 月 29 日に，熱貫流装置の開発，製造，

---

27 Olson [1982], p.119.

販売を主要な事業内容とするパートナーシップを取得する形で設立された。この設立時になされた 80,529 株の株式の公募発行について SEC に登録届出書が提出された。登録届出書は 1946 年 12 月に効力を発したが，1947 年 6 月になって，ドレイヤー＝ハンソン社と同社監査人であった BWG 会計事務所から，登録届出書に添付して提出された財務諸表には，およそ 97,000 ドルの仕掛品の過大表示を含めて，表示に大きな誤りがあったとの報告を受け，SEC は，証券法 8 条 (e) 項において付与された権限に基づいて，登録届出書が重要な事実についての不実表示を含んでいたかどうかを判断するための調査を実施することとした。この調査結果の報告書が，1948 年 3 月 15 日に，会計連続通牒（ASR）第 64 号として公表された[28]。

調査報告書では，主として，同社が主力製品として開発した"エアトピア"についての不実表示と，その会計処理をめぐって同社の財務諸表と独立会計士の監査証明書での不実表示が指摘された。独立の公共会計士による監査証明はとりわけ後者の不実表示に関連していた。

BWG 会計事務所の監査証明を受けたドレイヤー＝ハンソン社に改組前のパートナーシップの 1946 年 4 月末の貸借対照表およびドレイヤー＝ハンソン社の 1946 年 5 月首の見積貸借対照表には，棚卸資産の内訳として「仕掛品及び組立部品　244,331.60 ドル」と記載されていた。翌年 5 月に，監査人は，会社側から 1946 年 4 月末時点の仕掛品が 97,000 ドル過大表示されているとの報告を受け，再度棚卸資産を調査したところ，純資産のおよそ 3 分の 1 にあたる

---

[28] *In the Matter of Drayer-Hanson, Incorporated–Report of Investigation Pursuant to Section 8 (e) of the Securities Act of 1933*, Accounting Series Release No.64 (March 15, 1948).

　証券法 8 条 (d) 項では，「登録届出書が重要な事実に関する不実表示を含んでいる……ことが SEC にとって明らかとなれば，委員会は，告知をした後，さらに聴聞の機会を与えた後，登録届出書の効力を保留する停止命令を発することができる」とされ，同 8 条 (e) 項では，「ここにおいて，委員会は本条 (d) 項の下で（登録届出書が重要な事実に関する不実表示ないし表示の省略を含んでいることが明らかな場合）停止命令を発するべきかどうかを判断するためにいかなる事案においても調査を実施する権限が与えられる」とされている。

　この予備調査は，証券法 8 条 (d) 項に基づく停止命令手続に連動したものであるが，当該事案では，SEC が問題視する内容について修正された情報をすべての証券購入者に提供する手段を講じたことを勘案して，停止命令手続に移行することはなかった。

85,313.97ドルもの過大表示があることが確認された。この仕掛品における誤表示は，基本的に，同社が，仕掛品期末残高を算出する元となっていた製造指図書，そして総勘定元帳に，未完成部分（partial shipment）を反映させていなかった結果として生じたものであった[29]。

1946年3月末日に，ドレイヤー＝ハンソン社は，棚卸資産のうち，原材料，組立部品，完成品に関しては実地棚卸を行ない，監査人もこれに立ち会っていた。しかし，仕掛品については実地棚卸を実施せず，代わりに，仕掛中の各作業における原価集計額を示した一覧表が会社によって作成された。この一覧表における合計額は，総勘定元帳に記入されている仕掛品残高273,691.05ドルよりも54,189.09ドル少ないことが判明した。そこで，一覧表の仕掛中の製造指図書の原価集計額に一致するように元帳の仕掛品勘定に調整記入を施し，この一覧表を同年3月末の仕掛品の期末残高を示すものとして監査人に提供した。

1942年末，1943年末，1944年末にはすべての棚卸資産に対して実地棚卸を行なっていたが，そこには，ここでの監査人であるBWG会計事務所のみならずそれ以外の独立会計士の誰も立ち会っていなかった。1945年末には仕掛品の実地棚卸はされなかった。さらに，1946年3月末に，仕掛品以外のすべての棚卸資産については実地の数量確認が行なわれ，監査人もこれに立ち会った。このように，1944年末より以降，仕掛品については実地棚卸がなされていないという状況があったにもかかわらず，また，1946年4月末日に彼らが調べるまで一度も独立の会計士によって会社（およびその前身のパートナーシップ）の会計記録が監査されたことがなかったにもかかわらず，監査人は，1946年3月末日時点の仕掛品の実地棚卸を行なわないという被監査会社の決定に異議を唱えることをしなかった。

仕掛品の実地棚卸を強く要請しないというこうした判断は，同会計事務所のロサンゼルス支局の統括マネージャーであったダルトン（Henry H. Dalton）によってなされたものであった。

対して，監査スタッフの中心として監査業務に直接的な責任を持っていたのはマンガム（Everett L. Mangam）であった。マンガムは，ドレイヤー＝ハン

---

29 製造会社である同社は，製造指図書に基づく個別原価計算システムに依拠していた。

ソン社の内部統制システムとそこでの統制手段を調査した結果，いくつかの統制上の欠陥を発見した。これに基づいて，同社については原価計算システム全体の見直しが必要であるとの結論に達した。それにもかかわらず，マンガムは，代替的な監査手続を用いることで，仕掛品に関して，期末棚卸高が実在することを確かめることができるとの確信を抱いていた。1946年3月末日時点の仕掛品残高を示す例の一覧表について，その正確性を確かめるためにマンガムら監査人が用いた代替的監査手続は，① 1946年3月末日時点での仕掛中の製造指図書（production order）の（約300のうち）約75を調査して，それぞれの作業工程に割り当てるべきであった原材料額を算定する，原価部門の製造指図書を調べて，実際にそれが正しく割り当てられているかを確かめる，②製造に関連のない非製造の労務および製品製造を目的とする仕掛中ではない作業工程を取り除く，③原価集計の方法および未完成部分（partial shipment）を集計から除外する方法について調査し検討する，④ 1946年5月8日に仕掛品に関して試査による実物にあたったテスト（physical test）を実施して，4月末日の残高が合理的なものであることを確かめる，というものであった。しかしながら，これらの手続は，元帳上の仕掛品勘定へ施した調整金額を正当化する根拠を明らかにするものではなく，そもそも被監査会社が作成したものである一覧表に示された仕掛品の金額に相違があるかどうかを確認できるものでもなかった。

　本件の監査人に関わる部分について，報告書では，以下のとおりコメントされている。

　「監査人の代表は［ドレイヤー＝ハンソン社の］内部統制システムおよび原価計算システムをもっと徹底的に調査すべきであり，また，1946年3月末日の仕掛品の実地棚卸の省略に妥協してしまう前にそれらのシステムが有効に運用されていることを確かめるべきであったことは明らかである。いったん，実際には有効な内部統制が存在しておらず，個別原価計算システムと推定されるものが実際上ではなく理屈上存在しているにすぎないと，この監査の過程でもそうであったように，気づいたのであれば，1946年4月末日に仕掛品の実地棚卸を行なうことをもっと強く要請すべきであった。こうした状況にもかかわらず，会社は，有効に統制された個別原価計算システムが

存在していると記載表示しており,監査人はまた監査証明書において,そのシステムの適切性と会社の内部統制システムの信頼性を確かめたと表示していた。この誤表示は誤導を招くものである[30]。」

しかしまた,さらに続けて,以下のように指摘されている。

「しかしながら,これらの点における監査人の怠慢も,実地棚卸がなされないなかで代替的な監査手続を採用した際のやり方の不適切さ (the inadequate manner in which they employed alternative auditing procedures) によってかき消されてしまうように思われる。

すでに述べたように,監査人は……原価計算システムとくに未完成のものに対する計算に関して,その信頼性について重大な疑念を持っていたにもかかわらず,未完成部分に適用される原価集計額を除外していることを確かめるべく,1946年3月末日時点の仕掛品を示しているとされる一覧表を作成する際の元となる個々の個別原価計算表 (job cost sheet) を調べることは,たとえ試査によってであっても,していなかった。……

未完成部分が適正に会計記録されたかどうかを判断するために,個別原価計算表を試査によってチェックするのはたいして複雑な手続ではなかったであろう。それは,具体的には,製造および統制部門で保管された製造指図書を詳細に調査するか,未完成部分が反映されているかどうかを判断するためにその代表的な一部分を調べること,そして,未完成部分について,原価集計額から除かれていることを確かめるために,原価部門に保管された対応している個別原価計算表を調査することであった。しかし,こうした手続はいっさい採用されなかった[31]。」

SECは,このように,本件の監査人に関わる最も重要な問題は監査実施のやり方であったと強調した。そして,監査業務が行なわれたやり方からみて,

---

30　ASR No.64, p.3085.
31　*Ibid*.

BWG会計事務所の監査証明書における「附属する財務諸表に記載されている棚卸資産が不適正に表示されていることを信ずるに足る理由は存在しない」との記載表示は，まったくもって正当性を持ったものではないとの結論を下した。

さらに，この報告書の末尾で，マッケソン＆ロビンス事件に関して述べたマッケソン＆ロビンス事件報告書およびASR第19号での見解を直接引用し，委員会としてのスタンスを繰り返し強調している。

「この事案でもまた，われわれが別の事案（注：マッケソン＆ロビンス事件を指す）で実施された監査手続に対して言及したように，『資産と利益の巨額の過大表示を発見できなかったのは監査業務を実施したやり方（the manner in which the audit work was done）に原因があった。監査業務を遂行するにあたって，この監査人は，プロフェッショナルとして引き受けた業務である限り必要とされる……一定程度の警戒心（vigilance），詮索力（inquisitiveness），入手可能な証拠に対する分析力（analysis of the evidence）を用いていなかった』というのが，本委員会の結論である[32]。」

## (2) バロウ・ウェイド・グスリー会計事務所懲戒検討事案（1949年）

上述のとおり，SECは，1948年3月15日に調査報告書を公表して，そこで，ドレイヤー＝ハンソン社の登録届出書が，監査証明書も含めて，不実表示を含んでいたとの結論を示したが，その後，10月22日に，別の行政手続として，規則2(e)に基づいて，ドレイヤー＝ハンソン社の監査証明を担当したBWG会計事務所および同会計事務所所属のダルトン会計士，同マンガム会計士に対する実務特権の剥奪ないし停止に関わる懲戒手続を進めた。

同年11月16日から非公開の聴聞が開始されることとなったが，その際，被審人はASR第64号での事実認定を受け入れ，審理に参加することに同意し，また，BWG会計事務所が同様の監査上の失敗の再発を防止するための会計事

---

32　ASR No.64, p.3086.

務所の組織体制と運営方法の改善を行なっているとの証拠資料を提出したため，この審理では，被審人のSEC所管業務に不可欠とされる資格に関わる問題，被審人たちの実務特権を一時的ないし永久的に剥奪あるいは拒否すべきか否かについてもっぱら検討されることとなった。

　SECは，聴聞審理官による勧告をそのまま受け入れ，懲戒手続を取り下げる決定を行なったが，同時に，聴聞審理官による勧告決定（recommended decision）をSECの「事実認定と見解（Findings and Opinion）」として採択し，これを会計連続通牒として公表した。こうして公表されたのが1949年4月18日のASR第67号である[33]。

① 実施された監査

　1946年2月，BWG会計事務所ロサンゼルス支局の統括マネージャーであったダルトンは，ドレイヤー＝ハンソン社の前身のパートナーシップの帳簿および勘定の監査に関する打診を受けた。ドレイヤー＝ハンソン社経営陣との最初の折衝で，ダルトンは，何よりも，原材料，組立部品，仕掛品，完成品といったすべての棚卸資産に対して実地棚卸が必要であることを強調した。ドレイヤー＝ハンソン社前身のパートナーシップはそのように実地棚卸を行なうことに合意したため，ダルトンは自らのロサンゼルス支局マネージャーとしての権限において，とくに本部に通知はせずに，この監査を引き受ける契約を結んだ。しかしながら，1946年3月27日になって，ダルトンは，仕掛品については実地棚卸を実施しないことを経営陣が決定したことをはじめて知らされることとなった。ダルトンは，経営陣に対して，この点について監査証明書において限定を付すことがありうることを伝えた。この協議で，ダルトンは，いくつかの会計記録の簡単な調査の後，部分的に経営者側から与えられた情報に依拠して，仕掛品の完全な実地棚卸を要求せずに監査業務を進めることに合意した。ダル

---

33　*In the Matter of Proceedings Under Rule II (e) of the Rules of Practice, to Determine Whether the Privilege of Barrow, Wade, Guthrie & Co., Henry H. Dalton and Everett L. Mangam to Practice as Accountants before the Securities and Exchange Commission Should Be Denied, Temporarily or Permanently,* Accounting Series Release No.67 (April 18, 1949).（橋本訳「会計連続通牒第67号」鳥羽・村山責任編集『SEC「会計連続通牒」1』，pp.30-51）．

トンはこの決定を本部にも，どのパートナーにも通知しなかった。

マンガムは，ドレイヤー＝ハンソン社との協議には参加しておらず，仕掛品が実地棚卸されないという決定にも関与していなかった。マンガムは，1946年7月後半に完了するまで，監査業務に責任を持つ立場に置かれていた。マンガムは，整備されている内部統制システムおよび原価計算システムを検討することを含めた監査計画を策定していた。仕掛品について実地棚卸が実施されていないことは承知していたが，監査意見には限定が付されるであろうとの了解があると考えていた。そのうえで，補助者に監査上なすべき業務を割り当て，また，監査調書をレビューすることでそれらの業務を監督していた。マンガムは，主観的には，一般に認められた監査基準といえるものに準拠して監査契約を履行するために必要と信じるところの監査手続を実施した。

仕掛品の実地棚卸の代わりに採用された代替的な監査手続は，内部統制システムを数日かけて調査した後に，マンガムによって決定された。この調査によって，同社の会計記録に示される仕掛品の金額に影響を与える可能性のある取引の記録に関する内部統制システム上の重大な欠陥が明らかにされた。マンガムは，ダルトンと何度か協議したが，そうした欠陥があったにもかかわらず，実地棚卸がなされていない状況の下で，彼自身が必要と考えた代替的監査手続を，不適切なやり方で実施した。

② 監査業務の監督

ダルトンについては，その監督の適否が問題とされた。ダルトンは，監査調書を総括的にレビューして，採用された手法，導き出された結論に関する証拠を，財務諸表の真正性を確認するため種々の監査手続において何が行なわれたのかを，確認した。支局の統括マネージャーとして，配下のスタッフの業務のすべてを監督し，吟味すること，また，実施された監査が一般に認められた監査基準に準拠してなされたことを確認することはダルトンの責任であった。監査調書のレビューの後，ダルトンとマンガムは，監査証明書の原案を作成し，その原案と概要説明書をフィラデルフィア支局に送付した。このときはじめて，BWG会計事務所本部とパートナーたちは，仕掛品の実地棚卸がなされないまま監査業務が実施されたことを知ることとなった。その後，パートナーの1人が本件についてSECのスタッフと協議し，そこで得られたSECのコメントに

基づいて，監査証明書に，範囲区分における除外事項の文言と棚卸資産に関する監査範囲の制約の結果としての意見区分への除外事項の文言とが挿入された[34]。

③　審理の結果

聴聞審理官は，審理を通じて，BWG会計事務所，マンガム会計士，ダルトン会計士のそれぞれの監査上の責任について，以下のように認定した。

「被審人マンガムとダルトンには，この監査の実施において，それぞれ，過失があった。マンガムは，棚卸資産の実地棚卸がされていないなかで，その状況において彼が必要と考えた代替的な監査手続を採用したのが不適切なやり方（in an inadequate manner）であったことで，そして，ダルトンは，彼の監督の下で［実際に］選択され，実施された監査手続がプロフェッショナルとしての正当な注意をもって採用されたものでなかったことで，それぞれ過失が認められる。

また，BWG会計事務所も，そのときの状況において要求される［適切な］やり方でこの監査を監督することができなかった。

被審人のそれぞれが，この事案において適用可能な一般に認められた監査

---

34　最終的に登録届出書に含められた1945年5月1日から1946年4月30日の財務諸表に対する監査証明書は，以下のように表示していた（圏点は引用者による）。

われわれは［財務諸表の］監査を実施した。……われわれの監査は，以下のパラグラフで記載されるものを除いて，その状況において適用可能な一般に認められた監査基準に準拠して実施され，われわれが必要と考えるすべての手続を採用している。

われわれは，1946年3月末時点で，仕掛品を除外した棚卸資産の実地棚卸のみに立ち会い，同時点での棚卸資産数量の決定において用いられた手続について確認を行なった。1942年，1943年，1944年の各年度末でなされた棚卸資産の数量確認には立ち会わなかった。……1946年の3月末の仕掛品の実地棚卸がなされていないなかで，われわれは当該棚卸資産の実在性と関連する会計データの正確性について確かめるべく一部の品目の試査による調査を行なった。……われわれの行なった調査と試査とを基礎とすると，附属する財務諸表に記載されている棚卸資産が不適正に表示されていることを信ずるに足る理由は存在しない。

われわれの意見では，われわれの監査の範囲に関する制約に関わり上記パラグラフに表示されている除外事項を条件として（subject to the exception），附属する財務諸表は……適正に表示しているものと認める。

基準および監査手続，適用可能な委員会の規則・レギュレーション，ならびに長年において確立してきた決定を無視ないしは軽視した点で，プロフェッショナルとして不適切なやり方で行動した（acted in an improper professional manner）[35]。」

しかしながら，審理官は，被審人が「プロフェッショナルとして非倫理的あるいは不適切な行為に従事した（engaged in unethical or improper professional conduct）」か否かを検討し，BWG会計事務所については，すでに十分な組織上の改善案が提示されていることを評価して，本懲戒手続は取り下げられるべきことを勧告した。またダルトンについては，「ドレイヤー＝ハンソン社の監査の時点で精神的，肉体的に疲弊していたことは明らかであり，またすでにそれなりの制裁を受けている」ことから，懲戒手続を取り下げるべきであると勧告した。さらにマンガムについては，「代替的な監査手続を採用するにあたって過失があったことは明らかであるが，彼は実地棚卸を要求することなく監査を進めていったことについて責任はない。なぜなら，そうした進め方は彼がこの監査業務に着手した時点ですでに決定していたからである。本件の状況では，そうしたやり方は上位者によって注意深く監視され，チェックされるものだと期待する権利がある。このように，これが複雑で困難な監査契約のはじめての経験であったこと，自分のとった監査の手順がおそらくは有能な上位者によって監視されチェックされていると感じるもっともな理由が彼にはある」ことを勘案すると，マンガムは可能な限り適切に監査を進行させていたと考えてもおかしくはなかったとして，審理官は，こうした状況の下，マンガムの行動についても懲戒処分の対象に値するとは考えられないと勧告した[36]。

これらの勧告を受けて，最終的に，SECは，すべての被審人について，当該懲戒手続を取り下げることと裁定した。

ここに本件が重要であるのは，それまでSECが顛末を公表した事案は，

---

35　ASR No.67, p.3095：橋本訳，p.46. 圏点は引用者による。
36　ASR No.67, pp.3095-3096：橋本訳，pp.47-51.

原則として個人の会計士を対象にしていたのに対し，本件の場合には準大手会計事務所の所属会計士およびその会計事務所の監査のあり方を問題にしている点である。その意味では，マッケソン＆ロビンス事件の再来であるといってもよい。この懲戒検討事案の顛末が公表されたことによって，例えばSECに監査基準に準拠して監査を実施していないと判断された場合，そのことでプロフェッショナルとして不適切なやり方で行動した（したがって，過失があった）とみなされ，規則2 (e)に基づく懲戒処分の対象とされる可能性のあることが明らかになった。すなわち，懲戒の結果そのものに意味があるのではなく（本件では，懲戒処分にはいたっていない），むしろ，この懲戒手続において採用されたSECの見解あるいは方針を会計士たちに知らしめることが主眼であったとみることができる[37]。実際，聴聞審理官も，「[本件では,]すべての被審人に対する手続を取り下げるべきことが勧告されたが，その一方で，公共の実務に従事する会計士の事務所がその名義において監査報告書ないしは監査証明書を発行することを承認している場合には，[証券取引]委員会がそうした事務所には相応の責任を負わせるつもりであることを，公衆，さらにとりわけ会計プロフェッションに知らしめることは非常に望ましいと思われる[38]」と締め括っている。

---

[37] BWG会計事務所懲戒検討事案を受けて，会計プロフェッション側は強い反発をあらわにした。『ジャーナル・オブ・アカウンタンシー』誌は，「ここで関与した会計士たちは，先の通牒（注：ASR第64号を指す）で実名を挙げられ，彼らが犯して，その事実を認めたところの過ちは，そこに詳細に記述されている。この通牒が一般に公表されたこと自体，会計事務所にとっては相当に深刻な罰であった。先の通牒では，会計士の責任に帰する意図的な違背行為（intentional wrongdoing）が申し立てられているわけではない。実際，彼ら自身がSECにその過ちを通知し，監査報酬の返還も行なっていた。しかし，なぜ今になって規則2 (e)の手続が必要なのか？」(Editorial, "SEC Proceedings Against Accountants," *Journal of Accountancy*, July 1949, p.3.) と批判的なコメントを掲載している。

一方，こうした会計プロフェッション側の反応とは対照的に，SECはあくまでも，本件での見解を「公衆，さらにとりわけ会計プロフェッションに知らしめることは非常に望ましい」として，公表していた。

[38] ASR No.67, p.3097：橋本訳, p.51. 圏点は引用者による。

## (3) ハスキンズ＆セルズ会計事務所懲戒検討事案（1952年）

本件では，トーマスカラー社（Thomascolor, Incorporated）の登録届出書に含まれる財務諸表に対する監査証明をめぐって，規則2(e)に基づいて，ハスキンズ＆セルズ会計事務所（Haskins & Sells；HS会計事務所）と同会計事務所のパートナーであるスチュワート（Andrew Stewart）会計士の懲戒が検討された。この懲戒手続の顛末について公表したのがASR第73号である[39]。

この手続で，被審人は，トーマスカラー社の登録届出書をめぐる監査業務と会計事務所の名義での監査証明書の発行に関連して，一般に認められた会計実務および一般に認められた監査基準，その他のプロフェッションの職業基準，SECの規則・レギュレーションを無視したと申し立てられた。

トーマスカラー社の財務諸表は著しく不適切で誤導を与えるものであること，とくに発起人から贈与として再取得することになった株式（自己株式）を含め，資産を取得するために発行した株式の額面総額を任意に使用することによって，無形固定資産が著しく過大に表示されていたこと，および，創立費として表示されるべき重要な金額が"明らかに収益をもたらす可能性を秘めた資産項目"として処理されていることが批判された。

とくに問題とされた会計処理は，貸借対照表に計上された無形固定資産である特許権の評価額であった。この特許権は，その対価として発行された株式の額面総額で表示されていた。同社が前身の3つの会社およびトーマス氏から取得したすべての資産に対して発行した株式総額は約250万ドルであり，このうち特許権に相当する部分が150万ドル，それ以外の部分である有形固定資産および繰延資産の合計額は50万ドルであったが，同社は発行総額と上記の諸資産の取得価額合計との差額50万ドルを特許権に含めて，特許権の評価額を200万ドルとした。被審人は，資産の取得額をその対価として発行した株式の額面総額と等しい金額を用いて記録することは，それが何らかの合理的な基礎に基づいて計算された結果である場合には，一般に認められた会計実務である

---

[39] *In the Matter of Haskins & Sells and Andrew Stewart, File No.4-66*, Accounting Series Release No.73 (October 30, 1952).（永見訳「会計連続通牒第73号」鳥羽・村山責任編集『SEC「会計連続通牒」1』，pp.81-118）。

と主張した。しかし，SEC は，この特許権は相当の資金を支出したにもかかわらず，一度も商品化できなかったという経緯，加算された 50 万ドルは明らかに貸借を一致させただけのものであり，株式の実価とは関係ないこと，そして一連の取引には真に対等で公正な交渉が行なわれていなかったことを指摘して，かかる評価は不適切なものであると判断した[40]。

SEC は，被審人の行なった会計処理および開示は著しく不適切であり，また被審人が監査証明を行なった財務諸表は，重要な点において財務諸表利用者を著しく誤導するものであったと結論した。そして，SEC は，HS 会計事務所およびスチュワート会計士は，プロフェッショナルとして不適切な行為に従事したと認定して，それぞれに対して SEC 所管業務に従事する権利を 10 日間停止する命令を下した[41]。

### (4) トゥッシュ・ニーヴェン・ベイリー＆スマート会計事務所懲戒検討事案（1957 年）

本件では，シーボード商事会社（Seaboard Commercial Corporation）の 1947 年度の提出財務諸表に対する監査証明をめぐって，規則 2 (e) に基づいて，同社の監査人であったトゥッシュ・ニーヴェン・ベイリー＆スマート会計事務所（Touche, Niven, Bailey & Smart；TNBS 会計事務所）および同会計事務所のパートナーであるメンデス（Henry Eugene Mendes）会計士，ワーンツ（William W. Wertz）会計士，監査業務を実施したブロムクイスト（Oscar Blomquist）会計士の懲戒が検討された。この懲戒手続の顛末について公表したのが ASR 第 78 号である[42]。

財務諸表，とりわけ貸借対照表は，損失および偶発事象について不適切な引

---

40 ここでの監査上の論点については，永見訳「会計連続通牒第 73 号」中の要約部分（鳥羽・村山責任編集『SEC「会計連続通牒」1』，pp.73-79）に依拠している。
41 ASR No.73, p.3074：永見訳，pp.116-117.
42 *In the Matter of Touche, Niven, Bailey & Smart, et al., Proceeding Pursuant to Rule II (e), Rules of Practice,* Accounting Series Release No.78 (March 25, 1957). （髙田訳「会計連続通牒第 78 号」鳥羽・村山責任編集『SEC「会計連続通牒」1』，pp.126-195）。

当金を表示している，流動資産を過大表示している，子会社からの受取勘定を顧客からの受取勘定として表示している，損益計算書では回収不能債権について十分な引当金を設定していないという点で，著しく誤導している．さらに，被審人は一般に認められた監査基準に準拠しておらず，また，一般に認められた会計原則およびSECの規則・レギュレーションを無視した，と申し立てられた．

TNBS会計事務所が監査を開始したのは1947年末であったが，その時点で，パートナーは，同社がそれまでとは大きく異なった経営状態に陥っていたことに気づいた．主要な融資対象会社5社に対する貸付金に設定すべき貸倒引当金はおよそ145万ドルもの多額に及ぶことが判明し，もう1社実質子会社のコースタル社（Coastal Machine Works, Inc.）への貸付金に対するものを加えるとさらに巨額の貸倒引当金が必要であったが，シーボート経営者との数度にわたる会合の結果，貸倒引当金の額は85万ドルとすることに決定した．パートナーたちは，同社社長による，根拠のない楽観的な見通しを全面的に受け入れてしまった．

また，貸付金については，融資対象会社の経営状態が悪化するにつれて，回収期間は徐々に長期化することになり，1年以内に回収できない貸付金が相当額にのぼるようになっていた．試算では，約170万ドルが流動資産から他の資産に振り替えられるべきとされていたにもかかわらず，経営者との会合後，振り替えられるべき金額は64万ドルに圧縮された．

さらに，1948年3月にもたれた会合で，同社社長は，同社の見通しについて，楽観的な説明を行なっていたが，これらは根拠のない期待の表明にすぎなかった．こうした見解をプロフェッショナルである会計士が信頼してしまったことについては弁明の余地はないとされた[43]．

結論として，第78号では，以下のような見解を述べている．

「われわれは，また，上記財務諸表の監査証明にあたって，被審人が一般

---

43 ここでの監査上の論点については，高田訳「会計連続通牒第78号」中の要約部分（鳥羽・村山責任編集『SEC「会計連続通牒」1』，pp.121-124）に依拠している．

に認められた監査基準およびSEC規則・レギュレーションに準拠していなかった．また，相当に不適切な，彼らが勧めたものよりもかなり少額であった貸倒準備金価額を受け入れるにあたり，裏づけのない，疑問の余地があるシーボード社経営者の説明に依存してしまったことで，正当な根拠なしに，貸付金を勧めたものよりもかなり少額の不適切な価額で非流動資産に振り替えることに合意してしまったことで，シーボード社の貸借対照表に子会社への貸付金を正当に分類表示することを強く主張しなかったことで，回収不能債権勘定に関する損失への適切な引当金を収益勘定に対して計上することを強く主張しなかったことで，経営者からの強い要請で，最終版の監査証明書と財務諸表注記から1947年12月末時点の融資先の財務状況を説明した段落を削除することに合意してしまったことで，独立の会計士としての責任を果たしていなかったと認定する[44]。」

その結果，SECは，TNBS会計事務所とメンデス会計士とワーンツ会計士は，規則2(e)の趣旨に照らして，プロフェッショナルとして不適切な行為に従事したと認定し，同会計事務所，メンデス会計士，ワーンツ会計士に対し，それぞれ15日間の実務特権の停止を決定した[45]。

## 5. 1970年までの会計士・会計事務所の懲戒にみられる傾向

1960年代になると，ASRで公表された，規則2(e)に基づく，監査証明を実施した会計士に対する懲戒検討事案は，10年間で，第88号（1961年3月），第91号（1962年7月），第92号（1962年7月），第94号（1962年11月），第97号（1963年5月），第99号（1964年2月），第104号（1966年6月），第105号（1966年7月），第108号（1967年2月），第109号（1967年9月），第110号（1968年1月）の計11件と増加した[46]。

---

44 ASR No.78, p.3141；高田訳，pp.190-191。圏点は引用者による。
45 ブロムクイストについては，監査業務の実施者ではあるが，監査証明書の作成に関連する判断にいっさい関わっていないことが判明したため，ブロムクイストに対する懲戒手続は取り下げられた。なお，ワーンツは元SEC主任会計官である。

第85号から第114号まで30のASRのうち11通牒ということは37%である（実務特権の回復に関連する第87号，第101号を含めると43%）。1940年代に発行された58通牒（第11号から第68号）のうち6通牒の10%，1950年代の16通牒（第69号から第84号）のうち4通牒の25%と対比すると，その割合が少しずつ増加している傾向が看取される。ここに，会計連続通牒（ASR）そのものの，主として会計問題に対する監督機関からの意見を示すものから，規則2(e)に基づいて公認会計士（会計事務所）の処分を扱うものへの役割変化がみられるようになる[47]。

しかしながら，懲戒検討事案が急増する1970年代に入るまで，複数の支局を擁する一定規模以上の会計事務所が規則2(e)手続の対象となったのは，ASRで公表されているものでは前節で詳述した3件だけであった。

盛田［1987］は，1960年代のSECによる会計士懲戒処分の特徴として，処分件数に関連して，1960年代は「処分の増加と実務規則2(e)の規定が表面化した転換期」であったとしており，また処分理由に関しては，それまでは「監査人の適格性が問題にされた」が，1960年代になると「監査基準違反・SECの業種別監査規定準拠違反，また和解（辞職）事件が半数を占める」ようになったと分析している[48]。

一方で，1960年代になると，SECは，ASR以外の執行通牒では，監査人の独立性あるいは監査証明書の記載表示などに言及し，自らの見解を示すことはほとんどなくなっていた。

SECは，『第35期年次報告書』において，1960年代末までの35年間の同委員会の会計，監査に関連する活動を総括して，以下のように報告している。

「当委員会の管轄する証券諸法は，信頼しうる財務諸表が証券についての

---

[46] なお，ASR第87号（1961年1月；第82号で処分を受けた会計士の権限回復）と第101号（1965年4月；第92号で処分を受けた会計士の権限回復）は，すでに処分済みの会計士からの権限回復請求を受け入れる裁定を下したものであるため，除外している。

[47] ASRの内容の時代的な変遷に関しては，盛田［1987］『アメリカ証券取引法会計』，p.80の図表が非常に有益な情報を与えている。あわせて参照されたい。

[48] 盛田［1987］，pp.227-231.

情報に基づいた投資決定に不可欠であるという議会の認識を反映したものである。そうした財務諸表の価値は，それらを作成するにあたって会計原則および会計手続を適用する際に行使された判断の健全性，さらに財務諸表を監査証明する公共会計士によってなされた業務の妥当性と信頼性にまさに依存している。委員会の主要な目標は，これまでずっと，会計基準および監査基準を改善することであり，また，監査証明を行なう会計士による高い水準のプロフェッショナルとしての行為の定着と維持を後押しする（to assist in the establishment and maintenance of high standards of professional conduct by certifying accountants.）ことであった。このプログラムに対する第一の責任は［会計連続通牒を取り扱う］主任会計官に置かれている[49]。」

## 6．小　括

　SECは，一面で，監査人の独立性あるいは実施された監査の範囲をめぐり，会計連続通牒を中心とした執行通牒を公表することを通じて，それ自体で，一定の監査基準を確立してきたとみなされている。実際に法執行部で規則2(e)手続を多く手がけたゴエルツァー（Daniel L. Goelzer）とワイデルコ（Susan F. Wyderko）は，規則2(e)手続の機能には実は2つあり，その1つが事実上の［監査］基準設定であると強調している[50]。

　1938年の改正実務規則・規則2(e)により，SEC所管業務に携わる公共会計士に対する懲戒処分が可能となった。1940年代に入り，規則2(e)に基づき，監査人の懲戒が検討され始める。はじめて処分が行なわれた1941年から件数が急増する1970年代にいたる以前までの懲戒処分の内容をみてみると，とくに規則2(e)の「プロフェッショナルとして非倫理的あるいは不適切な行為に従事した」という部分については，多くの場合に，［元来プロフェッションの規範である］監査基準を遵守していないことが「プロフェッショナルとして［の］

---

49　*35th Annual Report of the SEC*, Fiscal Year Ended June 30, 1969, pp.54-55.　なお，圏点は引用者による。

50　Goelzer and Wyderko [1991], "Rule2(e): Securities and Exchange Commission Discipline of Professionals," p.653, pp.664-670.

……不適切な行為」にあたるものとして扱われていたことが知られる[51]。

　1949年のBWG会計事務所懲戒検討事案は，監査基準のエンフォースメント（遵守の確保）の観点からみて，非常に重要な事案であった。1つに，1952年のHS会計事務所懲戒検討事案，1957年のTNBS会計事務所懲戒検討事案と並び，全米規模の大規模会計事務所の監査業務が問題にされていたという点である。さらに，おそらくはより重要な点であるが，BWG会計事務所懲戒検討事案では，カリフォルニア支局をめぐって会計事務所内部の品質管理が問題にされていたという点である。本件は最終的に手続が取り下げられ，処分にいたらなかった事案であるにもかかわらず，その顛末がASRにおいて公表されたのは，こうした意味での事案の重要性を勘案したためと推察される。

　監査人が独立性を欠いている，あるいは十分な監査が実施されていないことは，SECからは，監査人に過失があったと推断される。監査人に過失があるとSECが判断すれば，規則2(e)の与える権限の下で，SECは，懲戒処分（実務特権の剥奪ないし停止）という形での制裁措置を採ることが可能となる。そのため，規則2(e)は，SECにとって，まさに「会計士および会計士業務を規制するうえでの効果的かつ威嚇的な手段（an effective and intimidating tool）[52]」であった。

　当初からSECは，証券取引所法10条(b)項と規則10b-5に基づく場合の手続とは異なり，規則2(e)手続では，監査人の欺罔の意図を立証する必要はないとの立場をとっていたと解されている[53]。実際，1952年のHS会計事務所懲戒検討事案でも，以下のように述べられている。

　「……被審人は，善意で行動した（acted in good faith），指摘された状況は

---

51　盛田［1987］, p.226.
52　Gruenbaum [1981], "SEC's Use of Rule 2(e) to Discipline Accountants and Other Professionals," p.820.
53　Downing and Miller [1979], p.783. これに対して，長い間，取引所法10条(b)項および規則10b-5に基づく私的損害賠償訴訟では被告側の欺罔の意図を立証する必要があるとされており，1976年のホッフォフェルダー最高裁判決（第8章で触れる）によって認められたものとなったともいわれている（黒沼［2004］『アメリカ証券取引法［第2版］』, p.115）。

独特なものであり，かりに自分たちの責任となる誤謬があったと認定されたとしても，それは，そうした状況を取り扱うやり方についての判断の相違以上のものではない。また，SEC 規則や会計慣行の故意の無視（willful or deliberate disregard）など存在しなかったと主張している。……われわれ SEC は，善意で行動したとの被審人の主張を受け入れており，したがって，被審人がいっている意味での故意があったとは認定していない。しかしながら，規則 2 (e) の下での懲戒手続でわれわれはそうした事実認定を行なうことは要求されていない。われわれは，トーマスカラー社の登録届出書に関連する被審人による会計業務が，その状況の下で要求されるレベルの注意力と詮索力をプロフェッショナルとしての業務において発揮していない結果として，［本通牒に指摘された］様々な点において欠陥があったため，懲戒処分が必要とされるとの見解である [54]。」

いずれにしても，SEC は，関与会計士に対する懲戒処分の顛末を公表することで，監査人の業務に対する批判的見解を表明することに重きを置くようになった。その意味で，1949 年の BWG 会計事務所懲戒検討事案の顛末公表は，それ以降の監査規制のあり方に重要な影響を及ぼすものであったと理解することができる。

当時の主任会計官であったアンドリュー・バー（Andrew Barr；任期は 1956 年から 1972 年）は，歴代主任会計官の対談のなかで，こう発言している。すなわち，「SEC は，監査実務者が規則に従わなかったと判断した場合，他の実務者たちがその倫理違反の中味について知ることができるように，［懲戒］手続を公表していました。それは教育的プログラムの一部であることが意図されていました。SEC はつねに公式のアクションを採るわけではなく，また，つねに顛末を公表するわけでもありませんが，私のときは，会計プロフェッション全体に対する教育的な企てであることが意図されていました [55]」。

実際，1950 年代，1960 年代には，一方で，規則 2 (e) に基づく懲戒手続以外の行政手続で取り扱う事案のなかで，監査人の業務の欠陥に対して SEC が批

---

[54] ASR No.73, p.3117. 圏点は引用者による。

判的なコメントを表明し，これを通じて，監査基準を確立するという影響力の与え方はほとんどしなくなっている。代わりに，問題のある監査実務については，規則2(e)の懲戒手続を積極的に押し進めることによって，広い意味での監査基準の維持を図ろうとしていたとみられる。

しかしながら，1960年代後半以降，監査人を取り巻く環境が一変し，監査人は前例のないほどの訴訟に巻き込まれ，監査人の責任も拡大して捉えられていくことになる。これに応じて，会計士・会計事務所の懲戒処分事案も1970年代に入り，急激に増加するようになる[56]。そうした状況の変化が，会計プロフェッション側だけでなく，SECの側にどのような意識の変化を持たせるようになっていたのかという点については，次章において論究する。

---

55 Sack *et al.* [1988], "A Journal Roundtable Discussion: frank talk from former SEC chief accountants," p.82. ちなみに，バーの後任の主任会計官であるバートン（John Burton）は，この発言に続き，「同意します。懲戒（規律づけ）とエンフォースメントは教育の全プロセスの当然の一部分であると私は考えます。SECはすべての疑問ある状況を調査することはできませんが，公正と認められる効果的なエンフォースメント戦略（*effective enforcement strategy*）は必然的に存在します（*Ibid.*；圏点は引用者による）」と述べている。この発言の後，次章で取り上げる"アクセス理論"について言及していることからみて，ここでの「効果的なエンフォースメント戦略」とは"アクセス理論"に基づいたエンフォースメントを指していると推断される。

56 クニタケ（Walter K. Kunitake）の集計によれば，1971年頃を境に，会計連続通牒で報告される監査人に対する懲戒検討事案は増加していった。1972年以前にはASRで報告された会計士懲戒検討事案は22件しかなかったが，とくに1970年代後半以降，報告件数が急速に増加する。1970年代の51件のうち，39件が70年代後半であり，1980年代前半には43件が報告されているという（Kunitake [1987], "SEC Accounting-Related Enforcement Actions 1934-1985: a summary," p.82. なお，クニタケはSECによる形式的な分類法に基づいて件数を把握しているため，本章では除外した規則2(e)に基づく権利回復請求の事案などもすべて含めている）。

# ■第6章■
# 会計事務所の懲戒と品質管理レビュー

## 1. はじめに

　SECは、連邦証券法令違反に対する差止請求および刑事訴追［の補助］に加えて、所管業務である監査証明を行なった会計士の違背行為（misconduct）に対しては、実務規則・規則2 (e) に基づいて、［告知と行政審判官の下での聴聞の機会を与えたうえで］一定の懲戒措置を採ることができる。規則2 (e) は、「連邦証券諸法ないしは自らのプロフェッション（専門職）の基準に違反した実務者を排除する（あるいはその活動を制限する）ことによって、能力に欠けた、非倫理的な、不誠実なプロフェッショナル（incompetent, unethical, or dishonest professionals）からSECの行政プロセスを保護する[1]」ものとされている。

　規則2 (e) に基づく懲戒手続は、1940年代に入って用いられ、1960年代に着実に増加したのち、1970年代にさらに急激に増加することになる[2]。こうした増加傾向は、SECの法執行プログラムの急速な進展を反映している。さらに、会計士の懲戒に限っていえば、懲戒の主たる対象が、会計士個人から会計事務所、しかも大規模会計事務所に重点移動してきたことも、1970年代の同手続増加の重要な基底要因とみられる。ピア・レビューとよばれる会計事務所内部

---

[1] Goelzer and Wyderko [1991], "Rule 2 (e): Securities and Exchange Commission Discipline of Professionals," p.653.

[2] Comment [1972], "Disciplinary Rules and the Federal Securities Laws: the Regulation, Role and Responsibilities of the Attorney," pp.982-985.

の品質管理システムを検証する仕組みがアメリカ会計士監査のなかに組み込まれていったのも，この懲戒手続を経由してのことであった。

本章では，所管業務である監査証明に関連して「プロフェッショナルとして非倫理的あるいは不適切な行為（unethical or improper professional conduct）」に従事した会計士を懲戒処分（規律づけ）するための規則2(e)手続を用いて，SECが，1970年代に，それ以前とはまったく異なった状況のなかで，会計プロフェッションへの規制を行なっていく過程を考察していく。

## 2. 法執行プログラムの進展と付随的救済

### (1) 精力的な法執行と付随的救済

1950年代末から1960年代全般にかけて，SECの法執行プログラムは特筆すべき変革を遂げたとされている[3]。

その嚆矢は1957年度のSEC年次報告書のなかにみられる。その年の年次報告書の序文では，「ここ数年，SECは，証券取引と関連する詐欺的行為その他の法令違反行為を発見し，抑止し，あるいは処罰するための集中的な法執行プログラムを精力的に遂行するようになっている。このプログラムの下で採られた行政上あるいは司法上のアクションは，これまでのものを凌駕するようになっている[4]」としている。この頃，ボイラールーム（boiler room）とよばれる電話を利用した不正な証券勧誘を行なうブローカーが横行していたことがあり，SECは自らの法執行への強い関心を寄せていた。とはいえ，1950年代はまだ"証券取引所は部外者立ち入り禁止"という雰囲気が強かったといわれている[5]。

キャリー（William L. Cary）委員長は，SEC委員長に就任した当初の1961

---

[3] Atkins and Bondi [2008], "Evaluating the Mission: A Critical Review of the History and Evolution of the SEC Enforcement Program," p.373；Hawke [2002], "A Brief History of the SEC's Enforcement Program 1934-1981," pp.2-3.
[4] *23rd Annual Report of the SEC*, Fiscal Year Ended June 30, 1957, p.XI.
[5] Seligman [1982], *The Transformation of Wall Street*, p.361.

年から，SECの法執行プログラムのうち特定の領域，とくに内部者取引規制の領域で，証券法規の適用に関する法執行上の弱点があると認識していた。そこで，キャリー委員長は，刑事訴追手続に精通していた法律顧問補佐（Assistant General Counsel）のポラック（Irving M. Pollack）を売買・取引所部（Trading and Exchanges Division）に副部長として異動させ，本局の法執行プログラムの再構築を図った。キャリー委員長時代の3年間（1961年7月から1964年6月）で，ワシントンD.C.にある売買・取引所部[6]の本局は，それまでの26年間でなされたものとほぼ同じ件数の事案に着手したとされ，平均すると，1950年代の1年あたり5件に対し，この時期は40件の新規着手となっていた[7]。

続くコーエン（Manuel F. Cohen）委員長（任期は，1964年7月から1969年6月）はさらに，『証券市場特別研究[8]』の勧告に基づいて売買・取引所部から改称された売買・市場部（Trading and Markets Division）の本局[9]での法執行プログラムの拡張を促進した。コーエン委員長が退任するまでには，本局の法執行プログラムは100人以上のスタッフを抱えるまでに成長した。3年間で，平均40件の着手を維持し，さらにまた，刑事訴追件数の増加を支える役割を果たした[10]。

キャリー委員長とコーエン委員長の1960年代，SECは，キャディ・ロバーツ審決（1961年）[11]および第2巡回区控訴裁判所のテキサス・ガルフ・サルファ判決（1968年）[12]にみられるように，内部者取引規制の領域での証券諸法の適用範囲拡大を図ったが，それとともに，法執行活動内で入手可能な法的救済（remedies）をより"創造的に"考えるようになっていた[13]。SECは証券取引

---

[6] 売買・取引所部は，取引所規制および経済調査部門と法執行部門から成り立っていた。
[7] Seligman [1982], p.361 ; Atkins & Bondi [2008], p.373.
[8] *Report of Special Study of Securities Markets of the Securities and Exchange Commission*, Part 1-5, 1963. 『証券市場特別研究』にいたるまでの証券市場規制の現状とその基礎となる取引所の自主規制に対する監視的役割については，終章において議論している。
[9] 売買・市場部へ改称した際に，内部に，法執行室（Office of Enforcement）を設けている。以降で売買・市場部の本局（home office）という場合，ワシントンD.C.に所在するという意味で，実際にはこの法執行室を指している。
[10] Seligman [1982], p.363.
[11] *In the Matter of Cady, Roberts & Co.*, 40 S.E.C. 907 (1961).
[12] SEC v. Texas Gulf Sulphur Co., 401 F. 2d 833 (2d. Cir. 1968). 本件について，竜田[1970]による解説がある。
[13] Hawke [2002], p.20.

所法 21 条 (e) 項に基づいて地区裁判所に差止命令を発出するよう申し立てる権限を有していたが，制定法で明示的に提供される差止救済を超えて，裁判所のエクイティ上の権能を発動させようとする確固とした SEC スタッフの働きかけはそれまではみられなかった。また，多くの裁判所は，SEC の法執行活動の対象となっている違反行為あるいは対象証券を超えて差止命令を発出することには躊躇していた（そもそも制定法では付随的救済を訴求できる権限は明示的には付与されていない。あくまでも，エクイティ上の救済として行なわれる司法措置である）。しかしながら，1960 年代になると，売買・市場部の法執行スタッフは，裁判所がどのようなエクイティ上の救済を SEC に付与したいと考えているか推し量るうえで制定法上の文言に限定されないとの考え方をとるようになっていた[14]。

1960 年代，SEC が付随的救済（ancillary relief）[15] を成功裡に手に入れることができたのは，SEC スタッフの"法理上の巧妙さ（doctrinal ingenuity）"によるものであるとセリグマン（Joel Seligman）は指摘している[16]。とくにコーエン委員長は，はじめから，SEC による民事訴訟の潜在的対象の拡張と証券法規の適用範囲の拡大のための法執行活動を促進していたとし，法執行活動を法理上でサポートしたとしている。セリグマンは，SEC が，将来の法令違反行為に対する差止だけでなく，その差止に付随した救済を含めて裁判所へ訴求した最初の事案として，1966 年の VTR 社事件[17] を挙げている。

そして，テキサス・ガルフ・サルファ事件での法執行活動は，付随的救済の領域で，詐欺により投資者が被った損害を回復するための利得の吐き出し（disgorgement）という救済の入手に関わるその後の先例となる判決に結びつくこととなった。1971 年，第 2 巡回区控訴裁判所は，鉱区の情報が公表される前に売買取引を行なったことで取引所法 10 条 (b) 項および規則 10b-5 に違反

---

14 *Ibid.*
15 付随的救済については，松崎［1986］『アメリカ証券取引法における付随的救済』，栗山［1985］「米国連邦証券取引委員会（SEC）と付随的救済」『神戸外大論叢』第 36 巻第 4 号を参照されたい。
16 Seligman [1982], p.362.
17 SEC v. VTR, Inc., 410 F. Supp. 1309 (D.D.C. 1975).

第6章 会計事務所の懲戒と品質管理レビュー 177

した内部者には証券売買益の吐き出しが要求されると裁決した[18]。テキサス・ガルフ・サルファ事件の第2巡回区裁判所判決は，SECが金銭による損害賠償の形式でエクイティ上の救済を手に入れることに成功した最初の画期的ケースと位置づけられている[19]。

1960年代にみられた法執行行為の拡大は，SECが付随的救済を利用することによって実現されたものであった。SECは，差止命令による救済とともに，それに付随する救済を手に入れることができるようになった。1970年代に，こうした付随的救済の1つとして，品質管理レビューを大規模会計事務所に受け入れさせていくことになる[20]。

## (2) 1970年代の法執行活動と懲戒手続

1960年代の法執行プログラムの全般的な成功によって1970年代にはそれまで類をみないほどにSECの法執行活動が精力的に行なわれることとなった[21]。

1970年度のSEC年次報告書では「[法執行活動は，連邦証券法規の違反を調査し，発見すること，詐欺的行為その他の不適切な行為を減少させるための適当なアクションを採ることを含むものであるが，]法執行プログラムは，限られたマンパワーの範囲内で広範な規制上の影響力を行使することが企図されている。SECによる直接のアクションに加えて，[証券取引所やNASDのような]各種自主規制機関は，SECの監視の下で，会員の不適切な実務 (improper practice) に関して調査を行ない，適切な処分を与える責任がある[22]」と述べており，SECの限られた予算と人的資源の下では，自主規制機関による自主

---

18 446 F. 2d 1301 (2d. Cir. 1971). 本判決は1968年の同裁判所の判決の差戻審に対する控訴審でのものである。本件について，竹内 [1972] による解説がある。
19 Hawke [2002], p.21.
20 付随的救済は，直接規制されていない主体に対して潜在的に広範囲にわたる影響力を及ぼすものであり，そのターゲットの1つが規則2 (e) の守備領域である会計士等のプロフェッショナルであったとされている (Treadway [1975], "SEC Enforcement Techniques: Expanding and Exotic Forms of Ancillary Relief," p.639)。
21 Hawke [2002], pp.21-22.
22 *36th Annual Report of the SEC*, Fiscal Year Ended June 30, 1970, p.92.

規制に一定程度依拠しなければならない状況にあったことを示唆している。

　SEC は，1970 年代に入ってすぐ，プロフェッショナルに対する懲戒規定についても規則の改正を行なっている。1970 年 9 月，適当な事案において迅速な実務特権の停止（disqualification）を可能にするために，規則 2 (e) を改定し，免許(ライセンス)が取り消され，あるいは停止されている会計士その他の専門家，ないし，重軽罪に処された者，道徳的に問題ある行為を行なったとされた者に対して，SEC 所管業務に従事する実務特権を，聴聞の機会を与えることなく，自動的に停止することを可能にした（規則 2 (e) (2)）[23]。また，SEC は，告知と聴聞の機会の後に，連邦証券法規および SEC 規則に故意に違反し，あるいは違反を故意に幇助・教唆したと判断された者に対しても，実務特権を停止することができるようになった（規則 2 (e) (1) (iii)）[24]。さらに，翌 1971 年 5 月の改定で，裁判所が会計士のさらなる証券法規違反を終局的に差し止めた場合，あるいは会計士が証券法規に違反したと判決した場合，当該会計士に対する実務特権の停止が可能となった（規則 2 (e) (3)）[25]。しかも，終局的差止命令の発出に同意した場合，会計士は，差止請求訴訟上の訴状で申し立てられた違背行為（misconduct）を理由として差し止めを受けたとみなされる[26]。

　こうした規則の改正を施しながら，SEC は，規則 2 (e) に基づく懲戒手続を集中的に利用し始めるようになる。それまで，会計士を対象とした懲戒事案は，会計連続通牒（ASR）に顚末が公表されているもので，1940 年代には 6 件，1950 年代には 4 件，1960 年代には 11 件であった[27]。しかし，1970 年代に入ると，1970 年代前半に 11 件発生し，さらに後半には急増して 56 件にものぼるようになった（図表 6-1）。1970 年代以降のこの増加傾向は，必ずしも会計士に対する懲戒に限定されたものではなかった。1950 年までは弁護士に対して規則 2 (e) に基づく懲戒手続が実施された例はなかったが，1950 年代に 4 件，

---

[23] *Amendment of Rule 2(e) of the Rules of Practice*, Securities Act Release No.5088 (September 24, 1970).

[24] *Ibid.*

[25] *Amendment of Rule 2(e) of the Rules of Practice*, Securities Act Release No.5147 (May 10, 1971).

[26] Comment [1972], p.993.

[27] 個々の事案の詳細については，本書第 5 章を参照されたい。

**【図表6-1】会計連続通牒（ASR）で公表された会計士対象の懲戒手続**

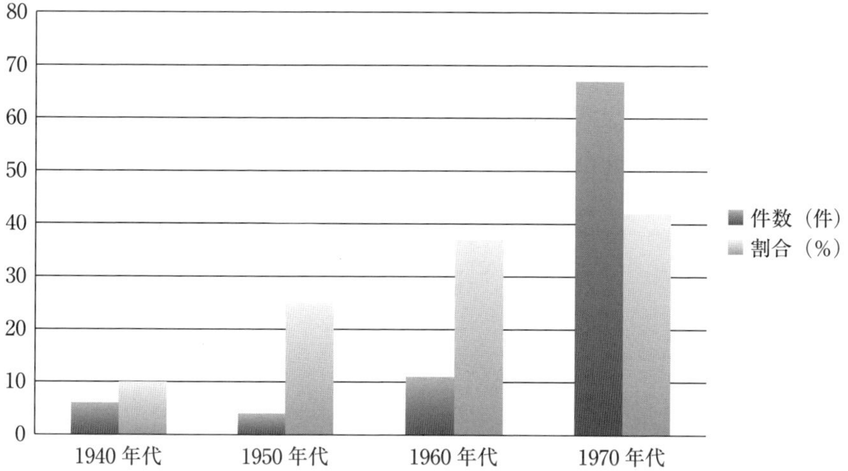

（出典：原通牒より著者作成）

1960年代に11件と推移し，1970年代の最初の2年間だけで6件と増加する[28]など，会計士だけでなく，弁護士に対しても数多くの懲戒手続が進められた。

### (3) 和解の促進と矯正的制裁

SECは，懲戒対象となっている会計士との同意を通じた和解（フォーマルな和解）を交渉することによって，規則2(e)手続を終結させることができる[29]。

SEC内部に設けられた法執行（エンフォースメント）方針とその実務に関する諮問委員会（ウェルズ委員会）は，1972年6月に公表された報告書において，SECの限られた人的あるいは財政的資源の下で投資大衆の保護という法の目的を効率的に達成していくためには，和解（settlement）を積極的に活用していくことが不可欠であると勧告していた[30]。報告書は，「SECの視点からすれば，和解は，遅滞や，スタッフの時間の不必要な浪費を避けるものであ

---

28　Comment [1972], pp.982-985.
29　Comment [1972], p.1002.
30　SEC [1972], *Report of the Advisory Committee on Enforcement Policies and Practices*, p.34.

り，聴聞の後に発せられる命令の場合と同様の規制上あるいは法執行上の効力を得ることができる。また，和解は，相手側の当事者［差止命令の場合の被申立人，審判上の被審人］にとっても望ましいものである。手続が引き延ばされると，結果的に，公表による不利益（adverse publicity）が生じる可能性があり，さらには別の，望ましくない，意図せざる効果をもたらすかもしれないからである[31]」としている。

　SECは，主として規制の効率性から，行政手続上，和解を促進する傾向があった。1973年から1975年の期間になされたブローカー・ディーラーに対する懲戒手続に関する調査研究によれば，8割（622事案中502事案）が和解にいたっているという[32]。また，1972年度のSEC年次報告書では「［行政］手続は，被審人が，聴聞を受ける権利を放棄して，SECが当該手続の適切な処分として許容した是正措置（remedial action）に同意する和解提案書を提出する場合，しばしば聴聞なしで終結する。SECは，争う場合も，和解を交渉する場合も，事案の状況に合わせた制裁を行なおうとしている[33]」としている。実際，1970年代に入って増加するようになった会計士その他のプロフェッショナルに対する行政手続は，1933年証券法および1934年証券取引所法に基づく差止請求手続の場合も，規則2(e)手続の場合も，一定の付随的救済をともなった形で，和解にいたることがほとんどであったといわれている[34]。

　さらに，法執行活動の件数の増大は，単一の部署に法執行とその基礎となる調査活動とを集中すべきであるとの議論を促進させた。その結果が，1972年8月の法執行部（Division of Enforcement）の創設であった。当時，売買・市場部の法執行室が法執行活動の中心機関であり，すでに1960年代末には，100人以上のスタッフを抱えていた。この組織再編成により，売買・市場部が，法執行部と市場規制部（Division of Market Regulation）とに分割され，売買・市場

---

31　*Ibid.*
32　Thomforde [1977] "Negotiating Administrative Settlements in SEC Broker-Dealer Disciplinary Proceedings," p.267.
33　*38th Annual Report of the SEC*, p.70.
34　Treadway [1975], "SEC Enforcement Techniques: Expanding and Exotic Forms of Ancillary Relief," p.667 ; Mathews [1980], "Litigation and Settlement of SEC Administrative Enforcement Proceedings," p.274.

部の法執行室と企業金融部や企業規制部の法執行部門を統合した，法執行部に，調査その他の行政手続を一元的に担わせることとなった。初代の法執行部長には売買・取引所部長であったポラック（Irving M. Pollack）が就任した。さらに，1974年に同職を引き継ぐことになるスポーキン（Stanley Sporkin）が，ポラックのアシスタントとなった。1974年以降，スポーキンは，法執行部長として，「SEC史上最も集中的に実施された法執行活動[35]」を指揮することになる。

折しも1972年1月に，SEC主任会計官が，アンドリュー・バーからジョン・バートン（John Burton）へと交替した。バートンは，主任会計官室から内部昇任していないはじめての主任会計官であり，また，1960年代後半にピア・レビューの形式での品質管理レビューの導入を勧告したアメリカ公認会計士協会（AICPA）の委員会のメンバーでもあった人物である[36]。

バートンは，主任会計官に就任する以前，コロンビア大学教授の職にあった際，当時の会計プロフェッションの置かれた現状について，以下のように述べていた。

「プロフェッション内部に生じた規模の拡大が困難を生じさせている。何千人ものプロフェッショナルのスタッフと何百人ものパートナーを抱える会計事務所では，個々のプロフェッショナルの間の意思疎通が次第に難しくなってきている。こうした状況では，少なからず，個々であることの要素を取り除くこと（depersonalization）が必要であるが，それはまた，必然的に，［事務所全体での］品質管理の必要性を高めることになる。しかし，この品質管理について，どのように実施すべきなのか，それぞれの会計事務所の数百人のパートナーの考えが一致していない。……会計プロフェッション全体を見渡してみると，定型化された品質管理システムが必要であるとの認識が浸透しているとはいえない。……会計プロフェッション全体として，会計事務所の品質管理が重大な問題であるというのが私の考えである[37]」。

---

35　Hawke [2002], p.28.
36　Olson [1982], *The Accounting Profession, Years of Trial: 1969-1980*, p.147.
37　Burton [1971], "An Educator Views the Public Accounting Profession," p.48.

バートンは，主任会計官として，ピア・レビュー・プログラムの受け入れを強力に推し進めた。SEC 委員およびスタッフのなかにはこのプログラムの実効性に懐疑的な者もいたとされる [38] が，主任会計官はこれを実施に移す実権を手に入れることとなった。

## 3. SEC による矯正的制裁と品質管理レビュー

### (1) ラヴェンソール・クレックスタイン・ホーワース&ホーワース会計事務所懲戒検討事案（1973 年 5 月）

SEC は，所管業務に従事するプロフェッショナルに対する懲戒手続を含め，すべての行政手続は矯正的（remedial）なものであり，懲罰的（punitive）なものではないという見解を採っていた。また，テキサス・ガルフ・サルファ判決（1968 年）では「SEC は証券取引所法の制定目的を実現すべく，それが矯正的救済（remedial relief）で，刑罰的賠償（penal assessment）にあたらない限り，差止命令以外にも救済を求めることができる」と判示されていた。法律上，SEC には，プロフェッショナルに対して科料のような懲罰的な（punitive）制裁を科す権限はなく，それまでの欠陥事項を矯正し，将来の証券法規遵守を確保するというような矯正的な（remedial）制裁しか科すことができないというのが通説であった [39]。

こうしたなかで，品質管理レビューの賦課といった新たな付随的救済をもたらす行政手続があらわれるようになった。その最初の行政手続が，全米規模の会計事務所であったラヴェンソール・クレックスタイン・ホーワース&ホーワース会計事務所（Laventhol Krekstein Horwarth & Horwarth；LKH&H 会計事務所）に対して進められた手続であった [40]。

---

38　Olson [1982], p.148.
39　Treadway [1975], p.668；Mathews [1980], p.231.「付随的救済は，和解による懲戒措置の決定によっても，得られることがある。さらに，SEC には行政上の科料を科す制定法上の権限はなく，同意和解の場合においてもそうした権限はない」（Mathews [1980], pp.230-231）。

本件は，連邦証券諸法の違反行為に対する差止請求訴訟[41] から派生したものであった。被申立人に含まれる，投資事業に従事していた有限責任パートナーシップであるタカラ・パートナーズ（Takara Partners）の財務諸表を監査証明していたのが，LKH&H 会計事務所であった。SEC は，LKH&H 会計事務所について，同事務所がタカラ・パートナーズの虚偽であり誤導する監査済み財務諸表の公表に関与した点で連邦証券諸法のいくつかの条項に違反した，また，同会計事務所のニュージャージー支局のパートナーおよび被用者が財務諸表の作成作業に従事していた期間に，"超人気銘柄（hot issues）"の売買への関与から得た利益と見せかけてタカラ・パートナーズのパートナーから 17,000 ドルを受け取っていたために，LKH&H 会計事務所は独立の立場にはなく，また，タカラ・パートナーズの財務諸表を監査証明する資格もなかったと申し立てた。

このとき，LKH&H 会計事務所は，差止請求訴訟において申し立てられた内容について認否することなく，連邦証券法規違反行為に対する終局的差止命令の発出に同意した[42]。そして，SEC は，LKH&H 会計事務所に対する差止命令の発出を踏まえて，LKH&H 会計事務所に対し，規則 2 (e) (3)[43] に基づく手続を開始した。その後，行政手続上の和解の一部として，LKH&H 会計事務所は，SEC によって申し立てられた種類の将来の違反行為を防止するために，SEC

---

40　Treadway [1975], p.668.
41　1971 年 11 月 11 日，SEC は，ニューヨーク南部地区裁判所に，タカラ・パートナーズ，LKH&H 会計事務所のパートナーおよび被用人 3 人を含む，合計 44 人の被申立人による証券法，取引所法の不正防止条項等に対する違反行為の差止請求訴訟を提起した（Litigation Release No.5209）。
42　Order Instituting Proceedings and Imposing Remedial Sanctions *In the Matter of Laventhol Krekstein Horwarth & Horwarth*, Accounting Series Release No.144, (May 23, 1973).
43　規則 2 (e) (3) では，「SEC は命令により，公益を正当に考慮したうえで，かつ，予備的聴聞なしに，1971 年 7 月 1 日以降，当人の名で，……（b) SEC によって起こされた自身が当事者となった訴訟において，適切な管轄権を持つ裁判所によって，または，自身が当事者となった行政手続において，SEC によって，連邦証券法規の条項に違反した，あるいは違反を幇助・教唆したとされた弁護士，会計士，技術者，その他のプロフェッショナルあるいは専門家に対して，一時的に所管業務を停止させることができる」と規定されている。

の事前承認を受けた事務所内部での統制手段および手続を採用することに同意した。

具体的に，まず，LKH&H会計事務所は，差止命令の開始日から15ヵ月以内に，差止判決での条件の下で，採用され，維持されることを要求される基準および手続に準拠して同事務所のプロフェッショナルとしての実務を行なっているかを確かめるために，調査（investigation）を受けることに同意した。この調査は，一般に採用され，あるいはSECによって是認された手法および手続に従って，LKH&H会計事務所の費用で実施される。SEC側の選択肢として，調査は，(a)この目的でAICPAによって選出された有資格のプロフェッショナル会計士（qualified professional accountants）のチーム，(b) (i)AICPAによって指定された人物のなかから，あるいは，(ii)この差止命令から12ヵ月以内にAICPAに適当な人物が指定されない場合，AICPA会員のなかから，この目的で主任会計士によって選出された有資格のプロフェッショナル会計士のチーム，(c) SECのスタッフ，のいずれかによって実施される。

こうした調査（品質管理レビュー）に加えて，LKH&H会計事務所は，1年間，事務所内部の合併・買収に関する手続が差止命令に基づいて採用されているという証拠を主任会計官に提出することなく，他の会計事務所と合併し，これを買収しないことに同意した。さらに，LKH&H会計事務所は，30日間，その契約日から1年以内にSECに書類提出を行なうことになる新規のプロフェッショナルとしての契約を受嘱しないことに同意した。

和解にいたる過程で，すでに1972年8月，AICPAに対して，LKH&H会計事務所に対するレビュー・チームを提供するよう，SEC側から要請がなされていた。多くの大規模会計事務所の当初の反応は，このSECの要請を断固拒否すべきというものであったが，AICPAの理事会メンバーのなかには，これに協力しない場合，偏向した，あるいは公正な判断を下すのに必要とされる経験を持たないようなレビュー担当者をSECに任命されてしまうかもしれないと懸念する声もあった。そうした状況の下，AICPAはこのための特別委員会を設置して，SECスタッフと協議することとなった。1973年10月，最終的に，特別委員会はSECの要請どおりレビュー・チームを提供することを勧告した[44]。その後，ハスキンズ&セルズ会計事務所のパートナーで，AICPA監査基準常

務委員会のメンバーであったロビンソン（Haldon Robinson）がレビュー・チームを率いる責任者に任命され，首尾よくレビューが実施された[45]。

## （2）トゥッシュ・ロス会計事務所懲戒検討事案（1974年2月）

1974年に入り，8大会計事務所の一角をなすトゥッシュ・ロス会計事務所（Touche Ross & Co.；TR会計事務所）が規則2(e)の懲戒手続の2番目の対象となり，そこでの矯正的制裁として品質管理レビューが賦課されることになった[46]。

SECの調査により，不動産デベロッパーであったUSフィナンシャル社（U. S. Financial, Inc.；USF社）がSECに提出した1970年度および1971年度の財務諸表は虚偽であり，誤導を与えるものであることが判明した。この財務諸表の監査証明を担当したのがTR会計事務所であった。SECは，この監査に関係して虚偽の情報を提供され，不実の説明を受けるなど，TR会計事務所が意図的にUSF社の経営者に欺かれたことを認めつつも，TR会計事務所の1970年度および1971年度の監査にみられる会計士の行為は，多くの点で，SEC所管業務に従事する公共会計士に必要とされるプロフェッショナルとしての基準を満たしていなかったと申し立てた。とくに同会計事務所は，実際には存在しない利益を獲得したように見せかけるように経営者によって処理された数々の非常に重要な取引に関して，プロフェッショナルとしての意見を裏づけるに足りる十分に独立的な証拠資料を入手していなかった，結果として，これらの取引が1970年と1971年の数百万ドルの不適切な収益認識につながっていたと判断された。さらにまた，最大限のプロフェッショナルとしての懐疑心が必要と

---

44　SECとの交渉のなかで，AICPA側は，すでにピア・レビューの1つの形態として認識されていた事務所間レビュー（firm-on-firm review）を代替案として提示したが，却下されている。ここでのレビューが，和解案にある(a)のチームによって実施されることになったのか，(b)の(i)のチームによってなのか，Olson [1982] の記述からは判然としない。Austin and Langston [1981] に「チームの編成に必要な会計士のリストを提出した」とあるので，おそらくは，(b)の(i)，すなわち，AICPAの選出した会計士のリストからSEC主任会計官が選んだということであろう。

45　Olson [1982], p.150.

46　オルソンによれば，当時，8大会計事務所すべてが品質管理レビューの対象となると噂されていたとのことである（Olson [1982], p.150）。

される状況下で，得られた情報の重要性を十分に評定せず，監査手続を追加的に実施しなかったとされた。

TR 会計事務所は，規則 2 (e) に基づく行政手続の開始に関わる権利放棄を申し出，SEC による事実認定，結論，および矯正的制裁を含む命令の発出に同意した。SEC は，この同意を受け入れることを決定し，調査の結果として明らかになった事実関係およびそこにみられる監査上の欠陥をまとめ，ASR 第 153 号において公表した[47]。

ASR 第 153 号では，TR 会計事務所の監査について次のように事実認定している。1970 年度の監査において，TR 会計事務所は，利益がいっさい獲得されていないことを指し示す証拠が入手できた場面で，少なくとも 2 つの主要な取引について USF 社が利益を計上することを認めてしまった。さらに，1971 年度の監査の開始をめぐる状況は，同会計事務所をして，最大限の懐疑心をもって (with the highest degree of skepticism) 監査に臨まなければならないものであった。とくに，この状況において，TR 会計事務所は，未完了の取引に関し監査手続を大幅に追加して実施し，最大限の注意を払って経営者の説明を評定しなければならなかった。また，TR 会計事務所は，1971 年度の監査をハスキンズ＆セルズ会計事務所から継承していた。TR 会計事務所は，契約の受嘱段階で，ハスキンズ＆セルズ会計事務所の監査調書の一部を査閲していたが，SEC からみると，ハスキンズ＆セルズ会計事務所との間の情報交換は，望ましいレベルのものではなかった。

結論として，ASR 第 153 号は，「TR 会計事務所は 1970 年度および 1971 年度の監査において USF 社の経営者によって多くの点で意図的に欺かれたことは明らかではあるが，TR 会計事務所が数多くの点において一般に認められた監査基準に準拠して監査業務を遂行していなかったことは，同会計事務所に，著しく虚偽であり，誤導することが判明した財務諸表を監査証明したことの責任を負わせるものである[48]」と総括している。

---

47 Findings, Opinion and Order Accepting Waiver and Consent and Imposing Remedial Sanctions *In the Matter of Touche Ross & Co.*, Accounting Series Release No.153, (February 25, 1974). 八田訳「会計連続通牒第 153 号〔全訳〕」鳥羽・村山責任編集『SEC「会計連続通牒」2: 1970 年代 (1)』，pp.11-31.

第6章　会計事務所の懲戒と品質管理レビュー　187

　さらに重要なことに,「問題となっている監査の第一次的責任はサンディエゴ支局が負っていたが,全米本局も含め,TR会計事務所の他の支局のパートナーもまたこの監査の各段階で関与しており,また,協議にも加わっていた。監査での発見事項や結論,準拠すべき会計原則だけでなく,監査計画や監査調書のレビューを計画し,監督もしていた。……本件での他の支局のパートナーの関与は,全米規模の会計事務所に通常期待されるように,会計事務所全体と・・して責任を共有しなければならないことを強く示している [49]」と強調している。

　和解の受け入れによって,TR会計事務所は,SECによる譴責を受け,加えて,連邦証券法規の将来の違反行為を防止するための内部手続を採用し,維持し,遵守することに同意した [50]。TR会計事務所が内部手続に準拠してプロフェッショナルとしての業務に従事していることを確かめるために,同事務所の費用で実施される調査が,SECによって採用され,あるいは是認される手法および手続に準拠して,主任会計官により選出された,あるいは是認された公共会計士業務に従事するプロフェッションのメンバー,ないし,SECスタッフによって選ばれた有資格のプロフェッショナルの会計士を利用して,実施されることに同意した。さらに,TR会計事務所のサンディエゴ支局は,12ヵ月間,新規のプロフェッショナルとしての契約の受嘱を禁止され,TR会計事務所は,本件に類似する業態のすべての顧客との間の新規のプロフェッショナルとしての契約の受嘱を12ヵ月間禁止されることとなった。

---

48　ASR No.153, p.3280;八田訳,p.24.
49　*Ibid.*;八田訳,p.25. 圏点は引用者による。
50　ASR第153号では「TRの会計事務所の現行の内部手続を強化するための一定の手続の採用を受け入れるにあたり,……TR会計事務所もSECも,これらの手続はTR会計事務所の将来の監査契約実施の際の正当なプロフェッショナルとしての注意を行使する責任を完遂するための能力を高めることを意図している」と強調している。

### (3) ピート・マーウィック・ミッチェル会計事務所懲戒検討事案（ASR 第 173 号，1975 年 7 月）

1972 年 2 月から 1974 年 3 月の期間に，SEC は，ナショナル・スチューデント・マーケティング社（National Student Marketing Corporation），ターレイ・インダストリーズ社（Tally Industries, Inc.），ペン・セントラル社（Penn Central Company），リパブリック・ナショナル生命保険会社（Republic National Life insurance Company）の財務諸表に対するピート・マーウィック・ミッチェル会計事務所（Peat, Marwick, Mitchel & Co.；PMM 会計事務所）の監査に関連して，4 件の差止請求訴訟を提起した。SEC は，さらに，PMM 会計事務所がスターリング・ホメックス社（Stirling Homex Corporation）に対して実施した財務諸表の監査に関し疑問が生じたことを受けて，同社についても調査を行なった。これに対し，PMM 会計事務所は，SEC との間での争点を解決するため，和解申出書を提出し，そして，SEC はこれを検討した結果，受け入れた。PMM 会計事務所は，和解案が意図するところに従って，発行される ASR 第 173 号での説明および結論について，それを認否することなしに，規則 2 (e) に基づく行政手続の開始と，同通牒に述べられている命令の発出に同意した[51]。

ナショナル・スチューデント・マーケティング社事案では，前任監査人と PMM 会計事務所との間の意思疎通が不十分であり，そのため，経営者の誠実性に関して前任監査人が抱いていた疑念を PMM 会計事務所は承知していなかった。また，リパブリック・ナショナル生命保険会社事案では，主たる債務者に対する投資の会計処理に関して，前任監査人と経営者との間で意見の相違があったことを PMM 会計事務所は承知していたにもかかわらず，これを十分に深く調査しなかった。ナショナル・スチューデント・マーケティング社事案およびスターリング・ホメックス社事案では，監査の結果が異常な会計・監査上の問題に発展する可能性を示唆しているにもかかわらず，問題となっている

---

51 Opinion and Order in a Proceeding Pursuant to Rule 2(e) of the Commission's Rules of Practice *In the Matter of Peat, Marwick, Mitchell & Co..* Accounting Series Release No.173, (July 2, 1975). 鳥羽訳「会計連続通牒第 173 号〔全訳〕」鳥羽・村山責任編集『SEC「会計連続通牒」』2: 1970 年代（2）』，pp.140-276。

事業活動の特別な状況に関する経営者の説明を鵜呑みにしていた。さらに，ペン・セントラル社事案では，PMM 会計事務所は，一部の取引について，その経済的実質を十分に考慮せずに，当該状況において適用することのできないはずの会計原則で問題の取引を処理することを認めていた。こうした状況のほとんどにおいて，監査人は，当該取引の背後にある経済的実態を独立的に検証することなく，経営者の説明をそのまま鵜呑みにしていた。

　PMM 会計事務所は，行政手続における和解のなかで，同会計事務所が監査証明した財務諸表を SEC に提出した監査の依頼人に対して，同会計事務所が実施した監査のやり方について調査を受けることに同意した。この包括的な調査は，特別の委員会によって行なわれる。この調査にともなう報酬と費用の支弁は PMM 会計事務所が行なう。調査委員会のメンバーは，SEC が適当と認める候補者のなかから PMM 会計事務所が選任する。また，PMM 会計事務所は，同会計事務所の SEC 監査実務と手続に関して調査委員会の行なった合理的な勧告を実行することに同意した。和解申出書は，さらに，PMM 会計事務所の監査実務のレビューは，1976 年と 1977 年の 2 回にわたって，同事務所の費用において実施されること，また，このレビューの結果は SEC と PMM 会計事務所に対して報告されることを求めている。あわせて，PMM 会計事務所は，新たな SEC 監査実務に関わる監査契約の受嘱を 6 ヵ月間禁止されることとなった。

　ただちに，上記の決定により，SEC は追加的な品質管理レビューを命じ，AICPA 理事会は，1975 年 7 月，レビューのためのチームを提供することに合意する決定を行なった[52]。

### (4) 法執行プログラムにおけるピア・レビューの位置づけ

　SEC は，規則 2 (e) 手続において賦課する制裁を，将来の証券法規の違反行

---

52　Olson [1982], p.152. これに先立ち，PMM 会計事務所は，公表されたばかりの監査基準書第 4 号『独立監査人事務所に対する品質管理の考慮』に基づいたピア・レビューの実施を計画していたが，失敗した。その直後に，個別に，アーサー・ヤング会計事務所と契約を結び，同会計事務所によるピア・レビューを受けていた。

為を抑止するための是正措置としての"矯正的制裁（remedial sanction）"と称して，そうした矯正的制裁の一環として，品質管理レビューの受け入れを被審人となる会計事務所に要求していった。

　主任会計官のバートンは，こうした制裁の特質について，以下のように説明している。

　　「SECの行政手続において賦課される制裁は，その事務所内部で所管業務の品質の改善が合理的に期待できるような会計事務所に対して，矯正的な目的（remedial purpose）が果たされるものでなければならない。それ以外の場合には，その資格がない［とみなされる］個人会計士ないし［小規模な］会計事務所が当該所管業務を引き続き実施することから公衆を保護することが必要とされる[53]。」

　SEC側の主張によれば，矯正的制裁は，会計事務所内部の欠陥のある品質管理手続を改善することを通じて，事務所内部の品質管理が十分統制できていなかった欠陥によって生じる可能性があった将来の証券法規の違反を抑止することになるという意味で，公衆投資者にとって，そして，ひいては規制機関であるSECにとって，救済をもたらすものであるということである。そのため，そうした救済が見込める会計事務所として，暗黙に，比較的大規模な会計事務所が想定されていた。

　さらに，バートンは，「……大規模会計事務所による欠陥のある業務に一貫してみられるパターンをみると，そうした実務が［そのまま矯正されずに］引き続き実施されると，SECが合理的に受け入れられるレベルを超えた高いリスクに公衆をさらすことになるという帰結となる[54]」として，大規模会計事務所に対する制裁が積極的に必要とされることを強調している。また一方で，「［大規模な］プロフェッショナルの会計事務所は［SECの］受け入れられるレベルにまで自らの行為を矯正するための一定の措置を採り，そのレベルが維持

---

53　Burton [1975], "SEC Enforcement and Professional Accountants: Philosophy, Objectives and Approach," p.244.
54　*Ibid.*

されていることをSECに対して保証することができるとSECは確信している[55]」とも述べている。

さらに，品質管理レビューと関連させて，「会計事務所の品質管理手続の適切性について疑問が生じた事案では，SECは当該事務所にその手続の内容をスタッフに提出し，外部のプロフェッショナルのグループのレビューに供することを要求することがある[56]」としている。このような仕組みは「プロフェッショナルとしての行為の改善を促進する効果がある[57]」として，むしろ，AICPAのピア・レビュー・プログラムを，さらには会計プロフェッションによる自主規制を，SECは支援していると位置づけている。

なお，比較的小規模な会計事務所の場合には，パートナー・クラスを補充教育に送るなどの付随的救済がなされている（例えば，1975年のベンジャミン・ボトウィニック会計事務所（Benjamin Botwinick & Co.）の事案が挙げられる。こうした事案はASRには公表されていない）。こうした一連の「SECの命令は，新たな品質管理手続を賦課する，あるいは，将来の法令違反を抑止するための内部的なレビューを要求する，多様な形の予防的（prophylactic）指示を含むものであった[58]」とされている。

法執行部は，1970年代，証券諸法の法執行にあたって，"アクセス理論"とよばれるものに依拠していたといわれる[59]。この理論は，「証券市場における要衝は，限られた人数の優位な状況にある個人の関与者，すなわち［ブローカー，ディーラー，投資アドバイザー等の］証券プロフェッショナル，会計士，法律家によってしばしばコントロールされており，そして，そうした関与者に対して積極的に連邦証券諸法を法執行することで，SECは，たんに違背行為の発生を基礎にして手続を進めるよりも，より多くの法令違反を防止することができる」という考え方に依拠していた。法執行部長のスポーキンは，「法執

---

55 *Ibid.*
56 *Ibid.*
57 Burton [1975], p.245.
58 Hawke [2002], p.28.
59 Hawke [2002], pp.27-28; Pitt and Shapiro [1990], "Securities Regulation by Enforcement: A Look Ahead at the Next Decade," pp.171-175.

**【図表 6-3】1970 年代に懲戒対象となった主な会計事務所**

| 1973 年 5 月（ASR 第 144 号） | ラヴェンソール・クレックスタイン・ホーワース＆ホーワース会計事務所 |
|---|---|
| 1974 年 2 月（ASR 第 153 号） | トゥッシュ・ロス会計事務所（Big8） |
| 1974 年 7 月（ASR 第 157 号） | アーサー・アンダーセン会計事務所（Big8） |
| 1975 年 7 月（ASR 第 173 号） | ピート・マーウィック・ミッチェル会計事務所（Big8） |
| 1976 年 9 月（ASR 第 196 号） | セイドマン＆セイドマン会計事務所 |
| 1977 年 2 月（ASR 第 209 号） | レーデスドルフ会計事務所 |
| 1977 年 9 月（ASR 第 227 号） | ラヴェンソール＆ホーワース会計事務所 |
| 1978 年 1 月（ASR 第 238 号） | プライス・ウォーターハウス会計事務所（Big8）※規則 2 (e) 手続でなく，私的訴訟での付随的救済 |
| 1978 年 2 月（ASR 第 241 号） | ハスキンズ＆セルズ会計事務所（Big8） |
| 1978 年 3 月（ASR 第 248 号） | アーンスト＆アーンスト会計事務所（Big8） |
| 1981 年 1 月（ASR 第 285 号） | レスター・ウィッテ会計事務所 |
| 1981 年 2 月（ASR 第 288 号） | ケネス・ラヴェンソール会計事務所 |

（注：ASR に顛末が公表されているもののみ）

行の企てを証券市場へのアクセス・ポイントに集中させることによってその影響力は最大化されるとみなしてきた[60]」と述べている。この理論を援用して，懲戒手続を進めたのが，LKH&H 会計事務所，TR 会計事務所，アーサー・アンダーセン会計事務所，PMM 会計事務所，プライス・ウォーターハウス会計事務所，ハスキンズ＆セルズ会計事務所，アーンスト＆アーンスト会計事務所，レスター・ウィッテ会計事務所に対してであった[61]。

このように，より影響力の大きい，大規模な会計事務所が選択される傾向にあったことを示唆している。

SEC の方針は，不適切な監査に基づいて監査証明された財務諸表に対して，規則 2 (e) 手続のなかで会計事務所全体の責任を追及することであった[62]。SEC は，アーンスト＆アーンスト会計事務所に対する懲戒手続（ASR 第 248 号，1978 年 3 月）においても，「公共会計士事務所が監査報告書や監査証明書がそ

---

60 1976 年の法人弁護士協会での講演。Hawke [2002], p.27 より引用。
61 Hawke [2002], p.28.
62 Gruenbaum [1981], p.824.

第 6 章　会計事務所の懲戒と品質管理レビュー　193

の名義で作成されることを許容している場合，会計事務所自体もその責任を負っていることになるという立場を一貫して採っている[63]」ことを強調している。

　SEC は，会計事務所全体の責任を問うことが適当ではないような状況が存在するかどうかを判断する必要性はないという立場を採っており[64]，会計事務所全体の責任を問題にするという基本方針に従って，その後も，次々に懲戒手続を手掛けていった[65]。例えば，その後のレスター・ウィッテ会計事務所の懲戒事案（ASR 第 285 号，1981 年 1 月）では，SEC は，会計事務所の責任を問うのは，監査が一般に認められた監査基準に準拠していることを保証する品質管理システムを事務所が採用し，実行し，維持することを怠ったためであるとしている[66]。

　こうした懲戒手続が和解を通じて進められていたことは，一定の意味を持っている。和解を申し出る被審人たる会計士にとってみると，「同意和解の提案は，被審人が新たな内部手続を採用し，違反行為の再発を防止する一助とすることに合意する場合，受け入れられる可能性が高くなる。とくに会計事務所に対する規則 2 (e) 手続での同意和解に関して，[近年，]SEC は，"ピア・レビュー"条項を要求し，被審人たる会計事務所の品質管理手続が，指定された外部の職業専門家によって検査（inspect）され，レビューされ，コメントを受けるように仕向けている[67]」とみられる。そこでは，実務特権の停止が与える脅威が，

---

63　Opinion and Order Pursuant to Rule 2 (e) of the Commission's Rules of Practice *In the Matter of Ernst & Ernst, Cleveland, Ohio, Clarence T. Isensee, and John F. Maurer,* Accounting Series Release No.248, (May 31, 1978). 永見訳「会計連続通牒第 248 号〔全訳〕」鳥羽・村山責任編集『SEC「会計連続通牒」』4: 1970 年代（3）〜 1980 年代』，pp.158-159. なお，非常に重要なことに，この部分は，第 5 章にて詳述した 1949 年の BWG 会計事務所懲戒検討事案における見解を繰り返したものである。
64　この懲戒事案では，アーンスト＆アーンスト会計事務所が問題の監査に責任を持っていたパートナーたちの不適切とされた行為に対する事務所の責任を否定していなかったことを SEC は強調していた（ASR No.248, p.3679, fn.68；永見訳, p.159）。
65　Gruenbaum [1981], p.824.
66　Opinion and Order Pursuant to Rule 2(e) of the Commission's Rules of Practice *In the Matter of Lester Witte & Co. and John P. Shea,* Accounting Series Release No.285, (January 7, 1981). 永見訳「会計連続通牒第 285 号〔全訳〕」鳥羽・村山責任編集『SEC「会計連続通牒」』4: 1970 年代（3）〜 1980 年代』，p.206.

事実上，会計事務所に一定の内部の品質管理手続を整備さらに運用させる圧力となっていたと指摘されている[68]。和解という手続上の選択肢がこうした帰結を生んでいた。

法執行部所属の弁護士であったマシューズ（Arthur Mathews）は，のちに，「……規則 2 (e) 手続のような行政執行手続は，懲戒的性格を持ち，厳しい制裁を賦課する可能性を留保している。そのため，自らの行政手続は矯正的であり懲罰的ではないとの長年の SEC の主張にもかかわらず，事実上，懲罰的あるいは準刑罰的である[69]」と解説している。このように，SEC の懲戒手続を中心とした法執行活動は，矯正的なものから，懲罰的なものへと変化し始めていた[70]。

## 4. AICPA のピア・レビュー・プログラム

### (1) 地方会計事務所向けの品質管理レビュー・プログラム

このように会計事務所に対する SEC の法執行活動のなかで事務所に対する品質管理レビューの賦課がなされる以前の1960年代中頃から，会計プロフェッションはピア・レビューの形式を採った品質管理レビューの導入に向けて歩み

---

67　Mathews [1980], p.275.
68　「実務特権の停止（suspension）が SEC 所管業務に従事する者に与える深刻な脅威は，規則 2 (e) 違反の嫌疑を掛けられた多くの実務者に種々の SEC の執行命令に同意することを余儀なくさせている。多くの場合，こうした同意判断は，実務者の業務への SEC の大幅な介入に帰結している。実務特権を停止されてしまう可能性を回避するために，いくつかの会計事務所は，特定の内部手続や統制手段を採用し，AICPA ないしは SEC によって選ばれた同じ会計プロフェッションの仲間（professional peers）のグループによる調査を受け，他の会計事務所と合併あるいはこれを買収する前に，SEC の承認を得ることに同意している」(Trogar [1979], "Reassessing the Validity of SEC Rule 2(e) Discipline of Accountants," p.969)。
69　Mathews [1980], pp.229-230.
70　Atkins and Bondi [2008], p.383. このことは，1977年に創設された SEC 監査業務部会（SEC Practice Section; SECPS）の下での矯正的制裁を本旨とするプロフェッションによる自主規制を SEC が受け入れたことと無関係ではない。SECPS の自主規制プログラムについては第9章で詳述する。

だしていた。

　1960年代中頃には，いくつかの州会計士会が監査実施者の監査調書の相互レビュー（cross-review）に関与するようになっていた。これらレビューはすべて自発的になされるものではあったが，州会計士会の事後的レビュー・プログラムで発見された事項に対応して勧告されたフォローアップとしてなされたケースも含まれていた[71]。レビューの範囲は監査契約単位で設定されることがほとんどで，レビューの結果としてなされる勧告は，主として，監査業務の有効性や報告実務を改善するための提案と関連していた。このレビューは，その性格上，内部に支局を持たない（single office）ごく小規模な会計事務所が利用することを想定したものであった。

　1960年代末葉になると，AICPAは，プロフェッショナルの会計実務および監査実務の会計事務所間のレビュー（inter-firm review）の必要性について検討するための委員会を設置し，組織的に対応するようになった。その結果，同委員会は，地方会計事務所に所属する監査実施者に対して，自らの業務の客観的な相互レビューを受ける機会を提供する新たなレビュー・プログラムを勧告した[72]。そしてAICPAは，1971年にはじめてこのプログラムを提供している。

　AICPAの地方会計事務所向けレビュー・プログラムは，州会計士会の提供するプログラムよりも，体系化されたものであった。AICPAの関連委員会は，実際のレビュー・プロセスで利用される詳細なチェックリストを開発し，会計事務所が自らのレビュー活動を行なううえでの手引きとして用いられた。AICPAのプログラムは「教育的プログラムないし業務改善的プログラム（an education or practice improvement program）[73]」であることが企図されていた。

---

71　Frey and Barna [1981], "Peer Review in the Accounting Profession," p.102.
72　1967年の提案として，ピア・レビュー導入の構想が示されていた。主として，自らの事務所の品質管理手続に対して不安を抱く地方会計事務所がその対象となっていた。個々の会計事務所における監査の品質を全体的に規制するために，ピア・レビューの導入が必要とされた。この構想は，多くの反対意見があったため，アジェンダからは外されたが，しばらくして，自らの監査実務を秘密裏にレビューされることを望む会計事務所が，AICPAの後援で，これを手に入れることができるという修正されたやり方が生まれてきた。いっさい公表されることのない方法であった。こうした修正案が，1968年に理事会に提出された。そして，評議会は，1971年に先行プログラムを実施することを決定した。
73　Frey and Barna [1981], p.102.

レビュー報酬も，レビュー対象事務所はレビューを受けることを望む別の監査業務実務者に対する同様のレビューの実施を引き受けることができるという理解の下で，レビュー業務を提供する事務所に実費用の支弁のみを行なうことを企図した水準で設定されていた。また，これらのレビューは，通常，正式なレビュー報告書の発行にはいたらず，レビュー結果としての検出事項および勧告を非公式に伝達する形を採っていた。

当初，このプログラムを利用する地方会計事務所は少数であったが，次第に増加し，年間 50 事務所までになり，1976 年までにおよそ 300 の事務所がこのプログラムでレビューを受けた[74]。

### (2) 複数の支局を持った会計事務所向けの品質管理レビュー・プログラム

さらに，複数の支局をもって構成される比較的大規模な会計事務所についても，品質管理レビューを導入する機運が生じるようになった。その直接的な契機は，すでに述べた，和解案において指定される SEC からの品質管理レビューの賦課であった。SEC によって強制された品質管理レビューが実施される以前から，大規模会計事務所は，AICPA が自発的な品質管理レビューを開発し，実行に移すことで，これまでの地方会計事務所向けのプログラムを補完するべきであると主張し始めていた[75]。こうした意見の高まりに対応して，1973 年に，AICPA では，複数の支局を持った会計事務所 (multi-office firm) の品質管理手続をレビューするプログラムを開発するための特別委員会（ホゥルトン委員会）が組織された。1974 年 4 月に，AICPA 理事会に具体的な実施プログラムが提示され，理事会は直ちに実施プランを承認した。

プランでは，自発的品質管理レビューを監視し，実行管理する監視委員会 (supervisory committee) の任命を求めている。レビューを要請する会計事務所は，自らの事務所の品質管理手続の詳細を監視委員会に提出する。そして，レビュー・チームが，品質管理手続を遵守しているかどうかテストする。さらに

---

[74] Olson [1982], p.147.
[75] Olson [1982], pp.150-151.

レビュー・チームは，レビューを受けた事務所に対する機密のレビュー報告書を作成する。

　ホゥルトン委員会の勧告したプログラムもまた，レビューの教育的な側面をより強調したものであった[76]。プログラム参加会計事務所は，自らの品質管理の方針と手続への遵守をめぐるコンプライアンス・レビューを受ける前に，先に識別された会計・監査実務の潜在的欠陥を矯正する機会を与えられるものであった。会計事務所の品質管理の方針と手続の文書化は重要な課題である。ホゥルトン委員会の勧告した包括的なレビュー・プログラムに向けた最初の努力は，レビュー対象事務所による品質管理文書の作成を要求することであった。

　こうした一方で，監査基準常務委員会（Audting Standards Executive Committee）は，会計事務所における品質管理のあり方についての指針を提示しようとした。その結果公表されたのが1974年12月公表の監査基準書（Statement on Auditing Standards；SAS）第4号であった。PMM会計事務所がこのプログラムの最初のレビュー対象となる運びであったが，ある新聞社によって事前にこの件が明るみに出てしまった。結果として，レビュー要請が取り下げられることとなり，PMM会計事務所は，このプログラム外で，個別にアーサー・ヤング会計事務所とレビュー契約を結んだ。

### (3) AICPAの自発的品質管理レビュー・プログラム

　折しも1976年頃よりモス小委員会やメトカーフ小委員会の議会委員会からの会計プロフェッションに対する批判が湧き上がったために，複数の支局を持つ会計事務所の品質管理レビュー・プログラムが実施に移される前に，その状況が大きく変化してしまった。

　1976年5月，AICPAの評議会は，SEC監査業務に従事する会計事務所に対する自発的品質管理レビュー・プログラム（Voluntary Quality Control Review Program）を開発することを決定した。7月，プログラムの方針を定め，運営

---

76　Frey and Barna [1981], p.106.

を監視するための常設委員会として，品質管理レビュー委員会（Quality Control Review Committee）が設置され，LKH&H会計事務所に対するレビュー・チームを率いたロビンソンが委員長に就任した。その後10月の理事会で，すべての公認会計士事務所に向けての品質管理レビュー・プログラムとして，承認された。名称も，自発的品質管理レビュー・プログラム（Voluntary Quality Control Review Program for CPA Firms）と変更された。

このプログラムの目的は，会計事務所に自らの品質管理がすべての重要な点においてプロフェッションの基準を満たしていることを確証させるうえでも，同時に，会計事務所が適切な品質管理システムを整備し，運用するうえでも，助けとなることを企図した「教育的かつ予防的（educational and preventive）なもの[77]」とされている。そのため，プログラムでは，コンサルティング・レビューとコンプライアンス・レビューの2種類が用意される。コンサルティング・レビューは，事務所の品質管理の手続を組織化する助けとなること，また，品質管理文書に対するレビューを提供することを期待される。同時に，品質管理レビュー・プログラムへの参加を準備するうえでの助けとなるよう予備的な品質管理レビューも，会計事務所に提供している。技術基準に関するレビューもプログラム内に組み込んでいる。

これに対して，コンプライアンス・レビューは，会計実務・監査実務との関連での事務所の品質管理の方針と手続の適切性の評価と，品質管理の方針がプロフェッションの職業基準を遵守しているかどうかを判断するための監査調書のレビューを提供することを企図している。このプログラムでは，レビュー担当者の資格，このプログラムの下でのコンプライアンス・レビューを望む会計事務所が従うべき手続が規定される。さらに，レビューを受ける会計事務所による選出で，品質管理委員会が任命したレビュー・チーム，当該会計事務所が契約した公認会計士事務所，その他品質管理レビュー委員会が十分と認めた一定の独立的レビューが規定される。

自発的レビュー・プログラムの導入初期には，レビュー担当者が会計事務所

---

[77] Frey and Barna [1981], pp.107-108 ; *Voluntary Quality Control Review Program for CPA Firms*, AICPA, p.1.

の品質管理の方針と手続を評定する際の規準を定めることに高い優先順位が置かれていた[78]。プログラムを実行するにはそのための基準が必要となるため，AICPA は，1976 年 2 月に，品質管理の方針と手続と，それらの方針と手続の遵守状況のレビューとに関するガイドラインを開発するための特別委員会（アーサー・ヤング会計事務所パートナーのブルメスターが委員長となった）を設置していた。同委員会は 1977 年 10 月にガイドラインを公表している。ただしまた，監査基準の確立を管轄する AICPA 監査基準常務委員会との調整のため，自発的品質管理レビュー・プログラムと関連させてすべての必要なガイドラインが利用可能となったのは 1978 年末葉のことであった。その頃には，第 8 章で取り上げる公認会計士事務所管轄部（Division of CPA Firms）が創設されており，同管轄部が品質管理レビューの新たな中核となっていたが，それでも，すべての会計事務所が所属するわけではなかったため，参加しない会計事務所には引き続きこのプログラムが適用可能であった。さらに 1977 年 9 月には，品質管理レビュー委員会が，自発的プログラムの実行のみならず，品質管理基準の設定を任務とする上級技術委員会に格上げされ，品質管理基準委員会と改称されたパネルは，11 月に，最初の品質管理基準（品質管理基準書第 1 号）を公表した[79]。

　その後も続くプレッシャーのなかで，AICPA は，公認会計士事務所管轄部の設置によって，ピア・レビューの仕組みをより信頼されるものに変容させることができた。公認会計士事務所管轄部におけるピア・レビューの確立は，オルソンによれば，会計プロフェッションを劇的に変革させる真に新しい発展の 1 つであった[80]。

　そこにいたるまでに大規模会計事務所が推し進めた事務所間レビューの進展は，多分に，SEC による懲戒処分のプレッシャーの産物であった[81]。このプレッシャーが，大規模会計事務所のリーダーたちに会計事務所に対する自主規制スキームの確立を受け入れやすくさせた要因であった。その最終的帰結が

---

78　Frey and Barna [1981], p.109.
79　Olson [1982], pp.154-155.
80　Olson [1982], p.157.

1977年の公認会計士事務所管轄部の創設であった。

## 5. 小 括

　拡張された法執行プログラムの下，SECは，1973年のLKH&H会計事務所懲戒検討事案を皮切りに，規則2 (e) に基づく会計事務所に対する懲戒手続とその和解の過程で，"矯正的制裁 (remedial sanction)" の名目で，主として大規模会計事務所に対し，会計事務所内部での監査業務に対する品質管理手段をレビューする品質管理レビューを受け入れさせてきた。1970年代中でビッグ・エイトとよばれる8大会計事務所の大半がこのレビューを受け入れることとなった。

　この頃，法執行部を指揮していたスポーキンは，アクセス理論とよばれる考え方に基づき，意識的に，大規模会計事務所内部の品質管理手段を改善させる政策を採っていたと述べている。このような政策が成功したのは，スポーキンの下で主任会計官としてピア・レビューの導入に強い意欲を示していたバートンによるところも大きいとみられる。

　規則2 (e) 自体，けっして安定した制定法的根拠を持つとはいえない規則ではあったものの，SECが，証券規制の範囲内で，大規模会計事務所に対し，品質管理レビューを受け入れさせるには十分な合理性を持っていた。会計プロフェッション側にとっても，これを受け入れることが自らの便益になるという側面はあった。それは，SECの想定する品質管理レビューが，会計プロフェッション側の自発的なピア・レビューという考え方と矛盾しない限りにおいては，たとえSECから強制された形での品質管理レビューであっても，あくまでも会計プロフェッションがこれを担うという自主規制の考え方には合致するからである[82]。

　オルソンは，ピア・レビューを中核とした自主規制は，事実上，SECの規制上のプレッシャーによって促進された側面が強いとみていたようである。確

---

81　Olson [1982], p.157. オルソンは，「SECPSとPCPSのピア・レビュー委員会は何もないところからスタートしたのではなく，すでに先行していたグループの業務から大きな便益を受けている」(*Ibid.*) と強調している。

かに，SECとの間の同意和解を通じた品質管理レビューの受け入れという状況がなければ，とくに，大規模会計事務所にとっては，たとえ自らに都合のよい"ピア・レビュー"の形であったにしても，自らの事務所の品質管理の方針と手段の改善を積極的に進めるインセンティヴはとくに存在しなかったかもしれない。ただ，大規模会計事務所にとっては，とくに受け入れがたい制裁を受けたわけでもなく，第一，自主規制のイニシアチブ（主導権）を奪われたわけでもなかった。SECの指定する品質管理レビューは，あくまでも，SECの選択権の範囲内で決定されたレビュー・チームないしはレビュー委員会によって実施される。SECが会計プロフェッションによる自主規制を前提とした監査規制の枠組みを選好する限り，会計プロフェッションにとって妥協のできない選択肢ではなかったともいえる。

ウォーレス（Wanda A. Wallace）は，「1970年代前半のSECの法執行活動は，会計事務所の手続が将来の欠陥に対する保護を提供しているという保証を手に入れるための手段としてピア・レビューを使っていた。これらの［大規模会計事務所に対して実施した］法執行活動は，会計プロフェッションのための自主規制的なピア・レビュー・プログラムを構築するうえでの（in building a self-regulatory peer review program for the profession）範例を提供するものであった[83]」と指摘している。

---

82 とはいえ，SECの強制するピア・レビューの場合，AICPAの提示するレビュー担当候補者からレビュー・チームの責任者あるいはレビュー委員会を選別する権限はSECに留保されている。また，こうしたレビューの場合には，SECの規定した大枠でレビューが進行することになっており，とくに，レビューの範囲に関しては，レビュー対象となる監査契約数と規模，往査する支局の数，レビュー・チームのレビュー計画はすべて，レビュー実施前にSECの査閲と承認が必要とされる（Frey and Barna [1981], p.103）。

83 Wallace [1989], "Historical View of the SEC's Report to Congress," p.25.

# ■第7章■

# 監査基準の設定主体

## 1. は じ め に

　1973年4月はじめに明らかになったエクイティ・ファンディング社の破綻をめぐる監査の失敗は，アメリカ監査史上特筆すべき意味を持っている。生命保険事業を中核とする保険コングロマリットとして1960年代に急成長をみせていたエクイティ・ファンディング社は，実際には設立当初からほとんど利益をあげていなかったにもかかわらず，長年にわたって，あたかも高収益をあげているかのように，偽装工作を行なっていた。ファンディング不正（funding fraud）として特徴づけられるこの不正は，エクイティ・ファンディング社がはじめて証券市場で資金調達を行なった1964年には，すでに行なわれていた。しかしながら，1973年4月に破綻をきたすまでのおよそ10年間，この偽装工作は露見することがなかった。

　エクイティ・ファンディング社の破綻により巨額の不正の存在が明らかになってからは，この不正はなぜこれほどまで長い間発見されなかったのか，監査人はいったい何をしていたのか，という批判が高まることとなった。こうした批判に対処するために，アメリカ公認会計士協会（AICPA）は，一般に認められた監査基準（GAAS）が適切であったのかどうかについての検証を行なった。このように，この事件において，一般に認められた監査基準とはいったい何なのか，あらためて問われることとなった。

　1972年の財務会計基準審議会（Financial Accounting Standards Board；FASB）の創設にともなって，監査基準常務委員会が，それまでの監査手続委

員会に代わり，1972年11月，監査基準書（SAS）の第1号『監査基準および監査手続の体系化』を公表していた。これは1939年から1972年までに公表された監査手続書を体系化したものであり，また，1948年に会員総会において承認された"一般に認められた監査基準"との関係を明確にしたものでもあった。AICPAの職業倫理綱領・規則202は，会員に対して，同協会の公表する適用可能な，一般に認められた監査基準の遵守を要求していた。そこでは，また，個々の監査基準書は一般に認められた監査基準の解釈とみなされ，会員に対して，それら監査基準に準拠しない場合には，その正当な理由を説明するように要求していた。1972年から1974年の間に3つの監査基準書が公表されていたが，しかしまた，第9章でみるように，1974年頃から，議会からの批判者，とりわけ，メトカーフ（J. E. Metcalf）上院議員とモス（John E. Moss）下院議員が，独立監査人は投資公衆の期待に応えているかどうかに対して，疑問を呈していた。

こうしたなか，エクイティ・ファンディング社のスキャンダルは，広く，公衆の耳目に触れることとなったが，当時の監査規制をめぐる環境から，規制当局はそれぞれ非常に際立った対応を採っていた。本章では，エクイティ・ファンディング事件の概要と，不正に関連して財務諸表監査がどのような問題を提起したのか，を分析する。とりわけ，事件の顛末のみではなく，この事件をめぐって会計プロフェッションがどのような対応をしたのか，どのような点がSECの関心を惹いたのかに焦点を当てて検討を行なう。

## 2. エクイティ・ファンディング事件とそこにおける不正

### (1) エクイティ・ファンディング事件

1973年4月，全米の投資家にとってそれまでで最も壮大な規模の不正が明らかになった。ニューヨーク証券取引所上場会社であるエクイティ・ファンディング社（Equity Funding Corporation of America；EFCA）の主要な子会社であったエクイティ・ファンディング生命保険会社（Equity Funding Life Insurance Company；EFLIC）が，6万件以上の架空の生命保険契約を引き受け，

さらに，これらに再保険を掛け，保険金請求を行なったものと偽装しながら，1億2,000万ドルにものぼる実在しない資産を帳簿に計上していた。そして，これらに関連する偽装データはコンピューター上で作り出されていた[1]。

のちに管財人が調査したところによれば，1964年から1972年までの期間に，少なくとも1億4,300万ドル相当の架空の税引前純利益を財務諸表に計上したとみられる[2]。同期間にEFCAが計上した税引後の純利益の総額は7,600万ドル以上にのぼっていた。実際にはEFCAはほとんど利益をあげていなかったが，業績がよいように見せかけ，その結果，同社の証券は何千もの投資家を誘引していたことになる[3]。

そして，EFCA社の事件は，「1938年マッケソン＆ロビンス事件以来はじめての外部監査人による完全な［監査の］失敗の事例[4]」としての様相を呈していた。

### (2) 会計プロフェッションの対応

SECは，証券規制当局として，ファンディング不正発覚の当初から不正の全容解明のための捜査を行なっていた。また，連邦破産法が適用されて以降は，同法の下での会社再生手続の進行を監督，管理していた。そうしたなか，不正発覚からおよそ1ヵ月経った1973年4月30日に，SEC委員長クック（G. Bradford Cook）は，州保険監督委員会，保険数理士，生命保険会社，そしてAICPAの代表者をワシントンに召集し，EFCAにおいて何が問題を引き起こしたのかにつき議論した。AICPAからは，監査基準常務委員会の委員長であったヒックス（Ernest Hicks）と，理事会代表のオルソン（Wallace E. Olson）が，出席した。SEC高官たちは，その席で，AICPAの代表に対し，不正な取引を

---

1　Wiesen [1975], *Regulating Transactions in Securities: the expanding impact on corporate managers, investors and the financial community*, p.268.
2　Report of the Trustee [1974], *Report of the Trustee of Equity Funding Corporation of America*, p.12.
3　*Ibid.*
4　Seidler *et al.* [1977], *The Equity Funding Papers: The Anatomy of A Fraud*, p.338.

摘発するための監査人の責任を再検討するよう，強く促したといわれる。ある SEC 委員は，EFCA で起きたような巨額の不正（massive fraud）を明らかにすることを期待できないのであれば，独立監査はもはやほとんど価値がないと述べたといわれる[5]。また，ある SEC 委員は，監査人とは"不正が実を結んでしまう前にそれを摘み取る（nip fraud before it blossoms）"がごとき戦略的な立場にいるものであるとして，不正の兆候を指し示す"レッド・フラッグ"に注意を払わなかった監査人を批判したという[6]。しかし同時に，委員長のクックは，この不正への対策が，生命保険事業を営むコストを増大させることになる「監査基準，保険事業の実務および規制に対する急場の修正[7]」とならないように注意を払うようにと強調したともいわれる。

　この日，AICPA の代表は，EFCA の問題に対する検討をすみやかに行なうことを約束した[8]。これに応じる形で，理事会は，1973 年 5 月 5 日，「エクイティ・ファンディング事件に照らして，財務諸表監査（examination of financial statements）において現在適切かつ十分であるとみなされている監査基準に変更を加えるべきかどうかについて検討する」特別委員会を設置することを決議

---

5　Olson [1982], p.88.
6　*Wall Street Journal*, July 12, 1974.
7　"Institute and SEC take steps in Equity Funding inquiry," *Journal of Accountancy*, June 1973, pp.13-14. ムーニッツ（Maurice Moonitz）は，この警告は，エクイティ・ファンディング事件は 1930 年代末のマッケソン＆ロビンス事件とは異質のものであるという認識から来ているものであったと指摘している。EFCA は，州レベルで厳しく規制される典型的な業種で，かつ，最近になって独立会計士が財務諸表を監査するようになった業種である生命保険会社を含んでいるために，マッケソン＆ロビンス事件ほど監査基準に対する深刻な断罪はなされないであろうと示唆していた（Moonitz [1974], pp.7-8；小森訳，pp.12-13）。しかしながら，クックの間もなくの辞任の後 SEC 委員長に就任したレイ・ギャレット（Ray Garrett, Jr.）は，1973 年 10 月の AICPA 年次大会において，以下のように講演している。

　　「もし監査人は経営者不正を発見する責任をいっさい負うべきではないという見解を会計プロフェッションが採っているとすれば，会計プロフェッションに対して実に重く不公正な責任負担をさらに課してしまうという事態を避けられる可能性は低くなる。［監査］基準は，プロフェッションによってこそ最も良好に設定されうるし，また，監査人がいかに注意深く隠蔽されたとしてもすべての形式の経営者不正に対する保証者であるとされてしまう怖れを和らげることができる」（Garret, Jr. [1973], p.14）。

8　Olson [1982], p.88.

した。そして，AICPA 会長のルロイ・レイトン（LeRoy Layton）は，この特別委員会の委員長に元会長のマーヴィン・ストーン（Marvin Stone）を任命することとした。

　この特別委員会を設置する理事会の決議では，「……委員会の設置は，職業倫理綱領の規則への違反の可能性を取り扱う会計士協会の通例の手続からの逸脱を含むものとして理解されるべきではない」とされており，したがって，ストーン委員会は，はじめから，事件に関与した会計士ないし会計士事務所の犯した過誤ないしはその法的責任について評価・判定することを意図してはいなかった。同委員会の任務は，あくまでも，EFCA の問題が"一般に認められた監査基準（GAAS）"に対して変更を要求するものであるかどうかを検討することであった。

　ストーン委員会は，一般に認められた監査基準として識別されていた 10 の監査基準[9]だけでなく，それらの監査基準を達成する手段として位置づけられている監査手続についてもより特定的な評価を行なうという前提に立って，その状況において通例適用されたであろう監査手続に焦点を当てており，また一方で，不正摘発に関する監査人の一般的な責任についても考慮している。

　ただ，いずれにしても，ストーン委員会は，監査を担当した会計事務所の個別の監査手続の是非については直接言及することは意図していないため，この不正に関連した財務諸表を再監査することはなかったし，EFCA を監査した会計事務所の監査調書を取り寄せて調査することもなかった。代わりに，基礎的な事実認定に関しては，トゥッシュ・ロス会計事務所（TR 会計事務所）のグロスマン（Norman Grosman）らの破産裁判所に任命された監査人から，ある

---

[9] 1947 年の『監査基準試案（*Tentative Statement of Auditing Standards*）』において，(1) プロフェッショナルとしての適格性，(2) 独立性の保持，(3) 正当な注意の行使，(4) 監査計画と監督の適切性，(5) 内部統制の適切な調査・評定，(6) 証拠資料の十分性と適格性，(7) 一般に認められた会計原則への準拠性への意見，(8) 会計原則の継続的適用への意見，(9) 財務諸表における情報開示の十分性，の 9 つの監査基準が識別され，1948 年 9 月に会員総会での承認を受けた。その後，1949 年の監査手続書第 23 号で，意見の表明を差し控える旨を記載するための要件に関する 10 番目の基準が付け加えられ，1949 年の会員総会での承認を受けた。したがって，アメリカ公認会計士協会は，一般に認められた監査基準として，この時点で，合計 10 の監査基準を識別していた。

いは公表された『管財人報告書』から,この不正の本質について広範な情報を収集するにとどまった。

### (3) ストーン委員会報告書

ストーン委員会は,その報告書[10]において,「エクイティ・ファンディング事件に照らして,財務諸表監査において現在適切かつ十分であるとみなされている監査基準に変更を加えるべきか」について,「保険保有契約高（insurance in force）の確認に関する監査手続と関連当事者間取引の監査を除いては,一般に認められた監査基準は適当であり,また,監査人が一般に用いている監査手続に変更を加える必要性は存在していない[11]」との結論を示した。

同委員会は,「通例の監査手続が適切に適用されていれば,それらによってEFCAでの不正の存在が摘発される合理的な保証が提供されたであろう[12]」と力説している。そして,「明らかに,EFCAの内部統制は会計記録の信頼性に不安を抱かせるほど弱いものであった[13]」ため,一般に,こうした状況では,「内部統制が弱いことを根拠に,通例の監査手続が拡張され,それによって不正摘発の可能性を高めることができた[14]」と指摘している。

さらに,報告書では,「EFCAで不正な帳簿記録がなされたいくつかの勘定項目の正当性を検証するにあたって,その状況で通例では適用されたであろうと委員会が考える監査手続」が具体的に提示されている[15]。そこで掲げられた項目は,①架空のファンド貸付金,②架空の手数料収益および手数料費用,③架空の生命保険契約,④その他の架空の受取債権および故意に過大評価された

---

10 AICPA [1975], *Report of the Special Committee on Equity Funding; the adequacy of auditing standards and procedures currently applied in the examination of financial statements.*
11 AICPA [1975], p.27. ストーン委員会は「この結論に行き着くにあたり,ある監査手続を実施せずに済ませた監査のやり方（ways in which virtually any audit procedure my be thwarted）を仮定することができる」という前提で,その後の議論を展開している。
12 *Ibid.*
13 *Ibid.*
14 *Ibid.*
15 AICPA [1975], pp.27-32.

資産，⑤架空の証券取引，であった。例えば，本件で最も重要な資産項目とされ，そして，実際に，最も早くから過大計上がなされていたファンド貸付金への監査手続について，以下のように解説している。

　当委員会は，以下に挙げる通例の監査手続を合わせて用いれば，架空のファンド貸付金が発見される合理的な保証を提供できる，と確信している。
・監査人の統制下で，借り手［保険契約者］の名前，完全な勘定番号および残高を示したファンド貸付金勘定の試算表残高を作成する
・試算表残高と総勘定元帳上の統制勘定残高を残高調整し，調整項目の妥当性を確かめる
・ファンド貸付金勘定への増減記帳を試査によって査閲し，当該変動を裏づける文書を調査する
・試査により，借入残高，担保化されている額に関する借り手からの確認を要求する
・試査により，個々の借り手が担保に付しているミューチュアル・ファンド持分の確認を，証券保管業者に要求し，あるいは，それを調べる

　そのうえで，「［EFCAの］監査人は，手作業で，あるいはコンピューター・プログラムを利用して，ファンド貸付金の試算表残高やその確認に関連するこれら上記の監査手続を実施することが可能であった[16]」と指摘している。
　報告書では，同様の表現方法で，架空の手数料収益および手数料費用，架空の生命保険契約，架空の証券取引，その他の架空の受取債権および故意に過大評価された資産についても，「その状況で通例では適用されていたであろうと委員会が考える監査手続」が提示されている[17]。

---

16　AICPA [1975], p.28.
17　いずれの場合もほぼ同様の表現方法であったが，あえてニュアンスを変えていると思われる部分もある。その他の架空の受取債権等に関してだけは，「当委員会は，以下に挙げる通例の監査手続を合わせて用いれば，受取債権が正当なものかどうかについての重大な疑問を生じさせると確信している」とされており，「合理的な保証が提供できると確信している」との表現は避けられている。

このように、報告書では、しかるべき監査手続をこのように適切に実施していれば、EFCAの監査の場合も不正を発見することが十分に可能であったとされている。

　さらに、報告書は、不正に対する監査人の責任全般についても大幅に紙幅を割いて説明している。委員会は、「EFCAにおいて広範に行なわれた不正は、監査人の不正摘発の責任と、その責任に対する会計プロフェッションと公衆の理解とについて根本的な概念上および実務上の問題を生じさせた[18]」との認識を示し、主として公衆の誤解あるいは無理解を正すという観点から、従来からの会計プロフェッションの不正摘発への考え方を詳説している。これは、ストーン委員会が「不正の摘発に関連する基準は、公衆の誤解を避けるために、より積極的な表現で書き直されるべきである[19]」と考えたためであるとされる。

　報告書によれば、個々の監査基準を達成するために数多く用意されている通例の監査手続は、不正摘発を特定の目的としているわけではないが、帳簿記録の信頼性を試査によって調査するように定められており、不正が存在する可能性に関して疑念を生じさせることもある。監査人は、会計記録や財務諸表に影響を及ぼす経営者の誠実性の欠如があるとの疑いを持ったならば、試査手続の種類、範囲、時期を修正して、その疑念を裏づけるのか、斥けるのか判断しなければならない。

　報告書は、「監査人による無限定適正意見は財務諸表には重要な不正が存在しないという一定の保証を提供しているが、……その意見が、不正が存在しないことに関して合理的に期待できるよりも高水準の保証を提供していると誤って理解されている怖れがある[20]」として、そうした理解の前提となるものとして、監査における本質的制約について詳述している。そのうえで、「監査人は、すべての監査において、不正の可能性を認識していると期待される。しかし、

---

18　AICPA [1975], p.35.
19　Olson [1982], pp.89-90. なお、監査基準書第16号「誤謬または異常事項の発見に対する監査人の責任」（1977年1月）は、エクイティ・ファンディング事件を調査したストーン委員会の、不正の発見に対する監査人の責任に関してAICPAが表明してきた立場を明確化する必要性があるとの指摘を受けて公表されたものである（Olson [1982], p.105）。
20　AICPA [1975], p.36.

監査人には，疑念の根拠がない限り，なされた陳述の真実性や調べている文書の真正性を受け入れざるをえない場面がある[21]」としている。さらに，「監査基準は，いつも例外なく，そこでの監査意見がEFCAの場合のような"巨額の（massive）"不正が存在しないとの合理的な保証を意味する[22]」とする公衆の見解は「適切とは考えられない[23]」と一蹴している。共謀が巧みに行なわれれば，「たとえ巨額の不正であったとしても，一般に認められた監査基準に準拠して行なわれた監査によっても発見されずにいる可能性がありうる[24]」というのが委員会の見解であり，そして，会計プロフェッションの見解であった。

ストーン委員会は，ある意味で与えられた任務に忠実に，EFCAの監査人の過誤に対する判断をしなかったが，一方で，監査基準は適切であったと断定したことで，EFCAの監査人が従事した行為を問題にしないわけにはいかなくなった[25]。一般に認められた監査基準が誤っていなかったとして，そして，不正が非常に広範なものであったならば，そのときは，その責めは監査人が負わねばならないからである[26]。こうしたジレンマが，委員会の業務を困難で議論のあるものにした。とくに委員会がその報告書をまとめようとしていたのは，まさにウォルフソン・ウィーナー会計事務所（Wolfson, Weiner & Company）の監査人の公判が始まろうとしていた時期であった。最終的に，2人の委員が，訴訟当事者である3人の監査人の権利が不当に侵害される怖れがあるとして，進行している訴訟が結審するまで，報告書の公表には同意しなかった。また，訴訟の過程で委員会の結論を左右するほどの追加的な情報が明らかになるかもしれないという懸念もあった。

報告書公表に対する理事会の最終的な承認は，監査基準書等の公式な発行文書との整合性についての監査基準常務委員会による検証を受けることを条件に，1975年2月27日に与えられた。これは，関与した2つの会計事務所，すなわち，

---

21　AICPA [1975], p.37.
22　AICPA [1975], p.38. 圏点は引用者による。
23　*Ibid.*
24　AICPA [1975], p.39.
25　Olson [1982], p.90.
26　Seidler *et al.* [1977], p.339.

セイドマン&セイドマン会計事務所（Seidman & Seidman）とハスキンズ&セルズ会計事務所（Haskins & Sells）の代表が理事会へ出頭し，意見陳述を行ない，さらに，委員会の多数派が報告書の即時の公表こそが公衆と会計プロフェッション双方の最大の利益になるという意見であるとのストーン委員長の報告がなされたあとでの決定であった。ただ，監査基準常務委員会の検証は1975年中旬まで完了せず，さらにまた，6月後半になって，EFCAの監査人であった2つの会計事務所の代表パートナーが報告書の公表に再度反対した。両事務所は，プロフェッションの協会がそのメンバーの利益を損なう行為をなすべきではないと主張してきた。しかし，理事会は，個々の会計事務所の利益がプロフェッション全体のより大きな利益の実現を阻むものであってはならないと結論し，報告書は最終的に公表された[27]。

のちにコーエン委員会の委員長代理を務めることになるニューヨーク大学のセイドラー（Lee J. Seidler）教授らは，ストーン委員会報告書がまったく取り扱わなかった論点として，以下のように問題提起していた。

「小規模な，実態をよく把握していない業務（small, less known practice）を［統合により］手に入れた"ビッグ・ネーム"の会計事務所の，公衆に対する責務はいかなるものであろうか。エクイティ・ファンディング事件におけるセイドマン&セイドマン会計事務所の場合に当てはまっていたと思われるように，新たに取得した会計事務所の取得前と変わらぬ能力と人員に依拠して，簡単に自らの承認を与えることができるものであろうか。あるいは，取得された業務活動を新たに統合し体系化する責務があるものなのか[28]。」

また，セイドラー教授らは，EFCAの重要な保険子会社であったEFLICの監査を行なっていたハスキンズ&セルズ会計事務所に対する報告書の取り扱いについても不満を述べている。

---

27 Olson [1982], pp.90-91.
28 Seidler *et al.* [1977], p.340.

「ストーン委員会は，……ハスキンズ＆セルズ会計事務所が不正を発見することは困難であったと指摘している。しかしながら，もしハスキンズ＆セルズ会計事務所がEFLICとEFC-Cal（Equity Funding Corporation of California）の両社を監査していたら，不正を発見することができたであろうことは明らかである[29]。」

セイドラー教授らは，大規模会計事務所が当時直面していた問題，業務統合を行なう際のあり方，あるいは連結企業集団に対する監査において複数の会計事務所が関与している際のあり方のような問題を，AICPAの委員会はまったく議論しなかったことに批判的な視線を向けていた。

いずれにしても，ストーン委員会報告書を含めた，こうした会計プロフェッション側の対応は，SEC，そして公衆を，大きく失望させることになった。

## 3．SECの対応

### (1) 不正の発覚とSECの調査

EFCA破綻の契機は，EFCAの子会社で事件の中心となったEFLICの副社長を補佐していた元従業員によるニューヨーク州保険監督局への通報であった[30]。1973年3月6日に同氏から情報提供を受けたニューヨーク州の事務官はカリフォルニア州保険監督局にこの情報を中継し，さらに，そこから，SECのカリフォルニア支部，続いて，イリノイ州の保険監督局に連絡された[31]。こ

---

29　*Ibid.*
30　Report of the Trustee [1974], pp.106-107；Soble and Dallos [1975], *The Impossible Dream: The Equity Funding Story*, pp.172-178.　この内報者は，同日，レイモンド・ダークス（Raymond Dirks）という人物に情報提供を行なった。当時，保険証券を得意とする証券アナリストとして知られたダークスは，その後，エクイティ・ファンディング事件を題材とした『ウォールストリートの大スキャンダル（*The Great Wall Street Scandal*）』という書物を出版している。
31　EFLICは1968年にイリノイ州で設立された法人となっており，その本社は1969年にカリフォルニア州に移されていた。

れによって関係当局は不正の可能性を知ることとなった。

　そして3月12日，イリノイ州保険監督局は，事前通告なしにEFLICに調査官を派遣した。数日後，カリフォルニア州監督局の調査官も続いた。EFLICの資産のうち2,400万ドルは実在していない債券の形で計上されていたが，EFLICを支配していたEFCAの経営陣は，実物を調べられ，債券が実在しないことが調査官に知られることを怖れて，実物資産に対する調査を妨害する手立てを講じた。とくに，調査官の調査状況を把握し，これに対処するために，EFCA本社内に盗聴器を仕掛け，調査情報を得ていた。しかし，立ち入りによる資産の実物確認が避けられないとわかってからは，決算日以降に2,400万ドルの債券は別の諸取引に利用したという新たな口実を用意し，それらの取引に関連した証拠を偽装する工作を行なった。また，虚偽の保険契約の発見を困難にするために，保険契約のコード番号にスクランブルを掛け，あるいは虚偽の契約の証拠記録を破棄した。

　しかしながら，これらの企ては結局無駄であることが次第に判明する。3月19日頃から，ウォールストリートではダークスの情報に基づくEFLICの不正の噂が，EFCA株式の売買取引に重大な影響を及ぼし始めていた。こうしたなか，3月26日に，EFCAの1972年度の監査が終了し，監査人であるセイドマン＆セイドマン会計事務所の代表者がEFCA経営陣と最終調整を行なった際に，経営陣は，この噂が真実のものであるかどうかを確かめるためにセイドマン＆セイドマン会計事務所にEFLICに対する集中的な監査を行なうように指示した[32]。それでもなお，証券取引所での状況はより一層悪化していた。27日になると，さらに売り注文が殺到したため，12時45分に，ニューヨーク証券取引所はEFCA株式の全取引を停止する措置を採った[33]。さらに，翌28日，コンピューター上の証拠資料の消去が組織的になされているとの内報を受け，SECは，EFCAのすべての証券の国内登録証券取引所での取引を停止する命令を発し，さらに，首謀者と目されるEFCA社長のゴールドブラム（Stanley Goldblum），EFLIC社長でFECA副社長のレヴィン（Fred Levin），EFCA副

---

32　Report of the Trustee [1974], p.111.
33　Report of the Trustee [1974], pp.111-112.

社長兼コントローラーのロウエル（Samuel Lowell）を含めた5人の経営陣に対し，SECロサンゼルス支局に出頭し，証言を行なうこと，また，架空の保険契約は存在しない旨の宣誓供述書に署名することを要請した[34]。

しかしながら，ゴールドブラムらはSECの求めに応じることはなかった。彼らが自発的に出頭しない場合，SECは召喚令状を発して強制的に証言を求めることになるが，そうなれば，合衆国憲法修正第5条を持ち出して証言を拒否する構えであった。ただ，その場合にはSECは会社更正手続を求めてくるであろうとも想定していた。その間，架空の保険契約の確固たる証拠を発見したとするEFLIC元従業員のグループと，セイドマン＆セイドマン会計事務所の代表を同席させた会合が設けられた。元従業員グループは，監査人であるセイドマン＆セイドマン会計事務所に対して，架空の保険契約の証拠だけでなく，メープル・ドライブで行なわれた隠蔽工作についても暴露した[35]。

こうした元従業員グループが独自に調査した結果を入手したカリフォルニア州保険監督局の事務官は，セイドマン＆セイドマン会計事務所と共だって，SECロサンゼルス支局に出向き，情報共有を行なった。そして，これ以上の証拠記録の破棄と首謀者たちの逃亡を防ぐための手立てをカリフォルニア州法務局と協議した。とりわけ財産隠匿が懸念されたため，カリフォルニア州保険法に基づく財産差押手続に着手することとなった[36]。この間，ある社外取締役の強い要請で，セイドマン＆セイドマン会計事務所によるEFLICの保険契約者に対する電話でのサンプル調査が実施された。その結果，リストにあった82人のうち35人に電話が通じたが，そのうち6人からしか確認が得られなかった。さらに，4月1日に開かれた緊急の取締役会では，SECの要求する方向性で，ゴールドブラム，レヴィン，ロウエルら経営陣の辞任が要求された。彼らは，いかなる状況においてもEFCAが破産管理下に置かれることは避けなければならないとして，状況を打開するために相談役などの形で会社内に残留することを主張したが，最終的には，ゴールドブラムは用意された契約書類にその場で署名し，レヴィンとロウエルは辞任を約束した（後日，書類に署名し

---

34　Report of the Trustee [1974], p.113.
35　Report of the Trustee [1974], p.115.
36　Report of the Trustee [1974], pp.115-116.

た）[37]。

　そして週明けの4月2日，ウォールストリートジャーナル紙の一面に，EFCAにおける不正を報じる記事が掲載され，ついに不正は一般公衆の知るところとなった[38]。さらにこの日の午後に再招集された取締役会では，SECがEFCAを連邦証券法規の違反で連邦裁判所に提訴する件について議論された。ここで取締役会は，EFCAにこれ以降不正な行為を行なわせないための終局的差止命令に同意するかどうかを決定しなければならなかった。議論の末，役員たちは最終的にこの同意判決案を受け入れ，また，SECと連邦地区裁判所が適当とみなせば，連邦破産法第X章の適用を受けることを正式に決定した。その後，シティバンクを中心とした取引4銀行は，強制的に，特定融資契約の下でのEFCAの借入債務に対して預金残高1250万ドルのうち800万ドルを差し押さえた。こうした相殺が行なわれたことを受けて，正式に連邦破産法第X章の適用を申請し，会社再生を図ることとなった[39]。第X章の適用は4月5日に申し立てられ，承認された。

### (2) トゥッシュ・ロス会計事務所による "監査"

　不正発覚の当初から，SECは，監査人をセイドマン＆セイドマン会計事務所から別の会計事務所に交代することを求めていた。トゥッシュ・ロス会計事務所（TR会計事務所）とプライス・ウォーターハウス会計事務所（PW会計事務所）が選択肢として挙がったが，最終的に，TR会計事務所が選ばれることとなった[40]。1973年4月2日，TR会計事務所はこれを引き受け，TR会計事務所は，いったん連邦判事によって裁判所による財産管理上の監査人として任

---

37　Report of the Trustee [1974], pp.117-118; Soble and Dallos [1975], pp.244-256; Dirks and Gross [1974], *The Great Wall Street Scandal*, pp.202-207.
38　「ビヴァリーヒルズ発——保険業における史上最大規模のスキャンダルが保険販売で急成長をみせていたEFCAの周辺で噴出し始めた。この不正事件は，主要な子会社であるEFLICを中心に起こっている」と報じられている。
39　Report of the Trustee [1974], p.120; Soble and Dallos [1975] pp.257-263; Dirks and Gross [1974], pp.216-227.
40　Soble and Dallos [1975], p.255: Report of the Trustee [1974], p.119.

命された。その後，連邦破産法の適用を受け，同法第X章の下での会社再生が行なわれることになり，同会計事務所は再び監査人に任命された。裁判所命令では，破産申請を行なった4月5日時点のEFCAの貸借対照表について調査し，また，管財人が必要とするその他のサービスを提供する責任を負うものとされていた[41]。

事実上の"不正摘発監査"の依頼を受けたTR会計事務所は，事務所内で保険業の監査を得意としていたグロスマンを関与パートナーとしたチームを編成して対応した。グロスマンの率いる監査チームは，このとき，2つの，おそらくは分離された，任務を認識していた。「1つは，［カリフォルニア州・イリノイ州保険監督局，SEC，連邦捜査局，合衆国郵便公社などによる捜査が］EFCAの現在の財務状態がどのような状態であるかを確定する手助けをすることであり，いま1つは，［そこにおける］不正調査（fraud investigation）を手助けすることであった[42]」。

こうした特殊な任務を遂行するにあたっては，通常の監査では想定されない実務上の問題に直面せざるをえなかった。グロスマン自身，その問題点について以下のように振り返っている。

「……［EFCAでは］違法行為が蔓延していたため，われわれは会社に残っている人物の誰が不正に関与していないのか，すなわち，誰［からの情報］を信用してよいのか，即座に判断することができなかった。……また，明らかに，記録は非常に粗雑な状態にあり，その多くは完全なものではなかった。われわれは，とくにコンピューター・ファイルなどの記録が，不正を隠蔽するために過去にすでに破棄されてしまっているのかどうか，あるいは，改ざんされてしまっているのかどうか，確証を持てなかった。……上級の財務担当者や経営執行責任者たちはすでに会社を離れており，具体的な取引に関して話を聞く相手が誰もいなかった。……ほとんど情報を得ることのできない多くの通例でない［ファンド貸付金のような］受取債権が帳簿には存在して

---

41 Hudes [1973], "Behind the Scenes at Equity Funding," p.14.
42 Grosman [1976], "How to Audit a Known Fraud," p.13.

いた。……とくにコンピューター部門の従業員への信頼性が深刻な問題となった。別の不正領域においても，われわれは，勘定残高を再構成することはできたが，われわれが構成した情報を裏づける相手がいなかった。

　……最も重大な問題と思われるものは，われわれの手元にあるのが完全な記録であるのかという不確実性に関連するものである。……われわれは，この領域で広範な不正が存在していることはあらかじめわかっていたが，それがどれくらいの規模であるのかはわからなかった。……もう1つの大きな問題は膨大な数の多額の通例ではない受取債権に関連している。……これらの受取債権について話を聞く相手がいないために，その債権の内容，その回収可能性を見極めるにはかなりの労力が必要であった。……［文書が偽造されている］度合いがわからなかったので，外部源泉からの証拠によって内部の文書の広範な検証を実施しなければならず，……［試査ではなく］最終的に，ほぼ100％の検証を実施せざるをえなかった。……[43]」

さらに，通常の監査業務とここでの業務との本質的な違いを次のように説明している。

「通常の監査では，比較的限られた数の勘定残高および取引を実証する。確認状の回答が得られないという問題は，無視すべきではないが，重要な問題ではない。しかし，EFCAの状況では，通例の監査では存在しない領域で問題が生じている。例えば，通例の監査では勘定残高を確定するために外部者からの情報を入手する必要はない。［しかし］……EFCAの場合には，勘定残高を再構成するために必要とされる基礎的情報を外部者に求めなければならなかった。……[44]」

「通常の監査では，最終的に集計された勘定残高を取り扱う。不確実性は，もしあっても，限定され，明確に規定される。しかし，EFCAの場合には，

---

43　Grosman [1976], pp.12, 13.
44　Grosman [1976], p.16.

そのように集計にいたるまで待っていたら，われわれの報告書自体が発行できなかったであろう[45]。」

最終的に，TR会計事務所は，1974年の2月初旬にEFCAの財務状態を確定するための監査業務を終了し，その報告書を，管財人を通じて，裁判所に提出した。ここでの監査の結果は，1974年2月22日付の『管財人報告書』に転載された[46]。これによって，EFCAの現実の財務状態とそこで行なわれた不正の規模が，ある程度客観的に明らかにされることとなった。さらにまた，TR会計事務所は，1974年10月31日付の『管財人報告書』の作成にも参画し，そこで多くの基礎的財務情報を提供した。このように，TR会計事務所の監査チームは，再建会社としてのEFCAの会計的な基盤を確立し，また，会社再生の過程で必要とされる財務情報を提供するなど，会社更生手続を円滑に進めるうえで，大きな役割を果たすこととなった[47]。

### (3) SECによる会計事務所への懲戒検討手続

すでにみたように，EFCAの監査人であったウォルフソン・ウィーナー会計事務所（統合時は，ウォルフソン・ウィーナー・ラットフ＆ラパン会計事務所（Wolfson, Weiner, Ratoff & Lapin））ロサンゼルス支局の業務は，1972年2月に，セイドマン＆セイドマン会計事務所によって統合された。セイドマン＆セイドマン会計事務所は，この頃，全米規模の会計事務所（national accounting firm）へと展開しつつあり，この時点で，全米で10位程度の準大手会計事務所として知られていた。

SECは，この業務統合に関して，セイドマン＆セイドマン会計事務所の行為，

---

45 Grosman [1976], p.17.
46 連邦破産法に基づいて任命された管財人ロバート・ローフラー（Robert M. Loeffler）は，1974年2月22日と10月31日に，それぞれ，『管財人報告書（*Report of the Trustee*）』を作成している。前者が中間報告書，後者が最終報告書の位置づけと推察される。10月31日付の報告書は，そのほとんどがSeidler *et al.* [1977], pp.126-284に転載されており，省略された付録の一部分を除き，全文を参照することができる。
47 Grosman [1976], p.18.

および同会計事務所の関連パートナーその他の被用者の実施した行為とEFCAを含む3社の旧ウォルフソン・ウィーナー会計事務所のクライアントに対する財務諸表監査について，実務規則・規則2 (e) (1) に基づいた行政手続を進めていた。本件に関して，セイドマン＆セイドマン会計事務所は，和解を申し出，SECはこれを受諾した。これにより，セイドマン＆セイドマン会計事務所は，規則2 (e) の下での正式な行政手続の提起にともなう権利を放棄するとともに，SECスタッフによってなされた調査の結果について認否を行なうことなく，その内容を公表することに同意した。こうして公表されたのが，1976年9月に発行された会計連続通牒（ASR）第196号であった。

旧ウォルフソン・ウィーナー会計事務所に属し，EFCAの監査を担当したジュリアン・ウィーナー（Julian Weiner）とソロモン・ブロック（Solomon Block）は，すでに連邦証券法規の違反で有罪の判決を受けていたため，規則2 (e) (2) の条項に基づいて，SEC管轄実務の特権が自動的に停止されていた。そこで，SECは，もっぱらセイドマン＆セイドマン会計事務所によるウォルフソン・ウィーナー会計事務所ロサンゼルス支局の業務の取得の観点から，旧ウォルフソン・ウィーナー会計事務所によるEFCAへの監査業務についても調査し，検討した。

そのうち，とくにEFCAの監査に関連して，「1972年2月にセイドマン＆セイドマン会計事務所がウォルフソン・ウィーナー会計事務所の業務を統合した際，EFCAの1971年度の監査業務はほぼ完了していた。1971年度の監査業務を実施した担当者のほとんどすべてが元来ウォルフソン・ウィーナー会計事務所に所属する会計士であったにもかかわらず，セイドマン＆セイドマン会計事務所は，独自のレビューを実施していなかった。セイドマン＆セイドマン会計事務所は，それまでの監査業務がウォルフソン・ウィーナー会計事務所のパートナーによってレビューされていなかったことを知りながら，まったく不適切にも，ウォルフソン・ウィーナー会計事務所側の説明を鵜呑みにし，1971年のEFCAの監査は適切に実施されているとみなし，1971年のEFCAの財務諸表にセイドマン＆セイドマン会計事務所の名称を記載することを認めた[48]」と指摘している。さらに，SECスタッフの調査では，この業務統合時に行なわれていた1971年度の監査には「多くの深刻な監査上の欠陥[49]」が認められ

るとして，具体的に，ファンド貸付金の相手であるプログラム参加者のデータとの照合および確認，1969年のトレイル・コミッションの検証手続，手数料債権の監査手続，あるいは EFCA 子会社の銀行から EFC-Cal への200万ドルの不正振替を隠蔽するために偽装されたユーゴスラビア法人アパテックス社（Apatex）のコマーシャル・ペーパーへの検証手続を挙げ，これらの場面で，十分な監査手続が実施されなかったと指摘した。

しかしながら，強調されていたのはこうした監査業務をセイドマン＆セイドマン会計事務所がまったくレビュー（審査）していなかった点であった[50]。結論的に，「上述したウォルフソン・ウィーナー会計事務所の監査業務は明らかに欠陥があり，結果として，これを綿密に検討したというのは不適切であるようにみえる。セイドマン＆セイドマン会計事務所の行為に関しては，記録された資産と監査調書との間の比較によって，監査証拠の全体的な不適切性が非常に明白となっている。それでも，セイドマン＆セイドマン会計事務所は，EFCA の1971年度の財務諸表についてのウォルフソン・ウィーナー会計事務所の承認を，同会計事務所の監査調書をまったくレビューすることなしに，自らのものとしてしまった[51]」と指摘している。

このようにして，ASR 第196号の全体的な結論は，以下のようにまとめられる。

「[本手続の提起の原因となった] 問題事項は，セイドマン＆セイドマン会

---

48 Opinion and Order Pursuant to Rule 2 (e) of the Commission's Rules of Practice *In the Matter of Seidman & Seidman*, Accounting Series Release No.196, (September 1, 1976), p.3448；八田訳「会計連続通牒第196号」鳥羽・村山責任編集『SEC「会計連続通牒」3』，p.78.
49 ASR No.196, p.3448；八田訳，p.78.
50 「[深刻な監査上の] 欠陥の1つが，相応の能力のある上級スタッフによる監査業務のレビューが事実上存在しなかったことである。この欠陥はセイドマン＆セイドマン会計事務所には隠蔽されていたのであるが，委員会は，セイドマン＆セイドマン会計事務所は監査が適切に実施されているという説明にただ依拠するのではなく，監査報告書に同事務所の名称を付与する前に，1971年の EFCA の監査調書をレビューするべきであったとの意見である」（ASR No.196, p.3448；八田訳, p.78）。
51 ASR No.196, p.3450；八田訳, p.86.

計事務所が欺かれた被監査会社による不正な行為と関連しているが，それにもかかわらず，われわれ SEC は，セイドマン＆セイドマン会計事務所がプロフェッションの基準（the standards of the profession）に要求されるやり方でその責任を果たしたとはいえないと結論する。

……スタッフによる調査の結果，われわれは，ウォルフソン・ウィーナー会計事務所のカリフォルニア州ロサンゼルス支局によって実施された監査実務はプロフェッションの職業基準（professional standards）をはるかに下回るものであり，また，同支局の被用者は，SEC の規則，独立性に関する会計プロフェッションの基準に明白に違反した行為あるいは実務に従事したと判断した。

セイドマン＆セイドマン会計事務所は，事務所の統合の前に［統合相手に対する］合理的な調査を怠り，ウォルフソン・ウィーナー会計事務所の支局のスタッフ・メンバーの実務，プロフェッショナルとしての資格を正当にレビューせず，被監査会社からの独立性に関連する要因について適切に調査しなかった。統合後，セイドマン＆セイドマン会計事務所は，プロフェッショナルとしてのレビュー実務と，旧ウォルフソン・ウィーナー会計事務所の顧客（被監査会社）に関係して独立性を維持することを保証する合理的な手順を取らなかった[52]。」

このように，ASR 第 196 号で SEC が問題にしたのは，セイドマン＆セイドマン会計事務所のような大規模会計事務所の業務統合のあり方，その前後でのレビューのあり方についてであった。

しかしながら，セイドラー教授らは，SEC の批判の矛先が適切な方向に向けられていないことに不満を述べていた。

「SEC は，ウォルフソン・ウィーナー会計事務所を取得するにあたってのセイドマン＆セイドマン会計事務所の注意の欠如を手厳しく非難し，旧ウォルフソン・ウィーナー会計事務所の監査人が引き続き EFCA の監査を実施

---

52 ASR No.196, pp.3438-3439；八田訳, pp.50-51.

していたことに注目しているが，残念ながら，こうした取り決めは統合にあたってとくに合意されたものであったという何度もなされた批判には言及していない。……[53]」

## 4. コーエン委員会と監査基準の設定

### (1) コーエン委員会

AICPAは，エクイティ・ファンディング事件の発覚後に，直ちに，ストーン委員会を組織して，プロフェッションとしての組織的な対応をみせたが，それでもなお，EFCAにおける巨額の不正の発覚により会計プロフェッションのイメージは大きく傷つけられたとの認識を持ったAICPA理事会は，1973年10月12日に，アトランタでの年次大会に先立って，協会指導者たちを集めた会合を開き，この問題に対処するためになすべき方策について議論を行なった。その会合において，理事会メンバーのイヴァン・ブル（Ivan O. Bull）から，監査人の適切な責任について検討する公共性を持った［委託］委員会（public commission）を設置すべきとの提案がなされ，これが大多数の支持を得るにいたった[54]。

会合の後，この提案が具体化され，翌1974年2月20日には，理事会の正式の承認を受けた。理事会は，この委託委員会の委員長は公認会計士以外の者とすることとし，新たにAICPA会長に就任したサミュエル・デリュー（Samuel A. Derieux）を通じて，委員長候補者への接触を開始した。しかしながら，委員長を初めとする委員会メンバーの人選は難航し，3人の実務家の公認会計士，1人の会計学者，3人の公認会計士以外の者から構成される委員会メンバーが決定したのは1974年10月に入ってからであった。最終的に，元SEC委員長で，当時ワシントンの法律事務所のパートナーであったマニュエル・F・コーエン

---

53 Seidler *et al.* [1977], p.362.
54 オルソン（Wallace Olson）によれば，会合に参加した者たちはみな，公共的な委員会による公平な立場からの報告書が公衆と会計プロフェッションの間にみられる期待ギャップを緩和することを期待していたという（Olson [1982], p.91）。

が委員長への就任を承諾した。「監査人の責任に関する委員会」と名付けられた委員会（コーエン委員会）は，このように，エクイティ・ファンディング事件を契機に高まった公認会計士監査に対する社会的批判や不信を和らげ，業界に対する信頼を回復するために設置された。

コーエン委員会は，1974年11月に活動を開始したが，最初の数ヵ月間を，監査に関連する様々な利害関係者にインタビューを行ない，検討すべき論点を明確にするという作業に費やした。また同時に，数名の研究者に委託して，独立監査人が現在果たしている役割に関連する数多くの問題点について，それぞれ，事実に基づいて分析し，報告書をまとめるよう仕向けた。委員会としての検討は，個々の研究プロジェクトの結果を待たなければならなかったこともあって，比較的ゆっくりと進められた。

1977年3月になって，ようやく，中間報告書が公表され，委員会の暫定的な結論が提示された。加えて，この中間報告書に基づき，1977年6月にはワシントンで公聴会が開催された。1977年6月16日に委員長のコーエンが急死して以降は，学者代表の委員会メンバーであったニューヨーク大学のセイドラー教授が委員長代理として委員会での検討の全責任を負うこととなった。とくにセイドラー教授は，コーエン委員会の中間報告書および最終報告書を起草するにあたり，コーエン委員会の研究部門の責任者であったカーマイケル（Douglas R. Carmichael）と密接に協調した。

中間報告書に示された数多くの勧告はまた，会計プロフェッションをはじめとする利害関係のある団体からの対応策を要求していたが，これに応じて，AICPAでは，どのような方策を，また誰が，採るべきかを検討する特別委員会が設置された。この特別委員会には，サミュエル・デリューを委員長として，他の8人の委員会メンバーにはコーエン委員会の勧告に直接関連するAICPA各種委員会の代表が配置された。3月末に開かれた初会合で，デリュー委員会は，コーエン委員会の6月の公聴会ではAICPAは代表を出して証言を行なわず，最終報告書の公表を待つことを決定した。

一方で，デリュー委員会は，コーエン委員会の暫定的結論を，3つの大まかなカテゴリー，具体的に，①監査基準常務委員会（Auditing Standards Executive Committee）による検討と実施が必要な勧告，②理事会による判断が

必要な政策的問題点，③それ以外の組織あるいは代替的に理事会による判断と実施が必要な政策的問題点，に分類・整理した。1977年7月に，このうち理事会による判断が必要な政策的問題点についての結論が出されたのを受け，理事会は，7月21日の会合で，デリュー委員会の勧告を検討し，種々の決定を行なった[55]。こうして，AICPAは，コーエン委員会中間報告書での個別の勧告に対応して，また，デリュー委員会の提言に基づいて，様々な方策を実施に移した。後述する監査基準常務委員会の構造の研究に関する特別委員会の設置もそのうちの1つであった。

最終的にコーエン委員会は1977年11月にその活動を完了し，翌1978年1月に最終報告書を公表した。同委員会は暫定的結論を大きく変更しなかったため，AICPA理事会の対応も最終報告書の公表に合わせてとくに変更されることはなかった。

コーエン委員会の任命はAICPAにとって重要な意味を持っていた。オルソンは，「AICPAは，コーエン委員会の設置によって信頼性の危機にすでに対応していた。……総合的にみて，様々な方策を実施したことは［プロフェッションの］利益につながっていた。プロフェッションへの極端な批判を弱めることができたし，また，プロフェッション自身が追加的な責任を受け入れるように仕向けることができた[56]」と総括している。

### (2) 監査基準審議会の創設

コーエン委員会は，監査基準の設定プロセスを1つの重要な論点として取り上げ，集中的に議論している。とくに監査基準設定主体のあり方を論ずるなかで，以下のように結論づけていた。

> 「……本委員会は，職業会計士（professional accountants）の手から監査基準設定機能を取り上げなければならない事情は今日までなかったと考える。

---

55　Olson [1982], pp.93-94.
56　Olson [1982], p.96.

……

　監査基準の設定プロセスはそれなりに良好に機能してきたと考えられる。本委員会は監査人を相手取った重要な訴訟事件を検討し，また，それ以外の調査も行なったが，そのいずれの場合においても，監査の失敗の原因が現行の監査基準上の欠陥にあることを指し示す重要な証拠は発見されなかった。失敗の大部分は，監査人が監査基準に違反したことが原因であった。……

　現行の監査基準を改善することは可能であろう。この認識に立って，本報告書では多くの改善事項が提案されている。しかしながら，現行の監査基準の設定の仕組みを変えないでも，監査基準の改善は十分に可能であるように思われる[57]。」

　しかしまた，報告書では，AICPA の監査基準常務委員会を組織改革して，監査基準設定プロセスを迅速化し，また，そのプロセスをより客観的なものとすることが提案されていた。具体的には，「監査基準常務委員会で現在活躍している委員に匹敵する技量と経験を持った者が魅力を感ずるような高い地位で，現在よりも少数の委員が常勤で AICPA からの俸給のもとに活躍できる組織[58]」が監査基準常務委員会に取って代わることを勧告していた。

　しかしながら，デリュー委員会は，こうしたコーエン委員会の勧告を適切なものとして受け入れることはできないと報告し，監査基準常務委員会の構造と運営をより穏当に改善する方法として，現在 21 人である監査基準常務委員会の委員の数を 15 人に削減する，8 大会計事務所からの代表を順次交替させる，票決方法を単純過半数に変更する，委員会の活動を促進させるためにスタッフの能力を高める，などの暫定的な結論を示した。さらに，デリュー委員会は，監査基準常務委員会の再構築を研究する特別委員会を設置すべきことを勧告していた。

　デリュー委員会の勧告に基づいて，AICPA は，1977 年 6 月に，監査基準常

---

57　AICPA [1978a], Commission on Auditors' *Responsibilities, Report, Conclusions, and Responsibilities*, p.128；鳥羽訳『財務諸表監査の基本的枠組み　見直しと勧告　コーエン委員会報告書』，p.248.

58　AICPA [1978a], p.135；鳥羽訳，p.264.

務委員会の構造の研究に関する特別委員会を組織した[59]。この委員会は，理事会の会長／理事長経験者のみから構成されるものとされ，アーサー・アンダーセン会計事務所（Arthur Andersen and Company）の元代表であるオリファント（Walter J. Oliphant）が委員長となった[60]。オリファント委員会は，1977年8月30日に初会合を開き，その活動を開始した。同委員会は，監査基準の設定に利害を有する幅広い関係者から意見を聴取するために，インタビューを実施し，アンケートを行ない，さらに，1978年2月2日および3日には，ニューヨークで公聴会を開催した。

委員会は翌1978年2月末までに暫定的な結論に達し，報告書の草案が作成された。起草にあたっては，ペンシルヴェニア大学のデビッド・ソロモンズ（David Solomons）教授の全面協力があったとされる。

報告書では，非常勤の基準設定組織を維持することを勧告するものの，監査基準設定の組織を監査基準審議会（Auditing Standards Board；ASB）と改称し協会内部に再編するとした。ASBは，必ずしもAICPA会員とは限らない，15人の委員で構成され，監査基準の承認にはうち9人の賛成票が必要とされた。審議会委員は，少なくともその勤務時間の50％をその活動に充てることとし，時間に応じた逸失収入の補償を受けるものとした。その支弁は，申し出によるのではなく，機械的になされるものとした。また，ASBの活動をモニターし，あるいは，これに提言を行なうための，様々な利害グループを代表する12人から18人の委員で構成される諮問委員会を設置するものとした。さらに，スタッフを増員し，これに研究部門責任者を含めて，有能な高給の常務部長によって統率されることを要求した[61]。

これらの提案は，1978年3月2日に，仮報告書という形式で理事会に報告された。理事会がAICPA評議員会メンバーの意見を聴取したところ，特別委

---

59　Olson [1982], p.96.
60　残りの委員は，イヴァン・ブル，フィリップ・デフリーズ（Philip L. Defliese），サミュエル・デリュー，ルイス・ケスラー（Louis M. Kessler）である。
61　AICPA [1978c], *Report of the Special Committee of the AICPA to Study the Structure of the Auditing Standards Executive Committee*, pp.136-138；鳥羽・橋本訳『会計原則と監査基準の設定主体』, pp.192-199.

員会の勧告のほとんどに強い支持がみられるが，AICPA会員以外の者に監査基準設定への関与を認める提案に対しては圧倒的な反対があることが判明した。こうした状況を踏まえて，5月6日，理事会は，①ASBはAICPA会員のみから構成されなければならない，②諮問委員会は最大9人で構成され，また，スタッフの最高責任者は協会の監査担当副会長とする，③ASBの委員の補償金と経費の支弁は，評議員会の現行の経費支弁方針の下でなされ，申し出のみにより行なわれると変更したうえで，特別委員会の報告書を支持した[62]。

続いて，評議員会は，5月10日，理事会の提案した変更事項を含んだ特別委員会の勧告を採択するかどうか，検討を行なった。評議員会は諮問委員会の規模を12人から18人の員数に戻す修正を採択したが，ASBの規模，票決方法，補償金に関する修正はすべて採択することなく，特別委員会の勧告は採択されるにいたった。こうした評議員会の措置を受けて，理事会は，ASB委員への補償金の標準額に対する方針を採択した。これにより，小規模な会計事務所から派遣されている委員が審議会において活動することを促進しようとした[63]。そして，オリファント委員会の最終報告書は，AICPAの小冊子の形式で，1978年5月中に公表された。

その後1978年8月には，新設の監査基準諮問委員会（Auditing Standards Advisory Council）で活動する委員を指名するための委員会が組織され，1979年1月までに，14人の委員からなる諮問委員会が任命された。初代の委員長には，法律事務所のパートナーで，元SECの企業金融部長であったレヴェンソン（Alan B. Levenson）が就任した。諮問委員会には，公共会計士業務に従事している4人の公認会計士とともに，会計プロフェッション外部の様々な利害グループからの代表が含まれることとなった。監査問題に対する専門的な知識を提供できるように，少なくとも数人の実務に携わる公認会計士を委員に含めておくべきというのが同指名委員会の考えであった。

こうして，ASBによる監査基準設定の仕組みが完成することとなった。そして，このASBが，公開会社会計監視審査会（PCAOB）の登場まで，一般

---

62　Olson [1982], p.97.
63　Olson [1982], p.98.

に認められた監査基準を確立することを任務とする唯一の最も権威ある機構となった[64]。

## 5. 小 括

　AICPA のストーン委員会は，エクイティ・ファンディング事件を，「会計プロフェッションが適切な任務を果たさなかったことの証左としてではなく，すでに確立したルールや指針に個々の監査人が従わなかったことの証左として[65]」理解していた。それでも，同委員会が不正摘発に関する監査基準を書き換えようとしたのは，公衆の監査に対する誤解を解くためであり，とりわけ，監査がとくに不正を摘発するように企図されているわけではないことを強調するためであった。したがって，会計プロフェッションにとっての問題は，あくまで監査人の正当な役割について公衆を啓蒙することであり，不正摘発に関する役割のあり方についてプロフェッション内部で再検討することではなかった。

　しかも，こうした理解の背景には，EFCA での監査の失敗はウォルフソン・ウィーナー会計事務所というローカルな小規模の会計事務所が行なった不十分な監査業務の問題であるという認識があったものと考えることができる。そこでは，必ずしも，ウォルフソン・ウィーナー会計事務所を業務統合したセイドマン＆セイドマン会計事務所，あるいは，EFLIC を監査していたハスキンズ＆セルズ会計事務所の行なった監査［業務］の問題としては捉えられていなかった。実際に，プロフェッション内部では，「［EFCA の監査のような］不完全

---

[64] ここにいたるまでの AICPA 理事会の活動を振り返って，オルソンは，「確かに，変革が必要であったかどうか疑問視されるところもあるが，1978 年におけるワシントンの雰囲気は，AICPA が監査人の責任に関する委員会の提案を完全には拒否すべきではないと思わせるものであった（Ibid）」と振り返っている。詳細については第 9 章で触れるが，1977 年から 1979 年初頭は，下院のモス小委員会，上院のメトカーフ小委員会および後継のイーグルトン小委員会が活動中で，会計プロフェッションとしても，そうした議会での批判的な意見の数々に対応していく必要があった。1977 年の会計士事務所管轄部の設置による自主規制プログラムの着手はその最も重要なものであった。当然ながら，それとの整合性を保ったなかで，監査基準設定プロセスの問題がプロフェッション内部のものとして解決されようとしていた。

[65] Young [1997], "Defining Auditors' Responsibilities," p.35.

な監査（a poorly audit engagement）からは何も教訓など得られない[66]」などの意見もあった。

しかしながら，時代背景としては，会計プロフェッションがエスタブリッシュメントとしての存在を顕示していたビッグ・ファームの時代であり，明らかに，関係当局は，このエクイティ・ファンディング事件についても，大規模会計事務所の監査業務の品質管理の問題であると捉えていた。批判の対象は，ウォルフソン・ウィーナー会計事務所ではなく，むしろ，セイドマン＆セイドマン会計事務所であった。また，ハスキンズ＆セルズ会計事務所にも少なからぬ責任があるとの批判があがっていた。この頃，アメリカ会計プロフェッション内部では，"巨大"といってよいほどの大規模会計事務所とそれ以外の中小事務所の二極分化が進行していた[67]。その結果，「大規模な，全米規模の事務所とそれ以外の会計実務者」が，社会からも，まったく異質なものと認識されるようになっていた。同時期のメトカーフ小委員会による批判の立脚点もここにあった。

こうした状況の下でのAICPAストーン委員会の対応が社会を大きく失望させたことは間違いない。そうした期待ギャップの存在が明らかになって，AICPAはさらなる対応を迫られることになる。その後，コーエン委員会を組織したこと，そして，そのコーエン委員会が監査基準の設定のあり方を重要な論点として取り上げたことは，ある意味で必然的なことであった。

結果として，エクイティ・ファンディング事件が，会計プロフェッション内において一般に認められた監査基準とそこにおける不正摘発に対する監査人の責任の適切性を検証させる機会を与えたことは間違いないが，この検証の結果として会計プロフェッションが到達した結論は，社会に，あるいは関係当局に，容易には受け入れられるものではなかった。こうしたなかで，曲がりなりにも，AICPAが主導権を握って期待ギャップを解消するためにコーエン委員会を組織し対応したことは，とくに重要な意味を持っていた。コーエン委員会における検討の卓越性は，同時期のモス小委員会などの議会委員会での批判を和らげ

---

66　*Ibid.*
67　Olson [1982], Chapter 7.

るのに役立ったともいわれる。そうした意味で，アメリカ会計プロフェッションは，エクイティ・ファンディング事件に時機を得て，一応の信頼性の危機を乗り越えることができた。また，このようにして，会計プロフェッションが監査基準設定の権限を死守することができた。しかしながら，これらのことは，同時期を取り上げた第9章でみるように，会計プロフェッションによる自主規制の機構の確立への努力が，SECによって評価，支持されていたという状況の下で成立したということも無視してはならない。

# 第8章

# 規則2(e)手続における有責性

## 1. は じ め に

　監査証明を行なった公共会計士に対してSECが利用可能な唯一の直接的統制手段，すなわち懲戒手続は，実務規則・規則2(e)によるものである。規則2(e)(1)(ii)の下で「プロフェッショナルとしての……不適切な行為に従事した」と認定するにあたって，SECは，被審人となる会計士ないし会計事務所のどのような心的状態をその認定の判断基準としているのであろうか。かくして，加害側の心的状態を問題にする有責性（culpability）が規則2(e)手続においても問題にされる。

　1970年代後半に出されたホッフォフェルダー訴訟をめぐる判決は，SEC規則10b-5の下で必要とされる有責性を問うた重要な判決である。とくに1976年3月に下された最高裁判決をめぐって，SECの，証券取引所法10条(b)項および規則10b-5の違反行為に対する差止請求（injunctive action），さらには，規則2(e)に基づく懲戒手続といった法執行活動のあり方が変容したとみられる。そして，1979年のトッシュ・ロス会計事務所訴訟では，規則2(e)そのものの法的妥当性について争われた。さらにまた，1994年および1998年のチェコスキー訴訟判決では，SECは規則2(e)手続における有責性の基準を明確にするべきであるとされ，これによってSECの懲戒規定の改訂・明示化が図られることとなった。

　本章では，規則2(e)に基づく懲戒手続を進めるうえで，どのような心的状態が必要とされるのか，過失行為に対する取り扱いを軸にして，規制機関であ

るSECがこの問題をどのように捉えていたのか，SEC側の見解を析出する。そして，かかる視点から3つの訴訟判決をめぐる状況を分析し，SECが規則2(e)手続を用いて個人会計士あるいは会計事務所を懲戒処分するにあたって，被審人たる会計士や会計事務所のどのような心的状態をもとに責任を負わせるように考えていたのかを明らかにしていく。

## 2. 詐欺防止規定と公共会計士の法的責任

### (1) 規則10b-5の制定

第5章で触れたとおり，SECは，1942年3月に，証券取引所法10条(b)項[1]に基づいて，規則10b-5を制定した。規則10b-5は，次のように規定している。

規則10b-5【相場操縦的または詐欺的慣行の利用】
　何人も，証券の買付ないし売付に関して，直接または間接に，州際通商の方法および手段もしくは郵便または国法証券取引所の施設を利用して，次に掲げる行為を行なうことは違法である。
　(a) 詐欺を行なうための策略，計略または技巧を用いること
　(b) 重要な事実についての不実表示をなすこと，またはそれがなされた状況からみて誤解を避けるために必要な重要な事実の表示を省略すること
　(c) 詐欺ないし欺瞞となり，またはその怖れのある行為，慣行，または業務に従事すること

---

[1] 授権規定となる証券取引所法10条(b)項は，次のように規定している。

　何人も，直接または間接に，州際通商の方法および手段もしくは郵便または国法証券取引所の施設を利用して，次に掲げる行為を行なうことは違法である。
　………
　(b) 委員会が公益または投資者保護のため必要または適当と認めて定める規則に違反して，国法証券取引所に登録されている証券または登録されていない証券の購入または売却に関して相場操縦的または欺瞞的 (deceptive) 策略もしくは術策を用いること。

規則10b-5は，証券取引所法10条(b)項の規定を受けて，規則10b-5の(b)において重要な事項について不実な記載をすることまた誤解を避けるために必要な重要事項の記載を省略することを禁止している。規則10b-5は，証券取引所法10条(b)項とともに，詐欺防止規定（antifraud provisions）と呼ばれている。

規則10b-5の設定趣旨は証券の買付に関与した者による詐欺を禁止することにある。SECによれば，「それ以前にあった証券買付にあたっての詐欺に対する規則は，ブローカー・ディーラーのみに適用されるものであった。新規則は，買付の際に詐欺が行なわれる場合，［私人たる］個人ないし企業が証券を買い付けることのないように，これを禁止することによって，SECの管轄する詐欺に対する保護措置における法の抜け穴を塞ぐものである[2]」とされている。

## (2) 規則10b-5に基づく私的訴訟とそこにおける法的責任

規則10b-5は，もともと，同規則違反により損害を受けた被害者が私的な損害賠償請求訴訟を提起することを予定していなかった。しかし，1947年のナショナル石膏会社事件[3]において，はじめて，規則10b-5に基づく私的訴権が認められた。この事件を契機として，規則10b-5に基づく訴訟は発展してきたとされている[4]。それ以降，多くの下級審判決は，規則10b-5を黙示の訴訟原因とみて，これに基づく私的な損害賠償請求権を認めるようになり，1971年に連邦最高裁は保険監督者機構事件（404 U.S. 6 (1971)）判決において，そのことを認知した。規則10b-5はこれまで，会社による不実表示のほか，インサイダー取引，ブローカー・ディーラーによる不当な投資勧誘，不正な会社経営，合併・会社の再構成，公開買付等，様々な局面で適用されてきた[5]。

規則10b-5は，当初SECの活動を補完するものと考えられていたために，私的訴訟の手続，要件に関しては何らの定めも置かれなかった。そのため，規則10b-5に基づく私的訴訟の要件は，コモンロー上の詐欺訴訟の要件を基礎と

---

2 Securities Exchange Act Release No. 3230 (May 21, 1942).
3 Kardon v. National Gypsum Co., 73 F. Supp. 798 (1947).
4 山田［1979］「米国SEC規則10b-5にもとづく私的訴訟について（一）」，p.21.
5 黒沼［2004］『アメリカ証券取引法［第2版］』，p.115.

して，判例上形成されてきた。コモンロー上の詐欺の要件ないしは制限原理とされるものとしては，当事者性 (privity)，信頼 (reliance)，因果関係 (casual relationship)，そして欺罔の意図 (scienter) が挙げられる[6]。このうち欺罔の意図の要件は，規則 10b-5 訴訟においてどの程度の故意的な意図が存すれば被告に責任が認められるかという有責性の問題に関わっており，すべての要件のなかで最も混乱している分野といわれていた[7]。

したがって，いずれにしても，この規定の下で投資者が監査人に対して訴訟を起こす場合には，監査人の欺罔の意図が存在したことを立証しなければならないとされていた。

## 3．ホッフォフェルダー最高裁判決と規則 2 (e) 手続

### (1) ホッフォフェルダー訴訟（1971 年，1974 年，1976 年）

公共会計士を相手取った訴訟において最も多く用いられてきた条項は，証券取引所法 10 条 (b) 項および規則 10b-5 である。1968 年のテキサス・ガルフ・サルファ訴訟（控訴審）は，直接に会計士にかかわる訴訟ではなかったが，証券取引所法 10 条 (b) 項および規則 10b-5 違反を犯した人々のみでなく，その違反を幇助ないし教唆した人々もその違反の責任を問われると推論した[8]。この法理が会計士に対して適用されるならば，会計士も証券取引所法 10 条 (b) 項および規則 10b-5 違反の罪を問われることになる。それが現実となったのがホッフォフェルダー対アーンスト＆アーンスト会計事務所訴訟であった。

ホッフォフェルダー（Olga Hochfelder）ら原告は，ミッドウェスト証券取引所会員および全米証券業者協会（NASD）会員であり，登録ブローカー会社であったファースト証券（First Securities Company of Chicago）の投資相談サー

---

6 証券諸法上の詐欺の要件については，第 1 章を参照されたい。さらに，規則 10b-5 における要件の詳細な議論は，Ruder [1963]，"Civil Liability Under Rule 10b-5: Judicial Revision of Legislative Intent?" を参照されたい。
7 山田 [1979]，pp.34-42.
8 SEC v. Texas Gulf Sulphur Co., 401 F. 2d 833 (1968).

ビスを，1942年から1966年にかけて，利用していた。この間，原告は，ファースト証券の社長であり，92％の持分を所有するレストン・ナイ（Leston B. Nay）によって管理された第三者預託口座での投資を行なっていた。ナイは，原告に対し，当該口座は高い投資利回りをもたらしていると説明していた。しかし，1968年のナイの自殺の後，第三者預託口座は架空のものであり，ナイが原告らの資金を私的に流用していたことが明らかになった。

こうした不正な行為を長期間隠蔽できたのは，ナイ本人だけが自分宛の郵便物をみることができるという郵便物に関する特殊な社内ルールが守られていたためであった。事務所を離れるときには従業員がナイの机の上に郵便物を未開封で置いておく。このルールを通じて，架空の第三者預託口座についての原告とのやりとりは，ファースト証券のスタッフを経由することはなく，ファースト証券の帳簿にこれらの口座について記載されることもなかった。

1946年にはじめてファースト証券の監査を行なってから1967年にいたるまで監査人であったアーンスト＆アーンスト会計事務所（Ernst & Ernst；EE会計事務所）は，第三者預託口座が架空であることを発見することができなかった。

1971年，第三者預託口座請求権者にあたるホッフォフェルダーらは，ミッドウェスト証券取引所とEE会計事務所を相手取り，証券取引所法10条(b)項に基づき，損害賠償訴訟をイリノイ北部地区裁判所に提起した[9]。そこで，原告は，EE会計事務所にはファースト証券の監査において合理的な注意を払うことを怠ったことに対する法的責任があると申し立てた。そして，監査が適切に実施されていれば，架空の第三者預託口座の存在を発見するか，少なくとも巨額の不正の可能性を暴いていたであろうと主張した。そこで，被告であるEE会計事務所がプロフェッションの職業基準（professional standards）を遵守しなかったことは，原告の主張の最重要論点であった。

しかし，地区裁判所は，訴訟原因（a cause of action）が過失の申し立てにのみ基づくものとしうるかという点とは無関係に，被告EE会計事務所が一般に

---

[9] Hochfelder v. Midwest Stock Exchange and Ernst & Ernst, N. D. Illinois, 350 F. Supp. 1122 (1972).

認められた監査基準（GAAS）に従って監査を実施したか否かについて，重要な事実に関する真正な争点は存在しないと判断し，EE会計事務所側の略式判決を求める申し立てを認め，ホッフォフェルダーら原告の訴えを却下した。

　これに対し，1974年，ホッフォフェルダーらは，EE会計事務所に有利な略式判決を不服として，第7区巡回控訴裁判所に控訴した[10]。すでに1972年に同控訴裁判所に，SECによるファースト証券への訴えに関して控訴がなされていたので，そこでの事実認定を踏まえて手続が進められた。その際に，原告は，ナイの行為は証券取引所法10条(b)項と規則10b-5に違反している，さらにファースト証券についてはナイによる規則10b-5違反を幇助・教唆した者として責任を追及することができると主張した。さらに，ホッフォフェルダーら原告は，EE会計事務所にはファースト証券を監査するにあたって過失があった，したがって，ナイの規則10b-5違反を幇助・教唆したと申し立てた。

　しかし，対して，EE会計事務所は，ナイの詐欺的な第三者預託口座によるスキームについて知るところがまったくなかったというのが事実であり，それゆえに，ナイによる詐欺を幇助・教唆する責任を負うことはできないと主張した。

　第7区巡回控訴裁判所は，他の者に対して負っている調査と開示の義務に違反した者は規則10b-5の第三者の違反を幇助・教唆したことによる損害に責任を負うと主張し，そこから，一審判決を覆し差し戻した。控訴裁判所は，EE会計事務所がナイの郵便物への決め事を発見できなかったことが調査（inquiry）と開示（disclosure）の義務の違反を成立させるかどうか，あるいは調査と開示がナイによる詐欺の発見または防止につながったかどうかに関する事実に関する真正な争点が存在する（すなわち，略式判決は認められない）と判断した。

　控訴裁判所は，とりわけ，次の5つの条件が満たされたときに，被告は10条(b)項および規則10b-5違反を幇助・教唆したことに法的責任を有するとした[11]。

---

10　Hochfelder v. Ernst & Ernst, 503 F. 2d 1100 (7th Cir. 1974).
11　Hochfelder v. Ernst & Ernst, 503 F. 2d 1100, at 1104.

(1) 被告が調査義務を負っていること，(2) 原告がこの調査義務によって恩恵を受ける立場にあること，(3) 被告がこの調査義務に違反したこと，(4) 調査義務違反に付随して，被告が開示義務に違反したこと，(5) 調査義務および開示義務違反と証券詐欺を助長したことの間に因果関係があること。

これらの5つの条件の存在を立証するには，原告は，必ずしも会計士が詐欺的に行動したということを立証する必要はなく，まして会計士が詐欺的行為によって便益を受けることを証明する必要はないとした。その代わりに，幇助・教唆者が，10条(b)項および規則10b-5に違反して証券詐欺が遂行されていることを知っていた，もしくは知るべきであったということを立証すれば十分であるとした。それゆえに会計士の行為に過失があり，この過失によって証券詐欺を看破できなかった場合には，会計士は，10条(b)項および規則10b-5違反を幇助・教唆した責任を問われるとした。

しかしながら，これに対し，EE会計事務所側が，控訴裁判所の判決を不服として，最高裁判所に上訴した。そして，最高裁判所は，欺罔の意図（scienter）を「騙し，巧みに操り，欺こうとする意図（intent to deceive, manipulate, or defraud）」と措定したうえで，1934年証券取引所法の立法過程をみる限り，「証券取引所法10条(b)項および規則10b-5に基づく損害賠償の請求は何らかの"欺罔の意図"の申し立てがない場合には，認められない」と判断し，1976年3月に，会計事務所の過失によって罪を問えるとした控訴裁判所の判決を覆した[12]。すなわち，会計事務所に対して，過失ではなく，欺罔の意図の存するときにのみ，証券取引所法10条(b)項および規則10b-5違反の罪を問えるとした。

しかしながら，この判決は4対2で採択されたもので，2人の判事は異論を表明していた。そのうちブラックマン（J. Blackmun）判事は，以下のような反対意見を残した。

「投資者は，積極的な詐欺行為（positive deception）と同じくらい過失行為

---

12　Ernst & Ernst v. Hochfelder, 425 U. S. 185 (1976). 本件について，島袋［1977］による解説がある。

(negligent conduct) によっても被害者となりうる，また，［本法廷でなされたように］議会が［立法時に］一方を明確に想定していたが，もう一方は必ずしもそうではなかったと指摘することによって，その２つに線引きをしてしまうのは論理的ではないと私には思われる。……規則［10b-5 (b) と (c)］上の文言は，明白にまた直截に，禁止された種類の意図的な行為（intentional conduct）だけでなく過失行為（negligent conduct）を禁じており，コモンロー上の詐欺（common law fraud）を超えて拡張されており，過失による作為あるいは不作為に適用されるものであるように思われる[13]。」

　また，最高裁判所は，EE 会計事務所による控訴裁判決の再審査の申し立てを認めた段階で，SEC に対して見解を示すよう要請していた。これに応じ，SEC は，規制機関としての立場で弁論趣意書（amicus curiae brief）を提出し，口頭弁論に参加していた。口頭弁論において，SEC は，証券取引所法 10 条 (b) 項は，意図的な違背行為（misconduct）の禁止に限定されておらず，相場操縦的および欺瞞的証券実務の被害者はいずれの形態の行為によっても損害を被る限りにおいて，意図的な違背行為だけでなく，過失による違背行為も禁じていると主張していた。同様にして，規則 10b-5 は善意の投資者に損害を与えうる意図的な行為と過失による行為両方を広く禁止するものであると供述した。
　SEC は，過失行為は取引所法 10 条 (b) 項および規則 10b-5 の違反を構成するに十分な場合があると主張する一方で，すべての過失による法令基準違反が原告に金銭的損害の回復の権利を与えるわけではないとも主張していた。具体的には，①被告が，原告が自らの行為に依拠していると知っている，あるいは，それを合理的に予見できること，かつ，②原告が実際にそのとおり依拠していたこと，かつ，③被告の行為に起因する原告の損害額が確定的かつ確認可能であることを状況が指し示している場合に，規則 10b-5 の過失ある違反に対して金銭的損害を回復できると主張した。他方，被告の行為が，単純過失でなく，［より犯意の強い］認識ある過失（reckless），故意（willful），意図的（intentional）である場合には，規則 10b-5 の違反は，当該違反が原告に損害を与えたことを

---

13　Ernst & Ernst v. Hochfelder, 425 U. S. 185, at 216, 217.　圏点は，引用者による。

示すだけで，法的責任を求める十分な根拠となると主張した[14]。

その後，1980年のアーロン判決[15]では，SECは，証券取引所法10条(b)項および証券法17条(a)項(1)の違反を差し止める法執行行為の基礎要件として欺罔の意図を立証する必要があるが，証券法17条(a)項(2)および(3)の違反を差し止める行為の基礎要件としてはその必要がないと判示された。

### (2) 規則2（e）手続への影響

ホッフォフェルダー最高裁判決は，証券取引所法10条(b)項および規則10b-5に基づく訴求のみならず，一般に，監査人の責任をどのように捉えるかに関して，重要な影響を及ぼすものであった[16]。ひいては，SECの行政手続全体の力点を変える結果となった可能性すらある。

最高裁判決が出される以前，控訴裁判所では，証券取引所法10条(b)項および規則10b-5に基づく金銭賠償責任を負わせるには，過失のみで十分であるのか，それよりも高い注意基準違反が必要とされるか，見解が分かれていた[17]。

最高裁判決では，投資者に損害を与える通常の過失行為に対して，規則10b-5に基づいた金銭損害賠償の責任を科すことができる状況が存在するはずであるとのSECの主張を認めなかった。最高裁判所は，欺罔の意図があったことが証明されることなしには，取引所法10条(b)項および規則10b-5の下で

---

14 SEC Office Memorandum dated on August 27, 1976, in Metcalf Report [1976], Appendix I, p.1498.
15 Aaron v. SEC, 446 U. S. 680 (1980).
16 例えば，70年代に監査人の責任を問題視した議会委員会も，SECの見解寄りの考え方をしていた。モス小委員会報告書（1976年10月）は，私的訴訟を通じた監査人に対する責任追及に関連して，1976年ホッフォフェルダー最高裁判決の意義について言及している。「ホッフォフェルダー判決では『証券取引所法10条(b)項の文言は，……明白に，意図的な違背行為を意味している』と判示されたものの，反対意見を述べたブラックマン判事が指摘するところでは，同条に基づく規則10b-5は，禁止された意図的な行為のみならず，過失を禁ずるものであり，コモンロー上の不正の領域を超えて拡張され，過失のある作為ないし不作為にも適用されるものであることが明らかである」（Moss Report [1976], *Federal Regulation and Regulatory Reform*, p.39）としている部分を強調している。
17 Cox [1977], "Ernst & Ernst v. Hochfelder: A Critique and an Evaluation of Its Impact upon the Scheme of the Federal Securities Laws," p.570.

の訴訟原因は存在しないとした。

ただ，一方で，SECによれば，「法の一定の領域で，認識ある過失（recklessness）が，特定の行為に法的責任を科す目的で意図的な行為の一形態と考えられることを認識[18]」していたことが強調されている。

そこで，SECの見解としては，ホッフォフェルダー最高裁判決が，SECが規則10b-5に基づく将来の差止請求においても欺罔の意図を立証する必要がでてくるであろうこと，その結果，「SECが，これまで以上に，非倫理的ないしは不適切な行為の繰り返しを防止する手段として将来規則2 (e) に依拠することが適切であるかもしれない[19]」ことを強く示唆していると SEC 法律顧問室はみていた。

また，法律顧問室長（General Counsel）であったピット（Harvey Pitt）は，以下のような見通しを示していた。

「ホッフォフェルダー判決の帰結として，投資者に損害を与えた会計士ないし弁護士の過失行為（negligent conduct）が取引所法10条(b)項および規則10b-5違反を成立させないことになるものの，その行為が将来にわたって継続されるならば公益に対する重大な脅威となるケースが出てくる可能性がある。こうした行為がプロフェッションの職業基準（professional standards）からの重大な逸脱にいたるのであれば，所管業務への従事を引き続き認めてられてよい当事者であるかどうかをテストするために規則2 (e) 手続が適切とされることになろう[20]。」

そして，SECは，ホッフォフェルダー最高裁判決が，欺罔の意図が取引所法10条(b)項および規則10b-5に基づく差止請求において重要な要素であるのかについて直接触れておらず，むしろこの問題を未解決のものとしていることを強調している[21]。ホッフォフェルダー最高裁判決以前から，証券諸法では，

---

18 SEC Office Memorandum dated on August 27, 1976, p.1499.
19 SEC Office Memorandum dated on June 8, 1976, in Metcalf Report [1976], Appendix I, p.1472.
20 SEC Office Memorandum dated on August 27, 1976, p.1508.

SECはそのアクションのなかで欺罔の意図を立証する必要はなく，過失は差止による救済を入手するに十分な基礎として働きうるとされてきた。しかもそれは裁判所において認められてきた。差止命令は，ホッフォフェルダー最高裁判決が扱っている金銭的損害の場合よりも，容易に過失行為に対して課すことができる。SECは，差止救済を手に入れる前提条件として事前の違反の立証を提示する必要はない。もともと，証券諸法では，SECに，被告が法令違反をしている，あるいは，違反しようとしている場合に，差止救済を訴求する権限を与えている。さらにまた，同様に将来の法令違反を抑止するための手段である規則2(e)手続は，過失行為によっても提起しうると捉えられる。

こうしたことから，ホッフォフェルダー最高裁判決後，SECは，単純過失の有無が実務規則・規則2(e)違反を認定するにあたっての適切な基礎となるとの立場を採っているとされていた[22]。

### (3) ホッフォフェルダー判決以降の法学者による批判

しかしながら，こうした方針がSECの政策として実行されるのであれば，SECは，有責性の基準をまったく顧慮せずに，あるいは，会計実務者に責任がある過誤（fault）の立証を顧慮せずに，規則2(e)手続は裁定にいたってしまう可能性があるのではないかとの批判が沸き起こった[23]。証券諸法では，明確に，証券法令の違反については，連邦裁判所に訴訟を提起することが想定されている[24]。行政庁であるSECが法執行上制定する規則およびその適用のあり方によっては，規則2(e)手続が，有責性の基準を明確に考慮することなく

---

21　SEC Office Memorandum dated on August 27, 1976, p.1503.
22　Downing and Miller [1979], p.783.
23　*Ibid.*
24　証券取引所法21条(e)項では，「委員会は，本法ないしその下での規則およびレギュレーションの違反となる行為または慣行に従事しておりまたは従事しようとしていると認めるときは，その裁量により，当該行為または慣行を禁止するため，管轄の合衆国地区裁判所，コロンビア特別区の合衆国地方裁判所または領域もしくは合衆国の管轄に属するその他の地区の合衆国裁判所に訴訟を提起することができ，かつ，適切な証明に基づき，終局的もしくは暫定的差止命令あるいは制限的命令が，与えられる……」と規定している。

進められ，裁定にいたってしまう怖れがあると指摘された。有責性の基準が明示されずに，規則 2 (e) 手続が進められることは深刻な問題であり，これがこの手続の濫用を可能にする要因となるともみられていた。

また，手続法的にみても，規則 2 (e) 手続での証拠の原則は，裁判所での司法手続における証拠の原則よりも厳格ではないとも指摘される[25]（連邦民事訴訟規則）。SEC 側の申し立てる嫌疑が，「明白かつ説得性のある証拠」ではなく，「証拠の優越」（肯定証拠が否定証拠を上回る程度の心証）によって，立証されることになる。

さらには，規則 2 (e) (1) (ii) の"プロフェッショナルとしての不適切な行為"文言そのものが事実上の基準となっているという現状に関して，"プロフェッショナルとしての不適切な行為"という基準の曖昧さの問題を解決するために，SEC はもっと特定的な基準を採択するべきであるとの見解もみられた。

> 「SEC の［懲戒に関わる］裁量権は実務規則のなかの手続保障（注：合衆国憲法で保障されるデュー・プロセスを指している）によってのみ制限される。規則 2 (e) に規定される"プロフェッショナルとしての不適切な行為"という基準は，会計士が合理的なプロフェッショナルとしての判断を行使することによって実際に一般に認められた監査基準に準拠している場合であっても，一般に認められた監査基準に違反したとして会計士に制裁を加えることを可能にしている。SEC は，例えば，十分な証拠を集積することを怠ったとして制裁を加えてきたが，十分とされる証拠の量について示したことはない。注意深く，合理的に，一般に認められた監査基準に準拠してプロフェッショナルとしての判断を行使している会計士が，SEC の考えるプロフェッショナルとしての適切な行為がどのようなもの か周知されていないにもかかわらず，プロフェッショナルとしての不適切な行為に従事したとして，制裁を科される可能性がある。……SEC は，個別の事案で，会計士の行為が適切であるかどうかを判断する広範な裁量権を留保している[26]。」

---

25　Downing and Miller [1979], p.785.

SEC に出頭する,あるいは所管業務に従事する"特権(privilege)"は,正当に,憲法上の権原(エンタイトルメント)にあたる。実務規則はそうした懲戒処分の根拠と手続を定めている。SEC に対して出頭等の禁止および停止への無制限の裁量を与えていない連邦規制に由来したものであるので,所管業務に従事する特権(実務特権)は,合衆国憲法に規定されるデュー・プロセス条項により,保護すべき権原である。したがって,会計士はデュー・プロセスなしに終結する SEC 所管業務への権利については,当然に,憲法上の財産的利益(property interest)を主張することができる[27]。さらには,会計士は自由の利益も侵害される可能性もある。したがって,規則 2 (e) が手続着手に必要な立証水準および有責性の水準に関する基準を欠いていることは合衆国憲法修正第 5 条(何人も……デュー・プロセスによらずして,生命,自由または財産を奪われることはない)のデュー・プロセス条項を侵害しているとの見解である[28]。

　これらの批判に耐えず晒されながら SEC は規則 2 (e) 手続を実行していたが,ロベルタ・カーメル(Roberta Karmel)のように,SEC 委員のなかにすら規則 2 (e) 手続の正統性に疑問を抱く者があったことはこの規則 2 (e) 手続の行政手続上の不安定性をはっきりと指し示すものであった[29]。

---

26　Crane [1984], "Disciplinary Proceedings Against Accountants: The Need for a More Ascertainable Improper Professional Conduct Standard in the SEC's Rule 2 (e)," pp.364-365.
27　Crane [1984], p.357.
28　Downing & Miller [1979], pp.782-86;Sussman [1975], "SEC Disciplinary Proceedings Against Accountants — A Study in Unbridled Discretion," pp.261-264.
29　カーメルは,とりわけ弁護士を対象とした懲戒手続には慎重で,実際,いくつかの懲戒事案で不同意意見を表明している。不同意意見を示した案件として,会計士の懲戒事案であったニールセン審決(1980 年)と弁護士の懲戒事案であったキーティング・ミューシング&クレカンプ法律事務所事案(1979 年)が挙げられる。

## 4. 規則2(e)の法的妥当性

### (1) トゥッシュ・ロス会計事務所訴訟

懲戒規則としての規則2(e)は、1938年6月に規定され、1941年のエイブラハム・プダー事案以降、問題のある監査証明を行なった個人会計士と会計事務所両方への懲戒に用いられてきた。しかしながら、規則2(e)の制定法的根拠は必ずしも明確ではなく、裁判所がこの規則をSECが用いることを支持する判断をしたのは、1979年の第2区巡回控訴裁判所においてがはじめてであった。このトゥッシュ・ロス会計事務所訴訟（控訴審）[30] が規則2(e)のような規定を設定する権限を確立したとされている[31]。

1976年9月1日、SECは、トゥッシュ・ロス会計事務所（TR会計事務所）と3人のパートナー、エドウィン・ヘフト（Edwin Heft）（上級パートナー）、ジェームス・リンチ（James M. Lynch）（ボストン支局パートナー）、アーミン・フランケル（Armin J. Frankel）（同）に対する規則2(e)手続を公開で実施するSEC命令[32] を発した。1971年改正規則2(e)では懲戒手続を公開とすることができると規定されていた[33] が、それまで行使されたことはなかった。SECは、命令書で、TR会計事務所によるジャイアント・ストアーズ社（Giant Stores

---

30 Touche Ross & Co. v. Securities and Exchange Commission, 609 F.2d 570 (2d Cir. 1979).
31 Trogar [1979], "Reassessing the Validity of SEC Rule 2 (e) Discipline of Accountants," p.970.
32 *Order for Public Proceedings and Notice of Hearing Pursuant to Rule 2 (e) of the Commission's Rules of Practice,* Securities Exchange Act Release No.12851 (October 1, 1976).
33 1971年に追加された規則2(e)(7)は、「本条(e)の下で実施される聴聞はすべて、SECが自らの申し立て、あるいは、他の当事者の要求に基づいて別に指示しない限り、非公開とされる」と規定していた。1974年4月に、SECは、公開することを原則にする規則2(e)(7)改正案を公表したが、弁護士団体からの強い反対があり、翌年3月、改正案を取り下げている（Securities Act Release No.5477（April 5, 1974）；Securities Act Release No.5572（March 4, 1975））。しかし、最終的に1988年7月、SECは規則2(e)を改正し、SECが別に指示しない限り、懲戒手続は公開されることとなっている（Securities Act Release No.6783（July 13, 1988））。

Corp.) およびアンペックス社（Ampex Corporation）に対する 1972 年度の監査は一般に認められた監査基準（GAAS）に準拠して実施されていないと申し立てていた。ジャイアント・ストアーズ社とアンペックス社の状況には，精巧な不正スキームの存在が疑われていたが，SEC は，こうした不正を知りつつこれに関与していたとはせずに，ただ，TR 会計事務所はこの不正スキームを暴き出すことができなかったと申し立てた。

こうした動きに対し，TR 会計事務所は，1976 年 10 月 12 日，この懲戒規則は制定法が SEC に付与している権限を超えており，したがってまた，正当性のないまま進められている手続がデュー・プロセスを侵害していると主張し，SEC と 4 人の SEC 委員を相手取り，規則 2 (e) 手続として進められている行政手続を差し止めるよう，ニューヨーク南部地区裁判所に申し立てた。TR 会計事務所はまた，SEC は規制機関として偏向したやり方で手続を進めているため，自分たちにはデュー・プロセス保障が与えられていないとも主張した。

対して，SEC は，連邦民事訴訟規則 12 条 (b) 項 (1) および (6) に基づき，TR 会計事務所の訴えには差止救済が与えられるべき根拠がないこと，裁判所は救済を求める請求に対する管轄権を持たないことを理由に，この訴えを却下すべしとの申し立てを行なった。SEC の主張の核心は，TR 会計事務所は，不適切にも，行政上の救済策を尽くしていないということであった。"行政上の救済策の完了（exhaustion of its administrative remedies）"の法理は司法審査のタイミングに関わっており，申立人が司法上の救済を認められる前に，行政上の救済策のすべてを追求していることが要求される [34]。これにより，裁判所が行政手続に介入しないことで，規制機関に，事実認定を行ない，その懲戒権限を行使する機会を確保している。

審理ののち，地区裁判所は，SEC の申し立てを認め，1978 年 4 月 24 日，TR 会計事務所の訴えの棄却を命じる略式判決を下し，裁判所意見（a well-reasoned opinion）を提出した [35]。TR 会計事務所が行政上の救済策を尽くして

---

34 "行政上の救済策の完了"の法理については，Pierce, Jr. [2012]，正木 [2017]『アメリカ行政法』，pp.142-148 を参照されたい。
35 Memorandum Opinion, Touche, Ross & Co. v. Securities and Exchange Commission, S.D.N.Y., 76 Civil 4489 (April 24, 1978).

いないことが判決理由とされた。地区裁判所は規則2 (e) の法的妥当性という実質的な争点には踏み込まなかった。

判決後，控訴され，本件は第2区巡回控訴裁判所に移送された[36]。

控訴裁判所は，まず SEC 業務に関与するプロフェッショナルの役割について，以下のように述べている。

「ディスクロージャー政策の目的を遂行するにあたっての会計プロフェッションおよび司法プロフェッションの役割は，証券取引の取引量と複雑性が増大するにつれて，その重要性を増加させている。その運営の性格からみて，SEC は，少数の人員と限られた資源によって，提出される多くの財務諸表のすべてを，完全開示に必要とされる緊密な程度の調査力を持って，調査することはおよそできない。このことを認識したうえで，SEC は，必然的に，その任務を勤勉さと責任を持って遂行するには，会計プロフェッションと司法プロフェッションに大きく依拠しなければならない。プロフェッショナルとしての責任（professional responsibility）の不履行は，証券法規の目的の達成を危うくするものであり，投資公衆に多大な損害を与えることにもなる[37]。」

そのうえで，「規則2 (e) 手続を通じて，SEC は，他の者を代理するプロフェッショナルの適合性（fitness）を確かめることによって自らの行政手続の廉潔性（integrity）を保持しようとしているにすぎない[38]」とし，制定法上のスキームは規則2 (e) に従って会計士を懲戒処分しうる黙示的な権限を否定しているとの TR 会計事務所の訴えを認めなかった。

控訴裁判所では，総括して，以下のような見解が示された。

「まとめるとこうである。われわれは，規則2 (e) を制定するにあたって権限のないまま SEC が行動していたという［TR 会計事務所の］主張を認め

---

36　Touche Ross & Co. v. Securities and Exchange Commission, 609 F.2d 570 (2d Cir. 1979).
37　Touche Ross, 609 F.2d 570, at 581.
38　Touche Ross, 609 F.2d 570, at 579.

ない。SEC所管業務に従事するプロフェッショナルの懲戒を権威づける明示的な制定法の規定は存在しないものの，制定法上の規則制定権限に基づいて設定されたものである規則2 (e) は自らの行政手続の廉潔性を保持するためのSECの企てを表しているといえる。この規則2 (e) は，SECに対し，SECが，自らの制定法上の義務を果たすにあたり強く依存しているところのプロフェッショナルがその任務を，注意を払い，合理的な水準の能力をもって遂行していることを確保する手段を提供している。そのようなものとして，規則2 (e) は証券法規の目的に"合理的に関連している（reasonably related）"……[39]」

こうして，第2区巡回控訴裁判所は，SECは権限なしに規則2 (e) を規定し手続を進めているというTR会計士事務所側の主張を否定した。そして，「その行政手続の廉潔性を保護し，公衆一般を保護するため，SECの権能に不可欠な付属的権限として[40]」規則2 (e) は法的妥当性を有すると結論し，地区裁判所でのTR会計事務所の申し立ての棄却の決定を全員一致で支持した。

## (2) SECによる制裁の決定

控訴裁判所の判決を受けて，SECは，TR会計事務所からの和解の申し出を受け入れた。そのなかで，TR会計事務所は，1976年9月1日付のSEC命令での申し立てを認否することなしに，本件に関して裁判所およびSECによる聴聞を受ける権利と，事実の認定と法律上の結論を記録保存する権利を放棄し，SECの本件に関する見解と命令書の発行に同意した。その内容が，1979年6月27日に，ASR第153A号として公表された[41]。

---

39 Touche Ross, 609 F.2d 570, at 582. この判旨を説明するにあたり，「制定法上の執行権限条項（empowering provision）で，行政庁が本法の条項を実行するために必要とされる規則やレギュレーションを定めることができるとしている場合には，その執行権限を与えた立法の目的に"合理的に関連している限りにおいて"，その下で制定されたレギュレーションの法的妥当性は認められるとわれわれ（裁判所）は主張する」との1973年の最高裁での判示を引いている（Touche Ross, 609 F.2d 570, at 579）。

40 *Ibid.*

SECによれば，ジャイアント・ストアーズ社の1972年の財務諸表は著しく純利益を過大表示しており，利益の過大表示は，主に，返品，仕入割戻，広告料立替えに対するものとみせかけた架空の仕入債務を計上すること，および金額の大きい掛仕入取引を記録しないことによって達成されていた。

これらの関連項目を監査するにあたって監査人が実施した監査手続はSECにとって不十分なものであったが，それ以上に問題視されていたのは，またも，TR会計事務所の監査業務を監督する担当者の行為のあり方であった。担当パートナーであるフランケルらの監査チームは，監査の開始当初から，上記項目の監査を実施するうえで困難に直面していた。フランケルの担当者解任の要請，監査スタッフ1名を会社構内から締め出そうとする脅し，監査スタッフに対する冒涜的な言葉など，強圧的な状況下で監査は実施された。これらの困難に直面してフランケルは1972年4月初旬に支援を要請したが，これに対応したパートナーの配置はかえってフランケルとの対立と監査スタッフの混乱を生じさせる結果となった。いくつかの項目について容認できないという状態が続いた4月半ばに，ボストン支局長は，フランケルらに対し地区担当責任者のヘフトと会うように指示した。ボストン支局のパートナーたちとヘフトとの会合では，問題のある項目に関する事実をヘフトが完全に掌握するだけの十分な説明はなされなかった。ヘフトは具体的な指示もレビューやフォローアップ手続も示さなかった。

ASR第153A号で，SECは，ジャイアント・ストアーズ社に対する監査のあり方について，以下のように総括している。

「最も決定的には，TR会計事務所は，実施基準の3番目の基準［証拠資料の適格性[42]］を遵守していなかった。……TR会計事務所が受け入れた証

---

41　Opinion and Order Pursuant to Rule 2(e) of the Commission's Rules of Practice *In the Matter of Touche Ross & Co., Armin J. Frankel, and Edwin Heft*, Accounting Series Release No.153A, (June 27, 1979). 八田訳「会計連続通牒第153A号〔全訳〕」鳥羽・村山責任編集『SEC「会計連続通牒」2: 1970年代 (1)』, pp.41-66.
42　実施基準の3では「実査，立会，質問，確認等を通じて，監査対象の財務諸表についての意見を裏づける合理的な基礎を与えるだけの，十分な程度の適格な (competent) 証拠資料が入手されなければならない」と規定されていた。

拠はとても説得的とはいえないものであった。……加えて，TR会計事務所によって入手された証拠の多くは適格とはいえなかった。……さらに，監査は，あらゆる場面で，ジャイアント・ストアーズ社の経営者の説明に不当な信頼を置いたものであった。経営者が特定の項目についての説明を変える，あるいは独立的な調査を妨害するような要請を突然行なうような場合，監査人はとくに懐疑的にならなければならない。

　監査の欠陥に結びついているもう1つの重要な要素は，TR会計事務所の監査業務を監督する担当者の行為であった。……より多くのパートナーを投入したことが混乱と対立を生じさせた。加えて，監査に関わったパートナーの誰もがその疑念を明確にして十分な責任を担おうとしなかった。むしろ，ヘフトが多くの領域で基礎的事実についての十分な知識を持たずに行動しているとその時点で彼らは知っていたのに，ヘフトに盲従してしまっていたようにみえる。……監査に関連して重大な問題が存在していることに気がついたヘフトはもっと精力的に情報を追求するべきであったし，自らの監査手順の結果について質問するべきであった[43]。」

　そもそも，TR会計事務所に対しては，すでに，1974年2月に公表されたASR第153号において品質管理レビューを含めた矯正的制裁が科されていた。しかし，ASR第153号が意図したTR会計事務所に対するピア・レビューは，1974年から1976年にかけて実施されたジャイアント・ストアーズ社とアンペックス社の問題に関する調査の完了まで猶予されていた。その後，すでにみたように，1976年9月のSEC命令に関連した本訴訟が提起されたという経緯であった。

　この和解において，TR会計事務所は，ASR第153号によって要求されていたピア・レビューを1979年中に実施することに同意した。ピア・レビューは，TR会計事務所の報酬および費用支弁によるレビュー委員会によって実施される[44]。そのメンバーはSECスタッフが作成した名簿のなかからTR会計事務所が選任する。また，TR会計事務所は，監査業務の実施に関してレビュー委

---

43　ASR No.153A, pp.3283-7-3283-8.

員会がなした合理的な勧告を実施するために必要かつ適切な措置を速やかに講じることに同意した。

さらに，和解申出書には，被審人は和解のため，今後，控訴裁判所の決定についての司法審査を求めないことが盛り込まれていた。この点に関連して，TR会計事務所に対して，事務所の利益をプロフェッション全体の利益に優先させているとの批判があがった[45]。この和解には，少なからず政治的な配慮が働いていたといわれる。その限りで，TR会計事務所の和解の申し出は，会計プロフェッション全体にとっても重要な意味を持ったものであった。

また，その間，1977年に，TR会計事務所は，自発的に，AICPAピア・レビュー・プログラムの下で，別の全米規模の会計事務所によるピア・レビューを受け，「TR会計事務所の［品質管理の］方針と手続，その遵守状況は，同事務所が監査基準書第4号に記載される品質管理のためのプロフェッションの職業基準に準拠していることの合理的な保証を与えている」との結論を含んだレビュー結果を，SECに提出していた。しかし，SECは，レビューの客観性を欠くとして事務所間レビュー（firm-on-firm review）には反対しており，これをSECの科す矯正的制裁としての品質管理レビューに代替しうるものとは捉えていなかったため，ここでのピア・レビューはレビュー委員会によって追加的に実施されることが要求された（つまり，SECは，SEC主導の下での品質管理レビューでなければ，品質管理に関する改善を確保できないと判断した）。

---

44 その内容については，TR会計事務所の監査実務の以下の領域を調査するとされた。①すべての構成員（パートナーと被用者）の採用実務，②すべての構成員の訓練と継続的教育，③彼らの昇級と報酬，④顧客の受け入れ，⑤監査報酬の設定および受け取り，⑥事務所内部での責任の分担，⑦事務所での人員配置，⑧独立性保持の方法，⑨監査契約の実施，⑩事務所の実務，手続，方針の構成員への定式化，⑪品質管理を実践する手続，⑫買収や合併を検討する際，これをTR会計事務所の実務として統合する際の規準および手続，⑬是正措置の適切性，である。

45 オルソンは「AICPAはこの問題に公式に関与することにとりわけ慎重であった。なぜなら，会計プロフェッションへの追加的規制を加える立法（注：第9章で触れるモス法案を指す）を阻止するためにSECの支持が不可欠とみられたこの時期に，SECの権限の正当性を問題にするのは政治的に得策ではないと思われたからである。同じくらい重要なこととして，もしTR会計事務所がこの訴訟で勝訴した場合，そのこと自体が，ほぼ確実に，プロフェッショナルを規制する明示的な権限をSECに付与する新たな立法への引き金となるだろうという怖れがあったためである」（Olson [1982], p.27）と述べている。

## 5. チェコスキー判決と規則 2 (e) 手続における有責性

トゥッシュ・ロス会計事務所訴訟では，SEC の会計プロフェッショナルに対する懲戒権限の妥当性について争われたが，1986 年にも個人会計士が規則 2 (e) 手続に対する司法審査を求めて控訴裁判所に提訴している[46]。また，1994 年のチェコスキー訴訟[47] では，SEC の懲戒権限の妥当性とともに，懲戒手続を進めるうえで SEC の設定している有責性の基準についても争われた。同訴訟では，財務諸表の監査証明を行なった会計士に対する懲戒手続において SEC が有責性の基準を明確に説明していないとして，差し戻されている。最終的に，これが 1998 年 10 月の SEC 実務規則・規則 2 (e) の改訂につながることになる。

### (1) SEC による当初審決（1992 年）

チェコスキー訴訟で問題となるサヴィン社（Savin Corporation）は，1975 年にリコー社（Ricoh Company, Ltd.）の複写機の販売代理店となっていた。リコー社の複写機は，ゼロックス社（Xerox）製のものなどとは異なり，液体トナーを用いており，かつ，製造コストも安かった。1970 年代末には同社に 4 億 5 千万ドルの売上をもたらしていた。しかし，リコー社がこの独占販売契約を更新しない見通しとなったため，サヴィン社は，1970 年代後半に，自社製の高速の液体トナー型の複写機を開発，販売する長期計画に着手した。

サヴィン社は，増加するコストに直面し，1980 年に，支出を，期間費用とするのでなく，資産として繰り延べる方法を探っていた。財務会計基準書第 2

---

[46] Davy v. SEC, 792 F. 2d 1418 (9th Cir.1986). 第 9 区巡回控訴裁判所もまた，SEC の規則 2 (e) 設定権限に対する会計士による異議申立を認めなかった。
[47] Checkosky v. SEC, 23 F. 3d 452 (D.C. Cir. 1994). 本件について，西山［1997］による解説がある。本件は，複写機の販売を行なうサヴィン社の監査証明を担当していたクーパーズ＆ライブランド会計事務所（Coopers & Lybrand）の担当パートナーであったチェコスキー（David Checkosky）とマネージャーのアルドリッヒ（Norman Aldrich）に対し 1987 年に SEC が進めた規則 2 (e) に基づく懲戒手続に関し，SEC を相手取って提起された訴訟である。

号では，研究開発のコストを繰り延べることは認めていなかった。そこで，サヴィン社は，複写機プロジェクトの関連支出を，研究開発費ではなく，事業立上げ費（"start-up" cost）と規定する会計方針を採用した。この会計方針に従って，同社は，1981年度から1984年末日までに，およそ3,700万ドル分を繰り延べた。しかしながら，サヴィン社の複写機プロジェクトは成功の見通しのないものであった。

1987年，SECは，サヴィン社の監査に関連し，チェコスキーとアルドリッヒに対する規則2(e)による懲戒手続に着手した[48]。チェコスキーとアルドリッヒが，財務諸表は一般に認められた会計原則（generally accepted accounting principles; GAAP）に準拠していると誤表示（misrepresent）し，そのうえ，監査計画を策定し，監査を実施するにあたって，また，監査報告書を作成するにあたって，プロフェッショナルとしての正当な注意を行使しなかったことにより，GAASに違反したと申し立てた。

行政審判官（Administrative Law Judge；1972年9月以前の聴聞審判官）は，被審人である監査人が規則2(e)(1)(ii)に違反したと認定し，5年間の特権停止とした。このとき，審判官は，被審人は反対の弁論を行なったにもかかわらず，規則2(e)における"プロフェッショナルとしての不適切な行為"は欺罔の意図（scienter）の存在を必要とはしておらず，GAAPとGAASの違反だけで十分であるとの見解を示した。

行政審判を受けて，SECは，中立な立場からの審判記録のレビューに基づき，

---

48 この段階で，実務規則・規則2(e)(1)は以下のように規定されていた。

(e) 特権停止と剥奪
　(1) 委員会は，本件に関する告知と聴聞の後，委員会によって以下のように事実認定された者に対し，本委員会に出頭し，あるいは，その所管業務に従事する特権（privilege）を一時的または恒久的に停止し，あるいは，剥奪することができる。
　　(i) 他の者を代理するにあたって不可欠な資格を保持していない［と判断される者］，あるいは，
　　(ii) 品性あるいは誠実性を欠いていた，ないし，プロフェッショナルとして非倫理的あるいは不適切な行為に従事した［と判断される者］
　　(iii) 連邦証券法規およびSEC規則に故意に違反し，あるいは違反を故意に幇助・教唆したと［判断される者］

被審人がGAAPとGAASに違反した，また，規則2 (e) (1) (ii) 違反を成立させるために欺罔の意図は必要とされないとの行政審判官の結論を支持した。しかし制裁内容については，監査人の行為は2年間の特権停止が相応であると判断し，1992年8月26日に，そのような処分を決定し，その顛末について会計・監査執行通牒（Accounting and Auditing Enforcement Releases；AAER）第412号において公表した[49]。

行政審判後，チェコスキーとアルドリッヒは，行政審判官による第一次審決に対する審査を求めていた。行政審判官は，欺罔の意図（scienter）あるいは悪意（bad faith）の立証は規則2 (e) に関わる行為であるためのSECの要件ではないと判断したが，SECも，この判断を支持し，悪意あるいは故意の違背行為（misconduct）の立証が規則2 (e) (1) (ii) に基づく制裁を賦課するための必要条件ではないとした[50]。そして，「われわれは，悪意ないしは故意の違背行為の立証を規則2 (e) (1) (ii) に基づく制裁賦課の必要条件ではないという行政審判官の見解を支持している（同時に，それはわれわれSECの先例を再確認しているにすぎない）[51]」としている。

まずSECは，カーター審決（1981年）[52]を引いて，規則2 (e) 手続での制裁は「プロフェッショナルの違背行為のSEC行政プロセスに対する将来的な影

---

[49] *In the Matter of David J. Checkosky and Norman A. Aldrich*, Accounting and Auditing Enforcement Release No.412, (August 26, 1992), 52 SEC Docket 1122.
[50] AAER No.412, 52 SEC Docket 1122, p.1123.
[51] AAER No.412, 52 SEC Docket 1122, p.1123. 括弧内も原著者による。
[52] 1981年のカーター審決では，SEC所管業務に従事するプロフェッショナルのうち，とくに弁護士に対する懲戒の正当性について問題視された（*In the Matter of William R. Carter, Charles J. Johnson, Jr.*, 47 S.E.C. 471（February 28, 1981））。同一の法律事務所に所属するカーター（William R. Carter）とジョンソン（Charles J. Johnson）2人の弁護士に対する規則2 (e) に基づく懲戒が検討された。この審決では，弁護士を懲戒相当とする行政審判官の当初審決をSECは最終的に覆した。その根拠が以下であった。1つは，対象となった弁護士は"証券発行者"にはあたらず，証券発行者に適用される開示規定に直接的に違反しているとはみなせないこと，もう1つは，開示をしている証券発行者たる顧客の意思決定過程におけるこの弁護士の関与では，不正防止規定に直接的に違反していたと事実認定するには根拠が不十分であることであった。さらに，SECは，幇助・教唆についても，弁護士が意図的な幇助・教唆を成立させるための基準を満たす十分な知識と認識を持って行動したとの十分な証拠が得られなかったとしていた。

響から投資公衆と SEC 自身を守るために必要とされるものに限定されている」としてきたと述べている。規則 2 (e) 手続で会計士に対して制裁を賦課するために欺罔の意図の存在は必要とされないという行政審判官の判断は SEC の過去の審決でも支持されているとして，ハスキンズ＆セルズ会計事務所事案 (1952 年：ASR No. 73) とシュルツェテンベルグ審決 (1987 年：Administration Procedures, 3-688) を挙げている [53]。そして，カーター審決での弁護士に対する規則 2 (e) 手続に関する有責性の基準（欺罔の意図）を会計士に対する規則 2 (e) 手続においても適用するべきであるとのチェコスキーとアルドリッヒ側の主張をいくつかの理由で認めなかった [54]。

さらにまた，以下のようにも述べている。

「われわれは，規則 2 (e) に基づく会計士に対する制裁を科すために過失よりも強い心的意識は必要ではないと述べたが，本件での［チェコスキーとアルドリッヒ］の行為は，実に，認識ある過失のレベル (level of recklessness) でなされたものであると指摘する。記録では，繰り延べされる費用に関する懐疑心を高めるべきであった数々の"レッド・フラッグ"を［チェコスキーとアルドリッヒが］無視した，あるいは，見逃した証拠が十分に存在している。記録では，［チェコスキーとアルドリッヒが］経営者の言明に疑問を抱かなかったことが明らかである。さらに，GAAS に準拠しなかった結果として重要な虚偽表示が発見されなかったことが明らかである。［したがって，］われわれは，サヴィン社に関連した［チェコスキーとアルドリッヒの］行為は『［ASR 第 73 号に示されたところの］その状況の下で要求されるレベルの注意力と詮索力』を示すものではなかったという意見であり，それゆえに，

---

53　AAER No.412, 52 SEC Docket 1122, p.1132. ハスキンズ＆セルズ会計事務所事案（ASR 第 73 号）での SEC の見解については，すでに第 5 章の小括部分で触れたところである。
54　具体的に，SEC は 3 点挙げている。1 つめは，カーター審決は明白に監査人の公衆に対する義務と弁護士の顧客に対する義務とを峻別していること，2 つめは，カーター審決は，規則 2 (e) (1) (ii) ではなく，規則 2 (e) (1) (iii) の下での故意の幇助・教唆に対する基準に対処していること，3 つめは，カーター審決の後 6 年経って，SEC は，シュルツェテンベルグ審決で，規則 2 (e) の下での会計士の責任に関する過失基準を再確認していることである（AAER No.412, 52 SEC Docket 1122, p.1132-1133）。

規則 2 (e) (1) (ii) の趣旨に照らしてプロフェッショナルとしての不適切な行為に従事したとの事実認定に値する[55]。」

しかし，最終的には，故意性の程度，あるいは，いかなる不正の要素が関係しているのかを検討するという観点から，本件では，具体的に，不正な行為は申し立てられていない事実を考慮して，2 年間の制裁で十分である判断された。その結果，SEC は，そうした命令を発出した。

(2) チェコスキー判決 I （1994 年）

SEC による懲戒処分が公表された後，チェコスキーとアルドリッヒは，SEC には規則 2 (e) のような規則を定める制定法上の権限がないと主張し，2 年間の特権停止を命じた SEC 命令に対する ［再］審理をコロンビア特別区巡回控訴裁判所に申し立てた[56]。加えて，この SEC 命令は実在的証拠 (substantive evidence) に裏づけられたものでない[57]，そもそも，規則 2 (e) (1) (ii) は証券法規の重大な違反に関する欺罔の意図を構成するような "故意の違背行為 (misconduct)" に対してしか適用できないと主張した。さらにまた，SEC の審決プロセスの手続上の不適切さによってデュー・プロセスが奪われていると主張した。

審理において，シルバーマン (Silberman) 巡回裁判所判事は，「SEC は，［AAER 第 412 号において］悪意であることは［規則］違反の必要条件ではないとは明言したものの，過去の先例の見地から［規則］違反を構成するために必要かつ十分である心的状態を特定していない[58]」と指摘し，「SEC は，これまで，様々な形で，異なったレベルの心的有責性がプロフェッショナルによる

---

55 AAER No.412, 52 SEC Docket 1122, p.1133. 圏点は引用者による。引用部分の二重括弧内は，ASR 第 73 号のハスキンズ＆セルズ会計事務所事案（1952 年）からの引用である。
56 Checkosky v. SEC, 23 F. 3d 452 (D.C. Cir. 1994).
57 合衆国法典第 15 編第 78y 条 (a) 項 (4) では，「SEC による事実認定は，実在的証拠によって裏づけられた場合に，決定的な（conclusive）ものとなる」と規定されている。
58 Checkosky, 23 F. 3d 452, at 458. 圏点（原著はイタリック）は原著者による。

規則2 (e) (1) (ii) 違反を主張するために必要とされることを示してきた。非公表のシュルツェンテンベルグ審決で主張した単純過失（mere negligence），ハスキンズ＆セルズ会計事務所についての"相応に欠陥がある（so deficient）"との表現に暗示された重過失（gross negligence），そこでのSECの見解に示された認識ある過失（recklessness），ローガン会計士懲戒検討事案（1942年：ASR第28号）あるいはカーター審決で示された故意（willfulness）あるいは悪意（bad faith）といった具合である。わたしは，SECは，自らの基準を選別し，それを本件に直裁に適用しなければならないと考える[59]」との個別意見を述べた。

3人の判事（シルバーマン判事，ランドルフ（Randolph）判事，レイノルズ（John Reynolds）判事）の間では，SECによる規則2 (e) 違反の判断を支える実在的証拠があったかどうかについては，概ね肯定的な意見での合意がみられたが，いかなるレベルの心的な有責性が立証されるべきかに関しては合意がみられなかった。

このような状況で，1994年5月20日，控訴裁判所は，規則2 (e) (1) (ii) の解釈と本件への適用について"より適切な説明"を求めて，SECに本件を差し戻した[60]。

### (3) 差戻しに対するSECの見解（1997年）

1997年1月21日，SECは，AAER第871号[61]で，差戻しに対する見解を公表した。そこでSECは，この事案においてどのような事実があったのか

---

[59] Checkosky, 23 F. 3d 452, at 461. それぞれの事案における基準は以下のようなものである。シュルツェンテンベルグ審決（1987年）は，善意であること，あるいは単純過失が規則2 (e) 手続の絶対的な防御となるとの主張を認めなかった。ハスキンズ＆セルズ会計事務所懲戒事案（審決：1952年）では，「その状況の下で要求される注意力と詮索力をプロフェッショナルとしての業務において発揮していないとされるほど会計士の行為に"欠陥がある"場合には，善意であることを主張することは何の弁護にもならない」と判示されている。また，ローガン会計士懲戒検討事案（審決：1942年）では，被審人の行為は「非常に不適切である（grossly improper）」ため見逃すことはできないとされた。
[60] しかしまた，チェコスキーとアルドリッヒによるSEC手続の正規性に対する異議申立については，全員一致で却下した。

SECの認定したところを説明した後，以下のように続けた。

　「われわれは，［チェコスキーとアルドリッヒは］プロフェショナルとしての不適切な行為に従事したと，そして，彼らの行為は認識された過失がある（reckless）と認定した。われわれはこの結論にいたった根拠と彼らの行為に認識された過失があると判断した理由を説明することから始めることとする[62]。」

　このようにして，SECは，チェコスキーらの行為にみられる認識ある過失を明らかにしたが，さらに一方で，裁判所が指示した規則2 (e) (1) (ii)の解釈に関する"より適切な説明"の要請に対応して，以下のように説明した。

　「規則2 (e) (1) (ii)は，会計士，弁護士，技術者，地質調査士を含むSEC所管業務に従事するプロフェッショナルによる行為について規定している。これらのプロフェッショナルそれぞれに異なった役割があるとの観点から，われわれは『SEC所管業務に従事するプロフェッショナルにプロフェッショナルとしての行為に関する一般に認められた規範を守らせようとしている。……そうすることで，そのプロフェッショナルはすでに彼らの規範に従っていることになるため，［公衆の］正当な期待は裏切られることがなくなる』。会計士の場合，こうした基準にはGAASとGAAPが含まれる。会計士による監査報告書は，『AICPAの設定する監査基準に関するステートメントに具現化されている［会計プロフェッションの］行為規範が守られていること』を公に表明している（publicly represent）。……
　特定のプロフェッショナルとしての行為が適切であるかどうかについてのわれわれの結論は，そのときの［行政］手続のなかで明らかにされた特定の

---

61　*In the Matter of David J. Checkosky and Norman A. Aldrich*, Accounting and Auditing Enforcement Release No.871, (January 21, 1997), 63 SEC Docket 1691.
62　AAER No.871, 63 Docket 1691, p.1696. ここには脚注がついており，「認識ある過失（recklessness）は，『通常の形式の過失ではなく，売り手と買い手を誤導させる危険性をともなう通常の注意の基準からの大幅な逸脱（a extreme departure from the standards of ordinary care）……を意味する』」と1992年のコロンビア特別区巡回控訴裁判所での見解を引いている。

事実が SEC ［行政］プロセスにどの程度インパクトを与えるのかによって左右される。これまで、われわれは、例えば、信頼の置けない会計原則を採用している監査人を懲戒したこと、経営者から得た言明が疑問視されるべき状況が示唆されている場合にそれに対し健全な懐疑心を働かせなかった監査人を懲戒したこと……（等々）……がある[63]。」

しかしながら、SEC は、すぐに続けて、さらに以下のような説明も加えている。

「われわれは、規則 2 (e) (1) (ii) は特定の心的状態を措定しておらず、また、プロフェッショナルの［単純な］過失による行動であっても、特定の状況下では、プロフェッショナルとしての不適切な行為を構成することがあると考える。規則 2 (e) (1) (ii) は、規則 2 (e) (1) (iii) とは異なり、行為が"故意である（willful）"ことを要求していない。さらに、われわれは、証券法規の全体構造は欺罔の意図が規則 2 (e) (1) (ii) の必要要件となることを措定しているという被審人の見解が正しいとは考えられない。……

さらにいえば、われわれは、これまでも、監査人に［単なる］過失があるのみか、あるいは精神的、肉体的に疲弊している状態で行為している場合にも、独立の会計士として実務する責任を果たしていない場合にも、そのとき要求される程度の注意力と探索力をプロフェッショナルの業務として行使していない場合にも……プロフェッショナルとしての不適切な行為があったと認定してきた。……それぞれの場合の行為は様々な度合いの注意力と心的状態を示しているが、一方で、われわれはそれぞれにおいて、会計士が適用可能な監査規定に準拠した財務諸表を不適切に監査証明した、そして、結果としての財務諸表が信頼を置けないものになっていると結論している[64]。」

こうして、AAER 第 471 号では、チェコスキーらの監査に対する事実認定

---

63 AAER No.871, 63 SEC Docket, pp.1699-1700. 二重括弧内はいずれも自らのカーター審決からの引用である。
64 AAER No.871, 63 SEC Docket, p.1701.

を再確認したうえで,「われわれは彼らの失敗（failures；怠り）が単発的な過失あるいは単純過失によるものであった（isolated or merely negligent）との主張には同意しない[65]」として, 本手続を取り下げるべしとの被審人の請求を認めないとする命令を発出した。

### (4) チェコスキー判決Ⅱ（1998年）

しかしながら, その後, チェコスキーらは, 再び, SEC は規則2 (e) (1) (ii)の下でのプロフェッショナルとしての不適切な行為に対する明瞭な基準を示していないと主張して, 控訴裁判所に再審理を申し立てた[66]。再審理を受理した控訴裁判所は, この間のSECの対応について, まず, 以下のように評している。

「ちょっとした傑作（something of a tour de force）［ともいえる説明］のなかで, 1997年のSECの見解は, 巧みに, (1) 認識ある過失（recklessness）, (2) 通常過失（negligence）, (3) 無過失責任（strict liability）の基準を取り込み, そして, 同時に否定もしている, あるいは注意深い（しかも, 大胆な）読者にそう思わせている[67]。」

そして, 具体的に, AAER 第471号は, 最初に, 認識ある過失の理論に依っているように見せておきながら, 唐突に,「われわれは, 規則2 (e) (1) (ii) は特定の心的状態を措定していない, また, プロフェッショナルによる過失ある行動でも特定の状況下ではプロフェッショナルとしての不適切な行為を構成することがあると考える」と主張し, 規則2 (e) (1) (ii) の下でのプロフェッショナルとしての不適切な行為の構成要素としての認識ある過失概念への依拠を否定していると指摘した。

控訴裁判所によれば, SEC が提示しているこれ以上の規定は, かろうじてGAAS ないし GAAP からの過失ある逸脱が SEC ［行政］プロセスの廉潔性を

---

65　AAER No.871, 63 SEC Docket, p.1703.
66　Checkosky v. SEC, 139 F. 3d 221 (D.C. Cir. 1998).
67　Checkosky, 139 F. 3d 221, at 223.　括弧内も原著者によるもの。

脅かす場合に,規則 2 (e) (1) (ii) に違反したとされるという考え方くらいであったが,この考え方は「懲戒手続における規則違反の判定の基準には[68]」当てはまらないとみられる。そうしたことから,控訴裁判所では,「最終的に,SECの見解は,将来の［行政］プロセスへの知覚された危険性をめぐる"基準"が過失の立証を必要とさえしなくなる可能性を残している[69]」と指摘された。

このように,控訴裁判所は,1997 年の SEC の見解は規則 2 (e) (1) (ii) 違反に対する明確で固有の基準を何ら提示するものではないと批判した。そのうえで,チェコスキーとアルドリッヒ,2 人の会計士の処分について SEC に再び差し戻した。

### (5) 規則 102 (e) の改正

こうした控訴裁判所からの再度の"要請"を受けて,とうとう SEC は,規則 2 (e) を規則 102 (e) として改正し対応することとした。1998 年 6 月 12 日に,同改正草案とその解説を公表した[70]。その後,パブリック・コメントの期間を経て,10 月 19 日,パブリック・コメントを踏まえた最終規則改正が公表された[71]。具体的に,これまでの規則 2 (e) (1) の (i) から (iii) の後段に (iv) が新たに挿入され,規則 102 (e) として再構成された。この改正により,規則 102 (e) は,以下のように規定されることとなった。

「規則 102 (e) 特権停止と剥奪
(1) 一般規定
　委員会は,本件に関する告知と聴聞の後,委員会によって以下のように事実認定された者に対し,本委員会に出頭し,あるいは,その所管業務に従事

---

68　Checkosky, 139 F. 3d 221, at 224.
69　Checkosky, 139 F. 3d 221, at 224, 225.
70　*Proposed Amendment to Rule 102(e) of the Commission's Rule of Practice*, Securities Act Release No.7546 (June 12, 1998), 67 SEC Docket 711.
71　*Final Rule: Proposed Amendment to Rule 102(e) of the Commission's Rule of Practice*, Securities Act Release No.7593 (October 19, 1998), 68 SEC Docket 489.

する特権を一時的または恒久的に停止し，あるいは，剥奪することができる。
  (i) 省略［旧規則 2 (e) (1) (i) より変更なし］
  (ii) 品性あるいは誠実性を欠いていた，ないし，プロフェッショナルとして非倫理的あるいは不適切な行為に従事した［と判断される者］
  (iii) 省略［旧規則 2 (e) (1) (iii) より変更なし］
  (iv) 会計士として実務を行なう免許を受けた者に関して，本規則 102 (e) (1) (ii) の下での"プロフェッショナルとしての不適切な行為"は，以下を意味する。
    (A) 適用可能なプロフェッションの職業基準の違反に結果する，認識ある過失による行為を含む意図的または認識のある行為（intentional or knowing conduct, including reckless conduct）
    (B) 以下の2つの形態の過失行為のいずれか
      (1) 強化された調査（heightened scrutiny）が適切であると会計士が知りまたは知るべき状況において，適用可能なプロフェッションの職業基準の違反に結果する，非常に不合理な単発的行為
      (2) 繰り返される不合理な行為であり，いずれも適用可能なプロフェッションの職業基準の違反に結果し，SEC 所管業務に従事する能力を欠いていることを指し示す行為」

この改正にあたり，以下のように解説されている。

「この規則改正は，"プロフェッショナルとしての不適切な行為"を構成する3つの形態を特定することによって，［チェコスキー判決での］批判に対応している。……
　規則 102 (e) (1) (ii) は，これまで，プロフェッショナルが SEC の［行政］プロセスに対する将来の脅威となることが明らかな，広範囲の行為を扱えるがゆえに効果的な矯正手段（remedial tool）であった。認識ある過失による行為（reckless conduct）を含めて意図的または認識のある行為（intentional or knowing conduct）を行なった会計士は，明らかに，こうした将来の脅威をもたらしている。特定の形態の過失行為を行なった会計士もまた，そうし

た脅威をもたらしうる。

　そうとはいえ，規則 102 (e) は，プロフェショナルとしての判断の誤り（misstep）のすべてを包含することを意味しない。例えば，単発の監査判断ミスは，たとえなされたときに不合理であっても，所管業務に従事するうえでの能力（competence）の欠如を意味しないこともあり，それゆえ，SEC の［行政］プロセスに対する脅威をもたらさないこともある。

　しかしながら，非常に不合理で，かつ，強化された調査が要される状況下でなされる単発の監査判断ミスは，SEC 所管業務に従事する能力を欠いていることを示している。繰り返される監査判断ミスもまた，そうした能力を欠いていることを示唆している。それゆえに，SEC が，会計士が複数の局面で不合理に行動したと認定し，かつ，この行為が，能力の欠如を示すと判断した場合には，会計士は，本日採用された基準の下で，プロフェッショナルとして不適切な行為に従事したと判断される[72]。」

　この改正の重要な点は，SEC 所管業務に従事するプロフェッショナル全般の行為に適用されるものではなく，会計士の行為にのみ適用されることが想定されている点である。SEC によれば，認識ある過失がある場合も含め，意図的にまたは認識してプロフェッションの職業基準に違反した会計士は，明らかに所管業務に従事するうえでの能力の欠如を表しているとみなされる。このプロフェッションの職業基準には，GAAP，GAAS，AICPA 職業行為綱領，SEC レギュレーションが含まれる。

　過失のある監査人は，不適切な動機を持って行為する監査人と同じ程度に，SEC の行政プロセスに対して害をもたらす可能性があるとみなされる。そこで，そうした過失行為に基づいて規則 102 (e) 手続を提起できるように，サブパラグラフ（B）で2つの形態の過失行為を規定した。ここで，"非常に不合理な（highly unreasonable）" という基準は，例えば，単純過失と称される通常の過失よりも犯意の水準が高く，証券取引所法 10 条 (b) 項および 10b-5 に基づく私的訴訟で用いられる認識ある過失（recklessness）よりも低い，中間的な基

---

72　68 SEC Docket 489, pp.491-492.

準となっている。

## 6. 小　括

　本章での3つの訴訟——ホッフォフェルダー訴訟，トゥッシュ・ロス会計事務所訴訟，チェコスキー訴訟——で指摘されたように，SEC は，少なくとも規則2(e)手続に関しては，特定の有責性基準を固持してきたというわけではなかった。むしろ，有責性基準を明示しないことで状況に応じた対応が可能であるとしてきたようである。

　ホッフォフェルダー最高裁判決への対応をみる限り，また，トゥッシュ・ロス会計事務所訴訟，および，チェコスキー訴訟をめぐる一連の過程においても，SEC は，プロフェッションの職業基準を遵守しないことは相応に制裁を受けるべきものであるとの理解を一貫して持っていたのではないかと推察することができる。基礎となる考え方は，以下のようなものであった。

> 「投資者は投資の意思決定を行なうにあたって財務諸表の正確性に依拠するようになっている。SEC は限られた資源しか持たないため，すべての財務諸表を詳細に調査することはできない。それゆえに，SEC は，財務諸表を監査証明する監査人，財務諸表を作成する会計士の能力（competence）と独立性に依拠しなければならない。つまり，SEC も投資公衆も，会計士に大幅に依拠しながら，連邦証券法規の規定と正確で信頼しうる財務情報の開示を遵守することを確保している。……監査報告書等を発行している会計士は，まさに，会計プロフェッションの会計基準および監査基準が遵守されていることを公に表明しているのである。能力を欠いた（incompetent）会計士は，SEC の［行政］プロセスに悪影響を与え，わが国証券市場への投資者の信頼を毀損する可能性がある[73]。」

　公式に明示してはこなかったものの，SEC の行政プロセスに対する将来的

---

73　68 SEC Docket 489, p.491.

な脅威となるようなプロフェッショナルの行為であるかどうかが暗黙の基準となっていたということである。認識ある過失（recklessness）を基準として行政手続を進めているようにもみられていたSECであったが，それはSECの基本方針ではなかったようである。

しかし一方で，1980年代中旬以降の規則2(e)に基づくSEC審決をみると，監査人ないし会計事務所に適用するには単純過失（mere negligence）で十分であることが示唆されていた[74]。しかしながら，SECは，規則102(e)の改正にあたり，「SECは，いま，単純過失基準（"simple" or "mere" negligence）を採用していない。そうではなく，適用可能なプロフェッションの基準の違反に結果する2つの特定形態の過失行為をSECの行政プロセスに対する将来の脅威と考える基準を採用している[75]」と謳っている。

SECは，規則102(e)としての改正にあたって，あくまでも，「規則2(e)は，SECに対し，……プロフェッショナルがその任務を，注意を払い，合理的な水準の能力を持って遂行していることを確保する手段を提供している。そのようなものとして，規則2(e)は証券法規の目的に"合理的に関連している"」とのトゥッシュ・ロス会計事務所訴訟での第2区巡回裁判所の判示を繰り返している。

プロフェッショナルに対する懲戒を支える懲戒規則とその適用の正統性は，こうしたSECの行政プロセスの廉潔性の確保，これによってもたらされる投資者と公衆一般の保護の達成という"為政権（mandate）"に依拠するものであった。そして，1970年代後半のホッフォフェルダー判決をめぐるSECの対応等に照らしてみる限り，こうした思考はSECが一貫して保持していた政策的立場であったとみなすことができる。

---

74 Seligman [1993], "Accounting and the New Corporate Law," p.957. また，別の問題として，規則2(e)の事案では，監査人がプロフェッショナルの判断における過ちを犯しただけの場合にも不適切なプロフェッショナルとしての行為についての事実認定に同意することがしばしばである（つまり，和解するために，規則2(e)(1)(ii)の違反に同意する）。これらの同意和解命令が監査人の有責性のレベルについて記載することはまれであり，ほとんどは，想定されるGAAPの誤解釈を記述し，GAASの違反を申し立てている。

75 68 SEC Docket 489, p.497.

# ■第9章■

# 2つの議会委員会とSECの監視的役割

## 1. は じ め に

　SECは，財務報告の領域はもとより，監査の領域についても，プライベート・セクターに権限を「委譲」した自主規制に依拠した規制システムを構築してきたとみなされている。基準設定（standard-setting）に関しては，それぞれFASBとAICPA監査基準常務委員会に，その権限を「委譲」する形を採っていた。1972年のFASBの創設以降はとくに，こうした枠組みの下で，行政機関であるSECは，投資者を保護し公益を増進するという観点から，その監視的役割（oversight role）を果たすものと期待されるようになっていた[1]。

　また一方で，SECに提出する財務諸表の監査証明を行なう会計士に求められる監査基準は，ASRを中心とした執行通牒の発行を通じて，あるいは差止請求などの法執行手続や懲戒手続を通じて，間接的に規制されている。このような"基準のエンフォースメント"の側面においても，会計プロフェッションによる自主規制を部分的に取り入れる動きがみられるようになってきた。第6章でみたように，1970年代中葉のSECの法執行活動は，会計プロフェッションの品質管理手続の開発と実行に対して重大な影響を与えた。ただし，SECの活動の十分な意義および便益ある側面は，1976年（モス小委員会），および1977年（メトカーフ小委員会）の会計プロフェッションに対する議会による再検討があるまでは，十分には評価されなかった[2]。

　本章でみるように，1976年のモス小委員会および1977年のメトカーフ小委員会は，いずれも会計プロフェッションに対してSECが果たしてきた監視的

役割について批判的であった。それらの調査で中心的な論点となったのは、今後、プライベート・セクターの会計プロフェッションが自ら規律づけを行ない自主規制をしていくべきか、あるいはパブリック・セクターの連邦政府機関が会計基準や監査基準の設定により直接的な役割を果たしていくべきかであった。

本章では、SECの会計プロフェッションに対する監視的役割が、1970年代に、2つの議会委員会の調査を通して、いかなる形で問題の俎上に載せられ、どのようなものとして定立されるにいたったのかを明らかにする。

## 2. モス小委員会とSECの監視的役割

### (1) エネルギー危機とエネルギー政策・保全法

1970年代の中頃に、SECが財務報告および監査に関する基準設定権限をそれぞれ財務会計基準審議会（FASB）、AICPAの監査基準常務委員会（Auditing

---

1 SECの「監視的役割（oversight role）」という表現が会計ないし会計士に対する規制をめぐって使われるようになったのは、おそらく、これらの議会委員会による調査がきっかけである。会計基準の基準設定に限定された文脈ではあるが、メトカーフ小委員会のスタッフ報告書に「SECは、会計基準の設定を特定の利害関係グループに委譲し、自らには監視的役割のみを留保してきた」(Metcalf Report [1976], *The Accounting Establishment: A Staff Study Prepared by Subcommittee on Reports, Accounting and Management*, p.18) との指摘がある。会計プロフェッションに対するSECの監視的役割という表現は、メトカーフ小委員会の公聴会以降、一般的に用いられるようになっている。

また、証券ブローカー・ディーラーに対する規制をめぐって、SECは、すでに議会からその監視的役割について批判を受けていた (Miller [1985], "Self-Regulation of the Securities Markets: A Critical Examination," p.870)。1973年の上院銀行・住宅・都市問題委員会の証券小委員会による『証券業界に関する研究』では、「証券業界に対する主要な規制上の問題は、概して、SECの権限（authority）が欠如していることの結果ではなく、すでに具備している権能（power）を用いる意思（will）が欠如しているようにみられることの結果である」(Williams Report [1973], *Securities Industry Report: Report of the Subcommittee on Securities of the Committee on Banking, Housing and Urban Affairs*, p.180) と指摘されている。

2 Cook [1985], "The Securities and Exchange Commission's First Fifty Years: an Accountant's View," p.371.

Standards Executive Committee) に大幅に委譲するという規制システムのあり方に対する再検討が行なわれることになった。これは主として議会委員会からの圧力からであった。SECが議会から会計プロフェッションに対する監視的役割を問題視されるようになったきっかけは，1973年から1974年にかけてのエネルギー危機であった。

　第一次オイルショックにともなうエネルギー危機を受けて，モス下院議員を委員長とする，下院州際対外通商委員会の監視・調査小委員会（Subcommittee on Oversight and Investigations；モス小委員会）は，石油・ガス業界に対する調査研究を行なっていた。その際，モス委員長は，石油メジャー各社が財務諸表の作成にあたって統一的な会計基準を用いておらず，産業内の信頼しうる財務資料が得られないことを知り，1975年5月15日に州際対外通商委員会のエネルギー・電力小委員会（Subcommittee on Energy and Power）委員長であったディンジェル（John D. Dingell）議員が下院に提出していたエネルギー保全・石油政策法案（H.R.7014）の審議過程で，会計検査院（General Accounting Office；GAO）が石油・ガス会社に対して会計基準を確立し，また，石油業界に属する会社の監視的監査（oversight audit）を実施する条項を追加する法案修正を提案した[3]。

　こうした動きに対して，AICPA，FASB，SEC，そしてGAOは，それぞれ，この修正条項に対する反対意見を提出した。そのうちSECは，8月22日付，ギャレット（Ray Garrett, Jr.）委員長名で，「会計検査院長（Comptroller General）による財務諸表に対する監査（audits）は，不必要で，高コストの重複的な努力となるとみている。また，［別の］政府機関がSEC管轄下の証券登録会社をめぐる監査プロセスに介入してくることによってプライベート・セクターとパブリック・セクターの関係に変化が生じることを懸念する[4]」として，

---

[3] House Report No.94-340 (to accompany H.R.7014), pp.104-106. とりわけ，法案801条(B)項では，「GAOの一部局で要請，入手，収集された情報の正確性（accuracy）を検証する目的で，会計検査院長は……(i)合理的な時点で，事業施設に立ち入り，(ii)合理的な時点，合理的な方法で，当該施設および石油備蓄を調査し，エネルギー資源の在庫を試査し，エネルギー情報に関する帳簿，記録，書類等を調査し，これを複製することができる」と規定されていた。

[4] Metcalf Report [1976], Appendix I, p.1435.

モス議員によって提案された会計検査院長に対して石油・ガス会社のSEC提出財務諸表を監査する権限を与える規定には反対の立場を表明した[5]。

## (2) モス小委員会の調査

モス小委員会は，1975年4月から，連邦規制機関についての"広範な調査研究（comprehensive study）"を行なっていた。対象となった9つの連邦規制機関（6つの独立行政委員会と3つの行政庁内執行機関）の筆頭がSECであった。この調査研究は，対象となる行政機関による活動の独立性，任務達成状況，経済的効果を評価することを含む広範なものであった[6]。

同小委員会は，およそ1年半にわたる調査研究を踏まえて，1976年10月に報告書『連邦規制と規制改革[7]』を公表した。証券規制を管轄するSECを取り扱った第2章では，大規模会社の果たすべきアカウンタビリティの確保に関わるSECの［監視的］役割を取り上げ，検討している。

1976年5月20日，21日，24日，6月1日に開催されたSECに対する公聴会では，調査の性格上，SEC委員および上級スタッフに対する聴聞が中心であったが，SEC外部から唯一人，ニューヨーク市立大学のブリロフ（Abraham J. Briloff）教授が公的証人として証言した。最終的に公表された報告書第2章の会計・監査関連の記述は，このブリロフ教授の公聴会での証言に全面的に依拠している。具体的に，報告書は，AICPA監査基準常務委員会の監査基準書第5号での"適正表示"の解釈に監査基準そのものの固有の欠陥（deficiency）が，さらに，子会社相互間ないし親子会社間の帳簿記録の調整に関わる監査基準に

---

5 エネルギー保全・石油政策法案（H.R.7014）は，9月23日に下院を通過し，さらに，上院を通過していたエネルギー政策・保全法案（S.622）と両院協議会で調整され，12月22日に，エネルギー政策・保全法（Energy Policy and Conservation Act）として成立した。そこでは，GAOによる監査の条項が盛り込まれることはなかったが，一方で，石油・ガス会社に対する統一会計基準が24ヵ月以内に確立されることを監視するよう規制機関であるSECに対して指示することとなった（503条）。

6 Moss Report [1976], *Federal Regulation and Regulatory Reform: Report by the Subcommittee on Oversight and Investigations of the Interstate and Foreign Commerce, House of Representatives*, p.4.

7 Moss Report [1976].

おいて欠陥が見受けられるとしている。そのうえで，報告書は，以下のように指摘している。

「［規制機関としての］SEC は，これまで，制定法上の権限を行使して一般に認められた監査基準にみられる欠陥を矯正（remedy）してこなかった。会社機構の複雑化，複合企業（コングロマリット），多国籍企業に象徴されるこの時代に，大規模会社における記録が独立の監査人によって調査されることを確保するのをSEC が*プライベート*［*・セクター*］の会計プロフェッション（*private accounting profession*）にのみ依存するのは，*公衆投資者*（*public investor*）を保護し，連邦証券法規の目的を達成するという目的からは，すでに不十分になっている[8]。」

モス小委員会の調査の焦点は，規制機関が対処しなければならない構造的な問題（a systemic problem）を析出することであった[9]。さらに報告書は，こうした欠陥は，［SEC が設定権限を移譲しているはずの］AICPA 監査基準常務委員会の発行する監査基準書のレベルにとどまらず，会計プロフェッションによる懲戒措置と，ひいては SEC の法執行活動での措置に関連しても，構造的な問題を生じさせているとしている。公聴会で，ブリロフ教授は，以下のように述べていた。

「また，別の2つの点でも構造的（systemic）である。……AICPA 内部に二重構造の懲戒手続（dual system of disciplinary procedure）が蔓延（はびこ）っている点で構造的である。簡潔にいってしまえば，彼らの手続はマタイ福音書の教える"ブヨ（蚋）を濾（こ）すが駱駝（らくだ）は丸呑みする盲目の案内人たち"と一緒である[10]。
AICPA のやっていることはまさにこれである。彼らは［外国の］歳入官

---

[8] Moss Report [1976], p.38. 括弧内のイタリックおよび圏点は引用者による。注目すべきこととして，この報告書では，private accounting profession ないし private accountant という表現が用いられており，public accounting profession ないし public accountant といった表現はいっさい使われていない。

[9] Moss Report [1976], pp.6-7.

に贈賄した者を突き止めるだろう，あるいは，そうすべきある。［しかし］それがプライベート・セクターの大企業［のアカウンタビリティ］に関して蓄積されてきた信頼性を失墜させる有名な裁判事件になってしまうと，AICPAは多少なりとも気づかなくなるのである。AICPAを支配している寡占的状況に過剰なほどに影響されているのである。

　悲しいかな，……SECによって採用されている懲戒手続の観点でも懲戒処分の当否を決するうえでの二重の構造が見受けられるといわざるを得ない。小規模な会計事務所は，SECが必要な手順を踏んだうえで，SEC所管業務から排除されるか，一定期間資格が停止されるが，一方で大規模な会計事務所の場合には，SECは，今後，同じ場所，同じ時間，同じ方法では，不義を犯すことはないとの同意を取り付けるにすぎない。そして，変更可能な別の担当者に変える。それで万事が治まるのである[11]。」

　結論として，同報告書は，適切な大規模会社のアカウンタビリティのシステ

---

10　ブリロフ教授は，AICPA内部で確立している職業倫理執行委員会と下位委員会，すなわち，職業倫理部門および審理審査会の機構を遡上に載せて，公認会計士（会員）が重罪判決を受けた場合に職業倫理部門が適切に対応する仕組みが構築されている以上，懲戒手続としては，職業倫理部門も，倫理規則すらも必要ではないと主張している（Moss Hearings [1976], p.613）。

　　マタイ福音書のくだりがどのようなことを含意しているかは若干不明である。のちのメトカーフ公聴会で，パーシー（Charles H. Parcy）上院議員のウィリアムズ（Harold M. Williams）SEC委員長に対する質問に，「あなた方（SEC）は，ピア・レビューの考え方はある種の"盲目の者を導く盲目の者"であると感じているのではないか」（Metcalf Hearings [1977], p.1839）との発言がある。客観的な立場からのレビューが期待できないレビュー担当者はまるで"盲目の者を導く盲目の者"のようなものだということであろうか。

11　Moss Hearings [1976], *Regulatory Reform: Hearings before the Subcommittee on Oversight and Investigations, Volume V : Environmental Protection Agent, Federal Communications Commission, and Securities and Exchange Commission*, p.653.

　　ブリロフ教授は，最終的に，1．会計プロフェッション内部の懲戒プロセスを大幅に再構成すること，2．SECは，会計および会計士に対する基準を確立し，これを実施するための立法上の権限をより積極的に行使すること，3．独立監査人による監査証明がプロフェッショナルとしての責任と能力に基づいたものであるようにSECに負託すること，4．議会で"企業アカウンタビリティに関する委員会（Corporate Accountability Commission）"を創設すること，を提言している（Moss Hearings [1976], pp.619-626）。

ムを確保するにあたって果たすべき SEC の役割として，とくに監査基準の維持に関連するところで，以下のように勧告した。

4．監査基準—— (a) SEC［自身］が，規則によって，SEC 提出用の財務報告書を監査証明する独立会計士が従うべき監査基準を規定（prescribe）するべきである。
(b) SEC［自身］が，規則によって，SEC 所管業務に従事する独立の会計士・監査人あるいは会計事務所に対する行為基準(standards of conduct)を規定し，それらの基準の遵守を確実にする（enforce）ために必要な懲戒的措置を採るべきである。
(c) 詐欺的な意図が存在するか否かにかかわらず，会計士その他による過失から公衆を保護するために，1934 年証券取引所法 10 条 (b) 項を改正する立法が必要とされる [12]。

---

12 Moss Report [1976], p.52. そもそも，大規模会社のアカウンタビリティに関するものに限っても，報告書は，5つの領域，すなわち，1．会計基準および原則に関わるもの，2．内部統制に関わるもの，3．取締役会に関わるもの，4．監査基準に関わるもの，5．連邦のディスクロージャー法規の法執行に関わるもの，で様々な勧告を行なっている。本書の視点からさらに掲記しておくべきものとして，5．ディスクロージャー法規の法執行に関し，以下のような勧告がなされている。

5．ディスクロージャー法規の法執行—— (a) SEC の措置がすべての関連事実を引き出すに十分であることを確保し，連邦法規の違反の頻度および程度を確認するため, (i) SEC はそうした調査を完遂するための自らの権限を確保するべきである。……
(b) SEC は，上級経営者や独立の会計士・監査人が会社の帳簿記録に正しく開示されていない違法な支出について知っている，あるいは関与している場合には，司法省に事案を付託するべきである。
(c) 会社が従事した可能性がある違法な，疑義のある活動の内容と程度を公衆に知らしめるために，虚偽の帳簿記録を行なっている，あるいは，違法な支出に従事しているすべての会社に関するより詳細な公衆への情報開示がなされなければならない。……

なお，上記，大規模会社の違法支出についてのディスクロージャーに関する勧告は，1977 年海外腐敗行為防止法（Foreign Corrupt Practices Act）の制定に結実している。

## 3. メトカーフ小委員会と会計的支配体制

### (1) スタッフ報告書『アカウンティング・エスタブリッシュメント』

　また一方で，いくつかの大規模企業の不正支出事件を契機として，メトカーフ (J. E. Metcalf) 上院議員を委員長とする，上院政府運営委員会の報告書・会計・経営に関する小委員会 (Subcommittee on Reports, Accounting and Management；メトカーフ小委員会) が，1975年秋頃から，会計プロフェッションに対する調査研究を行なっており，1976年12月7日には，『アカウンティング・エスタブリッシュメント[13]』というタイトルで，1,760頁にわたるスタッフ報告書が公表された。スタッフ報告書の主たる主張は，アメリカにおける大規模公開会社に対する監査市場は"ビッグ・エイト"とよばれる8大会計事務所[14]によって事実上支配されており，また，そのことによって，会計プロフェッションに対する適切な統制がなされていない可能性があるというものであった。そして，SECもまた，この「会計的支配体制 ([the] accounting establishment)」に組み込まれ，十分な監視的役割を果たしていないのではないかとの批判を受けることとなった。

　『アカウンティング・エスタブリッシュメント』において「会計的支配体制」に組み込まれたSECの責任に関して，概ね，以下のように整理されている。

　1933年証券法および1934年証券取引所法において，議会は，SECが，公開

---

13　Metcalf Report [1976], *The Accounting Establishment: A Staff Study Prepared by Subcommittee on Reports, Accounting and Management.*　前言 (letter of transmittal) で，メトカーフ委員長は，「とりわけ，この調査研究における2つの重要な知見に衝撃を受けた。1つめに，SECが，会計問題に関して，その解決について明らかな私的利害を持ったプライベート・グループに対し，会計問題に関する公共的 (パブリック) な権限および責任を委譲しようとする度合いが甚だしい (extraordinary) ことである (Metcalf Report [1976], p.V)」と記している。
14　ここで8大会計事務所とされたのは，アーサー・アンダーセン会計事務所，アーサー・ヤング会計事務所，クーパーズ&ライブランド会計事務所，アーンスト&アーンスト会計事務所，ハスキンズ&セルズ会計事務所，ピート・マーウィック・ミッチェル会計事務所，プライス・ウォーターハウス会計事務所，トゥッシュ・ロス会計事務所，の8事務所である (すべて当時の事務所名)。

会社に対し財務情報その他の開示を要求することによって、虚偽ないし誤導をもたらす情報から公衆を保護するように指示している。そのため、議会は、連邦証券法規を運用し、法執行する"為政権（mandate）"の一部として、会計基準・財務報告基準を確立する広範な権限を SEC に与えている。しかし、公衆を保護する目的で SEC が確立した基準に従うことになっている独立監査人と基準遵守の責任については共有しているにもかかわらず、SEC は、AICPA が直接的に会計プロフェッションを代表して監査基準と会計基準を設定することを容認するという妥協をしてきた。SEC は、会計プロフェッションを代表するものとしての AICPA に、会計基準の適切性を判断する連邦証券法規の下での責任を委譲してきた。SEC は、連邦諸法の規定の下で公衆を保護するという自らの責任を正常とはいえないほど（extraordinary degree）放棄している[15]。

そして、スタッフ報告書は以下のように述べている。

　「SEC は、議会から付与された広範な権力（extensive powers）を行使してこなかった。むしろ、公衆に大きな影響を与える――が、公衆を保護することを元来意図していない――会計基準の確立を、私的な利害を持ったプライベート・セクターのグループに依拠してきた。その結果、プライベート・セクターとしての利害によって確立されてきた会計基準を継続的に利用してきたことによって、公衆に深刻な経済的損失を与えてきた。……[16]」

このように、およそ 40 年間、SEC は、会計プロフェッションの会計基準を確立する権限を庇護してきたと指摘している。SEC が石油・ガス会社の統一会計基準を確立するよう議会が検討したときも、SEC は、FASB と AICPA とともに、そうした基準の確立を FASB に委ねるよう議会に働きかけた。スタッフ報告書のみるところ、「SEC の主要な関心は、AICPA とその基準設定組織の特権的立場を擁護することであって、［本来の任務である］不適切な会計実務から公衆を保護することではなかった[17]」。

---

15　Metcalf Report [1976], p.174.
16　Metcalf Report [1976], p.175.
17　*Ibid.*

これらのことは，監査基準に関しても，同様に当てはまる。すなわち，「SECは，会計基準の場合と同様に，会計プロフェッションを代表してAICPAが確立した監査基準に依拠することを選択してきた[18]」。

　また，報告書は，独立監査人にプロフェッショナルとしての行為基準を遵守させる責任についても指摘している。連邦証券法規の枠内で独立監査人が遂行する公共的な職能の重要性に鑑みて，SECには，独立監査人に適切な行為基準を遵守させる（enforce）ための広範な権限が与えられている。SECは，独立監査人がその職務を適切に遂行していることを確保する監視的責任を負っているが，スタッフの調査によれば，SECは，その懲戒手続のなかで，個人の会計士や小規模事務所よりも大規模会計事務所を寛容に取り扱う傾向があった[19]。このこともまた，ビッグ・エイトに代表される大規模会計事務所への規制力が効果的に発現されない状況を生んでいる。また，こうした不平等な制裁の賦課についてのSECの回答も，スタッフにとっては，SECの懲戒プログラムに関して疑問を生じさせるものであった[20]。

　さらに，SECは，ビッグ・エイトに代表される大規模会計事務所に支配されたAICPAの主導の下で（under the auspices of the AICPA）実施されている

---

18　*Ibid.* 圏点は引用者による。さらに，「SECは，独立監査人が自らの職務を適切に遂行しているかどうかを検証するための手段をいっさい持っていないにもかかわらず，［先の］GAOに石油・ガス会社の独立監査が的確であるかどうかを検証することを可能にする立法には反対した。SECが独立監査人の実施する監査業務に対する検証に支持を与えなかったことは，大企業の違背行為が独立監査人に発見されなかったことが広く明らかにされている点からみて，われわれの特別な関心を呼んでいる（Metcalf Report [1976], pp.175-176）」としている。

19　Metcalf Report [1976], p.17, pp.180-181.

20　SECが提出したSECの権限に関するメモランダム（1976年6月8日）では，「規則2(e)手続の第一義的目的は，たんに実際に行なわれた行為に対して当事者の責任を追求することによってではなくして，不適切行為あるいは本手続を開始させた原因事項の再発を防止することによって，公衆を保護することである（Memorandum to Chairman Hills dated on June 8, 1976, in Metcalf Report [1976], p.1472.）」と，規則2(e)手続があくまでも矯正的なものであることを強調している。スタッフ報告書では，SECの懲戒プログラムに関して，とくに主要な手段となる規則2(e)手続は矯正的であり，懲罰的ではないとSECは強調しているが，実際には，個人の会計士あるいは小規模会計事務所に対する懲戒処分については会計士個人が特定され，公表されている，すなわち，不平等に，懲罰的ではないかと指摘している。

品質管理レビューにこれまで継続的に依拠してきた。しかも,そこでの監査基準や倫理基準を制定しているのはAICPAである。したがって,SECは,実質的に,大規模会計事務所自身が,AICPAを通じて自らが遵守しなければならない基準を形成することを,また,自らの職務を適切に遂行していることをSECに保証するための仲間内のお互いの会計事務所による公にされない品質管理レビューに参加して済ますことを,認めてきたという[21]。

SECの法執行手続における主要な欠陥は,独立監査人の業務について,それが的確であるのか (accuracy),専門能力が発揮されているのか (competence),十分に実施されているのか (thoroughness) を定期的にチェックする手続を欠いていることである。現時点では,SECは,会計不正やそれに起因する損害が生じてはじめて,何らかの行動を採っている。しかし,ここにSECによる定期的な品質管理レビューが追加されるとすれば,独立監査人の責任遂行能力への公衆の信頼は大きく高められることになるだろう。また,近年の数々の監査の失敗の発覚によって,SECあるいはその他の政府機関が連邦証券法規の下での独立監査人の業務を定期的に検査 (inspect) することが現実的に必要になっている。

こうした分析を行なったうえで,同報告書は,「会計プロフェッションに対する統制の権限をプライベート・セクターから連邦政府機関に移行させるための」16の勧告を行なっている。そのうち独立監査の規制に直接関連するものは,以下である[22]。

6.「連邦政府機関は,会社の財務諸表の正確性を監査証明するにあたって独立監査人が採用する監査基準を確立 (establish) するべきである。企業の

---

[21] Metcalf Report [1976], p.181. スタッフ報告書は,「SECは,ASR第150号にもみられるように,AICPAによって確立されてきた監査基準を適切なものとみなしているが,近時,大企業の問題行為が報告されていないことが次々と明らかになっており,現行の監査基準の適切性に関して深刻な疑問が呈されている」と指摘し,それゆえに,「SECは,連邦証券法規の下での責任を果たすうえでの独立監査人の業務の品質をチェックする手続をまったく持っていない (Metcalf Report [1976], p.18)」と断定している。

[22] Metcalf Report [1976], pp.22-23.

財務報告の廉潔性に対する公衆の信頼を回復させる監査基準の開発にはすべての分野の公衆の参加が必要である。」
7. 「連邦政府機関は，公開会社の独立監査人の業務について定期的に検査（inspect）するべきである。」
8. 「連邦政府機関は，厳格な行為基準を定めて（promulgate），それを遵守させる（enforce）ことによって，連邦証券諸法の下で会社の財務諸表の正確性を監査証明する監査人の独立性に対する公衆の信頼を回復させるべきである。こうした基準は，監査人によって提供される精神的および外観的独立性を侵害する業務活動を特定して禁止するものとするべきである。」
9. 「連邦政府機関は，全米上位15会計事務所に，基礎的な事業活動データと財務データについての毎年の報告を要求するべきである。」
10. 「連邦政府機関は，独立監査人の責任を明確に定義し，議会，公衆，裁判所の期待に確実に応えるようにするべきである。」
14. 「SECは，連邦証券諸法の下での懲戒手続および法執行手続において，すべての独立監査人を平等に取り扱うべきである。……SECその他の連邦機関は，懲戒手続ないし法執行手続の結果として命じられるコンプライアンス・レビューの実行をプライベート・セクターの当事者や組織に完全に任せてしまうのでなく，自らそうしたレビューを実行するべきである。連邦法規およびその下でのレギュレーションの執行に対する公衆の信頼は，公共（パブリック）の責任を利己的となりうるプライベート［・セクター］の当事者や組織に委譲したときに，損なわれてしまうものである。」

## (2) メトカーフ公聴会と最終報告書

メトカーフ小委員会では，1977年4月19日を皮切りに6月13日までに，『アカウンティング・エスタブリッシュメント』で取り上げられた論点に関連して，合計8回の公聴会を開催した。その間，ビッグ・エイトの会計事務所の代表だけでなく，AICPAやFASB，そしてSECの代表を含めた合計34人の証人から，意見聴取がなされた[23]。

ビッグ・エイトの代表者のなかでも様々な意見がみられたが，プライス・

第 9 章　2 つの議会委員会と SEC の監視的役割　279

ウォーターハウス会計事務所の上級パートナーのビーグラー（John C. Biegler）は，(1) SEC 登録の公開会社の財務諸表を監査する独立会計事務所の業務遂行の品質に関する強制的な定期的レビューを要求する新たな登録のプログラム，(2) 会計事務所の財務諸表および経営データの公開，(3) 会計基準と監査基準の設定主体の会合を公開する提案，(4) 独立会計事務所が正当に提供するマネジメント・アドバイザリー・サービス（Management Advisory Service；MAS）業務の範囲に関する SEC のレビューへのサポートの 4 種の提案を挙げた。とりわけ，1 つめの新たな品質管理レビューのプログラムについて，以下の点を立法によって確保するとした[24]。

---

23　各回，出廷順に，証人は以下のとおりである。
　4 月 19 日，モス（John E. Moss；モス小委員会委員長，下院議員），チャトフ（Robert Chatov；ニューヨーク州立大学准教授），チェトコビッチ（Michael N. Chetkovich；AICPA 理事会長）・オルソン（Wallace E. Olson；AICPA 会長）・バルゥー（Theodre C. Barreaux；同副会長）
　4 月 21 日，アームストロング（Marshall S. Armstrong；FASB 議長），アンダーソン（Gordon Anderson；小規模会計事務所パートナー，AICPA 職業行為基準特別委員会委員長），エリオット（Norman J. Elliott；小規模会計事務所パートナー），サティン（Robert A. Satin；同），ワトソン（Thomas S. Watson, Jr.；同）
　5 月 10 日，ビーグラー（John C. Biegler；プライス・ウォーターハウス会計事務所上級パートナー），ハーフ（Robert Half）ほかグループ，メッテ（William R. Mette, Jr.）ほかグループ
　5 月 12 日，ハンソン（Walter E. Hanson；ピート・マーウィック・ミッチェル会計事務所上級パートナー），パッセロ（Rudolph Passero；全米公共会計士協会副会長），ホーングレン（Charles T. Horngren；アメリカ会計学会）ほかグループ
　5 月 24 日，カプティック（Harvey Kapnick；アーサー・アンダーセン会計事務所経営パートナー），マソン（Eli Mason；小規模会計事務所パートナー），カナガ（William S. Kanaga；アーサー・ヤング会計事務所経営パートナー），アウエルバッハ（Norman Auerbach；クーパーズ＆ライブランド会計事務所会長）
　5 月 26 日，スターツ（Elmer B. Staats；原価計算基準審議会議長），リッコーヴァー（H. G. Rickover；海軍原子力推進副司令官）
　6 月 9 日，コーエン（Manuel F. Cohen；監査人の責任に関する委員会委員長），ミノウ（Newton N. Minow；アーサー・アンダーセン外部レビュー審査委員会委員長），ワグナー（Howard O. Wagner；ジュエル社社長），ハケット（John T. Hackett；クミンス・エンジン社社長）
　6 月 13 日　バウカス（Max Baucus；下院議員，元 SEC），ウィリアムズ（Harold M. Williams；SEC 委員長）・ルーミス（Philip A. Loomis, Jr.；SEC 委員）・エヴァンス（John Evans；同）・ポラック（Irving Pollack；同）

1. SEC所管業務に従事する独立会計事務所は，SECへの登録を義務づけられる。
2. 登録会計事務所は，毎年報告書を提出し，登録申請書に含まれる情報を更新することを義務づける。
3. 主任会計官は，監査業務の品質を確保するための会計事務所のシステムの詳細なレビューを要求するように指示する。独立会計事務所は，少なくとも3年に1度は品質管理レビューを受けることが義務づけられる。レビューは，別の登録会計事務所によって，主任会計官の承認を受けて，実施される。
4. 登録会計事務所は，レビューで指摘された欠陥を速やかに改善し，改善措置を主任会計官に通知する。
5. 当該事務所がSEC業務で要求される専門能力・独立性の基準を満たさない，あるいは主任会計官が注目した品質管理システム上の欠陥を改善しなかった場合に，事務所の登録は，停止ないし剥奪される。
6. SECは，登録会計事務所のパートナーおよびスタッフに対する最低限度の継続的教育レベルを決定する規則を採択する権限を有する。

また，SECの規制権限に関連してひときわ影響力のある証言を行なったのが，60年代後半，原価計算基準審議会（Cost Accounting Standards Board）の創設にも尽力したリッコーヴァー（Hyman G. Rickover）海軍大将であった。5月26日の公聴会で，リッコーヴァー大将は，これまで会計プロフェッションは改革を実施するとの約束を果たしてこなかった，したがって，もはや，規制機関であるSECは時を待つことなく直接改革を実施すべきであると主張し，SECに対して10の具体的な提案を行なった[25]。

1. 「SECは，財務会計基準および監査基準に関する監視機構を創設するべ

---

24 Metcalf Hearings [1977], *Accounting and Auditing Practices and Procedures: Hearings before the Subcommittee on Reports, accounting Management of the Committee on Governmental Affairs*, 1977, pp.503-510, pp.618-631.
25 Metcalf Hearings [1977], pp.1666-1667.

きである。この機構は，公衆（パブリック）からの外部メンバーとプライベート・セクターからの専門会計士（expert accountants）から構成される審議会組織（board）によって運営され，適時に必要な基準を設定することを要請する任務を持つ。」
2. 「SEC は，公開会社を監査する会計事務所の登録とその財務内容の開示を要求するべきである。SEC は，監査を実施するにあたって会計事務所が提供された，あるいは，用いたすべてのデータを入手できるようにするべきである。［会計プロフェッションでなく］SEC 自身が，定期的に，公共会計士業務に従事する会計事務所の職務遂行（performance）についての監査を監視するべきである。会計事務所がプロフェッショナルとしての最低限度の職務遂行の基準および独立性の基準を満たしていない場合には，SEC は同会計事務所を資格停止するか，公開会社を監査する免許を剥奪するべきである。」
3. 「公開会社の監査を行なう会計事務所に対し MAS に従事する部門などは切り離すよう要求するべきである。」
4. 「SEC は，その要望を適えられなかったことによって監査顧客を失った場合に会計事務所が補償を受けられるように，解除契約，保険，調整手当その他を通じた補償の仕組みを作るべきである。」
5. 「SEC は，公開会社に対して，独立の外部監査人の5年ごとのローテーションを要求するべきである。……」
6. 「SEC は，［銀行や引受人などによる］不適切な外部からの圧力によって会社が小規模会計事務所から大規模会計事務所に監査人を変更することのないように，手段を講じるべきである。また，公開会社における監査委員会の役割に関連するレギュレーションを規定するべきである。」
7. 「SEC は，連邦証券法規の下で会社の財務諸表の正確性を監査証明する監査人に対する厳格な行為基準を定め（promulgate），それを遵守させる（enforce）べきである。」
8. 「SEC は，公開会社の提出する財務諸表の監査人の監査証明に関する基準を確立（establish）するべきである。……」
9. 「SEC は，工事進行基準を採用して利益を報告する会社に対して，完成

契約に基づく会計手法［工事完成基準］の下での成果についても株主に情報提供するよう要求すべきである。」
10.「SEC は，公開会社に対して，課税目的の利益を……公衆への報告書のなかに含めることを要求すべきである。」

　これらの提案は『アカウンティング・エスタブリッシュメント』での勧告と大部分で重なっているが，非常に重要なことは，少なくともリッコーヴァーは，これらの提案は，追加的な立法措置を用意せずとも，SEC にすでに付与されている権限の範囲ですぐにでも実施に移しうるものであるとみなしていたことである[26]。

　実際，リッコーヴァーは，SEC に対して，これらの提案個々について，その提案内容を実施する制定法上の権限を SEC が持っているのか照会を行なっている。その回答が，SEC 法律顧問室から SEC 委員長宛のメモランダム[27]としてまとめられ，6 月 10 日付で，メトカーフ小委員会に提出された。

　メモランダムでは，リッコーヴァーの提案 1 つ 1 つに関して検討し，そのすべてについて，SEC は，リッコーヴァーの提案する内容を実施する制定法上の権限を十分に備えていると結論している。とりわけ，会計プロフェッションの自主規制の要であるピア・レビューに関連した 2 番目の提案に言及して，以下のように説明している。

---

26　Metcalf Hearings [1977], p.1662. リッコーヴァーへの聴聞のなかで，以下のようなやりとりがある。

　　リッコーヴァー：公共会計士たちは自らの活動について監視するつもりもなく，また，できないのだから，スタッフ報告書で政府機関がなすべきとされた勧告に，私は賛同します。……
　　メトカーフ委員長：それでは，大将，SEC は，今現在，追加的な立法措置がなくてもそれらの勧告を実行できるのですね？
　　リッコーヴァー：そのとおりです。私はこの点を調べまして，この点について追加の提案を行なったところです。SEC に対して，私の提案を実行に移すだけの制定法上の権限をすでに持っているのか照会しているところです。……（*Ibid.*）

27　Memorandum to Chairman Williams, June 10, 1977, in Metcalf Hearings [1977], pp.1781-1798.

「SECに与えられた権限は，リッコーヴァー（大将）が提案したような，会計事務所の職務遂行と品質管理についてのレビューをSEC自身が実施することを許容しているとわれわれは考えているが，そうしたアプローチは，コストが高く，いたずらに時間もかかり，プロフェッションが，SECの監視を受け，自らの職務遂行をレビューすることを引き受けている［現在のような］場合，達成される結果から判断して，限られたSECの資源の配分がより非効率的になる可能性が高い。もちろん，［ピア・レビューを行なう］この場合には，実施されたレビューがSECにとって満足のいくものとなることが和解の条件である[28]。」

しかしまた，メモランダムは，最終的に，「提案された方法で，現在ある権限を行使すべきか疑問のあるケースもあり，あるいは，その権限をより明確にする立法措置が有益となるようなケースもある。さらには，特定のアクションを採る権限が特別に与えられているわけではないものの，一定の事実認定があればそうしたアクションを採ることができるケースもある[29]」ため，SECの政策として，リッコーヴァーの提案する内容を実施することには必ずしも賛同しないと結論している。

メトカーフ小委員会を介在してここでなされたやりとりは，非常に重要な意味を持っている。このときSECが権限を持つと回答した内容には必ずしも異論がないとはいえないものもあったからである。実際，これは，SECの「プロフェッショナルの活動に対する（無視できない）過度の政府の介入」であると捉える法学者もいた[30]。

このメモランダム提出の3日後，6月13日に，SECに対する聴聞が行なわれた。ウィリアムズ委員長は，会計プロフェッションに対するSECの政策上の基本的立場について，以下のように証言している。

「通常のところ，実際に生じる問題は，会計原則や監査基準が適切でない

---

28 Memorandum to Chairman Williams, p.7.
29 Memorandum to Chairman Williams, p.18.

ことではなく，会計士個人の判断における失敗あるいはプロフェッショナリズムの欠如を反映したものである。そもそも，個人の判断やプロフェッショナリズムは法律では縛ることができない。また，そうした失敗・欠如を法律や規制によって防ぐこともできない。

そこでわれわれに必要なことは，まず第1に，会計プロフェッションがその職能を果たす環境を強化して，質の劣った判断やプロフェッショナリズムの低下をもたらすような独立性に対するプレッシャーを減じることである。第2に，彼らの会計原則や監査基準の適用に対する品質管理を強化して，質の劣った判断やプロフェッショナリズムの低下が起こることを減じることである。第3に，プロフェッショナルとしての責任を果たせなかった者に対する懲戒のプロセスをより有効なものとすることである[31]。」

また，ウィリアムズ委員長は，以下のように表明している。

「これまでの証言で，新たな立法で，会計プロフェッションを連邦による統制の下でより厳格な管理下に置くように再編成することが必要であると提言されている。終局的には，そうしなければならなかったということになる

---

30 例えば，メモランダムでは，規則2 (e) に関して，「詐欺防止権限，[監査人の独立性に関する]規定的権限に加えて，規則2 (e) は，……特定のプロフェッショナルにあるまじき，不適切な行為の事案を取り扱う手段としてのみならず，規則2 (e) 手続の顛末を公表することを通じて，すべての監査人に対しての将来の監査へのガイダンスを提供する手段としても，監査実務の基準 (standards of auditing practice) についてのSECの見解を表明するための迅速な手段を提供するものである (Memorandum to Chairman Williams, p.14, n.33.)」との説明を行なっている。この点について，当時の法律学者から，「SECは，明示的な権限が存在しないにもかかわらず，監査基準を規定 (promulgate) する権限を，詐欺防止 (antifraud) 権限および監査人の独立性を規定 (define) する権限の根源にあるものとしてだけでなく，それ自体，非常に疑問視されている規則2 (e) の下での権限の一部として，見出している (Downing and Miller [1979], p.788)」と批判されている。またSEC委員であったカーメルも，退任後，「個人的には，この分析は起訴することを優先する立場場から作成された提出書のようなものであり，会計士を規制するSECの権限の性質および程度は多くの点で不明確であると考えている」(Karmel [1981], "A Delicate Assignment: the Regulation of Accountants by the SEC," p.965) との見方を示している。
31 Metcalf Hearings [1977], p.1757.

かもしれないが，現行の会計プロフェッションの機構(structure)の枠内でも，それによって連邦規制を強める必要性がなくなるような，会計プロフェッションとSECが採るべき特定の方策はある。したがって，SECは，会計プロフェッションに対し，積極的で効果のある行動に着手するためのある程度の時間，できれば1年の時間を与えることを提言する[32]。」

そして，ウィリアムズ委員長は，SECと会計プロフェッションとによってなされた改革の進展を検討する年次の報告書を提出することを約束して，証言を終了した。

このように，SECは「会計プロフェッション自身が主導的に変化をもたらすように，厳しくプレッシャーをかけていく立場を堅持し，さらには，新たな規制のための立法の検討を議会に思いとどまらせた[33]」とされている。

1977年11月4日に，メトカーフ小委員会の報告書『公開会社とその監査人のアカウンタビリティの改善に向けて[34]』は公表された。報告書は，以下のように結論づけている。

「われわれ小委員会は，会計プロフェッションとSECによる現行の枠組み(existing framework)には，彼らの誓約したところを速やかに遂行する機会が与えられるべきであると確信している。実際，本小委員会のスタッフの調査，公聴会での様々な証言，またSEC自身も明確に示しているように，現行の枠組みのなかには本報告書に含まれる目標を達成するうえでの十分な権限がすでに存在している。これらの目標を達成するための最も迅速な道筋は，会計プロフェッション内部の献身的な者たちがリーダーシップと才覚と持てるリソースを用いて効果的に目標を実行に移すための特定のアクション・プランを作り上げることである。SECと協調したプライベート・セク

---

32 Metcalf Hearings [1977], p.1762.
33 Olson [1982], *The Accounting Profession, Years of Trial: 1969-1980*, p.47.
34 Metcalf Report [1977], *Improving the Accountability of Public Owned Corporations and their Auditors*.

ターによって自主的に動機づけられた行動が，われわれ委員会メンバーの選好した改善の方法である[35]。」

　SECにより提出された先のメモランダムの内容を踏まえて，メトカーフ小委員会においても，「SECは，必要とされる改革を直接実行に移すための十分な権限を具備しているとみられる[36]」との評価・判断がなされたことになる。
　そのうえで，SECの監視責任に関して，報告書は，「SECもまた，公開会社に対する独立監査人の職務遂行(パフォーマンス)を改善するにあたって重要な役割を果たさなければならない。SECは，……公共的な政策目標が達成されることを確保できるように，連邦証券法規を法執行し，本小委員会の想定する会計機関への厳格な監視（close oversight）を行なわなければならない。議会そして公衆は，プライベート・セクターの利己的関心が彼らに与えられた特別な特権を濫用させることとならないよう，SECに依拠している[37]」と結論づけている。

## 4. 会計プロフェッション主導の改善策

### (1) SEC監査業務部会

　モス小委員会とメトカーフ小委員会の公聴会で会計プロフェッションへの批判が高まるなかAICPAが行なった最も重要な改革は，1977年9月の，公認会計士事務所管轄部の創設とその内部でのSEC監査業務部会の設置，そこにおけるピア・レビュー・プログラムの確立であった。
　もともと，AICPAの会員資格は公認会計士個人に限定されていたため，AICPAは，実務サービスを提供する直接の主体である会計事務所に対して何らの統制権限も持っていなかった[38]。こうした状況に対し，新たに創設された公認会計士事務所管轄部（Division of CPA firms）は，会計事務所の自主規制に

---

35　Metcalf Report [1977], p.4.
36　Metcalf Report [1977], p.20.
37　Metcalf Report [1977], p.21.
38　Olson [1982], p.132.

関して AICPA 内部の自発的組織機構を提供するものであった。公認会計士事務所管轄部は，主として SEC 所管業務に従事する会計事務所向けの SEC 監査業務部会（SEC Practice Section；SECPS）と非公開会社への会計および監査業務に従事する会計事務所向けの非公開会社監査業務等部会（Private Companies Practice Section；PCPS）の2つの，ともに自立した部会から構成される。両部会は排他的ではなく，会計事務所は，SEC 登録会社の顧客を持つか否かにかかわらず，どちらの部会にも自発的に参加できる。

　SECPS は，公衆に対して，会員事務所が会計および監査業務におけるプロフェッションの職業基準を遵守しているという合理的な保証を提供することを企図している。SECPS の達成すべき目的は，(1) 会員事務所の業務規定の確立を通じて SEC 所管業務に従事する公認会計士事務所の業務の品質を改善すること，(2) 強制的なピア・レビュー，適切な品質管理の維持，会員資格要件を満たさないことへの制裁の賦課といった手段によって，会員事務所に対する有効な自主規制システムを確立し，維持すること，(3) 公共的メンバーから構成される独立の監視審議会によるモニタリングおよび評価活動を通じてSECPS の規制システムの有効性を促進すること，(4) SEC 業務に関連する技術的情報を生み出す場を提供すること，とされている[39]。

　SECPS の業務は，AICPA 品質管理レビュー部（Quality Control Review Division）を含めて AICPA スタッフのサポートを受けながら，SECPS 執行委員会（Executive Committee）とピア・レビュー委員会（Peer Review Committee；PRC）および（1979年以降は）特定調査委員会（Special Investigation Committee；SIC）によって執行管理（administer）される。加えて，独立な組織としての公共監視審査会（Public Oversight Board；POB）が SECPS のすべての活動についての監視を行ない，その活動についての公衆への報告を行ない，SEC に十分な情報を提供する。

　すべての会計事務所は SECPS に参加することができるとされ，会員となるために，会計事務所は一定の必要情報を含んだ申請書を提出し，会員資格要件

---

39　AICPA [1978b], *Report of Progress: The Institute Acts on Recommendations for Improvements in the Profession*, p.27.

に従うことに合意しなければならない。そのため，会員事務所は，品質管理基準を遵守すること，PRCの確立したレビュー基準に準拠して実施されるピア・レビューを受けること，負担金を支払うことなどに合意しなければならない[40]。

SECPSの活動は，AICPAの上級技術委員会に位置づけられるSECPS執行委員会によって統治（ガバナンス）される。執行委員会は，21の会員事務所の代表者によって構成され，SECPSに対する一般方針を定め，その活動を監視（oversee）する。また，執行委員会は，自らのイニシアチブによるか，あるいは，PRCの勧告，および1979年以降はSICの勧告に基づいて，会員事務所に対する制裁を賦課する権限を持つ。また，PRCは15人の委員から構成され，委員長も含め，執行委員会によって任命される。PRCは，ピア・レビュー・プログラムの執行管理とそのピア・レビューに関する基準の確立に責任を持つ。さらに，SICは，執行委員会によって任命される9人の現役ないし退任した会員事務所のパートナーから構成される。

(2) ピア・レビュー・プログラム

ピア・レビューは，SECPSの自主規制プログラムの中核となるものである。会員事務所は，少なくとも3年ごとにピア・レビューを受けることが義務づけられる。ピア・レビュー・プログラムは，会員事務所が会計・監査実務を行なううえで品質管理基準を遵守しているか，会員資格要件を遵守しているかを判断することを企図している。PRCが，AICPA品質管理レビュー部門のスタッフのサポートを受けながら，ピア・レビュー・プログラムを執行管理し，ピア・レビュー基準を確立する責任を負っている。

SECPSとPCPSのいずれにおいても，会員事務所は，PRCの任命したレビュー・チームによるレビュー（Committee-appointed review team (CART) review），事務所間レビュー（Firm-on-firm review），会計事務所協会の特定プログラムの下でのレビュー（Association-sponsored review），州会計士会の特定

---

40 会員資格要件は，さらに，審査パートナー（second partner）によるレビュー，継続的職業教育，監査パートナーの交替についても規定している。

プログラムの下でのレビュー (State society-sponsored review) のいずれかを選択できる[41]。ピア・レビューは SECPS と PCPS のいずれにおいても実施され，その運用方法などは共通しているが，SECPS のピア・レビューについては，POB の監視の下で実施され，POB および POB スタッフによってモニターされる。

　ピア・レビュー担当者は，実施したピア・レビューについての報告書と，適用可能であれば，ピア・レビュー対象事務所による［自発的な是正］措置を要求する事項に関するコメント・レターを発行することが求められる。レビュー対象事務所には，自ら採った，あるいは採ることを計画している措置を明らかにしたレター・コメントへの対応説明書を用意することが求められる。そして，PRC は，これらの報告書，コメント・レター，対応説明書を検討する。PRC は，レビュー対象事務所が，特別ピア・レビュー，ピア・レビュー担当者の再訪，追加的な継続的職業教育の要請を含む特定の条件を飲むことに合意した場合にのみ，レビュー・チームの発見事項の内容に基づいて，レビュー報告書その他の関連文書を受け入れることを決定できる。

　このように，PRC がレビューの実施および報告に関する方針と手続を規定し，ピア・レビュー・プログラムを実施する。レビュー報告書およびレビューを受けた会計事務所の品質管理関連文書は，AICPA のファイルとして保存され，公衆の縦覧に供される。

### (3) 特定調査プロセス

　特定調査委員会 (SIC) は，1979 年 11 月に，訴訟事案との関係で，申し立てられた会員事務所の監査の失敗の内容を詳細に検討するために，SECPS 内部に設置された。申し立てを受けた監査の失敗は，監査基準や監査手続の適正

---

41　SECPS のピア・レビュー委員会は，SEC が事務所間レビューに反対していたことを受けて，事務所間レビューの場合には，レビューを担当している側の会計事務所の業務を監視するため，レビュー対象事務所の規模に応じて，別の会計事務所から独立した 1 人から 3 人の会計士を選定して構成するレビュー・パネルを任命することとした。その後 1982 年に，POB の勧告に基づきレビュー・パネルは廃止された。

性や会員事務所あるいは事務所内の支局の品質管理に疑問を生じさせることもあると想定されている。

　SICの主要な関心は，GAASや品質管理基準そのものが適切であるかどうか，会員事務所が会計および監査業務においてそれらの基準を遵守しているのかにある。SICの主要な目的は，SEC所管業務に従事するにあたって，特定の監査の失敗に関与した会員事務所が採るべき是正措置を特定することによって，会員事務所がプロフェッションの職業基準（professional standards）を遵守しているという合理的な保証を公衆とプロフェッションに与える助けになること，特定の監査の失敗がGAASの変更を検討しなければならないことを示唆しているかどうかを判断することによって，SEC所管業務の品質を改善する助けになること，必要な場合，関与した会員事務所に対する制裁をSECPS執行委員会に勧告することである。

　SICは，訴訟が係争中であっても，事案の内容を詳細に検討する。それゆえ，監査の失敗が申し立てられたことをSICが認知したらすぐに調査が開始され，通常，結審する以前に結論が出される。SICがこうした職能を果たせるように，SECPS会員事務所には，SICに対し，監査の失敗が申し立てられた場合，その訴訟，行政手続，行政上の調査に関して報告することが要求されている。

### (4) 公共監視審査会

　SECPSの達成すべき目的の1つとして，「公共的立場のメンバー（public member）から構成される独立した監視のための審議会組織（board）によるモニタリングおよび評定活動を通じてのSECPSの規制システムの有効性の強化」が挙げられていたが，その役割を果たす審議会組織が公共監視審査会（Public Oversight Board；POB）である[42]。

　POBは，公益を代表する，会計プロフェッションの外部からの5人のメンバーによって構成される[43]。POBは，広範な監視責任を負っているが，SECPS組織規程によると，POBの責任および職能は，以下のとおりとなって

---

42　森［1982］「米国における会計士の自主規制システムについて」，pp.95-96.

いる[44]。

- ピア・レビュー委員会および執行委員会の規制活動と制裁賦課を、それが有効に行なわれていることを確保するために、モニターし、評定する
- ピア・レビュー委員会が、レビューの結果、会員事務所が適切な是正措置を採っていることを確かめているか、を判断する
- SECPS の他のすべての活動について継続的な監視を行なう
- 執行委員会に対し、SECPS の運営上の改善のための勧告を行なう
- 年次報告書およびその他 POB の活動に必要とみなされる報告書を公表する
- POB の職能を果たすうえで助けとなるスタッフを雇い入れる
- POB 委員の一部ないし全員が執行委員会の会合に出席する権利を持つ

このうち POB の最も重要な職務は、PRC の活動、会員事務所に対するピア・レビュー、ピア・レビューの結果としての SECPS による措置をモニターし、評価することである。POB のモニターと評価は、ピア・レビュー・プログラム全体に対するものと個々のピア・レビューに対するものとがある。そのため、POB の業務には、5 社以上の SEC 監査顧客を持ったすべての会員事務所に対する進行中のピア・レビューと試査ベースでの他のピア・レビューの監視と、PRC の本会合、その下位委員会の会合、およびタスク・フォースの会合への出席も含まれる。POB は、さらに、SIC の活動もモニターする。

---

43　1977 年 11 月に公表された既述のメトカーフ小委員会報告書では、ピア・レビューについて、「レビュー・プログラムは、会計プロフェッション外部の者を含む、幅広い関心と経歴を持った人物から構成される執行機能を果たす審議会組織によって統制されるべきである」(Metcalf Report [1977], pp.11-12) と勧告していた（なお、POB にはこの種の執行権限は与えられていない）。

　AICPA は、当初の POB 委員を確保するうえで困難を経験している。1978 年 1 月までに、ニューヨークの弁護士で議員のマックロイ (John J. McCloy；委員長)、元 SEC 委員長でコロンビア大学法律学教授のケアリー (William L. Carey)、元 SEC 委員長のギャレット (Ray Garrett, Jr.；副委員長) の 3 人が受諾したが、4 人目としてシアーズ・ローバック (Sears Roebuck) 社の最高経営執行者を退いたばかりのウッド (Arthur M. Wood) が 3 月に、5 人目としてアルコア (Alcoa) 社の最高経営責任者を退いたハーパー (John D. Harper) が 7 月に就任した。

44　*POB Annual Report 1978-1979*, p. 4.

POB は，SECPS に対するラインの権限を持たない監視機構（an oversight body without line authority over the section）として設置されたと位置づけられている[45]。また，POB は，「SEC と会計プロフェッションとの間を結ぶ中立的な連絡役の役割を果たすことが想定された[46]」ともいわれる。いずれにしても，POB は，公衆の利益の観点から，SECPS が実行するプログラムに対する監視と報告の任務を持つ，独立の立場を持ったプライベート・セクターの組織として認知され，その後 2002 年に自ら解散するまで，会計プロフェッションによる自主規制システムの根幹を担うこととなる。

## 5. 新たな自主規制システムに対する評価

### (1) モス小委員会の公聴会

モス小委員会は，すでに 1976 年 10 月に報告書を公表していたが，AICPA において SECPS を通じた新たな自主規制プログラムが開始されたことを踏まえて，会計プロフェッションによる改革と自主規制での努力を評定するために，1978 年 1 月 30 日から 2 月 1 日の 3 日間にわたって，再び公聴会を開催することとした[47]。

---

45 AICPA [1984], *Review of the Structure and Operations of the SEC Practice Section: Report of the SECPS Review Committee*, p.65.
46 Olson [1982], p.138.
47 各回，出廷順に，証人は以下のとおりである。
 1 月 30 日，パーシー（Charles H. Percy；上院政府運営委員会委員，上院議員），スコット（Stanley Scott；AICPA 理事会長）・ハンソン（Walter E. Hanson；SECPS 執行委員会委員長）・オルソン（Wallace Olson；AICPA 会長）・ニーベス（Donald L. Neebes；SECPS ピア・レビュー委員長），マックロイ（John J. McCloy；POB 委員長）・ギャレット（Ray Garrett, Jr.；POB 委員），カプニック（Harvey Kapnick；アーサー・アンダーセン会計事務所会長）
 1 月 31 日，メソン（Eli Mason；小規模会計事務所パートナー），カイザー（Charles Kaiser, Jr.；同），ブロウト（Alan Brout；同），アラム（Joseph P. Alam；同）
 2 月 1 日，アウエルバッハ（Norman Auerbach；クーパーズ＆ライブランド会計事務所会長），バートン（John C. Burton；コロンビア大学教授），ウィリアムズ（Harold Williams；SEC 委員長）・サンプソン（A. Clarence Sampson；主任会計官）

公聴会初日，聴聞に先立って，モス委員長は，「会計プロフェッションが，監査業務の品質を改善し，公衆の要請に対して会計士としてより高いレベルで対応できるよう，自ら有効的な手段を講じているという説得的な証拠を示さないのであれば，SEC の直接監視（direct SEC oversight）の下での自主規制機関を新たに創設する内容の法案を提出する[48]」用意があることを表明した。

2月1日には，前主任会計官（在任期間は 1972 年から 1976 年）でコロンビア大学教授に復職していたバートン（John C. Burton）が証言した。バートンは，「残念ながら，AICPA の創設した新しい部門組織は，会計実務に対する有効な監視，つまり，会計プロフェッションに求められる制度的安定性をもたらすほど適切なものとは考えられない[49]」として，新たな自主規制システムを創出する立法が必要であると主張した。バートンは，新たな立法措置により，SEC の監視の下でのプライベート・セクターの機関としての自主規制機関の設置とその機関の SEC への登録を要求する試案を提示した。バートンの試案によれば，全米登録会計事務所協会（National Association of Registered Accounting Firms；NARAF）と仮称されるこの機関は，SEC への登録を行ない，SEC の監視を受ける。そして，この NARAF の会員となることが SEC 所管業務に従事する条件となる。また，会員となることで通常の訴訟から外れ，無限責任を免れることができるが，代わりに特定の行政プロセスを経て，プロフェッショナルとしての業務上の欠陥（professional deficiencies）に対する責任の有無を判

---

48 Moss Hearings [1978], *Reform and Self-Regulation Efforts of the Accounting Profession: Hearings before the Subcommittee on Oversight and Investigations of the House Committee on Interstate and Foreign Commerce*, 95th Congress, 2d session, 1978, p.2.

49 Moss Hearings [1978], p.324. バートンは，その理由として，少なくとも 6 つの理由があるとしている（Moss Hearings [1978], pp.324-325）。すなわち，第 1 に，AICPA はプロフェッションに対する有効な監視と懲戒を遂行する［デュー・プロセスの確保などをクリアーできるような］法律上の権限がない。第 2 に，たとえ AICPA のシステムが法的な対応策を確保できたとしても，賦課する制裁には法の強制がともなわない。第 3 に，非常勤委員の集団である POB は実質的にも外観的にも AICPA の主張しているような "制定法に基づく規制を担う有効な代替機関" とはなりえない。第 4 は，AICPA のプログラムは，実際に会計士が直面する巨額の裁判費用，係争の遅滞などの主要な問題を取り扱っていない。第 5 に，AICPA のプログラムは，監査基準やピア・レビュー基準の設定プロセスになんらも提供しない。第 6 に，プライベート・セクターのプロセスは，会計事務所の潜在的な法的責任に対して何ら寄与するところがない。

断される。NARAF は，(1) 会計事務所と関与所員の登録，(2) 監査基準およびその他のプロフェッションの職業基準の確立，(3) 会員事務所の実務に対する定期的監視，(4) 適切なデュー・プロセスによる権利保護をともなったプロフェッショナルとしての業務上の欠陥に対する調査と懲戒手続の実施，(5) 会員事務所に対する損害賠償請求問題の解決という5つの主要な機能を果たす[50]。

そして，聴聞の過程で，バートンは「AICPA は，監査基準の場合も，ピア・レビュー基準や実務に対する監視の場合も，信頼しうる長期的な基準を確立する方法を見出していない。もちろん，そこには大きな法律上の問題がある。様々な当事者機関は，AICPA のプログラムで取り扱おうとしていることの一部を実際に取り扱える権限をどれだけ持っているのか。……少なくとも，そうした権限が存在するのかに関する深刻な疑問があることは万人が認めるところである。……そこで，公式の公的な監視（formal public oversight）が必要とされる。SEC はこの責任を担うべきである[51]」と述べ，さらに「公式の権限（formal authority）をともなった公式の政府による監視メカニズムが存在するべきである。このことは，公式の権限が AICPA の設置する審査会（注：文脈上，POB を指す）と同等のものには依拠しえないということを意味しているわけではない。しかしながら，SEC は，法律上の監視権限を持つべきである。現時点で，SEC が法律上の監視権限を持っている程度は明らかではない。それを明確にすべきである。それをこの［規制］システムの公共的な存在観（public presence）を示す部分と考えるべきである[52]」と主張している[53]。

さらに，モス小委員会は，3月3日，三度，公聴会を開き，AICPA が会計プロフェッションの有効な自主規制主体といえるか，SEC 委員全員を出廷させ，SEC の見解を求めることとした[54]。この日の聴聞を開始するにあたって，モス

---

50　Moss Hearings [1978], pp.343-349.
51　Moss Hearings [1978], p.352.
52　*Ibid.* 圏点は引用者による。
53　さらにまた，バートンは，立法措置の必要性に関して，"［会計プロフェッションによるプログラムが］機能するかどうか静観（wait and see）してみよう，そして，もし機能しなかったらそのときこの問題を取り扱おう"ということは，行動の取り方として，多大なコストを生じさせることになると私には思われる（Moss Hearings [1978], p.355）」と証言している。

第9章　2つの議会委員会とSECの監視的役割　295

委員長は,「これまでの公聴会で明らかになったことから,委員長としては,AICPAの自主規制プログラムに失望し,不満を抱いている。また,AICPAのプランが失敗した場合の積極的でよく練られた代替策を持たない,SECの余裕ある"静観の"態度("wait and see" attitude)にも不満を抱いている。……会計プロフェッションへの規制を最終的に法規制(新規立法による直接規制)とするかどうかは,現行のAICPAのプログラムが適切であるかどうかではなく,SECがその権限を行使する意欲(willingness)があるかどうかにかかっている[55]」と牽制した。

これに対し,ウィリアムズ委員長は,「結論として,われわれ(注:このとき,すべてのSEC委員が出廷している)は,AICPAのプログラムがプロフェッションに対する有効な規制の必要性を満足させるものとなると今も期待していると繰り返し述べたい。われわれは,会計プロフェッションが高い独立性および品質の基準を満たすことを保証するための手段が講じられなければならないことで全員同意している。現時点で,この課題に対処する機会をAICPAに与えることにしており,そしてまた,AICPAの提案するプログラムの有効性についての確定的な結論はまだ得られていないと考えている……[56]」と述べ,何よりもまず立法はその時機ではないというのがSEC委員の総意であることを示した。

この日の公聴会の最後に,モス委員長は会計プロフェッションを規制する法案を上程することを示唆し,聴聞は終了した[57]。

---

54　証人は,ウィリアムズ(Harold Williams;SEC委員長)・エヴァンス(John Evans;SEC委員)・カーメル(Roberta Karmel;同)・ルーミス(Philip Loomis;同)・ポラック(Irving Pollack;同)・サンプソン(A. Clarence Sampson;主任会計官)であった。
55　Moss Hearings [1978], p.394.　圏点は引用者による。
56　Moss Hearings [1978], p.399.　かつてNASDメンバーであったルーミスSEC委員は,「馬を水飲み場に連れて行くことはできても,馬に水を飲ませることはできない。自主規制が満足しうるように運用されるようになる前に,その業界が自主規制したいと望まなければならない(Moss Hearings, p.441)」と述べ,この問題に対して会計プロフェッションの自主性がいかに大切であるかを強調している。
57　Moss Hearings [1978], p.457.

## (2) 公共会計規制法案（H.R.13175）

　モス委員長らは，公聴会で示唆したとおり，6月16日に，SEC 会計実務（SEC Accounting Practice）を直接に統制するための"SEC 会計士業務に関する全米組織"の創設を規定した公共会計規制法案（H.R.13175：Public Accounting Regulatory Act；モス法案）を下院に提出した。法案は，州際対外通商委員会に付託され，審議されることとなった。

　モス法案は，「SEC は，SEC 会計士業務に関する全米組織（National Organization of Securities and Exchange Commission Accountancy；NOSECA）を設置する」（4条(a)項）とし，「常勤の5人から構成される審議会（board）によって運営される[58]」（同条(b)項）と規定する。2人は独立公共会計事務所から任命され，大規模会計事務所と小規模会計事務所から1人ずつ選ばれる。SEC 提出用の財務諸表を監査している会計事務所とその代表者はすべて，NOSECA に登録しなければならない。そのために，NOSECA は，登録のための手続を定め，登録会計事務所に対する継続的レビュー・プログラムを実行し，個々のレビューを実施する際に，会計事務所内の種々の支局および代表者において履行されている監査契約のなかからその対象を選択する。また，非監査サービスの提供状況，事務所スタッフに対する専門教育の実施状況，実施した監査業務に対する事務所内部での審査の適切性を調査する。さらにこれらのレビューで識別された問題点について調査する。NOSECA はまた，公益および投資者保護の観点から，登録会計事務所とその代表者に対して，必要と思われる懲戒措置を採る。

　また，SEC の監視権限に関して，「SEC は，NOSECA の活動が独立公共会計事務所によって実施された監査の適切性および公開会社の財務諸表の適切性への公的な信頼を構築する方法で実行されていることを確保する目的での NOSECA に対する監視責任を持つ」と規定されている。

　モス法案は，証券ブローカー・ディーラーを規制する全米証券業協会（NASD）

---

58　対照的に，完全に会計士以外の5人から構成され，重要な監視責任を持った，POB は，SECPS の業務に対する公式の権限を欠いているとの指摘が SEC からなされていた。

に範をとった会計士および会計事務所の自主規制機関の創設を提案するものであったとされている。NASD は，1938 年マロニー法に基づいて設立された，場外取引を監視するための自主規制機関であり，SEC の連邦証券規制上の重要な監視対象ともなっている。なお，NOSECA がプライベート・セクターに属するのか否か，条文では明らかではない[59]。

いずれにしても，モス法案では，証券法規に関連し監査報告書を提出する独立公共会計事務所を NOSECA へ登録し，登録事務所によって実施された監査業務に対するレビューおよび調査の継続的なプログラムを遂行し，必要な場合に，会計事務所およびその代表者に対して懲戒措置を採る。このように，SEC 提出用の財務諸表を監査している会計事務所による自主規制機関への登録を要求しており，また，登録会計事務所に対する懲戒処分とそのための基準を権威づけるものとしている。

### (3) 監視的役割に関する SEC の報告

SEC は，メトカーフ小委員会の公聴会のなかで，会計プロフェッションによる改革の進展状況とその改革を促進する SEC の主導力（イニシアチブ）について定期的に報告すると約束していたが，その最初のものが，公聴会から約 1 年後にあたる 1978 年 7 月 1 日に，『会計プロフェッションと SEC の監視的役割とに関する報告書（以下，監視報告書）』とのタイトルで作成され，提出された。

この監視報告書で，SEC は，「プロフェッションによる自主規制での努力に完全に満足しているわけではない。そうした努力が長い目でみて有効であると証明されることになるのかどうかを評定するには尚早である」としながらも，「しかしまた，この 1 年の出来事の検証に基づいて，プロフェッションのイニシアチブはこれからも発展していくことが認められるに十分な確約を示していると［SEC は］確信している。したがって，SEC は，現時点では，包括的な

---

[59] この機関は，2002 年に設立される公開会社会計監視審査会（PCAOB）と非常に類似した点を持つものと指摘されている（Zeff [2003a], "How the U.S. Accounting Profession Got Where It Is Today: Part I," p.201）。

政府による直接規制 (comprehensive direct governmental regulation) が，会計士が公衆の利益に適切に配慮した責任を全うすることを確証するうえでのより優位の手段であるとは結論づけていない[60]」との基本的立場を表明した。

　監視報告書によれば，SEC は，SECPS の創設を，その機構や運営にいくつかの難点は認められるものの，それ自体，大きな功績であり，有意義な自主規制プログラムを支える潜在的な基盤となるとみている。そのため，SEC が，現時点で，会計プロフェッションに対する包括的な政府による直接規制をかけることを企図した立法措置を勧告するのは適切ではないとしている[61]。

　監視報告書で，「SEC は，この1年の進展は，会計プロフェッションが自主規制の下で自らの努力を追求する絶え間ない機会に相応する十分なものであったと結論した。したがって，現時点において，会計士に対する自主規制を，別の形に変更したり，あるいは，直接に規制する［モス法案のような］立法措置を，責任を持って推奨することはできない。ありうる将来の立法に対する確定的な結論を導くのはあまりに早計すぎる。例えば，もしプロフェッションのイニシアチブが成功に結びつかない場合には，それとは別の立法上の代替案が必要とされてもよいし，また逆に，プロフェッションのプログラムが全体的に満足のいくように進展した場合には，より適切な法的基礎をその機構 (structure) に与えるための，あるいは規制システムでの適正な位置づけを確保するための立法の必要性を考慮すればよい。しかし，われわれは，現時点では，会計および会計士に対する包括的な政府による直接規制が，公衆に対し，より強力な保護を与える，あるいは公共会計士の業務への信頼に対するより有意義な基礎を提供するとは，確信していない[62]」と結論しており，それゆえ，SEC は，現時点でモス法案の立法を支持することはできないとしている。

　ここにきて，SEC は，この領域での会計プロフェッションの改善努力を密接にモニターしてきたこと，これまで AICPA の主導権（イニシアチブ）を監視するうえで積極的であったことを強調している。このように，SEC は，自

---

60　SEC [1978], *Report to Congress on the Accounting Profession and the Commission's Oversight Role*, p.7.
61　SEC [1978], p.15.
62　SEC [1978], p.44. 圏点は引用者による。

主規制に基づく会計プロフェッションに対する規制の枠組みを放棄してしまうのではなく，この枠組みのなかで，ディスクロージャー規制についても，会計士および会計事務所への規制についても，これを進めていくべき（改善していくべき）ことを再確認していた[63]。

### (4) 会計士規制法案の行方

すでに，7月1日に議会に提出された監視報告書のなかで，SECはモス法案を支持しないことが示唆されていたが，モス委員長は，会計プロフェッションによる自主規制プログラムの進展をレビューし，かつ，6月に提出したモス法案（H.R.13175）に関するSECの見解を聴取するため[64]，7月28日に，追加的に公聴会を開催することとした[65]。

SECPSピア・レビュー委員会のニーベス（Donald L. Neebes）委員長からは主としてピア・レビュー・プログラムの実施に関わる進展状況について，また，POBのギャレット（Ray Garrett, Jr.）副委員長からは主としてPOBの監視活動の状況について，説明された。

そして，この日最後に出廷したウィリアムズSEC委員長は，「AICPAの自主規制のイニシアチブはまだ発展途上ではあるものの，この1年間で達成された成果は，プロフェッションに会計士の直面している難題を解決することを可能にするガバナンスの仕組み（governance mechanisms）を構築していくための最善のアプローチとは，プロフェッションが本質的にプライベートの方向性に身を置き，積極的なSECの監視を受けることであるという結論を裏打ちしている。……SECの見方では，実際の経験に基づき，特定の問題の解決を目指した立法は，政府の関与を最小限にした，成功しうる自主規制を創出する最

---

63 SECの基本的立場は，「潜在的に最善のアプローチは，……SECの積極的監視の下で，プライベートの方向で残されるべきである」というものであった。
64 Moss Hearings [1978], p.459.
65 証人は，順に，ニーベス（Donald L. Neebes；SECPSピア・レビュー委員会委員長），ギャレット（Ray Garrett, Jr.；POB副委員長），ウィリアムズ（Harold Williams；SEC委員長）であった。

も有効な方法である。しかし，自主規制プログラムはまだ成熟していない段階にあるから，われわれは立法の必要性が明らかになっているとは考えない。……会計士が自主規制の手段を実行に移すことに緊要性があるとはいっても，柔軟性を欠いた，政府による統制の下での立法だけが，われわれすべてが賛同する目標の達成を可能にするわけではない[66]」と証言し，繰り返し，立法はその時機ではないことを強調した。

また，SEC 監視報告書では，AICPA の自主規制プログラムが発展途上であるために現時点では新たに立法措置を通じた政府規制は必要とはいえないという，いわば条件付きのサポートであったが，聴聞では，その点に関して質問が集中した。公聴会運営責任者 (operations director) のネリガン (James L. Nelligan) は「どの時点で［最終的な判断をするの］ですか。あなた方 SEC が手を上げるまでのデッドラインはいつですか。何年待つ気がありますか。1 年ですか。2 年ですか。3 年ですか[67]」と，ウィリアムズ委員長に迫った。これに対して，ウィリアムズ委員長は，「この点について正確なデッドラインというのは適切ではないと思う。AICPA のプログラムがどの程度機能しているかを確認できるには数年はかかると思う。……あなた方（小委員会）の監視とわれわれ（SEC）の監視——プログラムが価値を持ち，機能させようという精神があり，直面している問題は解決できるものかを継続的に評価すること——が非常に重要な点である[68]」と述べた。

モス法案は，下院州際対外通商委員会に付託されたが，直後から，同委員会は第 2 次オイルショックによるエネルギー危機の解決に追われ，そのため，法案は同委員会で審議されることなく，第 96 議会の終了とともに審議未了で廃案となった。その後，モス議員が政界を引退したため，再びこの法案が議会に提出されることはなかった[69]。

---

66　Moss Hearings [1978], pp.581-582 (p.612).
67　Moss Hearings [1978], p.620.
68　*Ibid.*
69　弥永［2013］『会計基準と法』，pp.233-234；Olson [1982], p.57.

## (5) イーグルトン小委員会の公聴会

　一方,上院のメトカーフ小委員会に関しては,報告書が公表された直後の1978年1月にメトカーフ委員長が急逝したため,小委員会の活動はいったん停止された。その後,会計プロフェッションに対する監視に関するメトカーフ小委員会の任務は,イーグルトン（Thomas F. Eagleton）委員長の率いる上院政府問題委員会の政府の効率性とコロンビア特別区に関する小委員会（Subcommittee on Governmental Efficiency and the District of Columbia of the Committee on Governmental Affairs；イーグルトン小委員会）に継承されることとなった。イーグルトン小委員会は,メトカーフ小委員会を引き継ぐ形で,1979年8月1日,2日に,公聴会を開催した[70]。折しも,SECの2年目の監視報告書が提出されたところであった。

　イーグルトン委員長は,冒頭,「メトカーフ小委員会の報告書は,モス議員の活動と同様に,会計プロフェッションに対し,自主規制での努力の改革を促している。……これらの議会委員会の関心は,SECの監視を強化させながら,会計士の職務遂行（performance）についてのSECの懸念をより強いものにさせている[71]」と始めている。

　最初の証人であったウィリアムズSEC委員長は,「[自らが出廷した]メト

---

[70] 出廷順に,証人は以下のとおりである。
　8月1日,ウィリアムズ（Harold M. Williams；SEC委員長）,グレゴリー（William R. Gregory；AICPA理事会副会長）・オルソン（Wallace E. Olson；AICPA会長）,ハンソン（Walter E. Hanson；SECPS執行委員会委員長）・メリン（Robert Mellin；PCPS執行委員会委員長）,ギャレット（Ray Garrett, Jr.；POB副委員長：マックロイ委員長の代理として）,イエルガー（Douglas Jergerデータ処理サービス会社社長）,スキッドモアー（James A. Skidmore, Jr.；マネジメント・コンサルティング会社社長）,グスタフソン（Dale R. Gustafson；アメリカ保険数理士学会会長）
　8月2日,カーク（Donald Kirk；FASB議長）,ブリロフ（Abraham J. Briloff；ニューヨーク市立大学教授）,ターリー（Paul W. Turley；FTCシカゴ支局長）,ローミッグ（Clinton Romig；公認会計士実務者全米会議議長）,ローズマニエーレ（Peter F. Rousmaniere；地方公共団体業績会議副議長）

[71] Eagleton Hearings [1979], *Oversight of the Accounting Profession: Hearings before the Subcommittee on Governmental Efficiency and the District of Columbia of the Committee on Governmental Affairs*, 96th Congress, 1st session, 1979, p.1.

カーフ公聴会ではもう1つのメッセージがあった。それは，議会内外の多くの人々が，SECが公開会社の監査と財務報告に関する監視責任（oversight responsibilities）を全うするために行なっていること，あるいは行なっていないことに対して，批判的であったということである。……会計士の直面する問題に対する有効なプライベート・セクターによる解決策は容易には策定，実行できないことは認識しつつも，会計士に対する規制および懲戒に固有の複雑な課題の解決は，原則として，SECの監視の下で，会計プロフェッション自身によってこそ最もうまく達成されるであろうと確信していた。……われわれは，会計プロフェッションによる21ヵ月の自主規制における努力に完全に満足しているわけではないが，会計プロフェッションの自主規制プログラムへの継続的なサポートを中断させるような事態はいっさい発生していない[72]」と述べ，これまでどおり自主規制プログラムへの条件付きのサポートを続けていく立場を表明した。

ウィリアムズ委員長への聴聞では，主として非監査サービスの提供と独立性の問題をめぐってSECの監視のあり方が議論された。本件についてのASR第250号の発行，POBへの調査検討の依頼，ASR第264号の発行という一連のSECのアクションにつき説明がなされたが，ウィリアムズ委員長の説明に対し，イーグルトン委員長は「現実がどういうものであるかを知らないのに，どのように監視を続けるのか理解できない。まさに他人事のように無関心な態度（ho-hum attitude）ではないか[73]」と批判した。これに対して，ウィリアムズ委員長は，「われわれの立場はある者からはとくに厳格なものとはみられないかもしれないが，[この後の公聴会で]これから，この点について会計プロフェッションからは少し違った意見が得られることと思う[74]」と返答した。

その後，公聴会では，会計基準の設定，会計プロフェッション内部での非競争的慣行，小規模会計事務所との競争，地方公共団体の会計基準などについても議論されたが，最終的に，公聴会は，小委員会がさらにどのようなアクションをなすか何ら示唆されることなく終了した。また，かつてメトカーフ小委員

---

72 Eagleton Hearings [1979], p.4.
73 Eagleton Hearings [1979], p.21.
74 Eagleton Hearings [1979], p.26.

会スタッフとして『アカウンティング・エスタブリッシュメント』の起草を行なったイーグルトン小委員会の有力メンバーであるチェッソン（Chesson）議員が小委員会を離れたため，報告書も出されることはなかった。

こうして，1979年末までに，議会の会計士業界への関心，SECの会計プロフェッションの監視への関心は，少なくとも当面は終わりを告げた。

## 6. 小 括

アメリカにおける1970年代は，連邦規制機関としてのSECにとっても，大きな変革を経験した時代であった。

第6章で述べたように，1970年代の前半には，とくに会計事務所が担当する場合の監査人の行為に対する，ひいてはディスクロージャー制度全体に対する統制に関わる法執行のあり方が問題とされた。品質管理レビューの導入にみられるように，あるいは懲戒規定の根拠をめぐる訴訟にみられるように，SECと会計プロフェッションとの間に必ずしも利害の一致しない場面があらわれた。しかし，そうしたなかでも，SECは，会計プロフェッションと協調して財務ディスクロージャー制度を守っていくという枠組みを逸脱することはなかった。

しかしながら，SECの監視的役割を問題にしたモス小委員会とメトカーフ小委員会の2つの議会委員会は，その枠組みそのものを問題視した。そうした議会委員会からの圧力のなかで，SECは，SECが会計プロフェッションを中心としたプライベート・セクターにその権限を事実上「委譲」する規制システムを維持するという立場を貫き通した。とりわけ，SECが，AICPAの自発的な改善活動を最大限に支持し，モス法案を成立させることによる即時的な対応には反対する立場を採ったことは重要な意味を持っている。

SEC委員のカーメル（Roberta Karmel）は，この頃，SECは，会計士への直接規制を求める議会勢力とそうした提案に強く抵抗し自主規制を維持することを主張する会計プロフェッションとの間にあって，政治的妥協を模索していた，と当時の状況を説明している[75]。

「パブリック・セクターとプライベート・セクターの間の責任の微妙なバランスを維持していくことはけっして容易なことではなかった。1970年代になって，会計プロフェッションとの間のSECの規制上の関係性について厳しい検証がなされ，幾度か，限界点まで陥っていた[76]。」

この過程において，SECは自らの監視的役割を積極的に果たしていくことを強調し，監視的役割を果たすという立場を堅持した。

ただし，プライベート・セクターによる自主規制を主調とするか，パブリック・セクターの存在感を高めて政府規制を強めるかについて，関係機関の基本的立場は一致していなかった。コーエン委員会，SEC，メトカーフ小委員会は，概ね，プライベート・セクターに基準設定権限を持たせることに好意的であった。これに対して，モス小委員会は，むしろ，直接的な公的規制を選好する反対の立場を採っていた[77]。公聴会に出廷した証人個人の立場もかなりまちまちであったが，委員会の立場としてみると，メトカーフ小委員会は，SECにはすでに会計プロフェッションを有効に規制するだけの制定法上の権限があることを受け入れ，SECにその方面での監視力を行使することに期待しているが，モス小委員会は，SECがその権限を行使しないという態度を批判し，別の制定法上の措置を採りたいとしていた。

さらにまた重要なことは，SECの会計プロフェッションによる自主規制システムへのサポートが，この時点では，あくまでも暫定的なものであったという点である。実際，SEC委員長は，公聴会のなかでモス法案について検討する際に，「実際の経験に基づき，特定の問題の解決を目指した立法は，政府の関与を最小限にした，成功しうる自主規制を創出する最も有効な方法である[78]」と証言する反面で，1978年の監視報告書においても，自主規制の努力が相応のピア・レビューのシステムを包含できないのであれば，「SECはプロフェッションのプログラムへのサポートを辞めざるを得なくなることを認識しなけれ

---

75　Karmel [1981], p.962.
76　Karmel [1981], p.960.
77　Buckley *et al.* [1980], *SEC Accounting*, p.254.
78　Moss Hearings [1978], p.581.

ばならない[79]」と警告している。

　それにもかかわらず，会計プロフェッションによる自主規制を基礎とする規制システムは維持され，そのまま1980年代を迎えることになったことは，歴史的な事実として重要なことである。この規制システムが，1980年代，1990年代を通じてどのように捉えられ，どのように変容を余儀なくされるのかが次章の論点である。

---

79　SEC [1978], pp.26-27.

# 第 10 章

# POB システムと SEC による監視

## 1. は じ め に

　1977年9月に，AICPAは，SEC所管業務に従事する会計事務所を規制するSEC監査業務部会（SECPS）を新設し，さらに，ピア・レビュー・プログラムを中心としたSECPSのプログラムを監視し，これについて報告を行なう任務を持った公共監視審査会（POB）を設置した。POBは，公衆の利益を代表し，SECPSが実行するピア・レビューを監視する役割を担う自主規制システムの重要な柱として位置づけられ，2002年3月に解散するまで，SECPSのプログラムについての監視と報告の任務を持った"独立のプライベート・セクターの機関"として，会計プロフェッションを監視する自主規制システムの根幹となるものであった。

　しかしながら，1980年代から1990年代にかけて，大規模会計事務所の提供するコンサルティング・サービスの肥大化が直接的な原因で，監査人の独立性が大きな問題，規制上決定的な問題となっていた。それにともなって，会計プロフェッションの自主規制に対する信頼も揺らぎ始めていた。本章では，1980年代および1990年代に進行した会計士業界の変容と，それにともなってあらわれてきた会計プロフェッションによる自主規制の機構に対する見方の変化を明らかにする。

## 2. 会計プロフェッションによる自主規制においてPOBの果たすべき役割

### (1) 会計プロフェッションの自主規制に対するSECの立場

　第8章でみたように，モス小委員会およびメトカーフ小委員会の公聴会でなされた会計プロフェッションに対する批判に応えるため，あるいはSECがその法執行のなかでピア・レビューを裏打ちしてきたことを踏まえて，あるいは会計プロフェッション自らが自主規制の拡張の必要性を長年議論してきた結果として，AICPAは，1977年9月に，会計事務所を会員とする公認会計士事務所管轄部（Division of CPA Firms）を設置した。そして，公認会計士事務所管轄部内部には，SEC監査業務部会（SECPS）と非公開会社監査業務等部会（PCPS）の2つの部会が設けられ，そのうちSECPSに，とくにSEC所管業務に従事する会計事務所を規制する任務が与えられた。さらに，公共監視審査会（POB）が，SECPSのプログラムを監視し，その監視機能を果たすにあたって公衆の利益を代表するために，公認会計士事務所管轄部から独立したものとして設置された。POBは，公衆の利益を代表し，SECPSが実行するピア・レビューを監視する役割を担う自主規制システムの重要な柱として位置づけられた。

　第8章でさらにみたように，SECは，1978年から1980年にかけての3年間，監視報告書を議会に提出し，会計プロフェッションの自主規制システムの確立に向けた努力とそれに対する監視の観点からのSECのイニシアチブについて詳細に報告していた。そして，SECの提出した監視報告書は，基本的に，会計プロフェッションの自主規制プログラムを支持するものであった。

　このように発足したSECPSの下での自主規制システムに重大な関心を持つSECは，最初の1978年監視報告書において，SECPSの創設を，「有意義な自主規制プログラムに対する潜在的に成功しうる基礎（potentially viable foundation for a meaningful program of self-regulation）[1]」とみなしている。さらに監視報告書は，自主規制の機構（structure）が有効であるために達成されなければならない目標として，①公共会計士業務への規制は，公益に密接に関わるので，この専門職（プロフェッション）に従事する者たちに完全に任せてし

まうべきではないこと，②自主規制の機構は，業務の品質を確保するために解決が必要となる会計上あるいはプロフェッションの問題を予測し，これに対応し，解決する能力とリソースを提供するものでなければならないこと，③自主規制の機構は，その運用手続と懲戒手続のいずれにおいても，安定的で，適時的で，平等で，そして公正でなければならないこと，の3点を挙げている[2]。そのうえで，「SECの監視は，会計プロフェッションがこれらの目標を達成するべく前進していることを確かめる（assuring）方向に向けられる[3]」としている。

さらに，自主規制プログラムを実施していくうえで，プロフェッションが直面する種々の障壁を克服していくためには強力なリーダーシップが必要であるとし，その役割をPOBが果たすべきであることを強調している[4]。とくに2年目の1979年報告書では，以下のように報告している。

> 「SECは，POBがプロフェッションの自主規制活動の成功に不可欠なリーダー的役割を果たすことのできる立場にあると確信している。POBは，会計プロフェッションが到達すべき目標を見失うことのないよう客観的な立場からガイダンスを与えることができるように，会計プロフェッションから十分に距離を置いたところに身を置かなければならない。POBの権限は助言的なものにとどまるが，その権限の重要性のゆえに，プロフェッションの良心であり，批判者であり，リーダーであることが可能であり，かつ，そうあるべきである[5]。」

しかしまた，一方で，まだピア・レビュー・プログラムが実施に移されて間もない1979年報告書の時点では，「［懲戒の枠組みを機能させることなどの未解決の課題があるため］POBの全体的な有効性についての結論を導くには時

---

1 SEC [1978], *Report to Congress on the Accounting Profession and the Commission's Oversight Role*, p.15.
2 SEC [1978], p.16.
3 SEC [1979], *Report to Congress on the Accounting Profession and the Commission's Oversight Role*, p.28. 圏点は引用者による。

期尚早である。……今後の発展のなかで，POB がリーダー的役割を果たす能力（ability）と意欲（willingness）の両方を持っているのかどうかを判断することになるだろう[6]」とも述べられていた。それでもなお，1980 年報告書では，「SEC は，引き続き，POB が自主規制の機構とプロセス全体が有効に機能するために自主規制活動に関して強力なリーダー的役割を果たさなければならないと確信している[7]」とされている。

### (2) ピア・レビュー・プロセスの監視

監視報告書で，SEC は，ピア・レビュー・プログラムを「AICPA の自主規

---

[4] SEC 監視報告書は，SECPS の目的達成を阻害する可能性のある要因として，自主規制システムの監視者としての POB の有効性に関わる，ある問題点を挙げていた。それは，POB が，組織機構上，SECPS の活動に対する直接的なライン組織上の権限を与えられていない点である。監視報告書は「こうした"ラインの"権限（"line" authority）の欠如が必然的に［自主規制プログラムの監視者としての］POB の有効性に関し決定的となると結論づけるわけではないが，SECPS が POB の行なう勧告に積極的に対応しないということになれば，SEC は，この自主規制の試みは修正されるか，あるいは終結すべきとの判断に到達することになるだろう（SEC [1978], p.17）」と述べている。対して，POB は，1979 年 3 月公表の 1978 年度 POB 年次報告書において，「POB 自らの監視的役割は留保されるべきであり，そしてまた，POB はライン組織上のレビュー権限（line or appellate review authority）を持つべきではない」との見解を表明している。また，「POB は，SECPS の方針決定を策定し実行する公式の機構とならない場合に客観的なコメントと批判を提供する能力が高められるとの見解に達している。また，会計プロフェッションに関連する課題に公的にコメントする能力が POB の責任を果たす十分な権能を提供しているとの見解を持っている（*POB Annual Report 1978-1979*, pp.4-5）」としている。さらに，このような POB の見解に対し，1979 年の SEC 監視報告書では，「SEC は，POB が SECPS の活動に関して"ラインの"権限を持つことは，必ずしも決定的ではないものの，望ましいと引き続き考えている。ただ，そうした権限があってもなくても，POB が実質的な信頼を勝ち得たときにのみ，プログラムが有効であると引き続き考えている（SEC [1979], p.29．圏点は引用者による）」としている。なお，1978 年のモス公聴会の時点で，SEC 委員長は，「個人的には［POB に］ライン権限があった方が望ましいと考えるが，それがあっても必ずしも有効に行使されるわけではない（Moss Hearings [1978], pp.618-619（pp.592-593））」と供述している。

[5] SEC [1979], p.7.
[6] SEC [1979], p.30.
[7] SEC [1980], *Report to Congress on the Accounting Profession and the Commission's Oversight Role*, p.20.

制イニシアチブの単一の最も重要な要素[8]」とみなし，そのうえで，プログラムが有効であるために果たすべきとSECが考える3つの目標を措定した[9]。すなわち，第1に，ピア・レビュー・プロセスは，レビュー担当者の［レビュー］業務とレビュー対象事務所の業務双方に対する有意義な品質管理の基準を規定し，適用するものでなければならない。第2に，ピア・レビュー・プロセスは，精神的独立性を確保し，監査の信頼性に対する公衆の信用を高めるような方法で機構化されなければならない。第3に，ピア・レビュー・プロセスは，それぞれの監視の責任を完遂できるように，POBとPOBスタッフ，SECとSECスタッフ双方による調査が十分に可能な状況にしておかなければならない。そして，3つめの目標に掲げられるSECの監視の責任は，最初の2つの目標を果たす方向に会計プロフェッションがどれだけ進展させたのかを確かめることにほかならないとしている。

　ここで本質的に重要な点は，SECの監視の責任が自主規制プログラムの監視者としてのPOBとPOBスタッフにも及んでいる［とSECが認識している］点である。SECの監視活動はPOBの自主規制プログラムの監視者としての有効性に対するSECの評価に直接的に依存しているといえ，そのために，SECの監視の責任とPOBの監視の責任は相互関連的となる。POBの監視者としての有効性に対するSECの信頼性が高まれば，つまり，POBがプロフェッションによるピア・レビュー・プログラムを有効に監視しているとのより強い信頼を持つことができれば，SECとSECスタッフの負っている広範な直接的監視の必要性は減少すると考えられることになる[10]。

　SECのピア・レビュー・プログラムに対する監視責任はいくつかの方法で果たされるが，その1つに，ピア・レビュー報告書，コメント・レター，およびコメント・レターへの対応説明書に関するPOBとPOBスタッフの調書を，SECスタッフが間接的にレビューする形を採る。しかしながら，SEC命令に基づくピア・レビューの場合を除き，SECスタッフによるピア・レビュー・プロセスのレビューは，当初のところPOBの監視用のファイルに限定されて

---

8　SEC [1978], p.21; SEC [1979], p.33; SEC [1980], p.27.
9　SEC [1979], p.33; SEC [1980], p.27.
10　SEC [1980], p.28.

いた。
　実際，1979年度と1980年度には，被監査会社に関する情報の機密性を確保するため（また，それがSECの別の法執行手続に利用されることを怖れて），SECのアクセスはPOBの監視用の調書のみに限られていた。1979年度に，SECスタッフは，実施された40件のピア・レビューの大半に対するPOBの監視用の調書についてレビューを行なったと報告されている[11]。こうした状況に対して，SECは，ピア・レビュー・プロセスが適切であるかどうかの客観的評価を行なうためには，プロセスに対する十分なアクセスが必要であると主張していた[12]。1980年7月に，妥協的な合意に達し，SECは，POBとの合意で，限られた範囲ではあるが，ピア・レビュー担当事務所によるレビュー調書の直接的な利用が可能となった[13]。SECは，サンプリングによって抽出したものに限り，SEC登録会社の監査を行なう会計事務所に対するレビュー調書のすべての部分にアクセスができるようになった。ただし，その合意では，SECは個々の監査契約についてのレビューを記録した調書にはアクセスできず，そこで得られた発見事項をまとめた調書のみにアクセスできるとされた。
　そのうえでさらに，1980年監視報告書は，「SECは，最終的にはPOBによるピア・レビュー・プロセスの監視に大きく依存できるようになるべきだと考

---

11　Wallace [1989], "A Historical View of the SEC's Reports to Congress on Oversight of the Profession's Self-Regulatory Process," p.30.
12　SEC [1978], p.23; SEC [1979], p.34.
13　Olson [1982], *The Accounting Profession–Years of Trial: 1969-1980*, p.161. AICPA会長であったオルソンは，「SECPSは，相応の期間がすぎれば，SEC独自のレビュー活動を中断し，POBによる監視に依存することになろうと期待していた」（*Ibid.*）としている。オルソンはこれが「SECのピア・レビュー・プログラムへの無条件のサポートを得るための最後の大きなハードルであった（Olson [1982], p.163）」と述べている。また，ウォーレスは，「[これによって] 1981年までに，SECは，ピア・レビュー・プログラムの効率性に関する独自の独立的な判断を形成する十分な基礎を持つことになった（Wallace [1989], p.31）」と指摘している。それまでは，SECは，ピア・レビュー・プロセスの有効性に関する独立的な結論を導くためのピア・レビュー・プロセスそのものへの直接的なアクセス権がなかったため，このプロセスを裏づけることも逆に否定することもできなかった。POBによる監視のための調書に対するレビューとレビュー担当事務所が個々のピア・レビューについてピア・レビュー基準に準拠して実施され，報告されているとのPOBによる口頭での説明とに依拠するのみでは，ピア・レビュー・プロセスを裏づける基礎としては不十分であったと説明している。

えているが，われわれ SEC は，そのように POB の監視に依存するだけでピア・レビュー・プロセスの効果に対する結論が導けるほどに十分であると判断する立場には現在ない。……しばらくの間，SEC は，その監視責任を自覚し，プロフェッションの自主規制努力の進展状況を評価する立場に身を置かなければならない[14]」と述べている。

### (3) 懲戒メカニズムと制裁賦課

SECPS の制裁賦課プロセスは，申し立てのあった監査の失敗に適切に対応することを通じて，また，ピア・レビューによって明らかにされた品質管理上の欠陥等に適切に対応することを通じて，監査済み財務諸表の利用者を保護することを意図している。

ピア・レビュー委員会（PRC）は，ピア・レビュー・プログラムの運営（administration）に基づいて，SECPS 執行委員会に対し，会員事務所に関する特定の措置が採られるよう勧告することができる。加えて，1979年11月に設置された特定調査委員会（SIC）[15] は，会員事務所が関与していると申し立てられた監査の失敗をモニターして，SECPS 執行委員会に特定の措置を勧告するかどうかを判断する。SECPS 執行委員会は，会員事務所に対し，自らの主導で，あるいはピア・レビュー委員会（PRC）ないしは特定調査委員会（SIC）の勧告に基づいて制裁を科す権限を持っている[16]。そしてまた，POB は，PRC，SIC，執行委員会の規制，懲戒活動をモニターし，評価することになる。

1980年の監視報告書は，「SECPS の制裁プロセスのすべての側面を判定するのは時期尚早である」としながらも，「SEC は，［ピア・レビュー・プロセスと特定調査プロセスという］制裁プロセスの2つの特徴は適切な枠組みとなりうると考えている。ピア・レビューは事務所の品質管理の方針ないし手続の

---

14 SEC [1980], p.30.
15 その後，特定調査委員会は，1988年に，呼称が適切でないとして，品質管理調査委員会（Quality Control Inquiry Committee；QCIC）へと改称される。
16 SEC [1980], p.39. なお，PRC および SIC は，制裁を科す勧告を執行委員会に行なうかどうかを判断するための聴聞を実施することができる。

主要な欠陥を明らかにし，適時の是正を可能にするものであるべきで，そのため，ピア・レビュー・プロセスは，将来の監査の失敗の可能性を縮減する一助とならなければならない。また，……SIC は，特定の申し立てられた監査の失敗を調査するというよりも，プロフェショナルとしての業務上の欠陥（professional deficiencies）の申し立ての対象となっている会計事務所［の品質管理］を調査することになるだろうと SEC は考えている[17]」としている。

このような SECPS の制裁プロセスが有効であることは，SEC が，その監視その他の規制活動を会計事務所の品質管理手段の単発的な欠陥（isolated breakdowns of quality controls）に振り向けることを可能にするといわれる[18]。そこでは，監査の失敗は，第一義的には，"人の問題（people problems）"に帰するものであり，一般に認められた監査基準（GAAS）や会計事務所の品質管理システムの欠陥に帰するものではないという理解が基底となっており，また，そうした思考が成立する状況が存在していた[19]。

### (4) プロフェッションによる自主規制システム

1983 年 2 月に，AICPA 内部に SECPS の活動をレビューするための会計プロフェッション外部の 2 人を含めた 9 人から構成される特別委員会が設置され，1984 年 6 月には，報告書が AICPA 理事会に提出された。報告書で，特別委員会は，総じて，SECPS の機構は堅実なものであり，SECPS の主要なプログラムは有効な方法で（in an effective manner）実行されていると評価した[20]。し

---

17　SEC [1980], pp.44-45.
18　Cook [1985], "The Securities and Exchange Commission's First Fifty Years: an Accountant's View," pp.371-372.
19　1981 年度の年次報告書で，SEC は，「SECPS の会員事務所であることそれ自体が将来，監査の失敗が起こらないことを保証することはならないが，監査の失敗の可能性を減少させるはずであるとはいえる。監査の失敗が起こったとしたら，そのときに，SEC は，それらを単発的な欠陥ないしは"人の問題"に起因するものであり，事務所の品質管理システムにおける固有の欠陥によるものではないと想定することになる（*47th Annual Report of the SEC*, Fiscal Year Ended June 30, 1981, p.29）」と強調している。この想定は，POB にとっても重要な基礎となっている（Mautz and Evers [1990], *Evolution of the Quality Control Inquiry Committee*, pp.39-43）。

かし，同時に，改善ないし変更が必要な点もあるとして，プログラムをより改善するためになすべき方策を勧告した。報告書では，その方策の1つとして，SECPSの目的と達成された成果をより広く知らしめ，理解せしめるために，有効な広報プログラムを構築する必要があることを強調していた。

　SECPSの活動を評価するためには，とりわけ自主規制（self-regulation）に対する正しい認識が不可欠であるとして，会計プロフェッションの自主規制の概念について，その本質を解説している。そのベースになっていたのが当時POB委員であったロバート・マウツ（Robert K. Mautz）の所説であった[21]。会計事務所は個々に，自主規制における重要な役割を果たしている。業務実施過程でのプロフェッションの職業基準（professional standards）の遵守のための事務所内部の手続を通じて，職業基準や事務所の基準を遵守しなかった実務者に対する事務所内部の措置を通じて，その役割が遂行されている。会計事務所内部の品質管理手続は，SECPSのピア・レビュー・プログラムのようなプロフェッションの団体で実行されている基準遵守プログラムの有効性に貢献しており，それがプロフェッションの自主規制の重要な要素となっている[22]。そして，実務的には，自主規制の固有の特徴として，SECPSの制裁を「その性質上，

---

20　AICPA [1984], *Review of the Structure and Operations of the SEC Practice Section: Report of the SECPS Review Committee*, p.3.
21　特別委員会の提示する自主規制概念は，マウツの所説に大きく依拠していた。例えば，以下のような考え方である。

　　「一般的に，守られるべき基準が，部外者（laymen）が把握，理解すらできないような，環境，リスク，プレッシャー，サービスの可能性を理解させる経験を積んでいる仲間の実務者によって確立され，遵守を強制されることになるため，自主規制は公的規制よりも公正である（more equitable）と認知されている。自主規制は，適切に運営されるのであれば，是正や改善に重きが置かれること，また，現場の実務に密接に関わることができることを理由に，公衆へのより良好なサービスの提供を保証することにもなる（Mautz [1983], "Self-Regulation − Perils and Problems," p.78. なお，同論文は報告書にAppendix. Bとして転載されている）。」

　　マウツは，自主規制と公的規制とは，動機も，手法も，目的も異なっており，峻別して，正しく理解されなければならないと主張する。そのうえで，有効な自主規制システムを構築するためには，自主規制と公的規制とが補完し合うことが肝要であると強調している。
22　AICPA [1984], p.7.

懲罰的ではなく矯正的な方向（direction more corrective than punitive in nature）[23]」に向かわせている。このように，会計プロフェッションによる自主規制は，本質的に，矯正的制裁（remedial sanction）の世界であると理解されていた。

　また，POBは，1984年6月，定例の1983年度（1983年7月より1984年6月）年次報告書とともに，現行の自主規制プログラムを総括する特別報告書『監査の品質』を作成し，公表した。特別報告書で，POBは，会計プロフェッションの規制には個々の会計事務所による私的規制（private regulation），プロフェッションの協会によるプロフェッショナル同士の規制（peer regulation），政府機関による公的規制（public regulation）といった3つのレベルがあり，そのすべてのレベルでの最善の規制努力が必要であることを強調している[24]。そのうえで，公的な監視とプロフェッションの監視の下での，プロフェッションの品質管理基準の存在，当該基準への会計事務所の遵守に対するピア・レビュー，さらにSICの特定調査に対するサポートは，監査の品質を有効に保証するために，相互に結びついていると結論している。

　このような会計プロフェッションの規制に関する考え方の下で，当時は，AICPAも，POBも，おそらくはSECも，ピア・レビュー・プログラムおよびSICを通じた特定調査プログラムを中核とした会計プロフェッションの自主規制システムは，基本的には，堅実なものであり，有効に機能しているとの共通認識を持っていたものとみられる[25]。

---

23　AICPA [1984], p.10.
24　POB [1984], *Audit Quality: The Profession's Program*, p.6.
25　千代田［2014］は，1984年度POB年次報告書の「ピア・レビューは会員事務所の会計および監査サービスの品質を改善するという初期の目的を達成しつつある」との評価を引用したうえで，「プライベート・セクターの自主規制システムとパブリック・セクター（SEC）による監視機能が重なりあって，法律に基づく国家権力の公認会計士業界への直接的介入を（当時は）防いでいた（千代田［2014］『闘う公認会計士』，p.170. 括弧内も原著者による）」と解説している。

## 3. ディンジェル委員会と会計プロフェッションによる自主規制

### (1) SEC の監査人への監督

1980 年代初頭に，ペン・スクエア銀行（Penn Square Bank）(1982 年)，コンチネンタル・イリノイ銀行（Continental Illinois National Bank and Trust Company）(1984 年)，E.S.M. 政府証券会社（E.S.M. Government Securities, Inc.）(1985 年) 等々の破綻があり，財務諸表に関連する不正（financial fraud；財務不正）に新たな関心が持たれるようになった。こうした事態を受け，1985 年から 1986 年にかけて，ディンジェル（John D. Dingell）下院議員を委員長とする，下院エネルギー通商委員会の監視・調査小委員会（Subcommittee on Oversight and Investigations；ディンジェル委員会）は，これらの"監査の失敗（audit failure）"の背後にある原因を究明するべく，合計 16 回にわたる公聴会を開催することとした[26]。

一連の公聴会の目的は，公開会社に対する独立監査の有効性とそれについての SEC の監視の有効性を問うことであった。ディンジェル委員長は，一連の公聴会開催に先立って，「財務諸表は正確であるだけでは十分ではない。公衆から財務諸表は正確であると知覚されなければならない。……これからの公聴会の過程で本委員会は，現行の監査システムが利害関係を持つすべての者の期待を満たしているのかどうか，現行のシステムの実際の運用状況を仔細に調査

---

26　一連の公聴会は，以下の 5 つの論点でグルーピングがなされ，実施された。
　①会計士の監視と SEC に関するもの（1985 年 2 月 20 日，3 月 6 日）
　②E.S.M. 政府証券会社の破綻に関するもの（1985 年 4 月 2 日，17 日，11 月 4 日）
　③ビヴァリーヒルズ貯蓄貸付組合（Beverly Hills Saving and Loan Association）をめぐる独立監査と連邦証券諸法の法執行に関するもの（1985 年 6 月 19 日，7 月 15 日，19 日，9 月 11 日，11 月 7 日，12 月 16 日）
　④貯蓄貸付組合の財務報告に関するもの（1986 年 4 月 10 日，24 日，28 日）
　⑤財務不正の摘発とその開示に関するもの（1986 年 6 月 19 日，23 日）
　　なお，一連のディンジェル委員会公聴会の全般的な意義については，今福［1988］「会計規則の新展開—アメリカ下院ディンジェル委員会をめぐって」を参照されたい。今福も指摘するように，ディンジェル委員会の意図は会計規制ないし監査規制でのいくつかの側面を内包した総合的なものであるが，本章では，主として会計プロフェッションによる自主規制と SEC の監視的役割に焦点を絞って，取り上げている。

するつもりである[27]」としたうえで,「本委員会は, 現行の自主規制システムが公衆を保護するうえで適切かどうか調査するつもりである。最終的に, 本委員会は, SEC の監査あるいは会計に関する [監視] 責任の遂行状況について調査しなければならない。現時点で SEC は基準設定や監査上の基準遵守確保に関する諸問題に対応できるだけの十分な権限を持っている。しかしながら, SEC は, 議会から付与された権限を極力行使しないことに高い誇りを持っているようにすら見受けられる。SEC の選んだ道筋は, プライベート・セクターの組織に規則設定を委譲し, 大規模会計事務所に自らの監督を任せることであった。……SEC は, 公衆を保護するために議会によって創設された機関である。本委員会はその任務が議会によって意図された方法で遂行されていることを確かめるためのすべての手段を採るつもりである[28]」と述べた。

公聴会の2日目にあたる 1985 年 3 月 6 日, シャド (John S. R. Shad) 委員長が召喚され, SEC への聴聞が行なわれた[29]。冒頭, ディンジェル委員会の有力メンバーであるワイデン (Ronald Wyden) 議員が「私のもう1つの関心は, 情報がまったくないことによって公衆が被害を受けていることである。監査業界の監視と規制のシステムは秘密に包まれている。企業の破綻が起こり, 株主が訴訟を起こすと, 訴訟は, 決まって, 裁判外の和解により決着されてしまう。その記録は封印されてしまい, 誰も, 巨大株式会社や銀行がどのようにして, 完全な財務破綻のわずか数週間, 数ヵ月前で, 独立の監査人から四つ星の評価を得ることができたのかということに関して, 詳細にして事実に即した判断を下すことができないでいる[30]」と述べ, また, シェルビー (Richard Shelby) 議員が「現在進行している一連の公聴会の目的の1つは, ……誰が会計士を監視するのか, 会計士自身の仲間内 (peers) であるのか, SEC であるのか, あるいは最終的には, 私はそう考えないが, 新たな連邦行政機関であるのかを見極めることであるように思われる[31]」と述べて, 聴聞は開始された。

---

27 Dingell Hearings [1985], *SEC and Corporate Audits (Part 1): Hearings before the Subcommittee on Oversight and Investigations and the Committee on Energy and Commerce on Oversight of the Accounting Profession: Effectiveness, Independence, and Regulation of Corporate Audits*, 99th Congress 1st session, p.2.

28 Dingell Hearings [1985], p.3. 圏点は引用者による。

第 10 章　POB システムと SEC による監視　319

　SEC は 81 頁にわたるステートメント[32]を用意して対応したが，会計プロフェッションの自主規制活動に対する SEC の監視，とりわけ POB を通じたピア・レビュー・プログラムに対する監視については，以下のように総括している。

　「SEC スタッフは，1978 年以降毎年，POB の監視用の調書を利用することで，さらに，1981 年以降は，ピア・レビュー担当事務所の特定のレビュー調書を利用することで，ピア・レビュー・プロセスを監視してきた。……SEC スタッフは，これまでの 6 年間の経験に基づいて，ピア・レビュー・プロセスに関し以下のような所見を持っている。
　・POB はその監視的役割を有効に果たしてきている。……

---

29　なお，会計士の監視と SEC に関して設定された 2 月 20 日および 3 月 6 日の公聴会の証人は以下のとおりである（随伴者は省略）。
　2 月 20 日，チャトフ（Robert Chatov；ニューヨーク州立大学），ブリロフ（Abraham Briloff；ニューヨーク市立大学），カーク（Donald Kirk, Jr.；FASB 議長），ウォルフ（Frederick Wolf；GAO 会計・財務管理部長）
　3 月 6 日，シャド（John Shad；SEC 委員長），オーウェンス（William Owens；雑誌『パブリック・アカウンティング・レポート』編集長），マソン（Eli Mason；公認会計士実務者全米会議代表），チェノック（Robert Chenok；AICPA 会長），ウッド（Arthur M. Wood；POB 委員長）・ソンマー（A. A. Sommer, Jr.；POB 委員）
　　付言すると，このとき，POB 委員長は，規制の大枠に関連して，「われわれが監視している会計プロフェッションに対する自主規制は，プロフェッションに対する規制（professional regulation）のほんの一部分にすぎない。プロフェッショナルとしての実務の規制は，別の 2 つのレベル，つまり，会計事務所自身による第 1 段階のレベル，また，政府による第 3 段階のレベルでも適用される。……政府および私的規制（private regulation；会計事務所内部での規制をこう呼んでいる）の役割とは対比的に，プロフェッショナル同士の規制（peer regulation）は，違背行為を行なった者を懲罰する方向には向けられていない。そうでなく，達成される監査の品質の改善に焦点が当てられているものと考えている」（Dingell Hearings [1985], p.922）と述べている。
30　Dingell Hearings [1985], p.449.
31　Dingell Hearings [1985], p.450.
32　Statement of John Shad Chairman of the Securities and Exchange Commission, in Dingell Hearings [1985], pp.455-535. このステートメントでは，A．制定法上の権限，B．規則設定，C．監査人の独立性，D．証券法規の遵守を促すための SEC のプログラム，E．会計士に対する私訴，F．プライベート・セクターによる基準設定に対する監視，G．会計プロフェッションの自主規制活動に対する監視，H．その他の問題について，それぞれ総括されている。

・ピア・レビュー・プログラムは，会計事務所の品質管理システムとその会計実務，監査実務に対する厳格なレビューを提供している。
・ピア・レビューは，全体的に，適切に文書化されている。……
……
・実質的な会計上，監査上の問題点が挙げられ，ピア・レビューのなかで解決されている。……
・ピア・レビュー・プロセスのなかで必要とされる是正措置は，会計事務所全体の品質を改善し，さらに，誤った監査がなされたり，それが発見されない可能性を減少させることによって公衆の利益を保護する有効な手段となっている。……
・SECPS は，SEC スタッフが提起した様々な問題に対処している。……
・1982 年度および 1983 年度に，多くの会計事務所が 2 巡目のピア・レビューを受けている。SEC スタッフは，この 2 巡目に［無限定肯定意見報告書以外の］要修正意見報告書を受け取る会計事務所の数が減少しているのは，ピア・レビュー・プロセスが会員事務所の品質管理システムの改善につながっていることを示していると考えている。……[33]」

規制システムのあり方に関して，シャド委員長は，「公開会社に対する毎年の数千の監査のうち，監査の失敗と最終的に立証されたものだけでなく，あくまでも疑われる事案（alleged, not proved, audit failures）は，全体の 1％にも満たない。今のところ，規制システムは非常にうまく機能している（it's working pretty well）。確かに完璧なものではなく，われわれとしても，投資家に損害を与えて，数百億ドルもの賠償訴訟にいたるような大規模な不正や悪質なものに対しては懸念を共有している。しかしながら，これを機構上の致命的な欠陥と主張しているのであれば，それは事実に反していると思われる[34]」と証言している。また，SEC は，公衆の利益を守るために規制機関としてなすべきことをすべて実施しようという意思を欠いているのではないかというシェルビー

---

33　Dingell Hearings [1985], p.519-522.
34　Dingell Hearings [1985], p.546.

議員の問いに対して,「そのようなことは絶対にない。われわれはそうした意思を欠いているのではなく,規制の費用と便益に非常に敏感なだけである[35]」と答弁している。

さらに,ピア・レビュー・プログラムと特定調査プログラムによって成り立っている現行の規制システムの下では,公衆への開示という考え方はなく,調書は破棄され,秘密主義が原則とされているとし,公共監視審査会(Public Oversight Board)さえも"私的"監視審査会(*Private* Oversight Board)にすぎないと揶揄するワイデン議員に対し,シャド委員長は,「[現行の]規制システムは非常に費用効果が高い(cost effective)。SECスタッフは,いかなる規準でみても,とりわけ一流の仕事をしていると私は考えている[36]」と強調した。

### (2) 監査人による財務不正の摘発と開示

公聴会が続くなか,1986年5月22日に,ディンジェル委員会のワイデン議員と6人の共同提案者は,財務不正摘発および開示法案(Financial Fraud Detection and Disclosure Act;H.R.4886)を下院に提出した。この法案は,独立の監査人に対し,不正を摘発することを合理的に確保する手続を考案し,監査の過程で発見された違法行為の可能性があるものについてのすべての証拠を適当な政府当局に通報することを要求した。事実上,独立の監査人に対して,財務諸表への影響の重要性のいかんによらず,すべての不正を炙り出すことを要求するものであった。

ディンジェル委員会の最後の2回,6月19日と23日の公聴会は,「証券取引その他の問題に関連する連邦規制法規の下での独立の監査人の責任遂行能力を改善する方法を検討するために[37]」設定され,そこで財務不正摘発および開

---

35 Dingell Hearings [1985], p.547.
36 Dingell Hearings [1985], p.568. なお,当時,証券規制における自主規制は一般に過剰規制(overregulation)となりがちであり,直接規制よりも,費用効果が低くなるとの見方もあった(Miller [1985], "Self-Regulation of the Securities Markets," pp.864-865)。
37 Dingell Hearings [1986], *SEC and Corporate Audits (Part 6): Hearings before the Subcommittee on Oversight and Investigations of the House Committee on Energy and Commerce on Detecting and Disclosing Financial Fraud*, 99th Congress 2nd session, p.1.

示法案 (H.R.4886) についても意見聴取された[38]。まず，ディンジェル委員長は，「独立の監査人は，公衆の番犬 (the public's watchdog) として，自ら監査証明した財務諸表が不正に起因して誤導を招くものとはなっていないことを合理的に確保する責任がある。ところが，現行の実務では監査人は不正を積極的に捜しまわることは要求されていない。彼らが違法行為をたまたま見つけてしまったら，唯一の義務は，ただ，経営者にこれを報告し，必要な措置が採られない場合には辞任することくらいである。しかし，公衆はずっと多くのことを期待しているとわれわれは考えている[39]」と述べた。

SEC 委員長への聴聞は，最終日の6月23日に実施された。はじめ，ディンジェル委員長は，「SEC は，[本日提出されたステートメントにおいて] 連邦規制システムはうまく機能していると述べている[40]が，本委員会（ディンジェル委員会）のこれまでの聴聞と調査では，とりわけ財務不正の摘発と開示の領域で，重大な問題が存在することが示唆されている。……公衆は，不正な企業活動が摘発されない，あるいは報告されないことのないよう独立の監査人が合理的な努力を行なうことになることを期待している。……さらには，連邦証券法規を法執行する SEC は，株式会社の財務ディスクロージャーの品質とその有効性を改善するために必要とされる変革を要求する十分な制定法上の権限を持っている。本日は，SEC がその権限をどのように行使するのかに関して聴聞を行なう[41]」と牽制した。

聴聞において，シャド SEC 委員長は，「H.R.4886 は，財務諸表に対して重要性のないものを含め，すべての違法な活動その他不正な活動の摘発を合理的に保証するための［監査人による］手続の実行を含み，また，司法省の追加的なレビューを受けて正式な調査や訴追がなされるよう，そうした活動とその疑義のすべてを SEC その他の法執行機関に報告するところまで，現行の監査人の

---

38 各回の証人はそれぞれ以下のとおりである（随伴者は省略）。
　6月19日，ボウシャー (Charles A. Bowsher；GAO 会計検査院長)，トレッドウェイ (James C. Treadway, Jr.；不正な財務報告に関する全米委員会委員長)，チェノック (Philip Chenok；AICPA 会長)，アンダーソン (George D. Anderson；AICPA 職業行為基準特別委員会委員長)，コナー (Joseph E. Connor；PW 会計事務所会長)
　6月23日，シャド (John Shad；SEC 委員長)
39 Dingell Hearings [1986], p.2.

義務を拡張している。……また，SEC の開示規定および GAAS の下で要求されているものを超えて報告規定を拡張しており，監査人に対して，内部会計および業務統制についての評価と意見表明を行ない，重要性のいかんによらず，すべての統制上の欠陥を識別することを要求している。重要でない問題事項まで識別できる内部会計および業務統制を整備するには禁止的なコストがかかり，そして，H.R.4886 は公開会社の株主および消費者に追加的に 10 億ドル単位の年間コストを負担させることになると多くの者が考えている。かかる手立てが，コストに見合うだけの監査の失敗や企業不正の減少を合理的に期待できるかどうかを判断できるだけの証拠は，現在のところ存在していない[42]」と，新たな立法により現行の規制システムを変更することに費用対効果が認められないとして法案に反対する立場を示した[43]。

---

40　実際，シャド委員長名でのステートメント（33頁）では，「監査の失敗と疑われる事案（alleged audit failures）に関する証拠によれば，システムはうまく機能していることが示唆されている。例えば，AICPA の SECPS 会員事務所は SEC 登録会社のおよそ 84％——公開会社の累積売上ベースで 98％ を計上している——を監査している。会員事務所は，連邦証券法規の下での SEC 登録会社の書類提出に関連して監査上あるいは財務報告上の欠陥が申し立てられて進められる民事訴訟，行政上の手続ないし調査があった場合，SECPS に対し，報告することが要求されている。1979 年 11 月にこの要請が始まって以降，これまで 176 件が報告されている。これらの，監査の失敗と最終的に立証されたものだけでなく，あくまでも疑われる事案は，この間で実施された監査のほんの 1％ であった」(Dingell Hearings [1986], p.292) と報告されている。

　　また，シャド委員長は，聴聞では，「われわれは法案に反対するとはいっていない」(Dingell Hearings [1986], p.324) と答弁し，あくまでも，「われわれは，同法案導入による便益に対する費用が受け入れられ，正当化できる根拠を見出すことができなかった」(Ibid.) ということを強調している。対して，ワイデン議員は，「あなた方（SEC）の立場は，例えば，連邦預金保険公社（Federal Deposit Insurance Corporation; FDIC）や会計検査院（GAO）の長官のものとは異なっている。……FDIC 長官は，われわれ［議会］は，不正と違法行為について報告するという課題を取り扱うための新たな手段を取り，不正の課題を取り扱うには，現在構成されているシステムはうまく機能していない（is not working well）ことを明確にする必要があると証言している」(Ibid.) とし，SEC にも，「［本委員会と］共通した基礎を持って，共有したゴール（some common ground and some common goal）を目指してほしい」(Ibid.) と述べた。なお，ワイデン議員の発言は，1986 年 4 月 28 日のセイドマン（Seidman L. William）FDIC 長官の証言に基づくもの。

41　Dingell Hearings [1986], pp.285-286.
42　Dingell Hearings [1986], pp.289-290.
43　結果的に，2 日間の公聴会の証人のうち，GAO 会計検査院長のボウシャー以外はすべて，H.R.4886 法案に対して反対の立場を示した。

その後 1986 年 8 月 15 日になって，ワイデン議員らは，修正法案（H.R.5439）を下院に提出した。修正法案では，独立の監査人は財務諸表の正確性に重要な影響を及ぼす不正のみを発見する責任を負うことを要求することとした。また，同法案は，監査人に対し，証券発行者が問題を修正せず，これを開示しない場合，90 日以内に，政府当局へ，発見した誤謬ないし異常事項を報告することを要求した。さらに，経営者が適切な［業務に関わる］内部統制を整備し，その統制手段を定期的に評価することを義務づけた。経営者は 1977 年海外腐敗行為防止法によって義務づけられた内部会計統制を評価することも加えられた。

最終的にこの法案も成立しなかったが，このように，1985 年から 86 年にかけて，ディンジェル委員会公聴会を通し，公認会計士の独立監査とそれを支える自主規制システム，またそこにおける SEC の監視の有効性が再び議会の注目する焦点となった[44]。

### (3) 制定法に基づく自主規制機関

ディンジェル公聴会が開催された 1985 年から 1986 年にかけて，会計プロフェッションに関連する自主規制機関（self-regulatory organizations；SRO[45]）の新設の是非をめぐる議論が活発に展開された。これらの議論は，少なからず会計プロフェッションによる自主規制の有効性，とくに POB による監視の有効性に対する疑念を基礎としていた。

1985 年にプライス・ウォーターハウス会計事務所（PW 会計事務所）が公表したホワイト・ペーパーで，"制定法に基づく自主規制機関（statutory self-regulatory organization or statutory SRO）"の創設が提唱された[46]。PW 会計事

---

44 ワイデン議員は，その後，1995 年にも同法案を再提出したが，成立しなかった。
45 証券規制の領域では，すでに，ニューヨーク証券取引所や全米証券業協会（NASD）が，自主規制機関（SRO）として知られていた。ニューヨーク証券取引所は証券取引所法が制定された 1934 年以前より長く活動していた私的会員団体であり，NASD は 1938 年のいわゆるマロニー法に基づいて設立された私的団体であるとの相違はあるが，いずれも，連邦規制機関である SEC が監督権をもつ自主規制機関であった。

務所案では，監査の品質管理システムは，制定法に基づく自主規制機関の指揮下に置かれる。この機関は，"自主規制的"要素をほとんど残したシステムの枠内で，政府行政機関の監視を可能とするものとされる。そのために，制定法により，SECの監督の下での新たな会員組織を創設し，SEC所管業務に従事するすべての会計事務所をこの組織（自主規制機関）に強制加入させる。さらに，SECは公共会計審査会（Board of Public Accountancy）を任命（appoint）し，この自主規制機関を統治させ，会員を規制させる。

公共会計審査会は，現行のSECPSとPOBの行なう機能の大部分を請け負う。また，審査会は，審査会メンバーの指名と選任，品質管理，専門能力，財務上の責任，懲戒手続，自主規制機関への加入に関する規則制定権限を有し，SECのレビューを受ける前提で，会員事務所への懲戒権限を持つ。こうした懲戒権限には，審査会の定めた規則に対する違反について，業務停止，活動の制限，科料（罰金），譴責，会員資格の剥奪などの制裁を科す権能も含まれる。さらに，懲戒手続上得られた個々の監査業務に関する情報については機密性が保持され，それゆえ，規制監督機関であるSECと自主規制機関との間にはいわゆるチャイニーズ・ウォール（情報遮断の壁）が築かれる。

このPW会計事務所案は，6月19日のディンジェル公聴会でも，PW会計事務所会長のコナー（Joseph Connor）によって説明された。コナーは，プロフェッションの自主規制活動とPW会計事務所案に関して，次のように説明している。「これまで成し遂げてきた進展にもかかわらず，私の判断するところでは，AICPAの自発的な自主規制プログラムはひどく不適切であると公衆から認知されている。こうした見方には理由が多々あるだろうが，われわれのみるところ，現行のプログラムには3つの根本的に不適切な点を挙げることができる。1つに，SECPSへの強制的参加がないこと。2つに，信頼しうる懲戒措置がないこと。3つに，組織の統治プロセスに直接のパブリックの参加がないこと。プロフェッションが信頼しうる自主規制プログラムを保持しなければ

---

46 Raab [1986], "Detecting and Preventing Financial Statement Fraud," pp.530-531. ホワイト・ペーパー（Price Waterhouse [1985], *Challenge and Opportunity for the Accounting Profession: Strengthening the Public's Confidence*）の現物を閲覧することができなかったため，本書では，主としてRaab [1986] の解説によっている。

ならないとしたら，こうした現行プログラムにおける不適切な点を改善の中心とすべきである。参加が，規制されることを自発的に望む者だけに限られるのであれば，有効な自主規制プログラムを保持することはできない。……また，プログラムが会員を懲戒処分するための信頼しうる手続を持たなければ，有効な自主規制プログラムを保持することはできない。……そして，組織の統治プロセスに直接のパブリックの参加がなければ，有効な自主規制プログラムを達成できないことは明らかである。公衆（パブリック）は，会計プロフェッションが自らを規制するプロセスにおいてより強い発言力を持つ権利がある。現行の機構は，適切なパブリックの参加を認めていない。……POB委員は，監視の責任を負い，レビューを行ない，勧告を行ない，助言を行なう。しかし，直接的な統治の権限を持っていない。そこで，現行の機構を，大規模，小規模会計事務所，実業界，公衆を含む多様な利害関係を代表するパブリックの審査会において，直接の統治と規則設定，そして懲戒の権限を備えたものに変更するべきである。そしてまた，審査会は，SECによる公式な監視の対象とされるべきである[47]」と。

これに対して，SECは，ディンジェル公聴会の段階では，自主規制機関の必要性に対しての全般的な結論にはいたっていなかった。ただ，少なくとも，SECと自主規制機関との間に秘密のベールを掛けてしまうPW会計事務所の提案に対しては反対であるとの立場を表明していた[48]。

この公聴会の直前1986年6月3日にSECが主催した"財務報告と独立監査人の役割に関するラウンドテーブル"では，「監査の失敗とされる事案（alleged audit failures）として報告されるのは毎年実施される監査のほんの1％であるけれども，いくつかの会社による誤導を招く財務ディスクロージャーおよびそこでの監査の失敗の多大な影響により，証券市場の誠実性に疑念が持たれ，数

---

47 Dingell Hearings [1986], pp.271-273.
48 「SECのみるところでは，強制的なピア・レビューを要請することによる付加的便益は，さらなる政府規制のコストに見合うものでなければならない。SECは，まだ，強制的な自主規制機関の必要性に関する結論にはいたっていない。とにかく，SECは，SECとかかる自主規制機関との間のチャイニーズ・ウォールをともなった，限定された自主規制機関の考え方を支持しない（シャド委員長の証言：Dingell Hearings [1986], p.312)」。

千もの株主に損害を与えている。それゆえに，[監査]規制と監査基準[の水準]は費用対効果の改善に向けてたえず再検討されている[49]」と始まっている。

ラウンドテーブルで議論された論点の1つが，会計プロフェッションによる品質管理のメカニズムについてであった。このとき，PW会計事務所会長のコナーは，現行の品質管理プログラムを制定法に基づく自主規制機関に移行するというPW会計事務所案を説明し，政府行政機関のプレゼンスを高めることが，会計プロフェッションによる懲戒プロセスの有効性を改善することにつながると主張した[50]。これに対して，同じ大規模会計事務所でも，デロイト・ハスキンズ・セルズ会計事務所（Deloitte Haskins & Sells）会長のマイケル・クック（Michael Cook）は，現在用いられている制裁措置は適切なものであるとして，制定法に基づく自主規制機関の必要性には異論を唱えた。

参加者の1人であった元SEC主任会計官のバートンは，従来から，制定法に基づく自主規制機関の設立には肯定的な立場を示してきた。ここでも，バートンは，総じて矯正的な観点（remedial focus）から行なわれている現行のピア・レビュー・プログラムには批判的であった[51]。バートンによれば，もし懲罰的な措置（punitive action）が採られて，会計事務所の品質管理システムに必要な改善がなされることを確保するという矯正的な視点からではなく，あくまでも標準を満たす業務遂行を行なわなかった会計事務所に懲罰を加えるという方針になれば，公衆はピア・レビュー・プログラムにより一層大きな信頼を寄せることになるとされる[52]。バートンの立場では，制定法に基づく自主規制機関は，こうした懲罰的な目的を達成するにはより効果的でありうるということであった。

---

49 SEC [1986], *SEC Roundtable; Financial Reporting and the Role of the Independent Auditor*, p.1.
50 SEC [1986], *SEC Roundtable*, p.17. なお，会計プロフェッションによる品質管理システムに関する論点について発言があったと記録されているラウンドテーブル参加者は，チェノック（AICPA会長），コナー，クック，オニール（小規模会計事務所パートナー），バートンである。
51 SEC [1986], *SEC Roundtable*, pp.18-19. すでに第8章でみたとおり，バートンが，1978年のモス小委員会公聴会で，独自の自主規制機関創設を提案していたことを想起されたい。
52 Burton [1986], "Crisis in Accounting: New Controls on the Profession," p.19.

同じ頃，他方で，AICPAのイニシアチブによって組織された「不正な財務報告に関する全米委員会 (National Commission on Fraudulent Reporting；トレッドウェイ委員会)」もまた，会計プロフェッションによる品質管理プログラムを統治するための制定法に基づく自主規制機関を創設する可能性を検討していた。そして，1987年に公表された報告書では，「制定法に基づく自主規制機関 (statutory SRO) を創設すべきであるか，あるいは，現行の規制の枠組み (existing regulatory framework) を部分的に変更することによって，有効な規制に必要なすべての要素を確保することが可能であるかどうかを検討したが，自主規制機関を設けて［現行のシステムに並存させて］も，多くの領域で，十分に遂行されている現行のシステムの機能と重複するだけであり，また，こうした重複は費用対効果がない (not be cost-effective) との判断にいたった。さらに代替的に，現行のシステムを廃止して，規制に必要なすべての機能を遂行する自主規制機関を設けることもできるが，この方法を選択することに対しては，かかる機関を設けても，規制のための機能を有効に遂行できないという危険性がある[53]」として，かくして「現行の枠組みを［維持したうえで，これを］改善するという方法が，ここで検討された3つの選択肢のうち，監査の品質の保証あるいは公益の擁護を犠牲にすることなく，最も介入的でなく，最もコストの掛からない方法であるため，これが有効な規制を達成するための最善の選択肢である[54]」と結論した。

　これらの検討の過程で現行の自主規制の枠組みにおける重大な欠陥とされたのが，SECPSへの加入がSEC登録会社を監査する会計事務所に対して強制されていなかった点であった。もともとAICPAの自主規制の枠組みの基本的な思想は，この規制があくまでも監査実務者の自発性に根ざしているというものであった。あくまでSECPSへの加入を任意，すなわち自発的な選択に任せているのは，SECPSへ加入し，その自主規制プログラムへ参加することが，そ

---

[53] National Commission on Fraudulent Financial Reporting (Treadway Commission) [1987], *Report of the National Commission on Fraudulent Financial Reporting*, p.71；鳥羽・八田共訳『不正な財務報告—結論と勧告—』, p.102.

[54] National Commission on Fraudulent Financial Reporting [1987], p.71；鳥羽・八田訳, p.103.

れを望む会計事務所にとって自らの品質の高い実務を維持していくうえでの大きなメリットとなるためというものであった[55]。SECPSへの加入が強制的でない点に関して，トレッドウェイ委員会は，「AICPAの監査業務の品質管理プログラムに従うことを望まない会計事務所は，SECPSに加入しないことによって，自由にそれを回避することができる[56]」と批判した。またさらに，SECPSに所属していない会計事務所の公認会計士が不正な財務報告を発見できなかった割合は容認できないほどに高いとして，「公認会計士に対する社会的信託の重要性を考えれば，SECPSへの強制加入は不可欠である[57]」と指摘した。

いま1つの欠陥として挙げられたのが，SECPSでの現行の懲戒メカニズムが公益保護の観点から不十分とみられる点であった。トレッドウェイ委員会は，「現行の規制システムの下では，公認会計士事務所管轄部は懲罰的でなく矯正的な措置を推し進めている。SECPSの会員資格要件を遵守していなくとも，あるいはピア・レビューによって指摘された問題点への対応が十分でなくとも，さらには，極めて悪質な違反を犯したとしても，一般には，会計事務所に対する実質的な懲罰的処分は見送られている[58]」と指摘し，そうした現状を改善するためには，「会計プロフェッションによる監査業務の品質管理の努力を実のあるものとするには，信頼しうるエンフォースメント（credible enforcement）が必要である。SECは，かかるエンフォースメントの機能を提供することできるし，また，提供すべきである。会計プロフェッションの品質管理プログラムを後押しするためのSECの執行行為（enforcement action）は現行の手続のなかでも行なうことができるが，SECのような行政機関としての権限を行使する場合には，基本的な制裁手段が強制的なピア・レビューのシステムのなかに組み込まれるようにすべきである[59]」と勧告した。

---

55 AICPA [1984], p.47.
56 National Commission on Fraudulent Financial Reporting [1987], p.72；鳥羽・八田訳, p.104.
57 *Ibid.*
58 National Commission on Fraudulent Financial Reporting [1987], p.72；鳥羽・八田訳, p.105.
59 *Ibid.*

この直後，AICPA は，SEC 監査業務に従事する会計事務所の SECPS へ加入を義務づけるよう 1989 年秋に定款を改正し，1990 年にそれが承認された。その結果，1990 年初めに，SEC 登録会社を監査するすべての AICPA 会員会計事務所は，SECPS の会員になることが義務づけられた。

## 4. 監査人の独立性と会計プロフェッションによる自主規制

　1990 年代には，巨大会計事務所は，「監査も実施する，世界規模で，多角化されたプロフェッショナルとしてのサービスを提供する総合会計事務所[60]」へと成長，拡大していた。こうした 1980 年代および 1990 年代に進行した会計士業界の変容にともなって，独立監査を担うべき"監査プロフェッション（audit profession, or auditing profession）"への公的な観点からの見方が変わってきた。それと同時に，主として SEC による"監査プロフェッション"への規制および監督の力点も変化するようになる。

### (1) POB 特別報告書

　1980 年代に起こった貯蓄貸付組合（Savings and Loan Association）危機にともなって顕著になっていた会計事務所を相手取った訴訟（会計事務所はこれを"訴訟危機（litigation crisis）"と称していた）が"監査プロフェッション"の負担を過大なものとさせていると大規模会計事務所は考えていた。こうした懸念を受けて，POB は，1993 年 3 月，かかる訴訟が公益の達成に対してマイナスの影響を与えていないかどうかを判断することを企図した特別報告書を公表した。そのなかで会計プロフェッションの自主規制プログラムへの検討もなされている[61]。とくに，1984 年の特別報告書以降の POB の AICPA 自主規制システムに対する見方を窺い知れるものとして注目される。

---

60　Zeff [2003b], "How the U.S. Accounting Profession Got Where It Is Today: Part II," p.278.
61　POB [1993], *In the Public Interest: Issues Confronting the Public Accounting Profession*, pp.15-26.

SECPS の自主規制プログラムを再評定するにあたり，POB は，現行のプログラムよりも高い公益を達成する可能性のある仕組みとして，イギリスないしカナダで実施されている規制機構とともに，アメリカの全米証券業協会（NASD）および国家運輸安全委員会（National Transportation Safety Board；NTSB）を取り上げて，検討している。ここで NASD が選択されたのは，会計プロフェッションに対する新たな自主規制機構のモデルとしてしばしば引き合いに出されていたためで，NTSB については品質管理調査委員会（QCIC：1988 年に SIC から改称）の役割に焦点を当てた場合，その目標とするところが矯正的である（remedial）という点に共通点が認められるためとされている。

　まず NASD についてであるが，NASD 型の自主規制組織が会計プロフェッションにとって望ましいと考える人々の多くは，NASD の規則，さらには連邦証券法規を遵守させる仕組みと手続規定を会計プロフェッションにおいても準用できれば，便益があると考えているようである。そうした NASD の手続には，NASD 会員から構成される調査委員会による会員の不正な行為への調査と，反則行為があったかどうかの調査委員会の判定を定めている。しかし，POB は，会計プロフェッションが，監査の失敗の申し立てが相応であるかどうかの判定を行なうためのモデルとして，NASD モデルを採択するのは実用的ではないと考える。

　NASD 手続は時間がかからず，論点も単純である。通常，反則行為があったかどうかの判定に必要とされる証拠は，NASD 会員の選択的な記録，NASD に登録された代表者の証言，である。第三者が保有している記録や他の者の証言を保全する必要はほとんどない。これに対し，監査の失敗に対する調査の場合は，申し立てられた会計事務所の顧客（被監査会社）の手にある大量の文書の調査を含んでおり，そこでは自己保身のために提供を拒否する可能性があり，あるいは多くの証人による証言が必要とされる。かかる証人は，様々な理由で証言を拒否する可能性のある顧客（被監査会社）の従業員を含む可能性がある。監査が適切であったかどうかについての結論を導くための情報がたとえすべて入手できるとしても，こうした時間のかかる手続に参加しようとする会計プロフェッショナルを確保するのは非常に困難である。

　NASD 手続のなかで会員ないしその関与者が反則行為を犯したと認定され

た場合，被審人に対し損害の弁済命令が出され，事務所には，罰金，証券事業の業務停止，権利剥奪などのペナルティが課される。被った損害額を算定することは通常，難しくなく，単純である。また，NASD 手続を利用できる一方で，NASD 会員事務所あるいはその顧客が NASD 手続の帰結に不満がある場合には，別の方法で救済を求めることを排除していない。NASD 型の自主規制機関を設けた場合，かりに顧客が初めに裁判で救済を求めたならば，自主規制機関は，その規則を遵守させるための利害を持ち続け，会員や反則行為への関与者に対し罰金等を賦課する目的で別個の手続を開始することになるだろう。したがって，NASD モデルは，訴訟問題を緩和するところはなく，むしろ拡大させる可能性すらある。

要するに，現在すでに存在しているものに NASD 型の自主規制機関の形で追加的なメカニズムを追加しても，プロフェッションに公衆にどのような便益が生まれるのかはわからない。SEC は，差止めによる救済，その他の行政上の救済，罰金（賦課金）を訴求できる。裁判所は，訴えがあれば，原告に損害があったのかどうかを決定できる。州の懲戒審査会は，会計士個人を実務から排除する権限を持っている。冗長な手続は費用がかかる。それは最終的に公衆に何の便益もなく会計士業務のコストを増加させるだけである。

ついで，NTSB についてである。NTSB の調査は運輸事故が対象であり，そこでは実際に何が起こったのかを確認するための即時的な現場調査が必要とされる。事故現場は封印され，関係する事実の現状は保全され，利用可能性も保持される。そうして関係する事実が収集され，確認される。かかる調査から得られる事実情報は後日再構成することができないので，何が起こったかを確認するためには即時性が何よりも不可欠である。これに対して，監査の失敗をめぐる事実情報の収集にはとくに即時性を求められない。関係する監査スタッフ，監査調書，あるいは被監査会社の記録は後日でも接触可能であり，時の経過が調査を妨げることはない。

より重要なことに，NTSB の調査対象はその発生が議論の余地のない現実（事故）であるのに対し，監査の失敗があったのかどうかは議論の余地のないものではない。そして，監査の失敗が実際に起きたのかどうかを判定するための調査は，公衆にとっての便益が高まることなく，損害賠償責任を裁定する裁判の

過程，あるいは SEC の懲戒手続ないし差止請求手続などと重複することになるだろう。

　さらに，最終的な是正措置の根拠となる事故の推定原因についての NTSB の結論は，通常，当該事故に起因して起こされた訴訟手続では，連邦法上の正式な証拠として認められない。したがって，NTSB に倣って自主規制組織を設置した場合，監査の失敗の推定原因についての結論が，SEC 法執行手続，民刑事の訴訟手続で証拠として提出されることを禁ずる法は現時点では存在していない。明らかに，かかる結論の各手続における証拠としての提出は，監査の失敗に関する監査事務所の自己弁護の能力に深刻なダメージを与える可能性がある。

　このように，たとえ召喚の権限，証拠の法的保全に関する規定を持ったとしても，別の手続と重複してしまう可能性があるため，NTSB の機構は会計プロフェッションに対しては適切であるとは考えられないと POB は結論している。しかしながら，QCIC の手続の目的が修正されて，NTSB による調査から運輸業界が学んだように，会計プロフェッションは将来の監査の品質を改善するため，過去の監査の失敗の事例から得られた情報が利用できるようになるとも述べている。

　最終的に POB は，監査の品質を保持する目的でイギリスやカナダで実施されている規制プログラムは，SECPS の自主規制プログラムと同じ特性を持っており，SECPS のプログラムにはない特徴点は見出せないと結論した。POB はまた，NASD と NTSB のいずれも，会計プロフェッションの新たな自主規制機関に対する適切なモデルとはならないと結論した。こうして，報告書では，会計プロフェッションは NASD に倣った会計自主規制機関あるいは NTSB をモデルとした機関を新設する立法措置を求めるべきではないとし，代わりに，SECPS 会員資格要件（SECPS membership requirements），ピア・レビュー実施基準（peer review performance standards），品質管理調査プロセスをしかるべく修正することを勧告した[62]。

(2) カーク・パネル

　1994年1月，AICPAのカンファレンスにおいて，SEC主任会計官シェツェ (Walter P. Schuetze) は，会計事務所の独立性の問題を提起した。シェツェは，1992年の講演でも同様の趣旨の主張をしていたが，1993年のPOB特別報告書が出された直後に，SEC主任会計官がこのような強い主張を行なったことは，独立性の問題に対するSECの不満が示されているものと捉えられた。

　そこで，POBは，1994年2月，1993年の特別報告書でなされた独立監査人のプロフェッショナリズムを強化するための勧告をさらに押し進めるために，FASBの議長を務めたドナルド・カーク (Donald J. Kirk)，元AICPA会長のアンダーソン (George Anderson)，元SEC委員のソール (Ralph Saul) の3人から構成される「監査人の独立性に関する諮問委員会 (Advisory Panel on Auditor Independence；通称，カーク・パネル)」を組織した。その任務は，監査人の独立性と財務諸表の適正表示に関する監査人の判断の誠実性 (integrity) および客観性 (objectivity) をよりよく保証するために，SECPS，会計プロフェッション（会計事務所），およびSECがさらなる手段を講じるべきであるかどうかを判断することであった。

　1994年9月に公表されたパネルの報告書では，パネルの基本的立場として，

---

62　POB [1993], pp.27-30. 報告書では，「現行の自主規制の仕組みは，会計プロフェッションに，過ちから何かを学ぶ機会を与えてはいない。不正が行なわれている場合，プロフェッション全体が，どのように財務データが操作されるのか，どのように不正摘発が避けられたのか，どのような監査手続であれば発見できたのか，同じ失敗を再び起こさないことを保証するために何をするべきなのか，を考えなければならない」として，具体的に以下のような勧告を行なっている。
　　勧告Ⅲ―1：SECPS会員資格要件は，SEC登録会社の財務諸表の監査を実施するうえでの欠陥事項の申し立てに対応し以下の手段を講じたことを特定するように自らの品質管理システムを修正するようSECPS会員事務所に要求するよう，変更されるべきである。（略）
　　勧告Ⅲ―2：ピア・レビュー実施基準は，ピア・レビュー担当事務所が自らの品質管理システムの修正を遵守しているかどうかをチェックすることを要求するよう，改正されるべきである。
　　勧告Ⅲ―3：QCIC手続は，QCICが追加的手続を開発することを要求するよう，修正されるべきである。（略）

「監査人の独立性に関する調査の過程でわれわれが耳にした懸念の声の多くは，監査人の客観性の欠如と知覚されるものに集中している。そのため，本報告書は，独立性［そのもの］よりも，監査人の誠実性や客観性に関する問題により重点的に対応している。誠実性は公衆からの信頼の基礎となるものであり，……客観性は監査人のサービスに価値を与えるものである[63]」としている。

そのうえで，「監査人の独立性に関連する利害衝突の側面を取り扱う追加的な規制や立法措置は現状必要ではないが，独立監査人のプロフェッショナリズムを強化するために，別の方法で採るべき重要な手段がある」とし，その一例として，「POB，SEC，その他は，取締役会の独立性を高め，株主へのアカウンタビリティを強化する提案を支持するべきである[64]」と結論している。

しかしながら，カーク・パネルの結論は，大規模会計事務所の監査人としての独立性の現状に対して強い不満を抱いていたSECにとって，満足のいくものではなかった。それゆえ，その後も，SECによる監査人の独立性に対する懸念は頻繁に公言されることになる。とくに影響力の大きいものとして，1996年6月の講演で，アーサー・レヴィット（Arthur Levitt）SEC委員長が，「"独立性"と"客観性"が次第に古風な考え（quaint notions）と見なされるようになっていることに大変憂慮している。会計プロフェッションは，伝統的なサービスの域を大幅に超えて，監査人の名前を使って様々なサービスのアウトソーシングを行なう，投資銀行業のような活動にまで事業上の関心を拡大しようとしていると見受けられる。聖書の言葉を借りるならば，会計士業界が『全世界を手に入れても，自分の命を失う』［ことにならない］よう，忠告する[65]」と述べている。

なお1996年9月には，当時下院通商委員会野党筆頭委員のディンジェル議員の委託を受けた，会計検査院（GAO）による会計プロフェッションに対する

---

63 POB [1994], *Strengthening the Professionalism of the Independence Auditor*, p.3.
64 POB [1994], p.30.
65 Levitt, "The Guardians of Financial Truth," Remarks by Chairman Arthur Levitt, SEC and Financial Reporting Institute, University of Southern California, June 6, 1996 (https://www.sec.gov/news/speech/speecharchive/1996/spch106.txt).

研究が公表された。GAO の報告書『会計プロフェッション』では，公益の観点から，1972 年から 1995 年の期間に独立監査の実施状況を改善するためになされた勧告およびその基礎となった研究を検討し，いくつかの未解決の重要課題を識別している。その1つとして監査の品質を改善するための会計プロフェッションのイニシアチブが挙げられ，AICPA の自主規制プログラムについて検討されている。ピア・レビュー報告書に対する GAO の分析では，現行のプログラムは会計事務所内の品質管理プロセスおよび監査の品質全体に対して概ね望ましい影響を及ぼしているとの結論であった[66]。

### (3) 独立性基準審議会

1990 年代末，SEC は，監査人の独立性への関与という任務から脱落していることを思い知らされていた。SEC は，その主要な要因として，監査事務所によるコンサルティング・サービスの拡大を挙げていた。非監査サービスが監査人の独立性を侵害するとの証拠はなかったが，外見的な利害対立は"監査プロフェッション"を大いに悩ませるものであった。また，SEC は，非監査サービスが監査の失敗の増加に対する寄与因子に違いないと感じていた。そこで，SEC は，1997 年 5 月，AICPA とともに，公開会社の監査人の独立性を扱う新しい基準設定団体である独立性基準審議会（Independence Standards Board；ISB）を創設した。

ISB は，公益を代表する 4 人と監査プロフェッションからの 4 人の 8 人から構成される。ISB は，AICPA の一部として運営され，AICPA が執行役員とスタッフへ資金を提供する。しかし，AICPA との結びつきは，SEC 委員長を不安にさせるものであった。

ISB は多難な船出を経験した。4 人の卓越した公共的立場のメンバーがいたにもかかわらず，SEC 委員長のレヴィットは，AICPA が ISB を支配しようと企てているとして抗議し，最初の会合をボイコットしてしまった。ISB は，ほ

---

66 GAO [1996], *The Accounting Profession, Major Issues: Progress and Concerns*, GAO/AIMD-96-98；藤田・八田監訳『アメリカ会計プロフェッション―最重要課題の検討―』

んの4年間だけ存続し，3つの独立性基準と1つの解釈指針のみを公表するにとどまった。2001年7月に活動を停止し，SECとAICPAおよび主要大監査事務所との間に生まれていた不信関係の象徴となってしまった。

1997年10月にAICPAがISBのために作成したホワイト・ペーパー『公益への奉仕：監査人の独立性のための新しい概念フレームワーク』では，以下のように述べていた。

> 「現行のSECとAICPAの独立性に関する規定の大半は，SECスタッフが独立性の外観を侵害すると知覚している（*perceived*）状況に焦点を当てている。しかし，こうした知覚は非常に主観的な仮定をともなっており，また，実証的な基礎を欠いており（研究者や実務者の研究では，投資者その他のステークホルダーは非監査サービスが監査人の独立性に与える影響はあっても最小限であると知覚していることが示唆されている），そして，恣意的で不当な制限的規定に結びついている[67]。」

SECがISBの概念フレームワークを支持しなかったことが解体の決定的な要因であるとされているが，その根底には監査人の外観的独立性に対するSECの強い疑念があった。そして，ISBは，最終的な概念フレームワークを公表する前に解体された。

### (4) オマリー・パネル

1998年9月，レヴィットSEC委員長は，ニューヨーク大学で行なわれた有名な『ザ・ナンバーズ・ゲーム（The Numbers Game）』と題する講演のなかで，POBに対して，現行の監査モデルを研究調査するための専門委員会（パネル）を任命するように要請していた[68]。これを受けて組織されたのが，「監査の有効性に関する専門委員会(Panel on Audit Effectiveness；通称，オマリー・パネル)」

---

67　AICPA [1997], *Serving the Public Interest: A New Conceptual Framework for Auditor Independence*, p.11.　圏点（イタリック）および括弧内も原著者による。

であった[69]。パネルは，独立監査がどのように実施されているかをレビューし，監査実務の近年の傾向が公益に適うものであるかどうかを評定する任務を負っていた。

パネルは"監査プロフェッション"のガバナンスのあり方についても検討していた。2000年8月の報告書では，現行の規制システムを公的規制と自発的自主規制との組合せであると規定したうえで，「監査プロフェッションの自発的自主規制システムは広範囲であるが，それには特定の限界があり，そのいくつかは自発的システムに固有のものである[70]」とし，以下の点を挙げている[71]。

- 様々な自主規制機関に対する十分な数の社会の代表者の不足
- 様々な自主規制機関の統一的なリーダーシップの不足
- SECとの，および現在のシステムにおける様々な機関間の有効な伝達の制約
- 多様な会員に関するAICPAの優先事項に対する異なった利害や相違する見方
- 遅く，かつ有効でないとみられている懲戒システム

ただし，パネルは，これらの限界の多くは，POBの経験と評判を積み重ねることによって，また，POBにより多くの権限と資源を与えることによって，緩和することができるという考え方であった。それゆえに，パネルの勧告は，

---

68　Levitt, "The Numbers Game," Remarks by Chairman Arthur Levitt, NYU Center For Law and Business, September 28, 1996 (https://www.sec.gov/news/speech/speecharchive/1998/spch220.txt).

69　パネルの委員は，議長のオマリー（Shaun F. O'Malley；元PW会計事務所会長），チューカジアン（Dennis H. Chookaszian；保険会社CEO会長），コウルトン（Paul Kolton；元アメリカン証券取引所理事長），ロングストレス（Bevis Longstreth；元SEC委員），ローウェンスタイン（Louis Lowenstein；コロンビア大学名誉教授），パームローズ（Zoe-Vonna Palmrose；南カリフォルニア大学教授），ペータース（Aulana L. Peters；元SEC委員），ソール（Ralph S. Saul；元アメリカン証券取引所理事長，元SEC委員）の8人であった。なお，ペータースとソールはその後POB委員となった。

70　POB [2000], *Report and Recommendations*, p.138；山浦監訳『公認会計士監査―米国POB「現状分析と公益性向上のための勧告」―』，p.207.

71　POB [2000], p.138；山浦監訳, pp.207-208.

(1) POB の独立性を高め，監視権限と資源を拡大すること，(2) 自主規制システム内部での，SEC および州会計士審査会との間でのコミュニケーションを改善すること，(3) ピア・レビュー・プログラムを改善し，POB の監視を改善すること，(4) 訴訟あるいは SEC 法執行手続で監査の失敗が申し立てられた場合，公益を守るためにより適時的な改善策を提供すること，に向けられていた。

オマリー・パネル報告書は，SEC を初めとして広範な支持を得ていた。レヴィット SEC 委員長は「より包括的で精力的な監査手法を通じて監査プロセスを改善することを目的にパネルが行なった個々の勧告を実施に移すことは，投資者に対し，質の高い監査を受けているという，より強い信頼をもたらすこととなろう」と述べていた。そしてまた，POB のボウシャー（Charles A. Bowsher）委員長も，報告書が会計プロフェッションの将来の道筋を規定するうえで重要な役割を果たすと期待していた[72]。

実際，POB は，オマリー・パネル報告書での勧告を受け，2001 年 2 月，「監査プロフェッションの自主規制プログラムと基準設定プロセスに関する監視の強化と権限の拡大を意図した」POB 憲章（Charter）を承認し，組織機構を改革した[73]。

## 5. 小　括

1980 年代，1990 年代を通じて，会計プロフェッションによる自主規制に対する公衆さらには SEC の見方は大きく変化していた。とくに 1990 年代に入ると，SEC は AICPA の SECPS を通じた自主規制に対する当初の期待を，もはや，そのまま保持し続けることができなくなっていた。とりわけ，1990 年代の大規模会計事務所の非監査サービスの肥大化という状況の下で，SEC は会計プロフェッションとの関係性を考え直す必要性に迫られていた。1990 年代後半の SEC 主導による監査の品質の改善の要請は，こうした状況の明確なあらわ

---

72　POB [2002], *The Road to Reform*, p.981.
73　八田 [2004]「会計不信一掃に向けた『企業改革法』の意味するところ」, p.170；POB [2002], p.982.

れであった。

　一方で，SECは，1990年代後半になってもなお，会計プロフェッションによる自主規制の内部における公衆の利益の代弁者であるはずのPOBに，改善の期待を残していたことも事実である。SECがオマリー・パネル報告書に強い支持を表明していたのはその証左であった。POBはかようにその監視的役割を果たすべきであるとSECは考えていた［とみられる］。

　しかしながら，2001年末に発覚したエンロン事件その他の不正会計事件は，こうした状況をまた違った観点から一変させてしまった。次章では，エンロン事件が引き金になって新たに制定されたサーベンス＝オックスリー法の下で，どのような監査規制の機構が検討されたのか，その前提となるSECの考え方はいかなるものであったのかについて，考察する。

# 第11章

# PCAOBによる監査規制

## 1. はじめに

　1977年にAICPA内部に設置されて以降，監査業務の品質保証の役割を担ってきたSECPSの自主規制プログラムとそれを支えるPOBによる監視の仕組みに対するSECの信頼は，1980年代，1990年代を経て，次第に揺らぐようになってきた。1990年代に，コンサルティング・サービスに代表される非監査サービスの強化という経営戦略をとった大規模会計事務所とSECとの関係は少しずつ悪化するようになっていった。

　そして，2001年末に発覚したエンロン事件が引き金になり，サーベンス＝オックスリー法（Sarbanes-Oxley Act of 2002）が制定され，POBを内蔵した会計プロフェッションによる自主規制体制は終焉を迎えることになる。そして，大枠として，新たに，公開会社会計監視審査会（Public Companies Accounting Oversight Board；PCAOB）と名づけられたプライベート・セクターの機関による監査規制の仕組みが導入された。

　本章では，エンロン事件の発覚からサーベンス＝オックスリー法に基づくPCAOBの創設にいたるまでの経緯とそこにおける監査人監視に関する議論を追いながら，サーベンス＝オックスリー法の下で再構成された監査規制システムの特質について，とりわけSECの監視的役割の視点から，サーベンス＝オックスリー法以降の法執行の性格の変化を踏まえつつ，考察する。

## 2. POB の解体と PCAOB の創設

### (1) エンロン事件と会計プロフェッションに対する規制の改革

前章でみたように，1980年代，1990年代にも，会計プロフェッションによる自主規制システムの再考を促す議論は提起されていたが，規制システムの抜本的な変革に結びつくことはなかった。しかしながら，2001年12月のエンロン社（Enron Corporation）による不正会計とそこでのアーサー・アンダーセン会計事務所（Arthur Andersen LLP）の監査の失敗の発覚を受けて，議会も，そしてSECも，積極的な対応に乗り出さざるを得なくなった。

2002年1月から4月までの間に，上下両院において，エンロン社その他による不正会計によって生じた会計と投資者保護の諸問題を検討するため，複数の関連委員会による公聴会が開催された。

とりわけ上院では，サーベンス（Paul S. Sarbanes）委員長の率いる上院銀行，住宅，都市問題委員会（Committee on Banking, Housing, and Urban Affairs）が，2002年2月12日から3月21日にかけて，会計と投資者保護の諸問題に関して10回の公聴会を開いた[1]。論点は，財務諸表監査の誠実性，適切な会計基準と監査基準，会計に関する規制・監視システム，監査の品質に対する監査人の独立性の重要性，コンサルティング・サービス提供の増加にともなう利害衝突と独立性の妥協，企業内容開示の徹底など多岐に及んだが，なかでも，監査基準と独立監査人に対する監視の問題が議論の中心であった。

また，下院では，2002年2月14日に「株式会社と監査におけるアカウンタビリティ，責任，透明性に関する法案（H.R.3763；オックスリー法案）」が提出されたことを受けて，オックスリー（Michael G. Oxley）委員長の下院金融サービス委員会（Committee on Financial Services）が，3月13日，20日，4月9日に，H.R.3763法案を審議，検討するための公聴会を開催した[2]。

およそ半年の期間で，合計30以上の関連法案が議会に提出され，最終的に，画期的といわれるサーベンス＝オックスリー法の制定に結実することになる。

1 公聴会開催日，出廷順に，証人は以下のとおりである。
  2月12日，ヒルズ（Roderick M. Hills；元SEC委員長），ウィリアムズ（Harold M. Williams；同），ラッダー（David S. Ruder；同），ブリーデン（Richard C. Breeden；同），レヴィット（Arthur Levitt；同）
  2月14日，ボルカー（Paul A. Volcker；IASC財団理事長），トゥィーディー卿（Sir David Tweedie；IASB議長）
  2月26日，シェツェ（Walter P. Schuetze；元SEC主任会計官），サットン（Michael H. Sutton；同），ターナー（Lynn E. Turner；同），ブレスフォールド（Dennis R. Beresford；元FASB議長）
  2月27日，ビッグス（John H. Biggs；TIAA-CREF会長，POB委員），ミルスタイン（Ira M. Millstein；企業の監査委員会の有効性向上に関するブルーリボン委員会共同委員長）
  3月5日，ウォーカー（David M. Walker；会計検査院長），グラウバー（Robert R. Glauber；NASD委員長），セリグマン（Joel Seligman；ワシントン大学ロー・スクール教授），コフィー（John C. Coffee, Jr.；コロンビア大学ロー・スクール教授）
  3月6日，オマリー（Shaun F. O'Malley），セイドラー（Lee J. Seidler；元コーエン委員会副委員長），ワイアット（Arthur R. Wyatt；AAA会長），ブリロフ（Abraham Briloff；大学教授），ロングストレス（Bevis Longstreth；オマリー・パネル・メンバー，元SEC委員）
  3月14日，カステラーノ（James G. Castellano；AICPA会長），ガーソン（James S. Gerson；AICPA・ASB委員長），バルホフ（William E. Balhoff；AICPA・PCPS委員長），カートレイ（Olivia F. Kirtley；元AICPA会長），コープランド（James E. Copeland, Jr.；デロイト・トッシュ会計事務所），ウォーリソン（Peter J. Wallison；アメリカン・エンタープライズ協会），リタン（Robert E. Litan；ブルッキングス研究所）
  3月19日，ボウシャー（Charles A. Bowsher；POB委員長），ペータース（Aulana L. Peters；POB委員，元SEC委員），セイドマン（L. William Seidman；連邦預金保険公社），ホワイトヘッド（John C. Whitehesd；ゴールドマン・サックス証券），メイヨー（Michael Mayo；プルデンシャル証券）
  3月20日，バウマン（Thomas A. Bowman；米国投資管理調査協会），メッツェンバウム（Howard M. Metzenbaum；米国消費者連盟，元上院議員），シルバース（Damon A. Silvers；米国労働総同盟・産業別組合会議），テズリック（Sarah Teslik；機関投資家協議会）
  3月21日，ピット（Harvey L. Pitt；現SEC委員長）
  このように，初日に，歴代のSEC委員長が意見聴取された。なお，それぞれの在任期間は以下のとおりである。ヒルズ（在任期間：1975年より1977年），ウィリアムズ（1977年より1981年），ラッダー（1987年より1989年），ブリーデン（1989年より1993年），レヴィット（1993年より2000年）。
2 同じく，出廷順に，証人は以下である。
  3月13日，グラスマン（James Glassman；全米エンタープライズ協会），ヒルズ（Roderick Hills；元SEC委員長），ラックリッツ（Marc E. Lackritz；証券業者協会会長），メランコン（Barry Melancon；AICPA会長），ローパー（Barbara Roper；投資者保護・消費者連合），ターナー（Lynn Turner；元SEC主任会計官），ホワイト（Ted White；カリフォルニア州職員退職年金基金）

## (2) POBの解体

SECのピット（Harvey L. Pitt）委員長は，2002年1月17日，声明を発表し，新たな監査人監視機関を創設する構想を示した。

「わが国の会計プロフェッションの規制の改革が必要とされている。……最近10年間に見受けられたいくつかの企業破綻での会計士の役割のあり方に対する，非常に強い，しかも適切な，関心を受けて，われわれは，すでに，イニシアチブを取って，会計プロフェッションを統治する規制システムを再編成する手続に着手してきている。こうした目的に向け，エンロン社の破綻以前においても，会計プロフェッションに対し，協力して会計プロフェッションの脆弱性や欠点を改善するよう呼びかけてきた。……そして，会計プロフェッションは，より良好な規制システムを創出するために協力することに強い意欲を示している。われわれの想定では，この規制システムには，独立したリーダーシップと統治（ガバナンス）を受ける，頑強で，現実的な，透明性の高い懲戒システムが存在していなければならない。加えて，会計事務所が自らの責務を遂行する方法と，個々の会計事務所ないしプロフェッション全体が改善できる領域についての定期的なモニタリングが存在していなければならない。……当初より，懲戒と品質管理の2つの要素をともなった，公共的なメンバーで多数を占める新たな機関（new body dominated by public member）が想定されている。……われわれはこの提案の初期段階にあり，詳細についてはまだ練り直すべき点が多々ある。SECは，この提案を含めて，パブリック・セクターの規制システムに関する提案を注意深く検

---

3月20日，クラップマン（Peter C. Clapman；TIAA-CREF），デルラーゾ（Joseph DelRaso；ペッパー・ハミルトン法律事務所），ジャジノウスキー（Jerry Jasinowski；全米製造業者協会），リビングストン（Philip Livingston；国際財務執行者機構），マッコール（H. Carl McCall；ニューヨーク州会計検査官），ピット（Harvey Pitt；現SEC委員長），レインズ（Franklin Raines；連邦住宅抵当公庫）

4月9日，ブリーデン（Richard C. Breeden；元SEC委員長），ランゲブート（Donald C. Langevoort；ジョージタウン大学），シルバース（Damon A. Silvers；米国労働総同盟・産業別組合会議），ウォーカー（David M. Walker；会計検査院長）

討しているところである。……³」

　さらに，ピット委員長は，この数日後，POBのボウシャー委員長に対する返信（2002年1月22日付）のなかで，次のように述べている。

　「私が木曜日（注：上述1月17日を指す）に紹介した予備的試案は，AICPAの外部に設置する公共会計責任審査会（Public Accountability Board outside the AICPA）を想定している。新たな審査会は，2つの重要な機能である監査人の懲戒と品質管理に対するモニタリングに，監視として［間接的に］ではなく，直接に関与する。そこにPOBが果たす役割がないという意味ではまったくない。むしろ，私の提案は，"新たな"POBとなる機関を強固なものとし，AICPAからの独立性を確保し，その任務を拡大することを意図するものである⁴。」

　一方［相前後して］，POBは，1月20日，「自らの目的（すなわち，有効な自主規制）を達成するにあたっての障壁を認識し⁵」，全会一致で2002年3月31日までに解散することを決議した。POB委員長は，後日公聴会で，以下のように証言している。「［ピット委員長の］提案は，POBが加わることのない，SECとAICPAおよび5大会計事務所の間での私的な話し合いのなかで生まれたものであった。この新たな提案はPOBを不必要な機関とさせるのに十分な

---

3　*Public Statement by SEC Chairman: Regulation of Accounting Profession*, (January 17, 2002) (http://www.sec.gov/news/speech/spch535.htm).
4　Letter from Harvey Pitt to Charles Bowsher dated January 22, 2002, in Sarbanes Hearings [2002b], p.994. 圏点およびイタリックは引用者による。もともとこの返信はボウシャーからのPOB解散決議を伝える私信に対するものである。
5　Resolution passed by the Public Oversight Board on January 20, 2002, in Sarbanes Hearings [2002b], p.961. ピットSEC委員長にとってPOBの解散決議は想定外であったようである。ピットは，1月31日に，「2002年3月31日で活動を停止するとの1月20日の決議を再考しないとする本日のPOBのアナウンスメントに非常に落胆している。POBは，新しい機構の独立性と有効性を強化することを確保するにあたり，非常に有用な役割を果たすことができたと私は確信している」（2002年1月31日付，ピットSEC委員長の発言（Sarbanes Hearings [2002b], p.995））と発言している。

ものであった。［そのため］この状況の下で会計プロフェッションの活動を監視していくことは不可能であると確信した。……さらに，新たな統治機関が軌道に乗るまでの移行期間に［POB の］業務を継続するとしたならば，SEC の進めている新たな提案を是認しているとの印象を与えてしまうと懸念した[6]」。そして，POB の自主的な解散は「良心と原理原則の問題（a matter of conscience and principle）[7]」であると強調している。

　こうして，POB は，それまで AICPA の自主規制システムの中心的役割を果たすことを期待されてきたものの，必ずしもその機能を有効に発揮し切ることなく，2002 年 3 月 31 日をもって活動を停止することとなった（形式的には，6 月末日まで組織は存続した）。

　さらに，サーベンス＝オックスリー法に大きな影響を及ぼすことになる［前出の］上院銀行，住宅，都市問題委員会の公聴会（3 月 19 日）のなかで，証人となったボウシャー委員長から，POB のホワイト・ペーパー『改革への道[8]』が提出されている。そこで，POB からみた，現行の自主規制システムが抱える問題点を挙げている[9]。

　第 1 に，POB の財源が，SECPS を通じ，主要な会計事務所によってコントロールされている点である。実際に，POB は，2000 年はじめに着手した事務所ごとの独立性に対する品質管理状況についての特別調査を，SECPS による財源カットの決定によって中止を余儀なくされたことがあった。

　第 2 に，懲戒システムが適時的ではなく，有効でない点である。この点はオマリー・パネルでも指摘されていたが，訴訟や SEC 法執行手続の対象となった場合，それらの手続が進行するまで懲戒の手続は進められない。これが手続の遅滞につながり，制裁を有効なものでなくしてしまう。また，懲戒システム

---

6　Sarbanes Hearings [2002b], p.898.
7　Sarbanes Hearings [2002b], p.973.
8　POB [2002], *The Road to Reform: A White Paper from the Public Oversight Board on Legislation to Create a New Private Sector Regulatory Structure for the Accounting Profession*, in Sarbanes Hearings [2002b], pp.973-993. なお，最後の POB 委員長ボウシャーは前合衆国会計検査院長（在任期間：1981 年より 1996 年まで）であった。
9　POB [2002], pp.981-982.

は，SECPSへの出頭を強制する召喚状を発行する権限も，証言を強制する権限も含んでいない。

　第3に，ピア・レビュー・プロセスによる会計事務所の実務に対するモニタリングは，有効でない，診断的あるいは矯正的手段（remedial tool）にすぎないとみられているという点である。そして，ピア・レビュー・プロセスは，仲間内のもの（clubby）であり，相応に厳格なものとはみなされていないため，その信頼性を失っている。

　さらに加えて，現行の統治（ガバナンス）の機構はその背後にある議会から委任されたはずの内容に重きを置いていないのが実情である，とも指摘されている。

　そして，ホワイト・ペーパーでは，改めて以下のような結論が示されている。

　「最終的にPOBには，現実的な改革は，議会が立法措置を通じて改革を要求したときにのみ可能であろうことが明らかとなった。……エンロン事件の帰結として，これまでプロフェッションの"良心であり，批判者"として活動してきたPOBは，旧来の会計士業界の自発的な自主規制システム（the old system of voluntary self-regulation of the accounting industry）は，投資者と公衆を保護するために，［別のものに］取って代わられなければならないと確信する。世の中には，議会は慎重に行動すべきで，局所的な変更で現行システムを温存するチャンスを与えられるべきだと主張する者も多いが，われわれPOBは，今こそ，現状維持には反対し，根本的な変化をもって前進するときであると確信する[10]。」

　皮肉なことに，会計プロフェッションの自主規制の中核を担っていたはずのPOB自身が，もはや，これまでの自主規制システムを維持することはできず，それゆえに，自らの活動を停止し，別の監視機関にその任務を譲るべきであるとの見解であった。

---

10　POB [2002], pp.991-992.

## 3. サーベンス＝オックスリー法と公開会社会計監視審査会（PCAOB）

　会計プロフェッションに対する規制システムについては，エンロン事件直後の議論開始当初から再編成が必要であるとされていたが，実際に公開会社会計監視審査会（PCAOB）の形での新機関の創設が決定したのは，立法の最終段階の6月のことであった。2002年6月18日，上院銀行，住宅，都市問題委員会は，"公開会社会計監視審査会（PCAOB）"なる機関の新設を盛り込んだ「公開会社会計改革および投資者保護法案（S.2673：サーベンス法案）」を審議，17対4で可決し，同法案を上院本会議に送付した。

　すでに，同委員会のドッド（Christopher J. Dodd）議員とコージン（Jon S. Corzine）議員が，独立公共会計審査会（Independent Public Accounting Board）なる機関を創設し，監査人の監視にあたらせる法案（S.2004）を提出していた[11]。ドッド＝コージン法案は，上院に提出されていた唯一の監査人監視機関に関する法案であった[12]。

　そもそも，こうした立法に先駆けて2002年2月から3月にかけて開かれていたサーベンス委員会の公聴会（前述）では，会計プロフェッションの自主規制システムには抜本的な改革が必要であるという意見が大勢であった。元

---

[11] 報告書では，「第1部は，発声表決によって採択された6月18日の法案最終審議でのエンツィ（Michael B. Enzi）議員にかかる修正事項とともに，ドッド，コージン両議員の起草したS.2004の内容を大幅に反映している。……」（Senate Report 107-205, p.4）とされている。ドッド＝コージン法案（S.2004）では，SECの監視の下で，独立公共会計審査会は毎年監査事務所を検査し，監査契約の一部分についてレビューし，発見事項に関する公的報告書を発行するものとされている。また，その前提として，該当の監査を実施する公共会計士は審査会に登録しなければならないとされている。審査会が監査基準および品質管理基準を設定する権限を持つこと，財源を登録会計事務所からの登録料と年間手数料で賄うことなど，審査会についてサーベンス法案とほぼ同一の性格づけがなされている。

[12] 2002年4月18日付の議会調査局報告書（CRS Report of Congress）では，監査人の監視機関に関する7つの提案および法案が挙げられている。具体的には，ピットSEC委員長素案，ブッシュ大統領アクション・プラン，H.R.3763（オックスリー法案），H.R.3795（クチニッヒ法案），H.R.3818（ラファルス法案），H.R.3970（ディンジェル法案），S.2004（ドッド＝コージン法案）が比較，対照されている。

POB 委員で，年金基金運用機構の代表であったビッグス（John H. Biggs）は，「POB は，常に，当惑させられるほど［複雑な］配置のモニタリング・グループ（a bewildering array of monitoring groups）を監視しようとしていた[13]」と振り返っている。また，「監査の有効性に関する専門委員会」の議長を務めたオマリー（Shaun O'Malley）は，「プロフェッションによる，公的監視（public oversight）と自発的な自主規制（voluntary self-regulation）の組合せは，広範囲であり，複雑多岐（Byzantine）で，そして不十分である。現行のガバナンス・システムは十分に公共的立場を反映しておらず，プロフェッションとしての優先事項をどこに置くのか，構成員（プロフェッショナル）の見解が統一しないために機能不全を起こし，実施される懲戒システムは遅滞しがちで，有効ではなく，SEC その他の関係機関との間の効率的なコミュニケーションを欠き，さらには，統一的なリーダーシップおよび監視を欠いていると専門委員会は判断した[14]」と証言している。

　そして，ほとんどの証人が，監査人に対するより有効な監視を行なう独立の機関を新設することを支持していた。公聴会では延べ 20 人の証人が，公開会社の監査人を監視する強力な審査会の必要性を強調したとされる[15]。そのうち，元 FRB 議長で国際会計基準委員会財団理事長のボルカー（Paul A. Volcker）は，「一会計事務所で事を進めていくことが困難ないし不可能な領域もある。そこに，公式の規制（official regulation）の必要性が認められる。合衆国には SEC による規制とその法執行のためのフレームワークがある。長年，SEC に加えて，会計士業界（industry）あるいは会計士業界と公共的メンバーからなる審査会（industry/public member board）によって監視を行なう努力が繰り返しなされてきた。概していえば，自主規制におけるそれらの努力は満足できるものでな

---

13　Sarbanes Hearings [2002a], *Accounting Reform and Investor Protection: Hearings before the Committee on Banking, Housing, and Urban Affairs* Volume I, 107th Congress, 2nd session, 2002, pp.376-377.

14　Sarbanes Hearings [2002b], *Accounting Reform and Investor Protection: Hearings before the Committee on Banking, Housing, and Urban Affairs* Volume II, 107th Congress, 2nd session, 2002, p.683. 2000 年のオマリー・パネル報告書については，本書第 10 章の説明を参照されたい。

15　Senate Report 107-205, p.5.

かったと結論せざるを得ない。こうした経験が強く示唆しているのは，調査と執行の権能を持った政府の監視（governmental oversight）が規律づけのために必要であるということである[16]」と証言している。

POBの最後の委員長となったボウシャー（Charles A. Bowsher）も，同じくPOB委員でSEC委員経験者であるペータース（Aulana L. Peters）も，（元）POB委員のビッグスも，これと同様の勧告を行なっている[17]。POBの最後のメンバーたちは，新たな審査会はその権限を適切かつ確実に確立するために制定法によって創設されなければならないことを強調していた。そしてまた，新機関はその財源に関して会計プロフェッションに依存するべきではないという意見であった。また，POB委員長をはじめとする何人かの証人は，現実に，会計プロフェッションからの自発的な資金が断ち切られることによって監査人の監視に関する試みが窮地に陥ったことがあったと証言している。

しかしながら，新たに創設される機関をプライベート・セクターに属するものとすべきか，パブリック・セクターに属するものとすべきかに関しては，見解が分かれていた[18]。何人かの証人は，明確に，ニューヨーク証券取引所（NYSE）や全米証券業協会（NASD）のような自主規制機関（self-regulatory organizatons；SRO）に倣ったプライベート・セクターの機関を主張している[19]。

---

16　Sarbanes Hearings [2002a], p.145.
17　ボウシャーは「自発的な自主規制プログラムは，プロフェッションの直面する難題に対応していけなかったゆえに，取って代わられる必要があるとの結論に達している。さらに困ったことは，プロフェッションにおける同業団体であるAICPAと5大会計事務所が大きな改革を受け入れようとしないことである」（ボウシャー，Sarbanes Hearings [2002b], p.897）と証言している。ペータースは，新機関が「制定法で定義づけられた権限（statutorily defined base of authority）」（ペータース，Sarbanes Hearings [2002b], pp.902-903）を持つことが不可欠であるとしている。また，恒久的な財源を与えることで機関の業務遂行能力を明確化することが必要であるとも述べている。また，ビッグスは，「われわれは規制機関にとって［現状］よりもよいものを求めている。ピット委員長の提案における要素は確かに正しい方向に進んではいるが，求められる新機関はより多くの権限を必要としていると考える。そして，この権限は議会から（立法によって）のみ生まれてくる」（ビッグス，Sarbanes Hearings [2002a], p.377）と供述している。
18　Nagy [2005], "Playing Peekaboo with Constitutional Law," p.997.
19　コフィー（John Coffee, Jr.；Sarbanes Hearings [2002b], pp.536-537），セリグマン（Joel Seligman；Sarbanes Hearings [2002b], pp.532-533），サットン主任会計官（Michael Sutton；Sarbanes Hearings [2002a], pp.194-195）の証言。

例えば，NASD委員長のグラウバー（Robert Glauber）は，「適切に設計されれば，新設されるプライベート・セクターの規制機関は，政府では利用できないその業界のリソースや識見を誘導することによって，大きな成果を生み出すことができるというのが私の意見である。ただし，プライベート・パブリック双方の利点を得るため，こうしたプライベート・セクターの優位性は，議会の監視の目の下でのSECの強力な監視で補完されるべきである[20]」と証言している。

こうしたNYSEやNASDをモデルとすべきという意見に対しては，政府の権限（government authority）を持ったプライベート・セクターの機関が長期的に独立性を保持できるかは疑問であるため，そうした機関は「［経験上］，双方の良いところ取りどころか，悪いところ取りである[21]」との意見もあった。

また，会計検査院長のウォーカー（David Walker）のように，監査人の監視のための連邦政府機関を新たに創設するという考えを持った者もいた。ウォーカーは，上院の公聴会ではなく，下院の金融サービス委員会の公聴会で，「公開会社の財務諸表監査を監視する制定法に基づく連邦政府機関」を創設することを提言していた[22]。さらに，上院公聴会では，(1) SEC内部の新部門，(2) SEC内部の独立した政府機関，(3) SEC外部の独立政府機関，(4) SECによる監視を受ける非政府系のプライベート・セクター機関という代替的選択肢のうち，「新機関をSECの内部に設置すれば，SECから行政上のサポートを受けられるために[23]」成功する可能性が高いとして，(2)の内部の独立機関が最も好ましいと主張している。

しかしまた，証人のなかには，自主規制システムの現状を変えることについては同意するものの，プライベート・セクター，パブリック・セクターにかか

---

20 Sarbanes Hearings [2002b], p.529.
21 テズリック（Salah Teslik; Sarbanes Hearings [2002b], p.1027）の証言。
22 Oxley Hearings [2002], *H.R.3763--The Corporate and Auditing Accountability, Responsibility and Transparency Act of 2002: Hearing before the Committee on Financial Services*, 107th Congress, 2nd session, p.136.
23 Sarbanes Hearings [2002b], p.662. なお，GAOは，この段階で，オマリー・パネル報告書での勧告に対する会計プロフェッションの対応状況を検証し，今後の自主規制システムのあり方を検討していた。報告書は2002年5月に公刊されたが，そこでの議論は当然にウォーカーの証言に反映されている（GAO [2002], *The Accounting Profession, Status of Panel on Audit Effectiveness Recommendations to Enhance the Self-Regulatory System*）。

わらず，新規の規制機関を創設することに賛成しない者もいた。例えば，元SEC委員長のブリーデン（Richard Breeden）は，「われわれには70年の経験がある。さらに進んで，別の機関を新設する必要はない。SECを巧く使って，必要な仕事をなす手段を持つことを確保するべきである。仕組みを最初から作り直すことはやめるべきである。SECの川下にあってこそ，プライベート・セクターのグループ（会計士）は有益な役割を果たすことができる[24]」としている。こうした意見を示した者の多くが，SECに追加的な財源を充当することを条件に，SECによる直接規制を主張している[25]。

なお，少数派ではあったが，オマリーのように，POBの機構はこれまでの脆弱性を修正することで大幅に改善しうる，つまり，POBを"再興"するべきであるという意見もあった[26]。

また，上院銀行，住宅，都市問題委員会で公聴会が実施されていた頃，下院では，オックスリー議員によって「株式会社と監査におけるアカウンタビリティ，責任，透明性に関する法案（H.R.3763；オックスリー法案）」が提出され，オックスリーの下院金融サービス委員会では，3月13日，20日，4月9日に，H.R.3763法案に関する公聴会が開かれていた。オックスリー法案では，監査人の監視のための公共規制機関（public regulatory organization）の創設が規定されていた。

オックスリー法案は，4月24日，下院において，334対90で可決された。このとき，同委員会の代替法案であったラファルス法案（H.R.3818）が否決された。下院を通過したオックスリー法案は，ブッシュ大統領とSECのサポー

---

24 Sarbanes Hearings [2002a], p.37.
25 「私は，少なくとも，SEC自身が監査人に対する監視を直接に行なっていくべきか否かを検討するべきであると主張する」（リタン・ブルッキングス研究所副所長（Robert E. Litan; Sarbanes Hearings [2002b], p.745），「SECがその分の財源を割り当てられ，予算が増加し，より多くのより良好な仕事ができるのであれば，新しい審査会は必要ないと思われる」（シェツェ・元SEC主任会計官（Walter P. Shuetze; Sarbanes Hearings [2002a], p.208），「新しい審査会を創設することは，これまで65年にもわたってSECが確立してきたものから判断して，必要はないだろう」（ワイアット・公認会計士（元イリノイ大学教授）（Arthur R. Wyatt; Sarbanes Hearings [2002b], p.745）。
26 オマリー（Shaun F. O'Malley; Sarbanes Hearings [2002b], pp.723-724）の証言。

トで，上院銀行，住宅，都市問題委員会に付託されることとなった。しかし，同委員会の委員長サーベンスは，その時点で，法案 S.2673 を作成しているところであった。

　上院法案（S.2673）は，前述したとおり，6月18日に上院委員会を通過した。この時点では上院で可決されるかどうかは不透明であったが，折しも本会議での審議がなされる 25 日にワールドコム社（WorldCom）の 38 億ドルもの利益過大計上が明らかになったため，事態が急変した。その後，7月24日，両院協議会での合意がなされ，下院法案（H.R.3763）への上院の修正に対する上下両院の反対投票を受け，最終的に，上院法案の内容に合わせて書き換えた最終法案が勧告された[27]。この段階で法案はサーベンス＝オックスリー法と呼称されることとなった。翌日，サーベンス＝オックスリー法は，上下両院で可決され，さらに，7月30日に大統領の署名がなされ，サーベンス＝オックスリー法は成立した。

## 4．SEC のイニシアチブ

### (1) ピット委員長の委員会証言

　一方，SEC では，2002年1月17日の声明のなかでピット委員長が言及した監査人監視機関の構想（注：内部では，公共会計責任審査会（Public Accountability Board；PAB）と仮称していた）をベースに，SEC 内部での議論が進められていた。

　そして，ピット委員長は，それぞれ，3月20日と21日に，下院金融サービス委員会と上院銀行，住宅，都市問題委員会の公聴会にて，意見聴取を受けていた。あわせて，現職ではないが，過去に SEC 委員長あるいは主任会計官を務めた関係者も公聴会での証人となっていた。ただ，とりわけ重要と思われるのは，現職の委員長であるピット委員長の証言であることは間違いない。

　ピット委員長は，上院委員会（3月21日）で，以下のように証言している。

---

[27] Conference Report [to accompany H.R.3763], House of Representatives Report 107-610.

「おそらく，最も差し迫って必要とされているのは，わが国の会計システムの改革である。われわれは，公開会社その他われわれの規制対象組織の財務諸表を監査する会計士に対する規制，重要な会計基準の設定プロセス，この2つの領域での改革が必要であるとみている。

数々の公開会社の財務状態に関する突然の［利益から損失への］反転は，公開会社の監査の品質を監視するため現在用いられている規制システムに対する疑念を生じさせている。

それゆえに，われわれは，会計実務および監査実務に対する会計事務所の品質管理についての直接的なレビューを実施させ，さらに，能力の欠いた，あるいは非倫理的な行為に関して監査人を規律づけるための公共会計責任審査会（PAB）なる新たなプライベート・セクターの規制機関を提案しているところである。このPABは，AICPAの主催でPOBによって監視されている事務所間レビューのシステムのごとき，会計プロフェッションが現在受けている自主規制のシステムから，取って代わることになる。

この点に関しては実体的な合意が存在している。AICPAも，主要会計事務所も，公衆の信頼を回復するためのこうした変化が必要であるという考えを抱いている。PABは，法による禁止，法による規定を超えて，倫理性と専門能力に関する規定という別の層の規定を加えることによって，われわれの法執行活動を補完するものである。

このような二層構造の規制は証券業会において成功を収めてきた。［政府機関である］SECは不正に対して行政手続を提起するには適しているが，一方で，私的規制（private regulation）は，違法とはいえないが非倫理的あるいは能力に欠くとみなされる行為を統治することができる[28]。」

「会計事務所レベルでは，重要な到達点は，監査原則の文言どおりに監査が実施されているだけでなく，最高度の誠実性（highest integrity）を持って実施されていることを確かめるために，監査チームを監督し，また，監視することを要求し，かつ，そうするインセンティブを与えるものでなければな

---

28 Sarbanes Hearings [2002b], p.1069.

らない。これを行なう最善の方法が，POB が担当することのできる，監査業務の品質管理［レビュー］プロセスの精力的な実施である。主要会計事務所は，POB が実施しているような 3 年ごとではなく，毎年，PAB によってレビューを受けるべきである。最低限の基準に準拠していようがいまいが，実施されている監査が最高の品質であるとみなされない場合，価値のある顧客を失う危険性があると観念されるべきである[29]。」

### (2) SEC 主催のラウンドテーブル・ディスカッション

SEC は，上院委員会での聴聞も始まっていた 3 月 6 日に，ラウンドテーブル・ディスカッションを主催している。そこでは，"財務諸表のディスクロージャーの改善"というテーマと"監査機能の適切な監視の保証"というテーマが用意された。うち後者のパネルが，本書の行論上，重要なものである。このパネルには，1970 年代に SEC 法執行部で活躍し，連邦判事となっていたスポーキン（Stanley Sporkin）をモデレーターとして，パネラーに，KPMG 会計事務所のパートナーで，リスク管理部門責任者であったラーナー（Neil Lerner），カリフォルニア州職員退職年金基金（CalPERS）のコーポレート・ガバナンス部門責任者のホワイト（Ted White），NASD 委員長のグラウバー（Robert Glauber），コーネル大学ロー・スクール教授のメーシー（Jonathan Macey）が名を連ねた。

パネラーは，その立場が違いながらも，会計プロフェッションに対する規制の改革が公衆の信頼を回復するために必要であるとみていた。例えば，次のような発言がみられる[30]。

「われわれに必要とされていると思われるのは，公衆がプロフェッションを規制し，プロフェッションのメンバーを懲戒処分し，プロフェッションの職業基準を設定するためのメカニズムのなかで，彼ら（公衆）の利益が配慮

---

29 Sarbanes Hearings [2002b], p.1070.
30 *Roundtable Discussion on Financial Disclosure and Auditor Oversight*, (March 6, 2002) (https://www.sec.gov/spotlight/roundtables/accountround030602.htm#panel2).

されていることに対する真の意味での信頼を置くことができることである。」
(ラーナー)

「[会計プロフェッションに対する監視の場合]，鍵になる点は，[会計士]業界における公衆の信頼を回復するために何をするのかではないかと考える。そして，鍵になる原理の1つは独立的な監視でなければならないと主張する。」(ホワイト)

また，スポーキンから「わが国(アメリカ)の自主規制の専門家」との紹介を受けたNASDのグラウバーは，監査人の監視に関して新たな自主規制機関が必要とされているのかと尋ねられ，以下のように発言している。

「われわれの規制者はSECである。プライベート・セクターと政府の選択の問題ではない。政府と業界の間のプライベート・セクター規制が存在しているが，もちろん，それは，政府，つまりSECの注視と監視の下でのものである。……プライベート・セクターの機関は正しく機構化されなければならない。確実に，財源を確保されなければならない。独立性を確保できる統治機構を持たなければならない。実効性のあるエンフォースメントが可能でなければならない。それらが，1つの機関のなかで構築されるものでなければならない。規則設定，検査，登録のエンフォースメントといったものが重要な要素である。もちろん，その場合でも，政府の適切な監視がなければならない。」

対して，メーシーは，「純粋な自主規制機関は会計プロフェッションに対して機能しないのではないか」と指摘し，PABの構想のように，純粋な自主規制のモデルから離れなければならないと強調していた。

パネルでの議論は，監査人の監視に関わる広範囲な点に及んだが，とくに，どのような監視機関を設置すべきか，という点は，重要な論点であった。

## (3) 公共会計責任審査会の枠組みの承認

こうしたラウンドテーブル・ディスカッション，あるいは投資者サミット（Investor Summit；2002年5月10日）を主催するなど，SECは，監査人の監視機構の改革に向けて非常に積極的な姿勢をみせていた。

サーベンス法案（S.2673）が上院を通過した2日後の6月20日，SECは，全会一致で，"財務報告プロセスの信頼性と廉潔性を高めることで，公開会社の監査人に対する監視を改革し，その会計責任を改善するための規則案"を承認した[31]。規則案は，SECが主導的に議論してきた，公共会計責任審査会（PAB）の枠組みを確立するものであった。その枠組みは，以下のような主要要素から規定されるという。

- 新たな規制の体制の便益を受ける者がすべての公開会社に対する投資者に拡大される以上，SECに登録される会社の財務諸表は，会社の外部監査人がPABの会員でない限り，SEC規定を遵守しているとはみなされない。PABが監査に関するすべての情報にアクセスすることを保証するため，会社がその補助会員でない限り，SEC登録会社の財務諸表もまた，規制を遵守していないことになる。
- SECは，同組織の機構，定款，内規，規則，規定される実務，予算案，委員人事案，会員規則，システム，手続をレビューし，満足しうるものであるとした後で，PABを認知する。SECはまた，PAB委員の選出および解雇について監視し，PAB規則あるいは懲戒措置をレビューし，改廃する権限を持つ。
- 会計プロフェッションからの独立性を確保するために，PABは，会計プロフェッション（専門職）に関与しない者によって多数が占められなければならない。可能であれば，9人の委員，うち最低6人が独立の公共的なメンバーで，うち3人以下を実務に従事する，あるいは退任した公共会計

---

[31] *Commission Formally Proposes Framework of a Public Accountability Board*, (June 20, 2002) (https://www.sec.gov/news/press/2002-91.htm).

プロフェッションのメンバーで賄う。
- PABは，その財源が自由裁量のある支出あるいは会計プロフェッションだけによる財源に依拠しないことを確保するため，会計事務所の会員と公開会社両方から，依存できる，継続した，自由裁量のない財源を持つ。
- 会計事務所，個人会計士，公開会社，その経営者はPABの品質管理レビューおよび懲戒手続に協力すること要求され，かつ，義務づけられる。
- PABは，大規模会計事務所については毎年，そうでない事務所については3年毎に，それらの監査手続と監査実務に対する品質管理レビューを直接実施する。
- PABは，公的な懲戒手続を実施し，会員である会計事務所および個人会計士に対する幅のある懲戒上の制裁を科する責任を有することになる。PABは，非倫理的あるいは能力に欠く行為，さらにプロフェッションの職業基準の違反に対して，個人会計士を懲戒できる。PABは，最高のプロフェッションの職業基準を満たした品質管理システムを有していないことに対し，あるいは会計事務所が監査，レビュー，その他の保証業務のなかでプロフェッションの職業基準を少なくとも満たしていることを保証できる方法で，自らの品質管理システムを遵守していないことに対し，会計事務所を懲戒処分できる。
- PABは，直接に高度な倫理，監査，品質管理に関する基準を設定することによって，あるいはそれらの基準の権威ある源泉としてプライベート・セクターの機関を位置づけることによって，それら基準を確保する責任を有する。

直後にサーベンス＝オックスリー法が制定されたため，ここでのPABは，PCAOBとして読み替えられることになり，したがって，実質的な意味がなくなってしまったが，このような方針の公表にいたるまでのSECのイニシアチブは過小評価することはできない。SECは，エンロン事件以降の"異常事態"に対し，けっして議会での立法措置を待って対処しようなどとは考えていなかったのである。

## 5. PCAOB を通じた監査規制システム

### (1) PCAOB の権限と職能

　サーベンス＝オックスリー法は，第 1 部（Title I）で，「公開会社を監査する合衆国の会計士業界に対するより有効な監視を行なうために[32]」公開会社会計監視審査会（PCAOB）を創設することを規定している。PCAOB のミッションは，「公衆投資者に売買される証券を発行する会社のために，有益な情報を含み，正確で，かつ，独立的な監査報告書の作成によって，投資者の利益を保護し，公益を増大させることを目的として，証券諸法に服する公開会社の監査および関連する事項を監視すること」（101 条 (a) 項）とされている。

　PCAOB は，コロンビア特別区非営利法人法に基づく非営利法人で，「合衆国政府の行政機関または設置団体でない（shall not be an agency or establishment of the United State Government）」（101 条 (b) 項）とされており，形式上はプライベート・セクターに属すると位置づけられている。しかし，その一方で，PCAOB は，SEC の監督下に置かれた組織であり[33]，SEC 所管業務

---

[32] *Public Company Accounting Reform and Investor Protection Act of 2002: Report of the Committee on Banking, Housing, and Urban Affairs* (Senate Report 107-205), p.4.

[33] 新設の PCAOB は，「SEC によるレビューを受けて，公開会社に対する監査基準，品質管理基準，倫理基準，独立性基準を確立し，会計事務所を検査し，監査に関する適用可能な規則の潜在的な違反行為を調査し，違反が確定した場合には制裁を加えることができる（*Ibid.* 圏点は引用者による）」とされている。一方，SEC による監視に関しては，以下のように説明されている。「PCAOB は，PCAOB の政策が連邦証券法規の行政執行（administration）と整合していることを確保し，また，PCAOB 管轄下に置かれる会計事務所および会計士個人の権利を保護するために，SEC による監視とレビュー（SEC oversight and review）を受ける。……SEC による PCAOB の監視のためのルールは，証券取引所法 19 条の下で NASD に対する SEC による監視に適用されるものと原則として同一である。すなわち，［NASD の場合と同様］PCAOB 規則案は SEC に提出され，パブリック・コメントを受けるために SEC によって公表される。PCAOB 規則が効力を発するまでにほとんどの場合 SEC の承認が必要となる。さらに SEC 自身が，PCAOB 規則の改廃を行なうことができる。PCAOB の科した懲戒的制裁は SEC のレビューを受け，SEC はその制裁の解除，修正を行なえる……」(Senate Report 107-205, p.12)。このように，PCAOB に対する SEC の監視は，NASD に対するものと類似のものとして位置づけられている。

に従事する会計事務所（監査事務所）に対する監視の（公衆の利益を保護するために公開会社の監査を監視する）任務を担っている。

同時に，SEC には，PCAOB に対する全般的監視権限が与えられている（107条）。SEC の監視は，(1) PCAOB 委員の任命，(2) 効力を発する前に必要とされる PCAOB の予算，規則および基準の承認，(3) PCAOB の活動の検査，および，(4) PCAOB 検査報告書についての暫定的レビューと PCAOB による是正措置の決定を求める会計事務所の要請の検討，PCAOB 手続上の発見事項に対する異議申立の聴取に及んでいる。

PCAOB 委員は，SEC によって任命される。そして，PCAOB は，「投資者と公衆の利益に貢献する意思を示し，証券法規の下での発行者に義務づけられる財務ディスクロージャーの内容とそれに対する責任について理解を示し，かつ当該ディスクロージャーに関わる監査報告書の作成および発行に関する会計士の義務についても理解を示すような，誠実かつ定評のある卓越した人物から任命された」(101 条 (e) 項 (1)) 5 人の委員によって構成される。PCAOB の 2 人の委員は，その 2 人の委員に限り，1 または複数の州法に基づく公認会計士（C. P. A.）であるか，またはあった者とされる。その 1 人が委員長であるときは，その者は，委員への任命以前の少なくとも 5 年間は公認会計士実務に従事していないことが求められる（同条 (e) 項 (2)）。また，PCAOB の委員は常勤で職務を執行し，本職と兼務して，他の者に被用され，あるいは他のプロフェッショナルとしての活動ないしビジネス活動に従事してはならないとされている（同条 (e) 項 (3)）。

PCAOB には，主要な 4 つの任務——(1) 公共会計事務所の登録（第 1 部 102 条），(2) 監査基準および品質管理基準等の規則設定（103 条），(3) 登録会計事務所に対する定期的検査（104 条），(4) 登録会計事務所の調査と懲戒（105 条）——が与えられている。
　(1) 登録 (registration)
公開会社を監査する公共会計事務所は PCAOB への登録を義務づけられる。登録されていない会計事務所が公開会社の監査を引き続き行なうのは違法とさ

れる。合衆国に本拠を置く会計事務所は，SEC が PCAOB の活動開始を宣言した 180 日後の 2003 年 10 月 22 日までに登録を済ませなければならない。登録申請に必要とされる基礎情報については定めがあり，さらに登録会計事務所はPCAOB に毎年提出する報告書で情報を更新しなければならない。これらの登録および情報更新のコストを賄うため，PCAOB は登録会計事務所から登録料と年間手数料を徴収する。

(2) 規則設定（rulemaking）

PCAOB は，登録公共会計事務所が監査報告書を作成，発行するにあたって準拠すべき監査基準その他の関連するプロフェッションの職業基準を確立（establish）し，採択しなければならない。これらは，監査基準，倫理規則ならびに独立性規則，品質管理基準，証明業務基準から構成される。PCAOB による規則設定手続は，すべての規則が最終版になる前に実質的なレビューを受けることを保証するように定められている。PCAOB 規則は，発効前に SEC の承認を受けなければならず，SEC によるレビューのプロセスではパブリック・コメントのための追加期間が含まれる。

(3) 定期的な検査（periodic inspections）

PCAOB は，登録会計事務所，そのパートナー，従業員が法令，PCAOB 規則，その他の職業基準を遵守していることを評価するため，当該事務所の運営の検査を行なわなければならない。100 社超の SEC クライアントを持つ会計事務所は毎年，それ以下の会計事務所は少なくとも 3 年ごとに実施されなければならない。検査のなかで，PCAOB は会計事務所の個々の契約，会計事務所の品質管理システムと方針をレビューしなければならない。検査終了後，PCAOB は，検査報告書を作成する。検出した品質管理上の欠陥は是正措置によって処理されるが，検査のなかで識別された特定の違反行為は，PCAOB によるより正式調査ないし懲戒措置の基礎となることがある。

(4) 調査，および懲戒の手続

PCAOB には，サーベンス＝オックスリー法，PCAOB 規則，SEC 規則その他の公開会社とブローカー・ディーラーの監査を規制するプロフェッションの職業基準に準拠していない場合，公共会計事務所および当該事務所のアソシエイトの調査，懲戒を行なう権限が与えられている。具体的に，譴責，罰金，事

【図表 11-1】 PCAOB と POB の主な点における比較

| | PCAOB | POB |
|---|---|---|
| 機関設定の根拠 | サーベンス＝オックスリー法 | AICPA の決議（POB は，機構上，SECPS の一部分） |
| 委員構成 | 常勤の 5 名の委員<br>※うち 2 名は公認会計士資格の保持者とされる | 公益を代表する 5 名の委員（常勤か否かは規定されていない）<br>※会計士のバックグラウンドの要件について規定はない |
| 規制対象の範囲 | 強制登録された公認会計士事務所 | SECPS に参加した公認会計士事務所 |
| 規則設定 | 監査基準，品質管理基準，その他のプロフェッションの職業基準の設定 | 権限なし<br>（SECPS にも権限はない） |
| ピア・レビュー／定期的検査 | 登録会計事務所に対する毎年ないし 3 年ごとの検査 | SECPS のピア・レビュー・プログラムの下での 3 年ごとのレビュー |
| 調査・懲戒 | PCAOB 基準を含めた基準遵守の確保のための調査とそれに基づく懲戒措置 | 品質管理調査委員会（QCIC）による特定調査とそれに基づく懲戒措置 |
| SEC による監視 | サーベンス＝オックスリー法に基づく SEC の監督・監視 | SEC の POB に対する公式な権限はない |
| 運営財源 | 公開会社の会計義捐金，および会計事務所の登録料，年間手数料<br>なお，SEC による予算の承認が必要 | AICPA によって決定される割当予算 |

務所登録の剥奪，アソシエイトの登録事務所との関与の禁止などの種々の制裁を課すことができる。

### (2) PCAOB の活動開始

サーベンス＝オックスリー法成立にともない，2002 年 10 月に，PCAOB が，コロンビア特別区非営利法人法の下で設立された。当初委員として，ニーマイヤー（Charles D. Niemeier；元 SEC 法執行部主任会計官），グラディソン（Bill Gradison；元下院議員），ギラン（Kayla J. Gillan；カリフォルニア州職員退職年金基金（CalPERS）法律顧問），ゴエルツァー（Daniel L. Goelzer；元 SEC 上級法律官）

の4人が就任し，PCAOBの組織運営に関わる整備作業を進めた。そして，2003年4月に，SECは，PCAOBをサーベンス＝オックスリー法の要請を満たす法的資格を持った組織として認証した[34]。その後，初代委員長として，2003年6月11日付で，ニューヨーク連邦銀行の総裁であったマクドナー（William J. McDonough）が就任した[35]。

マクドナーPCAOBの活動開始1年後の2004年6月に，下院金融サービス委員会の資本市場・保険・政府支援機関に関する小委員会（Subcommittee on Capital Markets, Insurance and Government Sponsored Enterprises）が，PCAOBの進展を検証するために公聴会を開催した。このとき聴聞を受けたのはマクドナー委員長のみであった。

まず冒頭，下院金融サービス委員会のオックスリー委員長は，「この短い在任期間で，マクドナー委員長はサーベンス＝オックスリー法の中心であるPCAOBを厳格で，有効な，尊厳ある公共会計事務所に対する監視者に設えてきた。……PCAOBは会計士業界への規制での大いなる改善をもたらしている[36]」と賛辞の言葉を述べている。

「［公衆の］信頼を改善するための非常に有効なツール[37]」として導入された登録会計事務所に対する会計事務所に対する強制的な定期検査（inspection）は，2004年5月より開始されることになっていたが，2003年度には，先行して4大会計事務所に対する限定的な検査が実施されていた。これを踏まえて，ス

---

[34] Oxley Hearings [2003], *Accounting Under Sarbanes-Oxley: Are Financial Statements More Reliable?; Hearing before the Committee on Financial Services*, 108th Congress, 1st session, 2003, p.6. なお，この間の説明を行なったSEC委員長ドナルドソンは，証言のなかで，PCAOBの創設，活動開始段階でいかにSECがPCAOBと密接に関わってきたかを強調していた。そうした関係性があって，"強いPCAOB（strong PCAOB）"が生まれつつあるとしていた。

[35] PCAOB委員長の人選は難航した。最初に候補者として名が挙がったのはボルカー元FRB議長であった。ボルカーが就任しないことが明らかになった後，ビッグス，ウィリアム・ウェブスター（William Webster）判事らが候補として挙がり，最終的に，マクドナーが就任を受諾した。

[36] Baker Hearings [2004], *Oversight of the Public Company Accounting Oversight Board: Hearing before the Subcommittee on Capital Markets, Insurance and Government Sponsored Enterprises*, 108th Congress, 2nd session, p.3.

[37] Baker Hearings [2004], p.15.

コット（David Scott）議員の「定期検査がどれだけ有効であるか，とくに不正の摘発という点でどの程度成功しているか，プロフェッションの監査基準の観点で基準の遵守を保証するうえでどうなのか[38]」という質問に対し，マクドナー委員長は，「本年度に実施する検査は［先行的に限定して実施されている 2003年度のものより］詳細なものになるであろう。4大会計事務所の場合，その監査契約の5％をみる予定で，最も大規模な事務所は契約数でおよそ3,600である［ため，その場合およそ180契約をみることになる］[39]」と状況を説明している。スコット議員はまた，定期検査には会計事務所側にあらかじめ時間の余裕があるのか，あるいは抜き打ち検査（surprising inspection）となるのかを尋ねたが，マクドナー委員長は「数日のごく短期間の告知期間を与えている。……彼らはわれわれ調査人が来訪することを知っている。しかし，検査にある程度のサプライズを込めようとはしている[40]」と答弁している。

## 6. 小 括

　サーベンス＝オックスリー法に基づくPCAOBの創設は，会計プロフェッションによる自主規制を基礎とする従来の規制システムを抜本的に変革することとなった。例えば，「監査業務の品質管理を中心とした従来の会計プロフェッション主導による自主規制から，新たに創設された公開会社会計監視審査会（PCAOB）による公的な規制へと，方向転換がなされた[41]」などといわれる。

　実際，2004年に資本市場・保険・政府支援機関に関する小委員会が開催した公聴会の冒頭陳述において，委員会メンバーのスコット議員は「2002年サーベンス＝オックスリー法は，会計プロフェッションの自主規制を終わらせるために（to *end* self-regulation for the accounting profession）制定された。歴史的にみて，監査人はAICPAによって規制されてきた。PCAOBは，［ここに介入し］

---

38　Baker Hearings [2004], p.14.
39　Baker Hearings [2004], p.15.
40　Baker Hearings [2004], p.15.
41　武野［2008］「会計プロフェッションにおける自主規制のあり方」, p.75.

公開会社の監査人に対する規制者として奉仕し，より高度な監査の基準を確保するために，設立された[42]」と説明している。

プライベート・セクター，パブリック・セクターのいずれに属するべきかとは無関係に，AICPA 内部に設置されているという POB の根本的な欠点を克服するために創設されたのが PCAOB である。かように，会計プロフェッション（とりわけ大規模会計事務所）からの独立性を確保し，ひいては，公衆からの信頼を回復するため，当初から，単一の強力な機関が，監査の品質管理と監査人に対する調査および懲戒を統括することが不可欠とされていた。

そこで導入された最も重要なツールが，登録会計事務所に対して強制的になされる PCAOB による検査（inspection）であった。しかも，この検査（品質管理に対するモニター）は懲戒と直接に結びつけられている。それまで，会計事務所の品質管理については，ピア・レビューの実施［とその POB および SEC による監視］によって，また，監査人の懲戒については，品質管理調査委員会（QCIC）による特定レビューの実施［とその POB および SEC による監視］によって担われていた。新たなシステムの下では，POB の行なっていたように，会計プロフェッション［具体的には AICPA の SECPS］が運営するピア・レビュー・プロセスおよび特定レビュー・プロセスを間接的に監視するという方式は採られていない。ここでの規制システム上の決定的な変化は，PCAOB の監視職能から，会計プロフェッションのピア・レビュー・プロセスに対するモニタリングという職能が外されたことにある。そのため，機構上，PCAOB の監視の枠から AICPA のピア・レビュー・プロセスが切断されている[43]。こうした取り扱いがなされたのは，従来のピア・レビュー・システムが

---

42　Baker Hearings [2004], p.4. 圏点，イタリックともに引用者による。
43　サーベンス＝オックスリー法制定にともなって，AICPA の SECPS は，その組織編成を変更され，2004 年 1 月 1 日付で，公開会社監査事務所センター（Center for Public Company Audit Firm; CPCAF）として生まれ変わり，非公開会社の監査事務所の監査業務に焦点を当てた CPCAF ピア・レビュー・プログラムが SECPS のプログラムを継承している。こうして，AICPA は，引き続き，非公開会社の監査に対するピア・レビューを監視しており，そのため，多くの監査事務所が，PCAOB と AICPA のピア・レビュー・システムの両方によるモニターを受けている（Bellovary and Mayhew [2009], "Self-Regulation: Experimental Evidence on Reputation and Peer Review," p.8）。

その独立性と懲戒の権限を欠いていたと強く認識されていたために他ならない[44]。

このようにして，PCAOBの創設は，会計プロフェッションによる自主規制体制の終焉をもたらしたことは間違いがない。しかしながら，本質的にみれば，小川［2007］の指摘するように，「2002年サーベンス＝オックスリー法は，『自主規制機関に対する連邦規制機関による監督強化と直接規制の拡大』を意図している。民間部門の会計基準設定主体および監査基準設定主体の法的要件を規定することにより，［純粋に職業会計士団体の主導による］自主規制から制定法に裏付けられ，かつ『制定法の枠内における自主規制』へと移行させた[45]」と解するべきである。

それまで自主規制を担っていたSECPSあるいはそこにおいて公共的な要とされたPOBは，証券取引所やNASDに代表される伝統的な自主規制機関（SRO）とは異なっていた。確かに，会計プロフェッションの"自主規制"がなされ，またそれが，POBへの監視を通じて，最終的に，政府機関であるSECによって監視，監督されるという形式は採っていたが，そもそも，SECPS，ましてやPOBは，自主規制機関と呼べるものではなかった。監査人監視に関して，1938年マロニー法によって創設されたNASDを範とする自主規制機関の創設が叫ばれてきたのは，そうした認識からであった。その文脈では，PCAOBが，「SECによる監視の下で業界によって設立された，非営利組織としてのNASDをモデルとしていた[46]」ことはある意味で必然的ともいえることであった。

PCAOBが登録会計事務所に対して実施する定期的検査は，従来のピア・レビューを，PCAOB自らが直接行なっているものに相当し，ピア・レビューの場合と同様，原則として，矯正的な観点から行なわれる建前になっている（ただし，PCAOBは最終的に懲戒権限を持っている）。そこでは，会計プロフェッ

---

44 エンロン社，ワールドコム社の監査人であったアーサー・アンダーセン会計事務所は，2001年度の監査について，デロイト＆トゥッシュ会計事務所（Deloitte & Touche LLP）の無限定のピア・レビュー報告書を受けていたことが明らかとなっていた。
45 小川［2007］「米国財務報告システム改革とSEC規制体制の構造」，p.173. 原著者による引用は省略。
46 Keyser [2015], "PCAOB's Role in Audit Conduct and Conscience," p.112. ただし，PCAOBもまた，伝統的な意味での自主規制機関として捉えることはできない。

ションによる自主規制を基底とする枠組みそのものが放棄されているというわけでもない。ただ，従来の仕組みでは，POB が会計プロフェッションによる品質管理レビューと懲戒手続に対して有効な監視を行なえなかったために，会計プロフェッションからの独立性を貫徹できる主体として PCAOB を新設したということである。したがって，PCAOB システムが会計プロフェッションによる自主規制（会計事務所レベルでの品質管理）を完全に放棄したものとは考えにくい[47]。

　PCAOB による定期検査が本質的には間接的な監視——あくまでも，登録会計事務所が自発的に品質管理を行なっていることを前提とし，登録会計事務所がその品質管理を適切に実施しているかどうかを確かめることを通じて，監査の失敗を未然に防ぐことを目的とする——であるとすれば，あるいは公的規制に向けて舵が取られているとはどのようなものと捉えるべきであろうか。

　小川［2007］の指摘するとおり「制定法の枠内における自主規制」として再構成する場合，PCAOB を"事実上の"パブリックの規制機関と捉えたとしても，最終的には，SEC に，PCAOB を監視する全体的責任があることを軽視することはできない。現行の監査規制システムがあくまで SEC の監視の下での PCAOB を通じた規制の仕組みであることが本質的に最重要である。規制の大枠のなかでは，SEC には PCAOB の活動を監視する責任があることが想定されている。そのため，PCAOB の担っている規制の部分だけを取り上げるのではなく，それを含めた全体で評価する必要がある。

　以前から SEC には監査人に対する直接的な監視ないし規制を行なう手段があった。それが実務規則・規則 2 (e)（現行の規則 102 (e)）である。サーベンス

---

[47] これに関して，自主規制の機構を類型化する原田［2007］は，PCAOB を中軸とした会計士（会計事務所）規制の体制を，「AICPA の自主規制を監督するため，［会計士］業界以外のメンバーも含まれた自主監督団体を設立し，その活動を SEC が更に監督するしくみ」（原田［2007］『自主規制の公法学的研究』，p.146. 圏点は引用者による）と性格づけている。そして，原田［2007］もまた，サーベンス＝オックスリー法において自主規制の放棄はなされていないことを強調している。原田［2007］は，自主規制団体（注：文脈上，自主規制機関を指す）とは別の次元の組織として「自主監督団体」という用語を用いている。そこでは，少なくとも，PCAOB は伝統的な自主規制機関（SRO）とは異質なものと位置づけられている。

＝オックスリー法では，規則 102 (e) に基づく SEC の権限について，証券取引所法 4C 条として，実務規則・規則 102 の規定を挿入するという形で，法文化している（602 条）。これは，コフィー（John Coffee, Jr.）教授が上院委員会に提出したステートメントにおいて「規則 102 (e) の下での SEC の権限は，チェコスキー訴訟での控訴裁判決で曖昧なものとなっている。SEC は 1998 年に規則 102 (e) を改定して対応したが，この領域での SEC の権限はいまだ疑問視されており，その疑念は，議会が解消する，あるいは，はっきりさせることができるものである[48]」という指摘があったことが契機となっている。

こうした規則 102 (e) に基づく懲戒権限の制定法的根拠を盛り込んだことは，直接規制の枠内で，SEC の監視的役割を補完するという意味合いもある[49]。あるいは，そうした観点からすれば，規則 102 (e) に基づく制裁については，役割分担のうえで，矯正的ではなく，懲罰的になることが想定されている（あるいは，想定されていた）のかもしれない[50]。

さらに，SEC による PCAOB の活動の監視という観点では，SEC の懲戒権限が PCAOB それ自体にも及ぶことが規定されていることが本質的に重要である（107 条 (d) 項）。そして，基準設定，定期的検査，調査および懲戒を含めた PCAOB の活動はすべて，最終的に，SEC によってレビューされ，監視される。SEC が，PCAOB の活動に関し，公益の増進，投資者保護，その他サーベンス＝オックスリー法もしくは証券諸法の目的推進のために必要もしくは相

---

48　Sarbanes Hearings [2002b], p.583.
49　もともと報告書によれば，サーベンス法案では，「証券市場の廉潔性を確保し，投資者を保護するというミッションをより有効に達成することを可能にする SEC の権限を強化すること」（Senate Report 107-205, p.40）が企図されていた。
50　この点で，Atkins and Bondi [2008] は興味深い見方を提示している。

「1990 年より以前には，SEC の証券法規を法執行するうえでの制定法上の目的は，損害を受けた投資者に対して矯正的救済を与えること，そして，それによって将来の違反行為を抑止することとされていた。法執行プログラムは，SEC の差止請求の権能と利益吐出しの救済を通じて，主に，矯正的目的に資することによって，始められた。［1972 年］ウェルズ委員会に引続く数十年間で，SEC の法執行活動は矯正的なものから懲罰的なものへと変化し始めた。この力点の変化は，［この間の立法によって］議会が SEC に付与した，会社執行役あるいは取締役にペナルティを科す権限のような，新たな権能から来ているものである」（Atkins and Bondi [2008], p.383）。

当と判断される場合には，PCAOB および PCAOB 委員に対する懲戒を行なうことができる。この SEC による監視の仕組みは，NASD に対して規定されていたものと同様とされている。

サーベンス＝オックスリー法では，こうした SEC による監視の仕組みが，制定法上のスキームとして確立されている。こうして規制システム全体についてみれば，PCAOB システムの下では，公的規制あるいは政府規制（governmental regulation）がより強化されている，と理解することができる。

SEC の監督下に置くとはいえ，SEC 内部ではなく，独立した，しかも，プライベート・セクターの機関として PCAOB を新設したのには種々の理由があったと推察されるが，その根底には SEC の行政資源の絶対的な制約があったであろう。その意味では，サーベンス＝オックスリー法は，SEC が管轄権を持つ監査規制の領域を，SEC が監視の責任を負うという条件の下で，PCAOB という新たな機関にアウトソース[51]した，と理解してよいだろう。

---

51 政府規制のアウトソースという考え方は，規制の経済学においても知られている（まとまった枠組みとしては，Shapiro [2003], "Outsourcing Government Regulation" が有益である）。また，大石［2015］『会計規制の研究』において基本的なアイデアとされているのも「会計基準設定のアウトソース」である。とりわけ，大石［2015］, pp.18-21 の説明を参照されたい。

# ■ 終 章 ■

# 本研究のまとめ，結論，今後の課題

## 1. 証券取引委員会による"監査規制"

　アメリカ公開会社の監査は，証券法および証券取引所法が制定されて以降，この連邦証券二法に基づいて実施されている。独立の公共会計士として監査証明業務に従事する監査人は，財務ディスクロージャーを支える責務を証券発行者とともに負担している。そうした仕組みがあって，証券取引委員会(SEC)は，規制機関として，連邦証券法規を法執行し，同法の目的が確実に達成されることを確保する責務を負っている。この責務を遂行するためにSECが，法執行プログラムの下で規制機関としての体系的かつ組織的な法執行を進めてきたことはよく知られており，それが，SECを最も有効な法執行を行なう連邦行政機関であると評価させる重要な根拠となっている[1]。

　本書では，SECが，連邦証券法規を法執行するなかで，所管する監査証明業務をどのように規制してきたのか，その規制の仕組みはどのような状況のなかで構築されたのか，そして，どのような展開をみせてきたのかを解明するべく，これにまつわる歴史的素描を行なってきた。

　全体的見立てとして，本書は，1934年にSECの創設以降，監査規制が進められていくなかで，会計プロフェッショナルの監査業務に対し，次第に有効な規制が敷かれていく過程を捉えている。こうした前提のうえで，本書では，

---

1　Pitt and Shapiro [1990], "Securities Regulation by Enforcement: A Look Ahead at the Next Decade," p.302.

SECの監査規制がまだ本格的にはなされていない段階，いわば無規制に近い状況から始まって，徐々に，監査基準による監査規制が確立されてくる過程を析出した。そして，種々の批判を受けながら，1977年に会計プロフェッションが自発的な自主規制システムを構築するにいたったとの見方をしている。さらに，その後，そうした自主規制の仕組みに対する評価が一変し，2002年のサーベンス＝オックスリー法によって，会計プロフェッションによる自主規制から公的規制へのシフトがなされたとみている。

しかし，このような見立ては，会計プロフェッションが，SECが創設される以前から，自らの業務に関連して，"自主規制"を行なっていたという通説的な見方とは必ずしも整合していないようにもみえる[2]。証券取引所の場合にも，ニューヨーク証券取引所のように，証券取引所法が制定されるはるか以前から，自主規制を行なう団体であるとみなされていた。これをアナロジーとしてみれば，会計プロフェッションの団体が，監査業務を"自主規制"していたという見方はとくに奇異なものではない。しかしながら，本書第2章の分析では，そこでの"自主規制"におけるエンフォースメントの状況を再検討すると，そうした"自主規制"に十分に実効性があったとは判断できなかった。

### (1) 監査基準による監査規制

本書の前半部（第1章から第4章）では，監査基準概念の形成とその適用に焦点を当てて，SECによる監査規制の基本的特質を析出した。1933年証券法および1934年証券取引所法制定当時は，プライベート・セクターにある"公共"会計士（*public* accountants）の果たすべき役割についての明確な期待が形成されていなかったことが従来から指摘されており，第1章では，そのことが再確

---

[2] 会計規制の文脈に限定されてはいるが，津守［1982a］「SECディスクロージャー制度と会計規制—史的考察—(1)」，pp.1-9の問題設定は，こうした見方に分類されるであろう。このなかで，津守［1983］「SECディスクロージャー制度と会計規制—史的考察—(3)」は，1920年代後半には規制の枠組みとして自主規制＝私的規制を選好する思想が確立するようになっていたことを示している。ただ，本書で強調したいのは，監査規制の領域，とりわけエンフォースメントに関わる部分については，会計規制とは根本的に異質な側面があるのではないかという点である。

認された。そうしたなかで，証券取引所法に基づいて創設されたSECが，新たな規制機関として監査規制を担うことになった。これによって，会計プロフェッションとの間で，それまでみられなかった新たな緊張関係が生まれることとなった。議会がSECに与えた"為政権 (mandate)"は，情報に基づいた投資決定を保証するための財務ディスクロージャーの確立と，それによる投資者の保護，公益の増進であった。

　第2章では，実際の法執行のなかで，SECがどのような監査規制を行なっていこうとしたのかについて，監査基準概念が登場する以前の監査規制がいかなるものであったのかに留意しながら，考察した。1938年12月に発覚したマッケソン＆ロビンス事件が引き金となり，SECが本格的に監査規制を構築していこうとする1930年代末までの数年間，SECによる規制の状況はいかなるものであったのであろうか。1940年以前の状況では，監査規制は事実上存在しなかったのであろうか。あるいは，会計プロフェッションによって，すでに一定程度自主規制されていたと解釈するべきものであろうか。その基礎的な状況について検討した。

　第3章では，マッケソン＆ロビンス社の会計不正とそこでの監査の失敗に直面したSECが，どのような政策的な課題を析出し，どのように対処しようとしたのか，SECの具備する法執行権限のなかで，どのような選択がなされたのかについて検証した。マッケソン＆ロビンス事件の発覚した1938年末から1939年にかけては，まさにSECが本格的に監査規制に乗り出そうとしている時期であった。このマッケソン＆ロビンス事件を直接の契機として，監査基準が導入されることになる。

　そして，アメリカ監査規制史における重要な転換点となるのが，1941年2月にレギュレーションS-Xの改定を通じてなされた"一般に認められた監査基準 (GAAS)"としての監査基準の導入であった。これにより，監査基準が監査規制上重要な意味を持つものとして登場することとなった。監査基準は，究極的には，その概念そのものが監査規制の実態的な対象を指し示している。第4章では，監査基準という概念が形成されてくる過程を捉え，規制の枠組みの構築という観点からこれを検討した。

## (2) 監査基準の遵守確保と懲戒手続

　SECは，投資者を保護し，公益を守るために，連邦証券法規を法執行しているが，執行手段でみると，SECは，投資者を保護するにあたって助けとなる様々な法執行上の権能を持っている。会計士が連邦証券法規に違反したとされる場合，SECは連邦裁判所に差し止めによる救済（injunctive relief）を求めることができる。こうして得られた差し止めは，会計士による将来の違反を抑止する保証としての形を採ることになる。また，証券法規の違反は，刑事上の責任をもたらすこともある。その場合には連邦検察庁に対して違反事実の証拠を送付することができる。こうした法執行上の権能は，証券法規の違反とならない会計士の違背行為（misconduct）には及ばないが，そうした場合には，SECは，登録届出書の効力を停止する，特定の証券の売買取引を停止する，不正確な財務諸表の修正を要求するといった別の形の救済を得ることができる。これらの権能は，投資者が誤導を招く情報に依拠して証券の購入，売却をすることがないように保証する働きをしている。さらには，証券取引の遅延あるいは停止は，会計士からみれば顧客にあたる被監査会社（証券発行者）に対して相当な痛手を与えることになるから，それらは，間接的に，会計士にとっても制裁として働くこともある。会計士は顧客を失うことになるかもしれないし，その場合には，その評判に傷がつくことになる[3]。

　中間部（第5章から第8章）では，監査基準のエンフォースメントという観点から，実務規則・規則2 (e) に基づく会計士の業務をめぐる懲戒措置の展開について検討した。監査基準を中心としたプロフェッションの職業基準（professional standards）を，所管業務に従事するプロフェッショナルたる公共会計士に遵守させる方法の1つが，これら基準から逸脱した違背行為を行なった会計士に対して具体的な制裁を科して規律づけることである。規則2 (e) は，会計士のなした違背行為に関連して，事前の告知と聴聞の機会を与えた後で，「品位および誠実を欠いている，あるいは，プロフェッショナルとして非倫理

---

[3] Trogar [1979], "Reassessing the Validity of SEC Rule 2 (e) Discipline of Accountants," pp.976-977.

的または不適切な行為（improper professional conduct）に従事した」とSECが認定した場合，当該会計士を所管業務から一時的あるいは恒久的に排除する懲戒権限をSECに与えている。この実務規則・規則2(e)は，SECが会計士を含めたプロフェッショナルの懲戒処分を行なうための有効な規定であった。

　第5章では，SECがこの規則2(e)を用いて独立公共会計士の監査業務を規制するようになった歴史的経緯について，その背景，とりわけSECの法執行プログラムの展開と関連づけながら考察した。1970年以前の会計士および会計事務所の懲戒検討事案のなかで重要な事案が，1949年のバロウ・ウェイド・グスリー（BWG）会計事務所懲戒検討事案，1952年のハスキンズ＆セルズ（HS）会計事務所懲戒検討事案，1957年のトゥッシュ・ニーヴェン・ベイリー＆スマート（TNBS）会計事務所懲戒検討事案であった。いずれの会計事務所も，当時懲戒検討対象になった会計事務所のなかでは例外的に，複数の地方支局を擁する全米規模の大規模会計事務所であった。これらの事案では，共通して，監査基準を遵守しなかった（監査基準に準拠しなかった）ことをもって，監査人は「プロフェッショナルとして……不適切な行為に従事した」と認定している。こうした点から，本書では，規制機関の懲戒規則である規則2(e)に基づく懲戒手続が，会計プロフェッションの職業基準の1つである監査基準のエンフォースメントを促進する働きをしていたことを強調している。なおさらに，規則2(e)手続は，事実上，監査人による単純過失のみを基礎にして提起できるため，SECにとっては，他の法執行手段よりもはるかに有効に，会計士および会計事務所の監査業務への規制を行なえるものであったことを指摘している。

　第6章では，SECが，会計事務所における監査業務の品質をどのように維持し，統制しようとしたのかを考察した。その背景として，1970年代に入って，個人会計士あるいは中小規模会計事務所でなく，比較的大規模な会計事務所での監査業務の品質管理が，SECの規制上の課題として明白に認識されるようになっていたことが挙げられる。主任会計官となったバートンは，とくに大規模会計事務所の場合には，品質管理における欠陥を自らから矯正するように仕向けることによって，監査の失敗を未然に防ぐようにすることが，規制のコスト・ベネフィットの上で効率的であると考えていた。そのための手段として，

ピア・レビューに代表される品質管理レビューの導入が不可欠であると考えた。当時の矯正的制裁（remedial sanction）の考え方は，大規模会計事務所に対する制裁を前提にしていた。また，会計プロフェッションにとっては，これは，会計プロフェッションの主導した自主規制の枠内で，ピア・レビューがどのように制度化されていくのかという問題であった。

第7章では，1970年代を代表する監査の失敗の例として，エクイティ・ファンディング事件を取り上げ，この事件が会計プロフェッションと証券規制機関であるSECの政策にどのような影響を与えたのか考察した。とりわけ，一般に認められた監査基準（GAAS）のあり方とそれに対するSECの関与の程度をめぐって，監査基準の設定主体の問題が，会計プロフェッション（具体的には，AICPA）にとっての大きな機構上の課題となった。監査基準審査会（ASB）の創設に結実した監査基準設定主体の改革も，状況的には，当時確立しつつあった会計プロフェッションによる自主規制とそれに対するSECのサポートがあってのものであったことを指摘した。

また，第8章では，SECの直接的な懲戒規則である規則2 (e)に基づいた行政手続を進めていくなかで，SECがそこでの有責性の基準をどのように形成して，適用してきたのか，その考え方を探るべく，いくつかの画期となる訴訟を検討した。そこでは，厳密な意味での過失概念とは切り離されて，プロフェッションの職業基準の中核となるGAASに準拠していないことが制裁の対象となるという取り扱いが，長い間，SECによって保持されてきたことが傍証された。

### (3) 会計プロフェッションの自主規制と監査規制

1970年代後半は，規制機関であるSECの会計プロフェッションに対する監視責任のあり方が問われた時期であった。それまで，この領域で，SECの法執行のあり方について大きな検討が加えられたことはなかった。しかしながら，ペン・セントラル鉄道の破綻，ウォーターゲート事件等，相次いで発覚した企業の不正支出の問題を契機に，規制機関であるSECの会計規制および監査規制のあり方について疑問が呈されることとなった。企業の海外不正支出や

エクイティ・ファンディング事件のような会計不正が続発し，会計プロフェッションに対する，さらには，それを監視する役割を担うSECに対する，批判的検討が1970年代の議会でなされることとなった。これによって，会計プロフェッションによる自主規制に依拠した監査規制に対する再考が迫られることとなった。そこでは，自主規制に対する監視を強化するべきか，あるいは政府による直接規制に変更するべきなのか，議論された。

かくして後半部（第9章から第11章）では，監査規制システムとしての会計プロフェッションによる自主規制の枠組みと，そこにおけるSECの監視的役割について検討している。

第9章では，上下両院における2つの議会委員会において俎上に載せられた，SECの会計プロフェッション（あるいは，プロフェッショナルによる監査業務）に対する監視的役割について論じた。とりわけ，規制機関としてのSECの資質を問題にしたモス小委員会での調査は，より直接的であり，より批判的であった。また，メトカーフ小委員会は，大規模会計事務所による寡頭支配構造を問題視し，そこに組み込まれる規制機関としてのSECの役割について批判的に検討した。

第10章では，議会委員会からの外部からの批判に対応するため，会計プロフェッションによる自主規制の中核として位置づけられ，新たに創設されたPOBとその活動がどのように評価され，どのような成果を積み上げてきたのかを検討するとともに，その一方で，そのPOBへの信頼が揺らぎ始めてきた1990年代中旬以降の状況の変化と，それの対処策として考えられたSECその他によるイニシアチブについて検討した。

そして，第11章で，エンロン事件後に，2002年のサーベンス＝オックスリー法によって作り出されたPCAOBを通じた監査規制が，いかなる経緯，いかなる過程で生まれたのかを検討し，これを踏まえながら，PCAOBを通じた監査規制の，規制システムとしてみた場合の意義について考察した。

## 2. 監査基準の形成

それでは，これらを踏まえて，ソフトロー規範としての監査基準の形成の側

面とそのエンフォースメントの側面に分けながら，本書での議論を整理してみたい。

　会計基準の設定に関しては，1934年証券取引所法によって会計基準設定権限が付与されたSECは，1938年にASR第4号を公表し，事実上，自らが直接的に会計基準を設定するのではなく，民間に会計基準設定を任せることを選択した[4]。爾来，SECは，会計基準設定を会計プロフェッションに実質的に委任することになる。

　これが監査基準の設定となると，事情が異なる。そもそも，制定法上，"監査基準"の設定権限が規制当局であるSECに与えられている［と解するべき］か，はっきりしていなかった[5]。会計基準とは異なって，監査基準の場合には，もともと政策上想定されていた概念ではなかったために，その設定権限が元来どの主体にあるかは明らかではない。連邦政府機関，とりわけSEC，あるいは会計検査院（GAO）にあるのか，プライベート・セクターにあるアメリカ会計士協会（AIA），あるいは後継のアメリカ公認会計士協会（AICPA）にあるのか，明らかではなかった。

　しかしまた，一方で，1941年のレギュレーションS-Xの改定により，SEC規則の一部として，監査証明書における"一般に認められた監査基準（GAAS）"への準拠記載が要求されてきた。

　こうしたなか，"実態的には"，AIA（のち，AICPA）の監査手続委員会（Committee on Auditing Procedures），続いて，監査基準常務委員会（Auditing Standards Executive Committee），さらに，監査基準審議会（ASB）が監査基準を設定するようになっていた。もともと，監査手続委員会は，マッケソン＆ロ

---

4　ASR第4号にいたるまでの過程については多くの論者によって分析，検討されている。とりわけ，以下を参照されたい。Chatov [1975], *Corporate Financial Reporting: Public or Private Control?*, pp.103-109; Seligman [1982], *The Transformation of Wall Street*, pp.197-201; Seligman [1985], "The SEC and Accounting: A Historical Perspective," pp.252-254; 大石 [2015]『会計規制の研究』, p.83；細田 [1980]「1930年代におけるSEC（証券取引委員会）の会計政策について」, p.13-21.

5　Strother [1975], "The Establishment of Generally Accepted Accounting Principles and Generally Accepted Auditing Standards," p.225; Cook [1985], "The Securities and Exchange Commission's First Fifty Years: an Accountant's View," p.368.

ビンス事件で問題とされた監査実務について再検討するための特別委員会として設置されたものであったが，その報告書である『監査手続の拡張』（のちの「監査手続書」第1号）を公表した後，常設委員会として再編成された。さらに，SECがAIAに"一般に認められた監査基準"の実内容を規定するように要請した際にも，この任務は，この監査手続委員会が担当した。さらにまた，"一般に認められた監査基準"をパラフレーズしたものとされる監査手続書（Statements on Auditing Procedures），監査基準書（SAS），さらに品質管理基準は，監査手続委員会（1939年より1972年），監査基準常務委員会（1972年より1978年），監査基準審議会（1978年10月以降）が発行するものとされてきた。このように，事実上，会計基準の場合と同様に，監査基準の具体的な開発はSECが会計プロフェッションに委任する形式を採っていた。そして，SECには少なくとも新規の監査基準を規定する権限はないものとして捉えられていた。

ただしまた，SECは，法執行手続を通じて，監査基準を確立するという局面を通じて，会計プロフェッションの監査基準設定を補完していたことも事実であった。こうした補完機能の存在も含めた意味で，監査基準の設定に関しても，自主規制の仕組みが形成されているとみなされていた。

しかしながら，1995年私的証券訴訟改革法（Private Securities Litigation Reform Act）によって追加された証券取引所法10A条において，SECの監査基準設定の権限が成文化され[6]，またさらに，2002年サーベンス＝オックスリー法においてPCAOBによる監査基準設定が定められている。こうして，現行の監査規制の枠組みの下では，もはや，会計プロフェッションに監査基準設定権限を広く移譲しているとはいえなくなっている。

---

6　柿﨑［2005］『内部統制の法的研究』，pp.197-202.　現行の証券取引所法10A条（a）では以下のように規定されている。「（a）本法に基づいて必要とされる登録会計事務所による発行者の財務諸表のそれぞれの監査は，委員会によって随時修正または補足される一般に認められた監査基準に従い，以下の事項を含むものとする。……（1）財務諸表の結果に直接かつ重大な影響を与える違法行為の発見を合理的に保証するために考案された手続，（2）財務諸表または財務諸表において開示を必要とする事項にとって重大な関連当事者間取引を特定するために考案された手続，（3）次の会計年度の間継続企業であり続ける発行者の能力に関する実質的な疑いがあるか否かの評価。」

## 3. 監査基準のエンフォースメント

　監査基準を含む，プロフェッションの職業基準（professional standards）の遵守をどのように強制するかは，基準の形成に関する問題とはまた異なった意味合いを持っている。プロフェッションの職業基準は，その原義上，第一義的には，当該プロフェッションによってエンフォースメントされることが建前となっている。それにもかかわらず，一方で，公開会社に対する監査業務は，その性格上，公益に資することが求められていることから，何らかの公的な［基準遵守の］強制を受けなければならないものとされている。

　AICPA（あるいは AIA）は，1972年まで，監査手続委員会において監査業務を規定するプロナウンスメントとして監査手続書を公表してきた。監査手続書は，当初こそ，監査手続委員会メンバーの技術基準に関する議論された見解を提示するという意味合いが強かったものの，次第に，職業規範としての実効性を帯びてくることになる。当初は，職業倫理綱領において，会員の監査手続書への準拠が，直接，要求されることはなかったが，SEC の法執行手続のなかで，監査手続書の規定は処分対象者への処分の根拠を判断するメルクマールとして実質的に利用されていた。それが1973年の職業倫理綱領の全面改訂によって，AICPA の懲戒と結びついたエンフォースメントが期待できることとなった。さらに，1977年の SECPS 創設以降は，より有効な自主規制の仕組みのなかで，監査基準と品質管理基準のエンフォースメントが可能となった。

　プロフェッション外部から監査基準を含むプロフェッションの職業基準の遵守を強制する方法には，直接の懲戒手続を通じて，基準遵守に関する逸脱行為に対して実体的なサンクションを科すというものと，ピア・レビューを通じた，事務所内部での品質管理を見直す仕組みを強制し，品質管理の状況を矯正，是正するように仕向けるというものがある。

　SEC の会計プロフェッションに対する監視（oversight）に関わる役割全般についていえば，「SEC は，[1960年代までは] どちらかといえば消極的（passive）[7]」であると目されていた。それまで SEC は，「会計プロフェッションの独立性と，

---

7　Cook [1985], p.370.

実務の基準(標準)を維持し，改善していこうとする会計プロフェッションの［自主規制での］努力に依拠していた[8]」とされている。しかし，1970年代に入ると，第6章でみたように，SECのこの問題に対するアプローチに変化がみられるようになる。1970年代中葉からのSECの法執行活動，とりわけ規則2(e)手続あるいはその和解過程においてもたらされる矯正的制裁の賦課が，会計プロフェッション側の品質管理手続の開発と実施に対して重大な影響を与えることとなった。ただ，1976年（モス小委員会），および1977年（メトカーフ小委員会）の会計プロフェッションに対する議会による再検討があるまでは，こうしたSECの法執行活動の完全な意義，そして，会計プロフェッション，あるいは公衆にとって有益であるという側面は，十分には評価されなかった[9]。

1976年のメトカーフ小委員会のスタッフ報告書は，「SECは，会計基準の設定を特定の利害を持った［プライベート・セクターの］グループに委譲して，自らには，監視的役割のみを留保してきた[10]」と批判的に述べている。これが，SECの会計プロフェッションに対する監視的役割が，そうしたものとして識別されたはじめてのものであった。議会委員会における調査，検討の過程を通じて，暫定的に，会計プロフェッションに対する監視的役割に徹することを選択したSECは，AICPAの主導によって確立したピア・レビュー・システムを中心とした自主規制プログラムを裏打ちすることになった。本書では，こうして成立した監査規制システムを1つの類型として捉えていた。

さらに，その後，2002年のサーベンス＝オックスリー法の制定によって，この規制システムが放棄され，新たに創設されたPCAOBを中核とする新たな監査規制システムが構築された。本書では，PCAOBの下での監査規制システムを，規制構造の観点から，規制機関としてのSECの監視および直接規制が強化されたうえでの，プライベート・セクターの規制機関（PCAOB）による会計プロフェッションに対する規制システムであると特徴づけた。

---

8 *Ibid.*
9 Cook [1985], p.371.
10 Metcalf Report [1976], p.18.

## 4. 自主規制の系譜と会計プロフェッションによる自主規制

### (1) 証券市場の自主規制

証券市場規制の領域では，長年，「政府によって監督された自主規制 (government supervised self-regulation)」が有効なものとみなされてきた。そもそも，規制の大枠としては，両極に，それぞれ，政府による直接規制 (direct governmental regulation) と業界による"純粋な"自主規制が想定される。証券市場規制の領域では，それらとは別の中間的なものとして，立法により創設された政府規制機関が会員に対する規制の権限を制定法で認められた自主規制機関の活動を監視するという二層構造の規制の仕組み (a two-tiered scheme of regulation) が，規制の大枠として認知されており，採用されている。この枠組みを支えているのが「政府によって監督された自主規制」という考え方である[11]。

この，広く「政府によって監督された自主規制」と呼ばれる考え方が，証券市場規制のみならず，会計規制の領域においても，その草創期から決定的な影響を与えてきたことは，大石［2000］，大石［2015］，小川［2007］においても強調されている。とりわけ，大石［2015］では，「［マロニー法を成立させることにより，NASDといった］民間の自主規制機関に証券市場における規則決定を委任したのと同様に，SECは結局のところ，会計基準設定問題に関しても背後から民間の作業を監視することを選択したのである。こうした自主規制路線，つまり『監督された自主規制』の青写真はLandisが描いたものであり，皮肉にもDouglasは，……［Landisの］証券市場規制政策をも引き継いだことになる[12]」と指摘される。

SECの創設期，第3代SEC委員長ウィリアム・ダグラス (William O. Douglas) は，次のように，自主規制のメリットを強調している。

---

11 Smythe [1984], "Government Supervised Self-Regulation in the Securities Industry and the Antitrust Laws: Suggestions for an Accommodation," pp.475-477.
12 大石［2015］『会計規制の研究』, p.80.

「広く公的な視点からみれば，自主規制は［直接規制よりも］はるかに有効である可能性がある。……自主規制は，……自主規制が持つ，［規制対象］業界の実務と道徳に対する条件づけの影響という点において，浸透しうるものであり，効果をもたらすものである。総じていえば，政府は，法で禁ずることによってのみ，満足のいくような行政運営ができる。しかし，それは，行為と活動に関する広範囲の手づかずの領域を残してしまう。そのうちの一部は，政府の規制を受ける可能性はあるものの，実際に満足のいくようにコントロールするには些細（minute）である。また一部は，倫理や道徳の領域の法を超えたところにある。こうした広範囲の領域に効果的に到達することができるのは，自主統治機構（self-government）だけである。これらの理由で，自主規制はすべての視点からはるかに好ましい選択肢である[13]。」

すなわち，自主統治機構は，"［規制対象から］距離のある（remote）"政府機関よりも，業界にいる者たちの専門性（expertise）を有効に展開でき，これにより，自主規制機関がより高い対応力を持つことになるため，倫理や道徳の領域のみならず，ここでいう些細な行為領域にも到達することができるということである[14]。これに加えて，直接規制を取り外すことは，政府機関と被規制業界との間の緊張感を除去することがあるともされる[15]。

自主規制は，当初から，政府による直接規制の代替案としてみなされてきた。SECの創設期，ランディス（James Landis）は，「単に［証券取引に関する個々の］逸脱行為（abuse）を禁じるだけでは，［証券法に始まる］証券立法の動きの背後にある大きな目的の実現を果たすには十分ではないことが明らかになっている。それゆえに，行政活動の主たる力点は，業界全体に指針を与え，それを監督することに置かれなければならない[16]」と指摘していた。

そして，証券取引所の自主規制活動の有効性に対して疑念が持たれるようになった1960年代中旬になると，「非政府の組織である自主規制機関が，政府の

---

[13] 1938年1月7日のハートフォード債券クラブでの講演（Jennings [1964], "Self-Regulation in the Securities Industry: The Role of the SEC," p.678 より引用）。
[14] Miller [1985], "Self-Regulation of the Securities Markets: A Critical Examination," p.857.
[15] *Ibid*.

権能 (governmental power) の正式な部門として，あるいは，正式な代理として働く場合に，［政府機関である］SEC の公的な監視 (public oversight) の機能は非常に重要なものとなる[17]」と認識されるようになってくる。そこでの公的な監視は，移譲された権能が有効に行使され，公益に適う規制ニーズを満たしていること，さらに，公益を害する形で，あるいは特定の私益に偏った形で，その権能が行使されていないことを保証するものでなければならないと指摘された[18]。

こうして，ジェニングス (Richard W. Jennings) が指摘するように，「"政府の権能を移譲された (delegated governmental power)" 公的機関 (public institution)［としての側面を持った自主規制機関］は，種々の側面で，より強力な政府の監視 (greater governmental oversight) を受けるべきであり，そして，そうした監督権は引き続き SEC に与えられるべきである[19]」と考えられるようになった。

### (2) 証券市場における自主規制原理と会計プロフェッションによる自主規制

「政府によって監督された自主規制」という考え方の下での二層構造の規制の仕組みは，証券市場規制のみならず，会計基準あるいは監査基準の設定（および，それらのエンフォースメント）の領域においても浸透するようになっていた。第9章でみたように，会計規制あるいは監査規制に関連するものとしては，1970年代中旬になって，モス小委員会(1976年)とメトカーフ小委員会(1977年)それぞれの場で，はじめて問題の俎上に載せられるが，それ以前から，証

---

16 Landis [1938], *The Administrative Process*, p.15.「ランディスは，監督された自主規制の便益を繰り返し主張し，次第に，連邦行政機関と行政プロセスについての独自の思想を形成するようになっていった」(de Bedts [1964], *The New Deal's SEC: the Formative Years*, p.100)。証券市場規制に関しても，「証券取引所は自主統治団体であり，それゆえ，政府規制は，現存している自主規制と政府による統制を組み合わせることになる」(de Bedts [1964], p.101) と述べていたという。
17 SEC [1964], *Report of Special Study of Securities Markets*, Part 4, p.697.
18 *Ibid*.
19 Jennings [1964], p.679. 引用符も原著者による。

券市場規制の一環としての自主規制機関へのSECの監視のあり方が問題とされていた。

　1956年に始まり1962年5月に破綻した，証券市場の上げ相場は，SECの消極的な規制姿勢に厳しい批判を差し向ける契機となった。とりわけ，アメリカン証券取引所（旧ニューヨーク・カーブ取引所）に関連して，証券業界の自主規制が完全に破綻していること，SECによる政府の監視が有効でないことが調査のうえで明らかにされた。こうした状況のなか，SECは，1961年に議会から「投資者の保護にとって，国法証券取引所および国法証券業協会の規則の適切性に関する研究および調査を行なうよう」要請を受けた。その結果が，全5巻からなる報告書『証券市場特別研究（*Report of Special Study of Securities Markets*）』（1964年）に結実した。

　『証券市場特別研究』の第12章[20]は，証券業界における自主統治のシステムを集中的に取り扱い，ニューヨーク証券取引所（NYSE），アメリカン証券取引所，全米証券業者協会（NASD）などの自主規制機関の有効性を評価し，そのうえで，それらの自主規制機関に対するSECの"監視者（supervisor）"としての役割について評定している。自主規制のあり方に関して，『証券市場特別研究』は，SECは，引き続き，規制が必要な場合には自主規制に最大限の重点を置くべきであるとしながらも，その一方で，自主規制機関の現行の規則の変更を通じた厳格な監視（close supervision）を遂行することによって，あるいは自主規制が適切でない場合には直接規制によって，SECが，全体の規制ニーズと自主規制の質および量との間のギャップを埋めるべきであると結論づけた[21]。

　そして，上院銀行・住宅・都市問題委員会の証券小委員会は，政府の監視をともなった自主規制のシステムが実際に機能しているのかという観点から，調査，検討を行なった。その報告書である『証券業界に関する研究』（1973年）では，とりわけSECの監視権能に関連して，「証券業界に対する主要な規制上の問題は，概して，SECの権限（オーソリティ）が欠如していることの結果ではなく，すでに

---

20　SEC [1964], *Report of Special Study of Securities Markets*, Part 4, pp.495-750.
21　SEC [1964], p.726.

具備している権能を用いる意思が欠如しているようにみられることの結果である[22]」と分析し，そのうえで，「議会は，SECの責任での有効な措置を採る意思について立法化することはできないが，SECの規制の成果（regulatory performance）を監視する議会の権能を改善するための措置を採ることはできる[23]」と指摘して，種々の勧告を行なっている。こうした観点からなされた1975年の証券取引所法改正で，「より包括的な（a much more comprehensive）SECの監視的役割[24]」が要求されることとなった。第9章でみたように，メトカーフ小委員会において，会計士規制の領域に関して，SECの具備している権限を再確認し，そのうえでそうした権限が十分に行使されていないと指摘されたのは，その基底として，議会委員会のこうしたSECの監視的役割に対する見方があったためとみられる。

モス小委員会およびメトカーフ小委員会の調査時にSEC委員であったエヴァンス（John R. Evans）は，SECの監視的役割に関して，「1975年の証券取引所法改正では，アメリカ証券市場に対する協調的規制という浸透したスキームが提示されている。協調的規制（cooperative regulation）は，3つの補完的要素から構成される。業界による自主規制，SECによる自主規制に対する監視，そしてSECによる直接規制である[25]」と規定して，SECと自主規制機関（SRO）

---

22　Williams Report [1973], *Securities Industry Study: Report of the Subcommittee on Securities of Committee on Banking, Housing and Urban Affairs*, p.180. さらに続けて，「証券業界における主要な規制ニーズは，[SEC『証券市場特別研究』でいう]『規制ニーズと自主規制の成果との間にギャップがないこと』を確かめるために，SECが，自らの責任で，利用可能である広範な監視権能を用いる意思にある（Williams Report [1973], p.190）と結論している。
23　Williams Report [1973], p.191.
24　Miller [1985], p.870.
25　Evans [1980], "Delegation of Powers Between the Commission and the Self-Regulatory Organizations and Professional Associations," (September 1980), p.2. なお，協調的規制というスローガンは，60年代中旬頃からSEC内で強調して用いられていた。例えば，『証券市場特別研究』（SEC [1964], pp.701-703）だけでなく，Cohen [1964], "Cooperative Regulation," (March, 1964)（1964年3月のコーエンSEC委員（当時）の投資銀行家協会での講演）などがある。"協調的規制"は，コーエンSEC時代，SECが証券業界ととっていきたいと望む関係を示すために使っていたキャッチフレーズであったといわれている（SEC [1984], "…good people, important problems and workable laws" pp.44-45）。

とによる協調的規制を強調している。そして，会計プロフェッションによる自主規制とそれに対する SEC の監視も，協調的規制の 1 つであると位置づけている[26]。

エヴァンスの講演にも垣間見られるように，自主規制を行なっている AICPA，より正確には，SECPS は，証券取引所や NASD のような SRO とは，本来，異質なものであった（そのため，エヴァンスは Professional Association と呼称している）が，その一方で，会計プロフェッションによる自主規制は，とりわけ SECPS 創設以降，SRO による自主規制[27]に準じて捉えられていた。

こうしたなか，レーガン政権への移行時に，移行チームは，スタッフが重要性の乏しい詳細な点に注力しすぎるなど，それまでの SEC の自主規制機関 (SRO) に対する監視活動は，「不必要かつ非常に望ましくないレベルで (at a level which is both unnecessary and highly undesirable)[28]」実施されてきたと，SEC を批判した。さらに，「［SEC 市場規制部スタッフは］プログラムに従っ

---

26 エヴァンスは，「証券市場やブローカー・ディーラーの取り扱いとは対比的に，会計プロフェッションの自主規制は，現在までのところ，制定法によって強制されてはいない。それにもかかわらず，会計プロフェッションは公開会社の財務報告の誠実性および信頼性についての公衆からの信用を高める主要な役割を果たしている。近年，会計プロフェッションは，SEC による積極的監視の下で，有効な自発的自主規制を確立するためのイニシアチブを取っている」(Evans [1980], p.9) と述べている。

27 SRO への監視的役割についての SEC 自身の見方は，「自主規制に関する SEC ペーパー」（1982 年 10 月）に以下のように示されている。

「SEC は，自主規制機関（SRO）に対する種々の監視活動に従事している。SRO の規則を承認し，懲戒措置をレビューしている。加えて，SEC スタッフは，SRO が取引所法の下での責務を履行していることを確かめるための調査を定期的に行なっている。SEC スタッフは，SRO による検査 (inspection) とエンフォースメント［つまり，SRO 規則の遵守の確保］のプログラムが会員の規則遵守を確保するうえで適切であるかどうかという点に焦点を置いている。スタッフが［SRO によるエンフォースメントにおける］欠陥を識別した場合，SRO に対し，是正措置を講じさせ，さらに，その措置が実際に講じられているかを確かめる検査を行なわせている (*Background Paper, Self-regulation v. Government Regulation*, SEC Conference on Major Issues Confronting the Nation's Financial Institutions and Markets in the 1980's (October 6-8, 1982), p.7 (Miller [1985], p.883 より引用)。)」

28 *Final Report on SEC by Reagan Administration Transition Team* (December 22, 1980), Vol. II, p.4.

たSROの活動を有意義な方法で評価するには，訓練を受けておらず，必要な技能を身に付けていなかった（ill-trained and poorly equipped）[29]」と指摘した。しかしながら，こうした部局単位での欠陥はあるにしても，移行チームの全般的な評価としては，SECによる証券規制は，全体として，非常に効率性が高いとされた[30]。

この頃，自主規制機関（SRO）は，業界支配的な機関（industry-dominated institution）から準公的団体（quasi-public body）へと展開するようになっていた。そのことは，政府の監視（governmental oversight）の必要性を多少なりとも減じた可能性があるといわれる[31]。実際，レーガン政権の規制緩和政策の下で，証券市場の自主規制と自主規制機関に関する規制の議論はいったん沈静化した。

ピア・レビュー・システムを中核とした会計プロフェッションの自主規制システムは，こうした歴史的な規制環境の形成されるさなかにおいて成立し，そして，運営された。

## 5. 今後の研究課題

最後に，本書を締めくくるにあたって，本研究において十分に検討されずに残された課題について触れておきたい。本研究では，監査規制システムの機構における変容，とりわけPCAOB監査規制システムへの変化の歴史的意義が明らかになることが希求されていた。しかしながら，本書では，規制システムの全体構造の観点からのPCAOB監査規制の特質については，必ずしも十分には検討できていない。わずかにサーベンス＝オックスリー法によるPCAOB

---

29 *Final Report*, Vol.II, p.5.
30 移行チームは，「他の数々のオーバーサイズのワシントンの官僚機構に比して，1981年度の予算要求が7,720万ドル，従業員が2,105人と，また，その廉潔性と効率性について評判の高いSECは，政府行政機関の模範とみられる」（*Final Report*, Vol.I, p.9）と結論している。なお，レーガン大統領は，ウィリアムズの後任として，投資銀行業を営むE・F・ハットン（E. F. Hutton & Company）副社長であったジョン・シャド（John S. R. Shad）をSEC委員長に任命した。
31 Miller [1985], p.883.

を中心とした新たな監査規制の枠組みが，どのような歴史的経緯の下で生まれてきたのかという側面のみに言及したにとどまっている。したがって，例えば，現行の監査規制の枠組みが，実際にどのように機能しているのかという点については，ほとんど論及することができなかった[32]。

一方で，サーベンス＝オックスリー法の立法過程を検討した結果，規制システムの構造のあり方を十分に検討したうえで，PCAOBが創設されたことを指し示す立法史上の積極的な証拠を得ることはできなかった。断片的にいえることは，エンロン事件等を契機とする証券市場の信頼の失墜に直面した議会と政府行政機関が，まずは，公衆からの信頼を回復するために，監査規制に関して大きな改革を行なわなければならないと強く考えたのではないだろうかという推論だけである。

また，現行のPCAOBによる監査規制システムが実際に当初の目的を達成できているのか，この点についての検証はまったく行なっていない。PCAOB創設後十余年ほどの期間が経過しているが，本書ではPCAOBの規制のパフォーマンスについては触れていない。ここでは，さしあたり，現在提起されている議論を挙げておきたい。

サーベンス＝オックスリー法を実施するにあたってPCAOBには多大な裁量があると指摘され，当初，制定法上の為政権を実行するにあたって用いられた裁量的選択が，現在のPCAOBの構造上の欠陥に結びついていると指摘されている[33]。また，PCAOB自体が，監査に対する専門性（expertise）を欠いていることが，基準設定においても，また，検査を通じた，基準のエンフォースメントにおいても，根本的な構造上の欠陥となっていると指摘される[34]。

---

32 これに付随して，そのPCAOB監査規制システムの成立後，いくらかの展開があったが，これらの展開についても本書では触れることができなかった。なかでも，2008年以降の金融危機が契機となり，2010年7月のドッド＝フランク法（Dodd-Frank Wall Street Reform and Consumer Protection Act）の制定によってPCAOB監査規制システムの枠組みが修正された。これによってPCAOBの規制範囲がブローカー・ディーラーの監査人まで拡大されている。

33 Palmrose [2013], "PCAOB Audit Regulation a Decade after SOX: Where It Stands and What the Future Holds," p.776; Palmrose [2006], "Maintaining the Value and Viability of Auditors as Gatekeepers under SOX," pp.114-115; Glover et al. [2009], "Auditing Standard Setting and Inspection for U. S. Public Companies," p.223.

さらに，サーベンス＝オックスリー法に基づいて新たに導入された検査が有効に運営されているかという点についても様々な角度からの議論がある。ピア・レビューとPCAOBによる検査は，会計事務所の品質管理システムの検討である点では共通している。ピア・レビュー，PCAOBによる検査，どちらによったとしても，最終的には，どのように品質管理システムが組織され，実行され，そして監視されるかが，規制システムが投資者と公益の増進という自らの目標を達成できるかどうかを決定づけることになる[35]。

　さらに重要な点として，SECがPCAOBの活動を監視するという，より本質的な側面になると，ほとんど検討がなされていないのが現状である[36]。それでもまた，本書は，現行のPCAOB監査規制システムにおいて，PCAOBによる規制の有効性のみならず，これを全体的に監視するSECのイニシアチブが重要であることを最大限に強調している。

　現行のアメリカのPCAOB監査規制システムが模範的な仕組みであることを前提視する必要はない。逆に，ことさら特殊アメリカ的環境の下での独特なものであると捉える必要もない。ただ，このシステムが，アメリカ証券市場の規制，そしてその下での監査規制の仕組みとして有効な規制システムとしてあ

---

34　Kinney [2005], "Twenty-Five Years of Audit Deregulation and Re-regulation: What does it Mean for 2005 and Beyond," pp.102-104; Palmose [2013], p.778. この点に関して，「自主規制された監査プロフェッションから政府規制された監査プロフェッションへの変容の重要性からすれば，政府規制の有用性だけでなく制約を分析することが不可欠であろう。……PCAOBは［自主規制を受ける］監査人を監視し，検査するうえで，自主規制された団体を，好ましい（satisfactory）ものとは認識していないと捉えられている」（Palmrose [2006], pp.116-117）とも指摘されている。本書の文脈からすれば，専門性の欠如という問題は，会計プロフェッションから独立したプライベート・セクターの規制機関を新設することを優先させたアウトソーシングそのものに起因するものであり，専門性を補完できる手立てを十分に用意していなかったということであろうか。

35　Lukas Löhlein [2016], "From Peer Review to PCAOB Inspections: Regulating for Audit Quality in the U.S.," pp.28-29.

36　例外的に，この点についての問題点を強調するものとしてPalmrose [2010], "Balancing the Cost and Benefits of Auditing and Financial Reporting Regulation Post-SOX, Part II" がある。なお，PCAOB自体の合憲性について争われた際にも，SECによる監視の存在が，サーベンス＝オックスリー法によって生み出された規制の枠組みに対する重要な正当性の根拠とされている（Free Enterprise Fund v. Public Company Accounting Oversight Board *et al.*, 130 S. Ct. 3138（2010））。

り続けられるか，が問題とされるべきである。これからも，アメリカ監査規制はより有効な規制システムを求めて改良されていくものと予想されるが，それを促すような契機が将来どのように現れるかを予測することはできない。現行の監査規制に，規制システムとして，どのようなメリットがあり，どのようなデメリットがあるのか，しっかりとした構造把握を基礎として，注意深く検証していくことが不可欠でないかと思われる。

# 参 考 文 献

〈定期刊行物，年次報告書〉
*Annual Report of the Securities and Exchange Commission*, SEC.
*Decisions and Reports*, SEC
*SEC Docket*, SEC
*Annual Report of the Public Oversight Board*, POB
*Yearbook of the American Institute of Accountants*, AIA

〈議会資料〉
Baker Hearings [2004], *Oversight of the Public Company Accounting Oversight Board: Hearing before the Subcommittee on Capital Markets, Insurance and Government Sponsored Enterprises*, 108th Congress, 2nd session,
Dingell Hearings [1985], *SEC and Corporate Audits (Part 1): Hearings before the Subcommittee on Oversight and Investigations of the House Committee on Energy and Commerce on Oversight of the Accounting Profession: Effectiveness, Independence, and Regulation of Corporate Audits*, 99th Congress 1st session, 1985.
────── [1986], *SEC and Corporate Audits (Part 6): Hearings before the Subcommittee on Oversight and Investigations of the House Committee on Energy and Commerce on Detecting and Disclosing Financial Fraud*, 99th Congress 2nd session, 1986.
Eagleton Hearings [1979], *Oversight of the Accounting Regulation: Hearings before the Subcommittee on Governmental Efficiency and the District of Columbia of the Committee on Governmental Affairs*, 96th Congress, 1st session, 1979.
Fletcher Hearings [1933], *Securities Act: Hearings before the Committee on Banking and Currency*, 73rd Congress, 1st session, 1933.
Metcalf Hearings [1977], *Accounting and Auditing Practices and Procedures: Hearings before the Subcommittee on Reports, accounting Management of the Committee on Governmental Affairs*, 95th Congress, 1st session, 1977.
Metcalf Report [1976], *The Accounting Establishment; a Staff Study*, prepared by the Subcommittee on Reports, Accounting and Management of the Committee on Government Operations, United State Senate, December 1976.
────── [1977], *Improving the Accountability of Publicly Owned Corporations and Their Auditors*, Report of the Subcommittee on Reports, Accounting and Management of the Committee on Governmental Affairs, United States Senate, November 1977.
Moss Hearings [1976], *Regulatory Reform: Hearings before the Subcommittee on Oversight and Investigations*, Volume V: Environmental Protection Agent, Federal Communications Commission, and Securities and Exchange Commission, 94th Congress, 2nd session, 1976.
────── [1978], *Reform and Self-Regulation Efforts of the Accounting Profession: Hearings before the Subcommittee on Oversight and Investigations of the House Committee on Interstate and Foreign Commerce*, 95th Congress, 2d session, 1978.
Moss Report [1976], *Federal Regulation and Regulatory Reform: Report by the Subcommittee on*

*Oversight and Investigations of the Interstate and Foreign Commerce, House of Representatives*, 94th Congress, 2nd session, 1976.

Oxley Hearings [2002], *H.R.3763--The Corporate and Auditing Accountability, Responsibility and Transparency Act of 2002: Hearing before the Committee on Financial Services*, 107th Congress, 2nd session, 2002.

────── [2003], *Accounting Under Sarbanes-Oxley: Are Financial Statements More Reliable?; Hearing before the Committee on Financial Services*, 108th Congress, 1st session, 2003.

Sarbanes Hearings [2002a], *Accounting Reform and Investor Protection: Hearings before the Committee on Banking, Housing, and Urban Affairs* Volume I, 107th Congress, 2nd session, 2002.

────── [2002b], *Accounting Reform and Investor Protection: Hearings before the Committee on Banking, Housing, and Urban Affairs* Volume II, 107th Congress, 2nd session, 2002.

Wagner Hearings [1940], *Investment Trusts and Investment Companies: Hearings before a Subcommittee on Securities and Exchange of the Committee on Banking and Currency*, 76th Congress, 3rd session, 1940.

Williams Report [1973], *Securities Industry Report: Report of the Subcommittee on Securities of the Committee on Banking, Housing and Urban Affairs*, 93 Congress 1st session, 1973.

〈英文献〉

Afterman, Allan B. [1994], *SEC Regulation of the Public Companies*, Prentice-Hall, 1994.

Allen, David Grayson and Kathleen McDermott [1993], *Accounting for Success: a History of Price Waterhouse in America 1890-1990*, Harvard Business School Press, 1993.

American Institute of Accountants [1929], *Verification of Financial Statements*, American Institute of Accountants, May 1929.

────── [1936], *Examination of Financial Statements by Independent Public Accountants*, American Institute of Accountants, January 1936.

────── Committee on Auditing Procedure [1939], *Extensions of Auditing Procedure: Report of May 9, 1939 as Modified and Approved at the Annual Meeting of the AIA*, September 19, American Institute of Accountants, 1939.

────── [1940], *Statement by the American Institute of Accountants before a Subcommittee, Senate Committee on Banking and Currency*, on April 22, 1940, American Institute of Accountants, April 1940.

────── [1941a], *The Revised S.E.C. Rule on "Accountants' Certificates,"* American Institute of Accountants, February 1941.

────── [1941b], *The Revised S.E.C. Rule on "Accountants' Certificates" (Continued)*, American Institute of Accountants, March 1941.

────── [1942], *Statement on Auditing Procedure No.12: Amendment to Extensions of Auditing Procedure*, American Institute of Accountants, October 1942.

────── [1945], *Statement on Auditing Procedure No.22: References to the Independent Accountant in Securities Registrations*, American Institute of Accountants, May 1945.

────── [1947], *Tentative Statement of Auditing Standards; Their Generally Accepted Significance and Scope*, American Institute of Accountants, October 1947.

────── Auditing Standards Executive Committee [1972], *Statement on Auditing Standards*

　　　　*No.1: Codification of Auditing Standards and Procedures*, November 1972.
―――― [1974a] *Code of Professional Ethics: Concepts of Professional Ethics, Rules of Conduct, Interpretations of Rule of Conduct*, effective March 1, 1973, American Institute of Certified Public Accountants, March 1974.
―――― [1974b], *Statement on Auditing Standards No.4: Quality Control Considerations for a Firm of Independent Auditors*, December 1974.
―――― [1975], *Report of the Special Committee on Equity Funding: the Adequacy of Auditing Standards and Procedures Currently Applied in the Examination of Financial Statements*, 1975.
―――― [1977], *Statement on Auditing Standards No.16: The Independent Auditor's Responsibility for the Detection of Errors and Irregularities*, January 1977.
―――― [1978a], Commission on Auditors' Responsibilities, *Report, Conclusions, and Responsibilities*, January 1978. 鳥羽至英訳『財務諸表監査の基本的枠組み　見直しと勧告　コーエン委員会報告書』白桃書房, 1990 年。
―――― [1978b], *Report of Progress: The Institute Acts on Recommendations for Improvements in the Profession*, January 1978.
―――― [1978c], *Report of the Special Committee to Study the Structure of the Auditing Standards Executive Committee, Journal of Accountancy*, October 1978, pp.131-138. 鳥羽至英・橋本 尚訳『会計原則と監査基準の設定主体』白桃書房, 1997 年, pp.161-201。
―――― [1984], *Review of the Structure and Operations of the SEC Practice Section: Report of the SECPS Review Committee*, 1984.
―――― [1997], *Serving the Public Interest: A New Conceptual Framework for Auditor Independence*, 1997.
Atkins, Paul S. and Bradley J. Bondi [2008], "Evaluating the Mission: A Critical Review of the History and Evolution of the SEC Enforcement Program," *Fordham Journal of Corporate & Financial Law*, Vol.13, Iss.3, 2008.
Austin, Kenneth R. and David C. Langston [1981], "Peer Review: Its Impact on Quality Control," *Journal of Accountancy*, July 1981.
Barr, Andrew and Elmer C. Koch [1959], "Accounting and the S.E.C.," *The George Washington Law Review*, Vol.28, 1959.
Baxter, William T. [1999], "McKesson & Robbins: A Milestone in Auditing," *Accounting, Business and Financial History*, Vol.9, No.2, 1999.
Bealing, William E., Jr. [1994], "Actions Speak Louder than Words: An Institutional Perspective on the Securities and Exchange Commission," *Accounting, Organizations and Society*, Vol.19, No.7, 1994.
――――, Mark W. Dirsmith and Timothy Fogarty [1996], "Early Regulatory Actions by the SEC: An Institutional Theory Perspective on the Dramaturgy of Political Exchanges," *Accounting, Organizations and Society*, Vol.21, No.4, 1996.
Bell, Herman F. [1959], *Reminiscences of Certified Public Accountant*, privately printed by the Ronald Press Company, 1959.
Bellovary, Jodi L. and Brian W. Mayhew [2009], "Self-Regulation: Experimental Evidence on Reputation and Peer Review," Working Paper, University of Wisconsin-Madison,

2009.

Blough, Carman G. [1937], "Accountants' Certificates," Address before the Boston Chapter of the Massachusetts Society of Certified Public Accountants, December 13, 1937, in *Journal of Accountancy*, February 1938.

────── [1948], "Auditing Standards and Procedures," Address before the American Accounting Association, September, 1948, in *The Accounting Review*, July 1949.

Breger, Marshall J. and Gary J. Edles [2015], *Independent Agencies in the United States: Law, Structure, and Politics*, Oxford University Press, 2015.

Bremer, W., Licata, M. and Rollins, T. [1991], "SEC Enforcement Activities: A Survey and Critical Perspective," *Critical Perspectives on Accounting*, Vol.2, Iss.2, June 1991.

Broad, Samuel J. [1938], "Accountants' Certificates and the S.E.C.," Address before the American Institute of Accountants, September 28, 1938, in *Papers on Accounting Principles and Procedure, Presented at the Fifty-First Annual Meeting*, American Institute of Accountants, 1938.

────── [1939], "The Accountant's Report and Certificate," Address before the Eastern Four-States Accounting Conference, May 19, 1939, in *Journal of Accountancy*, July 1939.

────── [1940], "Recent Developments in Auditing Procedure," Address before the Massachusetts Society of Certified Public Accountants, September 30 1940, in in E. N. Coffman and D. L. Jensen (eds.), *Samuel J. Broad: A Collection of His Writings*, 1993.

────── [1941], "Auditing Standards," Address before the American Institute of Accountants, September 16, 1941, in *Accounting, Auditing and Taxes, Papers Presented at the Fifty-Fourth Annual Meeting of the American Institute of Accountants*, American Institute of Accountants, 1941, reprinted in *Journal of Accountancy*, November 1941.

────── [1942], "The Need for a Statement of Auditing Standards," Address before the Illinois Society of Certified Public Accountants, May 15, 1942, in *Journal of Accountancy*, July 1942.

────── [1945], "Trends in Auditing and Reporting," in Leland, Thomas W. (ed.), *Contemporary Accounting*, American Institute of Accountants, 1945, reprinted in E. N. Coffman and D. L. Jensen (eds.), *Samuel J. Broad: A Collection of His Writings*, 1993.

────── [1946], "Auditing Standards," Address before the New York State Society of Certified Public Accountants, March 1946, in *New York Certified Public Accountant*, April 1946.

Buckley, John W., M. H. Buckley and T. M. Plank [1980], *SEC Accounting*, John Wiley & Sons, Inc., 1980.

Burton, John C. [1971], "An Educator Views the Public Accounting Profession," *Journal of Accountancy*, September 1971.

────── [1974], "The SEC and the Accounting Profession: Responsibility, Authority, and Progress," R. Sterling (ed.), *Institutional Issues in Public Accounting, Papers and Responses from Accounting Colloquium III*, Scholars Book Co., 1974.

────── [1975], "SEC Enforcement and Professional Accountants: Philosophy, Objectives and Approach," *Vanderbilt Law Review*, Vol.28, 1975, reprinted in G. J. Previts (ed.), *The Development of SEC Accounting*, Addison-Wesley, 1981.

────── [1986], "Crisis in Accounting: New Controls on the Profession," *Corporate Accounting*, Fall 1986.

Byington, J. Ralph and Steve G. Sutton [1991], "The Self-Regulating Profession: an Analysis of the Political Monopoly Tendencies of the Audit Professions," *Critical Perspectives on Accounting*, Vol.2, Iss.4, December 1991.

Campbell, David R. and Larry M. Parker [1992], "SEC Communications to the Independent Auditors: An Analysis of Enforcement Actions," *Journal of Accounting and Public Policy*, Vol.11, Iss.4, 1992.

Carey, John L. [1956], *Professional Ethics of Certified Public Accountants*, American Institute of Certified Public Accountants, 1956.

────── [1969], *The Rise of the Accounting Profession: From Technician to Professional 1896-1936*, American Institute of Certified Public Accountants, 1969.

────── [1970], *The Rise of the Accounting Profession: To Responsibility and Authority 1937-1969*, American Institute of Certified Public Accountants, 1970.

Chatov, Robert [1975], *Corporate Financial Reporting: Public or Private Control?* Free Press, 1975.

────── [1986], "William O. Douglas on the Transfer of the Securities and Exchange Commission's Authority for the Development of Rules for Financial Reporting," *The Accounting Historians Journal*, Vol.13, No.2, 1986.

Cohen, Manuel F. [1964], "Cooperative Regulation," Speech before Institute of Investment Banking, March 10, 1964.

Comment [1972], "SEC Disciplinary Rules and the Federal Securities Laws: the Regulation, Role and Responsibilities of the Attorney," *Duke Law Journal*, Vol.21, No.5, 1972.

Cook, J. Michael [1985], "The Securities and Exchange Commission's First Fifty Years: an accountant's view," *Journal of Comparative Business and Capital Market Law*, Vol.7, 1985.

Cooley, Thomas M. [1932], *A Treatise on the Law of Torts or the Wrongs Which Arise Independent of Contract*, Volume 2, Callaghan & Co., 4th Edition, 1932.

Coppolino, Marie L. [1995] "*Checkosky*, Rule 2(e) and the Auditor: How Should the Securities and Exchange Commission Define its Standard of Improper Professional Conduct?" *Fordham Law Review*, Vol.63, Iss.6, 1995.

Cox, James D. [1977], "Ernst & Ernst v. Hochfelder: A Critique and an Evaluation of Its Impact upon the Scheme of the Federal Securities Laws," *Hasting Law Journal*, Vol.28, 1977.

Crane, Michael J. [1984], "Disciplinary Proceedings Against Accountants: The Need for a More Ascertainable Improper Professional Conduct Standard in the SEC's Rule 2(e)," *Fordham Law Review*, Vol.53, Iss.2, 1984.

Davidson, Sidney and George D. Anderson [1987], "The Development of Accounting and Auditing Standards," *Journal of Accountancy*, May 1987.

de Bedts, Ralph F. [1964], *The New Deal's SEC: The Formative Years*, Columbia University Press, 1964.

DeMarzo, Peter M. and Michael Fishman and Kathleen M. Hagerty [2005], "Self-Regulation and Government Oversight," *The Review of Economics Studies*, Vol.72, No.3, 2005.

DeMond, Chester. W. [1951], *Price, Waterhouse & Co. in America: a History of a Public Accounting Firm*, The Comet Press, 1951.

Dirks, Raymond L. and Leonard Gross [1974], *The Great Wall Street Scandal*, McGraw-Hill Book Company, 1974.

Doron, Michael E. [2011], "'I ask the profession to stand still': The Evolution of American Public Accountancy, 1927-62," *The Accounting Historians Journal*, Vol.38, No.1, 2011.

───── [2016], "The Securities Acts and Public Accounting: Financial Statement Audits as Symbolic Reform," *Accounting History*, Vol.21, Iss.2-3, 2016.

Douglas, William O. [1974], *Go East, Young Man: The Early Years*, Random House, 1974.

───── and George E. Bates [1933], "The Federal Securities Act of 1933," *Yale Law Journal*, Vol.43, No.2, 1933.

Downing, Robert A. and Richard L. Miller, Jr. [1979], "The Distortion and Misuse of Rule 2(e)," *Notre Dame Lawyer*, Vol.54, 1979.

Edwards, James Don [1960], *History of Public Accounting in the United States*, Bureau of Business and Economic Research, Graduate School of Business Administration, Michigan State University, 1960.

Evans, John R. [1979] "The SEC, the Accounting Profession, and Self-Regulation," Speech at the Distinguished Speaker Series of Department of Accounting, University of Kentucky, February 28, 1979. (https://www.sec.gov/news/speech/1979/022879evans.pdf)

───── [1980], "Delegation of Powers Between the Commission and the Self-regulatory Organizations and Professional Association," September 1980.

───── [1985], "An Evaluation of SEC Accounting Policies and Regulation," *Journal of Comparative Business and Capital Market Law*, Vol.7, 1985.

Fedde, A. S. [1941], "Auditors' Reports," Address before the American Institute of Accountants, September 16, 1941, in *Accounting, Auditing and Taxes, Papers Presented at the Fifty-Fourth Annual Meeting of the American Institute of Accountants*, American Institute of Accountants, 1941.

───── [1942], "Auditing Procedure," Address before the Maryland Association of Certified Public Accountants, January 13, 1942, in *The New York Certified Public Accountant*, March 1942.

Felker, N. [2003], "The Origins of the SEC's Position on Auditor Independence and Management Responsibility for Financial Reports," *Research in Accounting Regulation*, Vol.16, 2003.

Feroz, E. H., Kyunjoo Park, and Victor S. Pastena [1991], "The Financial and Market Effects of the SEC's Accounting and Auditing Enforcement Releases," *Journal of Accounting Research*, Vol.29, Supplement, 1991.

Folk III, Ernest L. [1969], "Civil Liabilities under the Federal Securities Acts: the *Barchris* case," *Virginia Law Review*, Vol.55, No.1, February 1969, March 1969.

Frey, George J. and John F. Barna [1981], "Peer Review in the Accounting Profession," *Annual Accounting Review*, Vol.3, 1981.

Frisbee, Ira N. [1942], "Auditing Standards," Address before the American Institute of Accountants, September 30, 1942, in *Wartime Accounting, Papers Presented at the*

*Fifty-Fifth Annual Meeting of the American Institute of Accountants*, American Institute of Accountants, 1942.

Garret, Ray Jr. [1973], "Improving Financial Disclosure to Investors," address before the AICPA Annual Meeting at Atlanta on October16, 1973.

Gellhorn, Ernest [1973], "Adverse Publicity by Administrative Agencies," *Harvard Law Review*, Vol. 86, No. 8, 1973.

───── and Ronald M. Levin [1990], *Administrative Law in a Nutshell*, West Nutshell Series, Third Edition, 1990. 大浜啓吉・常岡孝好訳『現代アメリカ行政法』, 木鐸社, 1996年。

General Accounting Office [1996], *The Accounting Profession, Major Issues: Progress and Concerns*, GAO/AIMD-96-98, September 1996. 藤田幸男・八田進二監訳『アメリカ会計プロフェッション─最重要課題の検討─』白桃書房, 2000年。

───── [2002], *The Accounting Profession, Status of Panel on Audit Effectiveness Recommendations to Enhance the Self-Regulatory System*, GAO-02-411, May 2002.

Glover, S. M., D. F. Prawitt, and M. H. Taylor [2009], "Audit Standard Setting and Inspection for U. S. public companies: A critical assessment and recommendations for fundamental change," *Accounting Horizons*, Vol.23, No.2, 2009.

Goelzer, Daniel L and Susan Ferris Wyderko [1991], "Rule2(e): Securities and Exchange Commission Discipline of Professionals," *Northwestern University Law Review*, Vol.85, No.3, 1991.

Gonson, Paul [1975], "Disciplinary Proceedings and Other Remedies Available to the SEC," *The Business Lawyer*, Vol.30, 1975.

Gordon, Spencer [1933], "Accountants and the Securities Act," Address before the American Institute of Accountants, October 17, 1933, in *Journal of Accountancy*, Vol.56, No.6, 1933.

───── [1934], "Liability of Public Accountants Under the Securities Act of 1934," *Journal of Accountancy*, Vol.58, No.4, 1934.

Grady, Paul [1946], "Auditing Standards," Address before the American Institute of Accountants, October 1, 1946, in *The New York Certified Public Accountant*, December 1946.

───── [1947], "Developments in Auditing," Address before the Down-State Conference of the Illinois Society of CPAs, May 9, 1947, in *Illinois Society of Certified Public Accountants Bulletin*, June 1947, reprinted in *Written Contributions of Selected Accounting Practitioner, Volume 2: Paul Grady*, Department of Accountancy, College of Commerce and Business Administration, Center for International Education and Research in Accounting, University of Illinois, 1978.

Grosman, Norman C. [1976], "How to Audit a Known Fraud," *Tempo (Touch Ross & Co.)*, Vol.22, No.1, 1976.

Gruenbaum, Samuel H. [1981], "SEC's Use of Rule 2(e) to Discipline Accountants and Other Professionals," *The Notre Dame Lawyer*, Vol.56, 1981.

Hawes, Henry C. [1942], "Auditing Standards," Address before the Illinois Society of Certified Public Accountants, May 15, 1942, in *Journal of Accountancy*, August 1942.

Hawke, Daniel M. [2002], "A Brief History of the SEC's Enforcement Program 1934-1981," SEC Historical Society Oral Histories Committee, Roundtable on Enforcement, with

Irving M. Pollack and Stanley Sporkin, September 25, 2002. (http://www.sechistorical.org/collection/oralHistories/roundtables/enforcement/enforcementHistory.pdf)

Healy, Robert E. [1939], "Responsibility for Adequate Reports is Placed Squarely on Controllers," Address before the Mid-Western Conference of the Controllers Institute of America, May 15, 1939, in *The Controller*, June 1939.

Heier, Jan R. and Leach-López, Maria A. [2010], "Development of Modern Auditing Standards: the strange case of Raymond Marien and the fraud at Interstate Hosiery Mills, 1934-1937," *The Accounting Historians Journal*, Vo.37, No.2, 2010.

Hudes, Albert [1973], "Behind the Scenes at Equity Funding," *Tempo*, Vol.19, No.1, 1973.

Ingalls, Edmund F. [1965], "Developing and Implementing Higher Professional Standards in Accounting," *Law and Contemporary Problems*, Vol.30, No.4, 1965.

Inglis, John B. [1974], *My Life and Times*, George Dixon Press, 1974.

Jennings, Richard W. [1964], "Self-Regulation in the Securities Industry: The Role of the SEC," *Law and Contemporary Problems*, Vol.29, No.3, 1964.

Karmel, Roberta S. [1981], "A Delicate Assignment: Regulation of Accountants by the SEC," *New York University Law Review*, Vol.56, 1981.

―――― [1982], *Regulation by Prosecution: The Securities and Exchange Commission vs. Corporate America*, Simon and Schuster, 1982.

―――― [2014], *Life at the Center: Reflections on Fifty Years of Securities Regulation*, Volume I, Practising Law Institute, 2014.

Keats, Charles B. [1964], *Magnificent Masquerade: The Strange Case of Dr. Coster and Mr. Musica*, Funk & Wagnalls, 1964.

Keller, Elisabeth [1988], "Introductory Comment: A Historical Introduction to the Securities Act of 1933 and the Securities Exchange Act of 1934," *Ohio State Law Journal*, Vol.49, 1988.

Keyser, John D. [2015], "The PCAOB's Role in Audit Conduct and Conscience," *Research in Accounting Regulation*, Vol.27, No.2, 2015.

Khademian, Anne M. [1992], *The SEC and Capital Market Regulation: The Politics of Expertise*, University of Pittsburgh Press, 1992.

Kinney, W. R. Jr. [2005], "Twenty-five Years of Audit Deregulation and Re-regulation: What does it mean for 2005 and beyond," *Auditing: A Journal of Practice & Theory*, Vol.24, Supplement, 2005.

Kracke, Edward A. [1946a], "Auditing Standards as Measures of the Auditor and his Procedures," *Journal of Accountancy*, September 1946.

―――― [1946b], "The Personal Standards of the Auditor," in *New Developments in Accounting, Papers Presented at the Fifty-Ninth Annual Meeting of the American Institute of Accountants*, American Institute of Accountants, 1946.

Kunitake, Walter K. [1987], "SEC Accounting-Related Enforcement Actions 1934-1985: a summary," *Research in Accounting Regulation*, Vol.1, 1987.

Landis, James McCauley [1933], "Liability Sections of Securities Act Authoritatively Discussed," Address before the New York State Society of Certified Public Accountants, October 30, 1933, in *American Accountant*, Vol.18, No.11, November

　　　　　1933.
―――― [1938], *The Administrative Process*, Yale University Press, 1938.
―――― [1959], "The Legislative History of the Securities Act of 1933," *The George Washington Law Review*, Vol.28, No.1, 1959.
Littleton, A. C. [1942], "Auditing Techniques," Address before the Illinois Society of Certified Public Accountants, May 15, 1942, in *Journal of Accountancy*, August 1942.
Löhlein, Lukas [2016], "From Peer Review to PCAOB Inspections: Regulating for Audit Quality in the U.S.," *Journal of Accounting Literature*, Vol. 36, 2016.
Loss, Louis [1961], *Securities Regulation*, 2nd edition, 1961. 日本証券経済研究所・証券取引法研究会訳『現代米国証券取引法』商事法務研究会，1989 年。
May, George Oliver [1933], "The Position of Accountants Under the Securities Act," Address before the Illinois Society of Certified Public Accountants, December 6, 1933, in B. C. Hunt (ed.), *Twenty-Five Years of Accounting Responsibility 1911-1936*, Volume 2, Scholars Book Co., 1936.
―――― [1962], "Senior Partnership Responsibilities and Government Work During World War I," in Paul Grady (ed.), *Memoirs and Accounting Thought of George O. May*, Ronald Press Company, 1962.
Mathews, Arthur F. [1976], "Recent Trends in SEC Requested Ancillary Relief in SEC Level Injunctive Actions," *The Business Lawyer*, Vol. 31, 1976.
―――― [1980], "Litigation and Settlement of SEC Administrative Enforcement Proceedings", *Catholic University Law Review*, Volume 29, Issue 2, Winter 1980.
Mathews, George C. [1937], "SEC Accounting Issues and Cases," Address before Milwaukee Chapter, Wisconsin Society of CPAs, January 8, 1937.
Mautz, Robert K. [1983], "Self-Regulation: Perils and Problems," *Journal of Accountancy*, Vol.155, No.5, 1983.
―――― [1984], "Self-Regulation: Criticisms and a Response," *Journal of Accountancy*, Vol.157, No.4, 1984.
―――― and Charles J. Evers [1990], *Evolution of the Quality Control Inquiry Committee of the SEC Practice Section of the American Institute of CPAs*, 1990.
McGraw, Thomas K. [1982], "With Consent of the Governed: SEC's Formative Years," *Journal of Policy Analysis and Management*, Vol.1, No.3, 1982.
―――― [1984], *Prophets of Regulation*, The Belknap Press of Harvard University Press, 1984.
Merino, Barbara D., B. Koch, and K. MacRitchie [1987], "Historical Analysis-a Diagnostic Tool for Events Studies: The Securities Act of 1933," *Accounting Review*, Vol. 62, No.4, 1987.
Merino, Barbara D. and Alan G. Mayper [2001], "Securities Legislation and the Accounting Profession in the 1930s: the Rhetoric and Reality of the American Dream," *Critical Perspectives on Accounting*, Vol.12, Iss.4, 2001.
Miller, Sam Scott [1985], "Self-Regulation of the Securities Markets: A Critical Examination," *Washington Lee Law Review*, Vol.42, Iss.3, 1985.
Miranti, Paul J., Jr. [1990], *Accountancy Comes of Age: The Development of an American Profession, 1886-1940*, The University of North Carolina Press, 1990.

Montgomery, Robert H. [1934], *Auditing: Theory and Practice*, The Ronald Press, 5th edition, 1934.
―――― [1940], *Auditing: Theory and Practice*, The Ronald Press, 6th edition, 1940.
Moonitz, Maurice [1974], *Obtaining Agreement on Standards in the Accounting Profession*, Study in Accounting Research No.8, American Accounting Association, 1974. 小森瞭一訳『アメリカにおける会計原則発達史』同文舘出版, 1979年。
Moran, Mark and Gary John Previts [1984], "The SEC and the Profession, 1934-84: the Realities of Self-Regulation," *Journal of Accountancy*, July 1984.
Mundheim, Robert H. and Noyes E. Leech (eds.) [1986], *The SEC and Accounting: The First 50 Years: 1984 Proceedings of the Arthur Young Professors' Roundtable*, North-Holland, 1986.
Nagy, Donna M. [2005], "Playing Peekaboo with Constitutional Law: The PCAOB and its Public/Private Status," Notre Dam Law Review, Vol.80, No.3, 2005.
―――― [2010], "Is the PCAOB a "heavily controlled component" of the SEC?: An Essential Question in the Constitutional Controversy," *University of Pittsburgh Law Review*, Vol.71, 2010.
National Commission on Fraudulent Financial Reporting [1987], *Report of the National Commission on Fraudulent Financial Reporting*. 鳥羽至英・八田進二共訳『不正な財務報告―結論と勧告―』白桃書房, 1991年。
Oliver, Christine [1991], "Strategic Responses to Institutional Processes," *Academy of Management Review*, Vol.16, No.1, 1991.
Olson, Wallace E. [1982], *The Accounting Profession – Years of Trial: 1969-1980*, American Institute of Certified Public Accountants, 1982.
Palmrose, Zoe-Vonna [2006], "Maintaining the Value and Viability of Auditors as Gatekeeper under SOX: An Auditing Master Proposal," in Yasuyuki Fuchita and Robert E. Litan (eds.), *Financial Gatekeepers: Can They Protect Investors?* Brookings Institution, 2006.
―――― [2010], "Balancing the Cost and Benefits of Auditing and Financial Reporting Regulation Post-SOX, Part II: Perspective from the Nexus at the SEC," Accounting Horizons, Vol.24, No.3, 2010.
―――― [2013] "PCAOB Audit Regulation a Decade after SOX: Where It Stands and What the Future Holds," *Accounting Horizons*, Vol.27, No.4, 2013.
Parrish, Michael E. [1970], *Securities Regulation and the New Deal*, Yale University Press, 1970.
Patterson, J. Q. [2016], "Many Key Issues Still Left Unaddressed In the Securities and Exchange Commission's Attempt to Modernize Its Rules of Practice," *Notre Dame Law Review*, Vol.91, Iss.4, 2016.
Pierce, Jr., Richard J. [2012], *Administrative Law*, Second Edition, Foundation Press. 正木宏長訳『アメリカ行政法』勁草書房, 2017年。
Pitt, Harvey L. and Karen K. Shapiro [1990], "Securities Regulation by Enforcement: A Look Ahead at the Next Decade," *Yale Journal on Regulation*, Vol.7, Iss.1, 1990.
Previts, Gary John and Barbara D. Merino [1979], *A History of Accounting in America: An Historical Interpretation of the Cultural Significance of Accounting*, Ronald Press, 1979.

大野巧一・岡村勝義・新谷典彦・中瀬忠和訳『アメリカ会計史：会計の文化的意義に関する史的解釈』同文舘出版, 1983 年。
―――― [1998], *A History of Accountancy in the United States: The Cultural Significance of Accounting*, Ohio State University Press, 1998.
Previts, Gary John and Dale L. Flesher [1994], "A Perspective on the New Deal and Financial Reporting: Andrew Barr and the Securities and Exchange Commission, 1938-1972," *Business and Economic History*, Vol.23, No.1, 1994.
Previts, Gary John and Thomas R. Robinson [1996], "Samuel J. Broad's Contributions to the Accounting Profession," *The Accounting Historians Journal*, Vol.23, No.2, 1996.
Price Waterhouse [1985], *Challenge and Opportunity for the Accounting Profession: Strengthening the Public's Confidence*, 1985.
Public Oversight Board [1984], *Audit Quality: The Profession's Program*, 1984.
―――― [1993], *In the Public Interest: Issues Confronting the Public Accounting Profession*, 1993.
―――― [1994], *Strengthening the Professionalism of the Independence Auditor; Report to the Public Oversight Board from Advisory Panel on Auditor Independence*, 1994.
―――― [2000], Panel on Audit Effectiveness, *Report and Recommendations*, 2000. 山浦久司監訳『公認会計士監査―米国 POB「現状分析と公益性向上のための勧告」―』白桃書房, 2001 年。
―――― [2002], *The Road to Reform: A White Paper from the Public Oversight Board on Legislation to Create a New Private Sector Regulatory Structure for the Accounting Profession*, submitted before the Senate Sarbanes Committee, reproduced in Sarbanes Hearings [2002b], pp.973-993.
Raab, Michael S. [1986], "Detecting and Preventing Financial Statement Fraud: The Roles of the Reporting Company and the Independent Auditor," *Yale Law & Policy Review*, Vol.5, Iss.2, 1986.
Rakoff, Jed S. [2014], "PLI Securities Regulation Institute Keynote Address: Is the S.E.C. Becoming a Law unto Itself?" November 5, 2014, https://securitiesdiary.files.wordpress.com/2014/11/rakoff-pli-speech.pdf
Report of the Trustee [1974], *Report of the Trustee of Equity Funding Corporation of America, Pursuant to Section 167 (3) of the Bankruptcy Act*, October 31, 1974.
Rich, Wiley Daniel [1935], *Legal Responsibilities and Rights of Public Accountants*, American Institute Publishing, 1935.
Richardson, Alan J. and Eksa Kilfoyle [2009], "Regulation," in John Richard Edwards and Stephen P. Walker (eds.), *The Routledge Companion to Accounting History*, Routledge, 2009.
Robinson, Haldon G. [1974], "Impact of the SEC on Accounting Principles and Auditing Standards," in *Proceedings*, Sixth Annual Symposium, California State University, 1974, reprinted in Previts (ed.), *The Development of SEC Accounting*, 1981.
Rollins, T. P. and Wayne G. Bremser [1997], "The SEC's Enforcement Actions Against Auditors: an Auditor Reputation and Institutional Theory Perspective," *Critical Perspectives on Accounting*, Vol.8, Iss.3, 1997.
Ruder, David S. [1963], "Civil Liability Under Rule 10b-5: Judicial Revision of Legislative

Intent?" *Northwestern University Law Review*, Vol.57, No.6, 1963.

Sack, R., Barr, A., Burton, J. and Sampson, C. [1988], "A Journal Roundtable Discussion: frank talk from former SEC chief accountants," *Journal of Accountancy*, December 1988.

Securities and Exchange Commission [1938], *Accounting Series Release No.7: Commonly Cited Deficiencies in Financial Statements Filed under the Securities Act of 1933 and the Securities Exchange Act of 1934*, issued on May 16, 1938.

────── [1939], *Testimony of Expert Witnesses in the Matter of McKesson & Robbins, Inc.*, U. S. Government Printing Office, 1939.

────── [1940a], *Accounting Series Release No.19: In the Matter of McKesson & Robbins, Inc. — Summary of findings and conclusions. File No.1-1435 — Securities Exchange Act of 1934, Section 21(a)*, issued on December 6, 1940. (邦訳 八田進二訳「会計連続通牒第 19 号」鳥羽至英・村山德五郎責任編集『SEC「会計連続通牒」』1：1930 − 1960 年代』中央経済社, 1998 年。

────── [1940b], *Report on Investigation in the Matter of McKesson & Robbins, Inc.*, U. S. Government Printing Office, 1940.

────── [1941a], *Memorandum for American Institute of Accountants*, dated January 7, 1941.

────── [1941b], *Accounting Series Release No.21: Amendment of Rule 2-02 and 3-07 of Regulation S-X*, issued on February 5, 1941.

────── [1964], *Report of Special Study of Securities Markets of the Securities and Exchange Commission*, Part 4, August 8, 1964.

────── [1972], *Report of the Advisory Committee on Enforcement Policies and Practices*, June 1, 1972.

────── [1976], *Accounting Series Release No. 196: In the Matter of Seidman & Seidman et al.*, September 1, 1976. 八田進二訳「会計連続通牒第 196 号」鳥羽至英・村山德五郎責任編集『SEC「会計連続通牒」』3：1970 年代 (2)』中央経済社, 2002 年, 48-130 頁。

────── [1978, 1979, 1980], *Report to Congress on the Accounting Profession and the Commission's Oversight Role*, 1978, 1979, 1980.

────── [1981], *SEC Accounting Rules*, Commerce Clearing House, Inc., 1981.

────── [1984], *"---Good People, Important Problems and Workable Laws," 50 Years of the U.S. Securities and Exchange Commission*, 1984.

────── [1986], *SEC Roundtable; Financial Reporting and the Role of the Independent Auditor*, 1986.

Seidler, Lee J., Frederick Andrews and Marc J. Epstein (eds.) [1977], *The Equity Funding Papers: The Anatomy of A Fraud*, John Wiley & Sons, 1977.

Seligman, Joel [1982], *The Transformation of Wall Street: A History of the Securities and Exchange Commission and Modern Corporate Finance*, Houghton Mifflin, 1982.

────── [1985], "The SEC and Accounting: A Historical Perspective," *Journal of Comparative Business and Capital Market Law*, Vol.7, 1985.

────── [1993], "Accounting and the New Corporate Law," *Washington and Lee Law Review*, Vol.50, No.3, 1993.

────── [2003], *The Transformation of Wall Street: A History of the Securities and Exchange Commission and Modern Corporate Finance*, 3rd edition, Aspen Law & Business, 2003.

田中恒夫訳『ウォールストリートの変革―証券取引委員会（SEC）の歴史―』上巻・下巻，創成社，2006年。
Shapiro, Sydney A. [2003], "Outsourcing Government Regulation," *Duke Law Journal*, Vol.53, 2003.
Shulman, Harry [1933], "Civil Liability and the Securities Act," *Yale Law Journal* Vol.43, No.2, 1933.
Smythe, Marianne K. [1984], "Government Supervised Self-Regulation in the Securities Industry and the Antitrust Laws: Suggestions for an Accommodation," *North Carolina Law Review*, Vol.62, 1984.
Soble, Ronald L. and Robert E. Dallos [1975], *The Impossible Dream: The Equity Funding Story*, Putnam, 1975.
Solomons, David [1978], "Setting Auditing Standards: Whose Responsibility?" The Saxe Lectures in accounting, 1978. (https://www.baruch.cuny.edu/library/alumni/online_exhibits/digital/saxe/saxe_1977/solomons_78.htm)
Spulber, Daniel F. and David Besanko [1992], "Delegation, Commitment, and the Regulatory Mandate," *Journal of Law, Economics, & Organization*, Vol.8, No.1, 1992.
Sporkin, Stanley [1974], "SEC Developments in Litigation and the Molding of Remedies," *The Business Lawyer*, Vol.29, March 1974.
Staub, Walter A. [1942], *Auditing Developments during the Present Century*, Dickinson Lectures on accounting at the Harvard Graduate School of Business Administration, April 24 and 25, 1941, Harvard University Press, 1942. 大矢知浩司訳『会計監査発達史』中央経済社，1966年。
Steele, Allan T. [1960], *A History of Auditing in the United States 1914 to 1957*, unpublished Ph.D. Dissertation, University of Texas, 1960.
Strother, James F. [1975], "The Establishment of Generally Accepted Accounting Principles and Generally Accepted Auditing Standards," *Vanderbilt Law Review*, Vol.28, January 1975.
Sussman, Jerry R. [1975], "SEC Disciplinary Proceedings Against Accountants — A Study in Unbridled Discretion," *Administrative Law Review*, Vol. 27, No. 3, Summer 1975.
Thomforde, Jr., Fredrich H. [1977] "Negotiating Administrative Settlements in SEC Broker-Dealer Disciplinary Proceedings," *New York University Law Review*, Vol.52, No.2, 1977.
Tracy, John E. and Alfred B. MacChesney [1934], "The Securities Exchange Act of 1934," *Michigan Law Review*, Vol.32, No.8, 1934.
Treadway, Jr., James C. [1975], "SEC Enforcement Techniques: Expanding and Exotic Forms of Ancillary Relief," *Washington and Lee Law Review*, Vol.32, 1975.
Trogar, Jay R. [1979], "Reassessing the Validity of SEC Rule 2(e) Discipline of Accountants," *Boston University Law Review*, Vol.59, 1979.
Trueblood, Robert M. and George H. Sorter (eds.) [1968], *William W. Werntz: His Accounting Thought*, American Institute of Certified Public Accountants, 1968.
Wakefield, Nelson D. [1952], *The Historical Development of the Certification of Accounting Statements in the United States*, unpublished Ph. D. Dissertation, University of Illinois, 1952.
Wallace, Wanda A. [1989], "A Historical View of the SEC's Reports to Congress on

Oversight of the Profession's Self-Regulatory Process," *Accounting Horizons*, Vol.3, No.4, 1989.

Webster, S. S., Jr. [1943], "Why We Need Auditing Standards," *Journal of Accountancy*, May 1943.

Werntz, William W. [1939], "What Does the Securities and Exchange Commission Expect of the Independent Auditors?" Address before the American Institute of Accountants, September 20, 1939, in *Papers on Auditing Procedure and Other Accounting Subjects Presented at the Fifty-Second Annual Meeting*, American Institute of Accountants, 1939.

────── [1940], "Accounting Requirements of the Securities and Exchange Commission," Address before the Texas Society of Certified Public Accountants, June 13, 1940, in Robert M. Trueblood and George H. Sorter (eds.) *Werntz: His Accounting Thought*, American Institute of Certified Public Accountants, 1968.

────── [1941a], "Progress in Accounting," Address before the American Institute of Accountants, September 16, 1941, in *Journal of Accountancy*, October 1941.

────── [1941b], "Some Current Deficiencies in Financial Statements," Address before the Wisconsin Society of Certified Public Accountants, November 1941, in *Journal of Accountancy*, January 1942.

Wiesen, Jeremy L. (ed.) [1975], *Regulating Transactions in Securities: the expanding impact on corporate managers, investors and the financial community*, West Publishing Company, 1975.

────── [1978], *The Securities Acts and Independent Auditors: What Did Congress Intend?* Commission on Auditors' Responsibilities, Research Study, No.2, American Institute of Certified Public Accountants, 1978.

Young, Joni J. [1997], "Defining Auditors' Responsibilities," *The Accounting Historians Journal*, Vol.24, No.2, December 1997.

Zeff, Stephen A. [1972], *Forging Accounting Principles in Five Countries: A History and an Analysis of Trends*, Stipes Publishing Co., 1972.

────── [1995], "A Perspective on the U.S. Public/Private-Sector Approach to the Regulation of Financial Reporting," *Accounting Horizons*, Vol.9, No.1, 1995.

────── [2003a, 2003b], "How the U.S. Accounting Profession Got Where It Is Today: Part I, Part II" *Accounting Horizons*, Vol.17, No. 3 and 4, September and December 2003.

────── and Maurice Moonitz (eds.) [1984], *Sourcebook on Accounting Principles and Auditing Procedures: 1917-1953*, 2vols., Garland, 1984.

〈和文献〉

今福愛志 [1988]「会計規則の新展開―アメリカ下院ディンゲル委貝会をめぐって」『産業経理』第48巻3号, 1988年10月。

宇賀克也 [1995]『行政手続法の理論』東京大学出版会, 1995年。

────── [2000]『アメリカ行政法 [第2版]』弘文堂, 2000年。

大石桂一 [2000]『アメリカ会計規制論』白桃書房, 2000年。

────── [2013]「米国における1933年証券法の制定までの自主的会計規制：ニューヨーク証券取引所と会計プロフェッションの取り組み」『經濟學研究（九州大学）』第79巻

第 5・6 合併号, 2013 年 3 月。
――――［2015］『会計規制の研究』中央経済社, 2015 年。
大矢知浩司［1971］『会計監査―アメリカにおける生成と発展―』中央経済社, 1971 年。
岡嶋　慶［2012］「SEC 監査規制史におけるマッケソン＆ロビンス事件」『三田商学研究（慶應義塾大学）』第 55 巻第 1 号, 2012 年 4 月。
――――［2013, 2014a］「アメリカにおける監査基準の発展（上）・（下）―そのステートメント化プロセス―」『経営経理研究（拓殖大学）』第 99 号, 第 100 号, 2013 年 10 月, 2014 年 3 月。
――――［2014b］「SEC 監査規制における監査基準の適用―エンフォースメント・アクションの史的分析―」『経営経理研究』第 102 号, 2014 年 12 月。
小川真実［2007］「米国財務報告システム改革と SEC 規制体制の構造」『経済研究（千葉大学）』第 22 巻第 2 号, 2007 年 9 月。
柿﨑　環［2004］「証券市場不正に対する SEC の法執行権限の展開―2002 年米国サーベンス・オクスリー法制定前後を比較して―」『証券経済研究』第 48 号, 2004 年 12 月。
――――［2005］『内部統制の法的研究』日本評論社, 2005 年。
川島いずみ［2006］「1940 年投資会社法の研究―立法に至る経緯を中心として―」『比較法学』第 39 巻第 3 号, 2006 年 3 月。
喜田善雄［1973］『［改訂増補］アメリカ監査論』森山書店, 1973 年。
黒沼悦郎［2004］『アメリカ証券取引法［第 2 版］』弘文堂, 2004 年。
栗山　修［1985］「米国連邦証券取引委員会（SEC）と付随的救済」『神戸外大論叢』第 36 巻第 4 号, 1985 年 11 月。
島袋鉄男［1977］「Ernst & Ernst v. Hochfelder, –U.S.– 96 S.Ct.1375 (1976) –10 (b) of the Securities Exchange Act of 1934 および Securities Exchange Commission Rule 10b-5 に基づく損害賠償の請求は, 被告の scienter について, 何らかの主張がない場合には認められない」『アメリカ法』1977 年第 2 号, 1977 年（月記載なし）。
清水泰洋［2003］『アメリカの暖簾会計：理論・制度・実務』中央経済社, 2003 年。
――――［2004］「アメリカ不正会計とその分析：歴史的視点」山地秀俊編『アメリカ不正会計とその分析』神戸大学経済経営研究所, 2004 年。
杉本徳栄［2009］『アメリカ SEC の会計政策―高品質で国際的な会計基準の構築に向けて―』中央経済社, 2009 年。
田口聡志［2013］「監査人の自主規制に関する実験比較制度分析に向けて」百合野正博編著『アカウンティング・プロフェッション論』同文舘出版, 2013 年。
竹内昭夫［1972］「SEC v. Texas Gulf Sulphur Co. 446, F.2d 1301 (2d Cir. 1971) – 内部者取引きをした取締役・役員等に対し, SEC が証券取引所法 10 条 (b) 項および Rule10b-5 違反を理由として差止を求めるとともに, 付随的救済として違法取引きによる利益の会社への返還を求めて, 許容された事件」『アメリカ法』1972 年第 2 号, 1972 年 12 月。
武野浩子［2008］「会計プロフェッションにおける自主規制のあり方―米国公共監視審査会（POB）創設の意義と問題点―」『現代監査』第 18 号, 2008 年。
竜田　節［1970］「SEC v. Texas Gulf Sulphur Co. 401, F.2d 833 (2d Cir. 1968) – 未交換の重要な会社情報に基づいて内部者が株式を売買することは違法である」『アメリカ法』1970 年第 1 号, 1970 年 11 月。
千代田邦夫［1984］『アメリカ監査制度発達史』中央経済社, 1984 年。
――――［1987］『公認会計士―あるプロフェショナル 100 年の闘い―』文理閣, 1987 年。

――――［1994］『アメリカ監査論―マルチディメンショナル・アプローチ&リスク・アプローチ』中央経済社, 1994年。
――――［2014］『闘う公認会計士―アメリカにおける150年の軌跡―』中央経済社, 2014年。
――――［2018］『財務ディスクロージャーと会計士監査の進化』中央経済社, 2018年。
津守常弘［1982a, 1982b, 1983］「SECディスクロージャー制度と会計規制：史的考察(1)-(3)」『証券経済』第141号, 第142号, 第144号, 1982年, 1983年。
――――［2002］『会計基準形成の論理』森山書店, 2002年。
鳥羽至英［1984a］「監査基準論―アメリカにおける監査基準設定の背景―」『会計学研究（専修大学）』第10号, 1984年3月。
――――［1984b］「監査基準論―監査基準と監査手続―」『専修商学論集』第38号, 1984年9月。
――――［1987］「監査基準研究所説Ⅰ――一般に認められた監査基準とは何か―」『會計』第132巻第5号, 1987年11月。
――――［1994］『監査基準の基礎［第2版］』白桃書房, 1994年。
――――［2009］『財務諸表監査：理論と制度［発展篇］』国元書房, 2009年。
鳥羽至英・村山徳五郎責任編集［1998］『SEC「会計連続通牒」1：1930－1960年代』中央経済社, 1998年。
――――［2000］『SEC「会計連続通牒」2: 1970年代(1)』中央経済社, 2000年。
――――［2002］『SEC「会計連続通牒」3: 1970年代(2)』中央経済社, 2002年。
――――［2004］『SEC「会計連続通牒」4: 1970年代(3)～1980年代』中央経済社, 2004年。
友岡　賛［2005］『会計プロフェッションの発展』有斐閣, 2005年。
――――［2010］『会計士の誕生―プロフェッションとは何か―』税務経理協会, 2010年。
中村宣一郎［1992］『会計規制』税務経理協会, 1992年。
西田　剛［1974］『アメリカ会計監査の展開―財務諸表規則を中心とする―』東出版, 1974年。
西山芳喜［1997］「Checkosky v.SEC,23F.3d 452 (D.C.Cir.1994) – 上場会社の財務諸表監査を担当した会計士に対するSECの懲戒規則（Rule 2(e)）の適用につき，SECはその有責性の基準を明確に説明すべきであるとして原審に差し戻された事例」『アメリカ法』1996第2号, 1997年3月。
任　章［2014］「米国会計プロフェッション界における自主規制終焉とその背景」『現代監査』第24号, 2014年3月。
能見善久［1994］「専門家の責任―その理論的枠組みの提案―」専門家責任研究会編『専門家の民事責任』商事法務研究会, 1994年。
八田進二［2004］「会計不信一掃に向けた『企業改革法』の意味するところ」山地秀俊編著『アメリカ不正会計とその分析』神戸大学経済経営研究所, 2004年。
早川　豊［1982］『米国企業会計制度の研究』北海道大学図書刊行会, 1982年。
原田大樹［2007］『自主規制の公法学的研究』有斐閣, 2007年。
平野　晋［2006］『アメリカ不法行為法』中央大学出版部, 2006年。
藤田友敬［2006］「規範の私的形成と国家によるエンフォースメント：商慣習・取引慣行を素材として」COEソフトロー・ディスカッション・ペーパー・シリーズ, 2006年。
――――（編）［2008］『ソフトローの基礎理論』有斐閣, 2008年。
細田　哲［1980］「1930年代におけるSEC（証券取引委員会）の会計政策について―特に会計連続通牒第4号を中心として―」『城西経済学会誌』第15巻第3号, 1980年3月。
――――［1981］「1933年証券法（Securities Act of 1933）と会計専門職」『城西経済学会誌』

第 16 巻第 3 号，1981 年 3 月．
―――― ［1983］「1934 年証券取引所法（Securities Exchange Act of 1934）と会計専門職」小川 洌編『財務会計の展開』中央経済社，1983 年．
―――― ［1984］「証券二法と会計専門職」『日本大学経済学部経済科学研究所紀要』第 8 号，1984 年 3 月．
―――― ［1987］「アメリカにおける会計士の第三者責任について」『城西経済学会誌』第 23 巻第 1 号，1987 年 7 月．
前田重行［1986］「証券取引における自主規制―アメリカおよびイギリスにおける自主規制の形態とその発展―」龍田 節，神崎克郎編著『証券取引法大系―河本一郎先生還暦記念―』商事法務研究会，1986 年．
正木宏長［2013］『行政法と官僚制―行政法と専門性，そして行政法学と隣接諸学問―』成文堂，2013 年．
松崎　良［1986］『アメリカ証券取引法における付随的救済』法律文化社，1986 年．
松本祥尚［2004］「Bright-Lines 会計と職業会計士の役割―他人保証と自己保証」山地秀俊編著『アメリカ不正会計とその分析』神戸大学経済経営研究所，2004 年．
村上　理［2014］「米国会計職業倫理基準に対するパブリック・セクターの関与：1960 年代後半から 1970 年代における AICPA 職業倫理規程を素材として」『經濟學研究』（北海道大学）』第 63 巻第 2 号，2014 年 1 月．
―――― ［2016］「米国公認会計士の自主規制に対するパブリック・セクターの関与― 1970 年代米国におけるピア・レビューの導入を題材として―」『大同大学紀要』第 52 巻，2016 年．
村上裕一［2016］『技術基準と官僚制―変容する規制空間の中で―』岩波書店，2016 年．
森　實［1982］「米国における会計士の自主規制システムについて」『香川大学経済学部研究年報』第 21 巻，1982 年 3 月．
盛田良久［1976］「AICPA 職業倫理規則について―その修正と歴史―」『税経通信』第 31 巻第 12 号，1976 年 12 月．
―――― ［1978］「証券取引法第 10b 条と SEC 規則 10b-5 の下における監査責任―アーンスト・アンド・アーンスト対ホツヘェルダー事件を手掛りとして―」『商経論集（沖縄国際大学）』第 3 巻第 4 号，1978 年 1 月．
―――― ［1987］『アメリカ証取法会計― SEC 規制史とその実態―』中央経済社，1987 年．
弥永真生［2013］『会計基準と法』中央経済社，2013 年．
山田廣己［1979］「米国 SEC 規則 10b-5 にもとづく私的訴訟について―判例法の展開を中心として 1-2 完―」『民商法雑誌』第 80 巻第 1 号，第 2 号，1979 年 4 月，5 月．
山本紀生［2007］「アメリカ証券諸法開示規制と GAAP(1) ― SEC の創設―」『国際研究論叢（大阪国際大学）』第 20 巻第 2 号，2007 年 1 月．
米山祐司［2001］『アメリカ会計基準論』同文舘，2001 年．

# 索　引

## あ　行

アーサー・アンダーセン会計事務所
　（Arthur Andersen & Co.）（Arthur
　Andersen LLP）
　　　　　125-127, 192, 274, 342, 366
アーサー・ヤング会計事務所　　　274
アーサー・レヴィット（Arthur Levitt）
　　　　　　　　　　　335, 337, 339
アーンスト＆アーンスト会計事務所（Ernst
　& Ernst；EE 会計事務所）
　　　　　192, 193, 236, 237, 274
ISB（Independence Standards Board；独
　立性基準審議会）　　　　　336, 337
アカウンティング・エスタブリッシュメン
　ト　　　　　　　　　274, 278, 282
アクセス理論　　　　　171, 191, 200
アソシエーティッド・ガス＆エレクトリッ
　ク社事案　　　　　　　　　　　128
アメリカ会計士協会　　　　　☞ AIA
アメリカ公認会計士協会　　☞ AICPA
アメリカ職業会計士協会（American
　Association of Public Accountants；
　AAPA）　　　　　　　　　　　　37
アンドリュース（Coleman Andrews）101
アンドリュー・バー（Andrew Barr）
　　　　　　　　　　　　　　74, 170
イーグルトン（Thomas F. Eagleton）301
イーグルトン小委員会　　　　　　301
一般的規則設定権限（general rulemaking
　authority）　　　　　　　　43, 142
一般に認められた監査基準（GAAS）
　　　　　　　1, 69, 99, 108, 111,
　　　112, 114, 116, 131, 135, 141,
　　　151, 160, 165, 203, 204, 207,
　　　237, 254, 259, 261, 264, 271,
　　　290, 314, 373, 376, 378, 379

一般に認められた監査手続　　　　109
違背行為（misconduct）　141, 178, 374
ウィリアムズ（Harold M. Williams）
　　　　　　　283-285, 295, 299-301
ウィリアム・ベル（William H. Bell）
　　　　　　　　　　　　54, 71, 129
ウォーカー（David Walker）　　 351
ウォーレス（Wanda A. Wallace）　201
ウォルフソン・ウィーナー会計事務所
　（Wolfson, Weiner & Company）
　　　　　　　　　　　211, 219, 229
売掛金の確認　　　　　　59, 83, 84
AIA（American Institute of
　Accountants；アメリカ会計士協会）
　　　　　　　13, 38, 41, 59, 99, 102,
AICPA（American Institute of Certified
　Public Accountants；アメリカ公認会計
　士協会）　　　141, 150, 194, 195, 203
AAER（Accounting and Auditing
　Enforcement Releases；会計・監査執行
　通牒）
　　――第 412 号　　　　　　　　255
　　――第 871 号　　　　　　　　258
ASR（Accounting Series Releases；会計
　連続通牒）　　　　　　　　48, 167
　　――第 4 号　　　　　　　　　378
　　――第 7 号　　　　　　　　49, 93
　　――第 19 号　　　　　　　88, 157
　　――第 21 号　　　　　　108, 139
　　――第 28 号　　　　　　　　148
　　――第 64 号　　　　　　　　153
　　――第 67 号　　　　　　　　158
　　――第 73 号　　　　　　　　163
　　――第 78 号　　　　　　　　164
　　――第 153 号　　　　　　　 186
　　――第 153A 号　　　　　　　249
　　――第 196 号　　　　　220-222

ASB（Auditing Standards Board；監査基準審議会）　　　227, 228, 376, 378
エイブラハム・H・プダー事案　　147
SRO（self-regulatory organizations；自主規制機関）　　177, 293, 297, 324, 325, 338, 350, 366, 386, 388
——による自主規制　　387
SEC（Securities and Exchange Commission；証券取引委員会）
　　1, 3, 29, 43, 46, 60, 99, 142, 205, 213, 234, 308, 371, 385
——会計業務に関する全米組織（National Organization of Securities and Exchange Commission Accountancy；NOSECA）　296
——監査業務部会（SEC Practice Section；SECPS）286, 287, 307, 308
——の監視（oversight）　　286, 296, 300, 311, 317, 319, 360, 367-380, 385, 390
——の監視的役割　　9, 268, 297, 303, 341, 368, 377, 386
——の公聴会　　70
エヴァンス（John R. Evans）　386
エクイティ・ファンディング事件
　　6, 9, 204, 223, 229, 376
エクイティ・ファンディング社（Equity Funding Corporation of America；EFCA）　　204, 214, 220
SIC（Special Investigation Committee；特定調査委員会）　　289, 313
NASD（Natinal Association Securities Dealers, Inc.；全米証券業協会）
　　146, 296, 331, 366
NTSB（National Transportation Safety Board）　　332
FASB（Financial Accounting Standards Board；財務会計基準審議会）
　　203, 267, 268
FTC（Federal Trade Commission；連邦取引委員会）　　12, 27, 46
エンロン事件　　6, 10, 340, 341, 348
エンロン社（Enron Corporation）　342

大石桂一　　7, 44, 369, 378, 382
オックスリー（Michael G. Oxley）　342
オマリー（Shaun F. O'Malley）
　　338, 349, 352
オマリー・パネル　　338, 340, 346
オルソン（Wallace Olson）　312

## か　行

カーク（Donald J. Kirk）　334
カーク・パネル　　334
GAAS（generally accepted auditing standards）
　　☞一般に認められた監査基準
カーター（Arthur H. Carter）　14-16
カーター審決　　255
カーメル（Roberta Karmel）68, 245, 303
海外腐敗行為防止法（Foreign Corrupt Practices Act）　　273, 324
会計・監査執行通牒　　☞AAER
会計検査院（General Accounting Office；GAO）　　269, 336
会計事務所　　9, 181, 190, 192, 375
会計プロフェッション　　89, 201, 231, 252, 295, 303
——による自主規制
　　9, 48, 152, 307, 316, 324, 342, 348, 364, 367, 377, 388
会計連続通牒　　☞ASR
『会社会計の監査（*Audits of Corporate Accounts*）』　　41, 47
確認　　81, 89
過失行為（negligent conduct）
　　239-241, 263, 264
株式会社と監査におけるアカウンタビリティ，責任，透明性に関する法案（H.R.3763；オックスリー法案）
　　342, 352
監査ガイダンス　　25, 37, 99
監査基準　　6, 35, 52, 101, 124, 125, 171, 373, 375
監査基準概念　　121
『監査基準試案——その一般に認められた意義と範囲（*Tentative Statement of Auditing*

索　引　413

*Standards; Their Generally Accepted Significance and Scope*）』
　　　　　　　　　　100, 121-124, 207
監査基準書（Statement on Auditing Standards；SAS）　　　204, 379
　――第4号　　　　　　　　　　197
　――第5号　　　　　　　　　　270
監査基準常務委員会（Audting Standards Executive Committee）
　　　　　　197, 203, 267, 268, 378
監査基準審議会　　　　　☞ ASB
監査基準のエンフォースメント
　　　　　　　4, 5, 9, 169, 267, 389
監査基準の遵守　　　　　　141, 273
監査基準の設定　　　　　　226, 378
監査規制（audit regulation）
　　　　　　　　　　1-4, 7, 8, 60, 137,
　　　　　　369, 372, 373, 388-390
監査手続委員会（Committee on Auditing Procedures）　112, 113, 117, 378
監査手続書（Statements on Auditing Procedure）　　　　119, 120, 379
『監査手続の拡張（*Extensions of Auditing Procedure*）』　　　　　　90, 106
監査人の責任に関する委員会
　　　　　　　　　　　☞ コーエン委員会
監査人の独立性　　　　　　　46, 335
監査人の独立性に関する諮問委員会
　　（Advisory Panel on Auditor Independence）　　　☞ カーク・パネル
監査の失敗（audit failure）
　　　　　　　　　6, 289, 314, 317, 375
監査の範囲　　　　　　　　　　　91
監査の有効性に関する専門委員会（Panel on Audit Effectiveness）
　　　　　　　　　　☞ オマリー・パネル
監査範囲の問題　☞ 実施した監査の範囲
監査プロフェッション（audit profession）
　　　　　　　　　　　　　3, 330, 338
監査マニュアル　　　　　　　　　36
監視報告書　　　　　　　　　　297
監督された自主規制　　　　　　　22
議会　　　　　　　　　　　　　269

基準設定（standard-setting）　　267
規制システム　　305, 320, 323, 329,
　　　　　　338, 348, 381, 390, 391
規則10b-5　　　　234, 235, 238, 239
欺罔の意図（scienter）　　20, 169,
　　　　　236, 239, 241, 254, 255
キャディ・ロバーツ審決　　　　175
キャリー（William L. Cary）　　174
ギャレット（Ray Garrett, Jr.）
　　　　　　　　　　269, 291, 299
矯正的制裁（remedial sanction）
　　　　182, 186, 190, 200, 251, 316, 376
行政プロセスの廉潔性　　　141, 266
クーパーズ＆ライブランド会計事務所　274
クック（G. Bradford Cook）　　205
ケアリー（John L. Carey）　38, 39, 42
ケアリー（William L. Carey）　　291
ケネディー（Joseph P. Kennedy）　43
検査　　　　　　　　　　　389, 390
故意（willful）　　　　240, 257, 258
公益　　　　　　　　　267, 380, 390
公開会社会計監視審査会　☞ PCAOB
公共会計審査会（Board of Public Accountancy）　　　　　　　325
公共会計責任審査会　　　　　☞ PAB
公共監視審査会　　　　　　　☞ POB
公衆の利益（public interest）　　43
公的規制（public regulation）
　　　　　315, 316, 338, 364, 369, 372
公認会計士事務所管轄部（Division of CPA Firms）　152, 199, 200, 286, 308
ゴエルツァー（Daniel L. Goelzer）
　　　　　　　　　　　　168, 362
コーエン（Manuel F. Cohen）　175, 223
コーエン委員会　　　224, 225, 230
国際資源会社事案　　　　　　　125
コスター（Frank Donald Coster）　60
コフィー（John Coffee, Jr.）　350, 368
コンサルティング・サービス
　　　　　　　　　　307, 336, 341

## さ　行

サーベンス（Paul S. Sarbanes）　342

サーベンス＝オックスリー法
　（Sarbanes-Oxley Act of 2002）
　　　　　　　　　3，10，340，341，353，
　　　　　　　　　359，362，377，381，389
サーベンス法案（S.2673）　　　357，368
財務会計基準審議会　　　　　☞ FASB
『財務諸表の検証（Verification of Financial
　Statements）』　　　　　　　　　　　　41
詐欺防止規定（antifraud provisions）　235
ジェニングス（Richard W. Jennings）　384
自主規制　　　200，201，267，286，298，
　　　　　　　304，339，372，382，385
自主規制機関　　　　　　　　　☞ SRO
　──による自主規制　　　　　　　177
自主規制システム　287，292，304，308
自主規制プログラム　　　　292，299，
　　　　　　　　　　　　300，302，341
自主規制プロセス　　　　　　　　　94
実施した監査の範囲　　　47，51，108，
　　　　　　　　　　　　126，135，137
実務規則・規則 2 (e)　9，92，141-144，
　　　　　147，148，157，162-169，173，
　　　　　178，186，188，200，220，
　　　　　233，243，246-249，253-255，
　　　　　260，261，367，374，375
実務規則・規則 102　　　　　　262，368
私的規制（private regulation）　316，354
私的証券訴訟改革法（Private Securities
　Litigation Reform Act）　　　　　　379
事務所間レビュー（firm-on-firm review）
　　　　　　　　　　　185，195，252，288
『ジャーナル・オブ・アカウンタンシー
　（Journal of Accountancy）』
　　　　　　　　　　　26，27，73，96，97，
　　　　　　　　　　101，120，124，131，162
シャド（John S. R. Shad）　　　318，322
州際メリヤス製造事案　　　　54，93，94
主任会計官　　　　　　　　　　　　48
証券規制　　　　　　　　　　　　2，8
証券市場特別研究（Report of Special
　Study of Securities Markets）　　　385
証券取引委員会　　　　　　　　☞ SEC
証券取引所法（Securities Exchange Act

　of 1934）　　　　　　　　　　　3，29
　──10 条 (b) 項　　　　　　234，273
　──21 条 (a) 項　　　　67，68，92
証券法　　　　　　　　　　　　3，12
職業専門家（professional）　　　11，24
職業倫理綱領（Code of Professional
　Ethics）　　　141，150，151，204，380
ジョン・バートン（John [Sandy] Burton）
　　　　　　　　　　　　　2，181，190
ストーン委員会　　　207，208，211
スポーキン（Stanley Sporkin）
　　　　　　　　　181，191，200，355
制定法に基づく自主規制機関（statutory
　selfregulatory organization or statutory
　SRO）　　　　　　　　　　324，328
セイドマン＆セイドマン会計事務所
　（Seidman & Seidman）　212，219，229
セイドラー（Lee J. Seidler）
　　　　　　　　　　　　212，222，224
政府規制　　　　　　　　7，304，369
政府によって監督された自主規制
　　　　　　　　　　　　　　382，384
政府による直接規制（direct governmental
　regulation）　　　　　298，377，382
ゼフ（Stephen A. Zeff）　　　　　4，39
セリグマン（Joel Seligman）
　　　　　　　　　8，44，176，350，378
全米証券業協会　　　　　　　　☞ NASD
全米登録会計事務所協会（National
　Association of Registered Accounting
　Firms ; NARAF）　　　　　　　　293
専門家（expert）　　　　　19，22，32
専門家証人（expert witness）　　56，70
ソール（Ralph S. Saul）　　　334，338
ソフトロー　　　　　　　　　　　　5

## た　行

ターゲット　　　　　　　　　　2，177
『貸借対照表等の作成のための是認された
　方法（Approved Methods for the
　Preparation of Balance Sheet
　Statements）』　　　　　　　　　　　39
ダグラス（William O. Douglas）

索　引　415

　　　　　　　　　　　24，44，45，382
立会　　　　　　　　　　　　　　　89
棚卸資産の立会　　　　　　　　　　59
単純過失（mere negligence）
　　　　　　　　　258，264，266，375
チェコスキー訴訟　　　　　　253，368
チャトフ（Robert Chatov）　　　8，378
注意義務　　　　　　　23，31，32，47
懲戒　　　　142，144，147，149，166，
　　　　　　　173，174，233，313，
　　　　　　　346，361，375，380
直接規制　　　　　　　　　　383，386
千代田邦夫　　　　　　　　8，11，316
通常実施すべき監査手続（normal audit
　procedure）　　　　　　　　　　90
津守常弘　　　　　　　　　　　　　 7
定期検査（inspection）　　　　360-365
ディンジェル（John D. Dingell）
　　　　　　　　　　　269，317，322
テキサス・ガルフ・サルファ事件（判決）
　　　　　　　　　　　　　　175，176
デュー・プロセス　　　　　　244，257
デリュー委員会　　　　　　　224，226
『統一会計（Uniform Accounting; Uniform
　Accounts）』　　　　　　　37，39，99
投資会社法（Investment Company Act of
　1940）　　　　　　　　　　　　 104
　──案32条(c)項(1)　　　　　　 100
トゥッシュ・ニーヴェン・ベイリー＆ス
　マート会計事務所（Touche, Niven,
　Bailey & Smart；TNBS会計事務所）
　　　　　　　　　　　　　　　　164
　──懲戒検討事案　　　　　　　164
トゥッシュ・ロス会計事務所（Touche
　Ross & Co.；TR会計事務所）
　　　　　　185，192，207，216，246，247
　──訴訟　　　　　　143，246，266
　──懲戒検討事案　　　　　　　185
特定調査委員会　　　　　　　☞ SIC
独立公共会計審査会（Independent Public
　Accounting Board）　　　　　　348
独立性基準審議会　　　　　　☞ ISB
独立の公共会計士　　　　11，15-18

『独立の公共会計士による財務諸表の監査
　（Examination of Financial Statements by
　Independent Public Accountants）』
　　　　　　　41，49，75，119，124，139
ドッド（Christopher J. Dodd）　　 348
ドレイヤー＝ハンソン社事案　　　152
トレッドウェイ委員会　　　328，329

## な　行

ニーマイヤー（Charles D. Niemeier）　362
偽政権（mandate）　　6，266，275，373
ニューヨーク・カーブ取引所
　　　　　　　　　　　55，128，131
ニューヨーク証券取引所
　　　　　　　　　11，29，41，60，372
認識ある過失（recklessness）
　　　　　　　240，242，258，264，266

## は　行

バートン（John C. Burton）293，294，327
ハスキンズ＆セルズ会計事務所（Haskins
　& Sells；HS会計事務所）
　　　　128，130，163，192，212，229，274
　──懲戒検討事案　　　　　　　163
パブリック・セクター　　4，268，304
バロウ・ウェイド・グスリー会計事務所
　（Barrow, Wade, Guthrie & Co.；BWG
　会計事務所）　　　　　　　　　153
　──懲戒検討事案　　　　　　　157
ピア・レビュー　　　173，287，288，308
　──・プログラム　　　　182，194，
　　　201，252，286，288，307，310，319
　──・プロセス　　311，312，347，365
ピア・レビュー委員会（Peer Review
　Committee；PRC）　　　　　288，313
PAB（Public Accountability Board：公共
　会計責任審査会）　　　　345，353，357
POB（Public Oversight Board；公共監視
　審査会）　　　10，287，290-292，307，
　308，330，341，345，346，377
　──の監視　　　　　　　　289，311
PCAOB（Public Companies Accounting
　Oversight Board；公開会社会計監視審

査会) 3, 10, 228, 297, 341, 348, 359, 362, 377, 381, 388
ピート・マーウィック・ミッチェル会計事務所 (Peat, Marwick, Mitchel & Co.; PMM 会計事務所) 188, 192, 274
——懲戒検討事案 188
ヒーリー (Robert E. Healy) 43, 44, 50, 110
ビッグ・エイト 274, 276, 278
ビッグ・ファーム 230
ビッグス (John H. Biggs) 349, 350
ピット (Harvey L. Pitt) 242, 344, 345, 353
(規制の) 費用対効果 321, 323, 328, 375
品質管理基準 199, 379
品質管理調査委員会 331
品質管理レビュー 184, 189-191, 194, 196, 197, 200, 251, 277, 279
複数の支局を持った会計事務所 196
不実表示 (misrepresentation) 18
付随的救済 (ancillary relief) 176
不正な財務報告に関する全米委員会 (National Commission on Fraudulent Reporting) ☞ トレッドウェイ委員会
プライス・ウォーターハウス会計事務所 (Price, Waterhouse & Co.; PW 会計事務所) 38, 62, 192, 274, 324
プライベート・セクター 4, 267, 268, 271, 272, 275, 292, 302, 304, 307, 341, 350, 356, 359, 381
ブラウ (Carman G. Blough) 48
フランク (Jerome N. Frank) 98
ブリーデン (Richard Breeden) 352
プレヴィッツ (Gary John Previts) 40, 42, 43, 94
ブロード (Samuel J. Broad) 42, 49, 50, 71, 118
プロフェッショナル 3, 22, 23, 28, 36, 89, 90, 99, 103, 105, 111, 137, 138, 147, 157, 160, 161, 173, 371
——同士の規制 (peer regulation) 316, 319
プロフェッショナルとしての不適切な行為 244, 254, 260, 261, 263
プロフェッショナルとして非倫理的あるいは不適切な行為 (unethical or improper professional conduct) 92, 141, 263, 174, 374
プロフェッション (profession) 11, 73, 94, 115, 212, 223, 225
——による自主規制 297, 315
プロフェッションの基準 (the standards of the profession) 95, 173, 185, 222
——の職業基準 (professional standards) 150, 152, 237, 242, 263-265, 290, 374, 380
ペータース (Aulana L. Peters) 338, 350
ペコラ (Ferdinand Pecora) 43
ベンジャミン・コーエン (Benjamin V. Cohen) 17
法執行 2
——活動 (enforcement action) 142, 145, 177, 267, 271
——手続 277
——プログラム (Enforcement Program) 2, 142, 173-175, 200, 371
法執行部 (Division of Enforcement) 180
ボウシャー (Charles A. Bowsher) 339, 350
法的責任 9, 12, 17, 21, 238
ホッフォフェルダー訴訟 (最高裁判決) 236, 241
ポラック (Irving M. Pollack) 175, 181
ボルカー (Paul A. Volcker) 349

## ま 行

マイケル・クック (Michael Cook) 327
マウツ (Robert K. Mautz) 315
マクドナー (William J. McDonough) 363
マシューズ (George C. Mathews) 43-45
マックロイ (John J. McCloy) 291
マッケソン&ロビンス事件 6, 9, 60, 74, 94, 100,

索　引　417

　　　　　　　　　　137, 162, 205, 373
マッケソン＆ロビンス事件報告書
　　　　　　　　　　　　104, 107, 157
マッケソン＆ロビンス社
　　　　　　　　　　　　60, 62, 64, 66
マネジメント・アドバイザリー・サービス
　（Management Advisory Service；
　MAS）　　　　　　　　　　　　　279
未精製薬品の架空取引　　　　　　　62
ミッドウェスト証券取引所　　　　236
ミランティ（Paul Miranti）　　　　28
メイ（George O. May）　14, 26, 38, 39
メトカーフ（J. E. Metcalf）　　204, 274
メトカーフ小委員会
　　　　　　　　230, 274, 278, 285, 381
メリノ（Barbara D. Merino）　40, 42, 43
モス（John E. Moss）　　　　　204, 269
モス小委員会　　230, 269, 270, 292, 294
モス法案（H.R.13175）　　　　296, 299
盛田良久　　　　　　　　　8, 150, 167
モンゴメリー（Robert H. Montgomery）
　　　　　　　　　　　　　　37, 38, 88
モンロー貸付会社事案　　　　53, 93, 94

**や　行・ら　行**

弥永真生　　　　　　　　　　　7, 300

有責性（culpability）
　　　　　　　　9, 233, 236, 244, 258, 376
ラヴェンソール・クレックスタイン・ホー
　ワース＆ホーワース会計事務所
　（Laventhol Krekstein Horwarth &
　Horwarth；LKH&H 会計事務所）　192
　──懲戒検討事案　　　　　　　182
ランディス（James Landis）
　　　　　　　　17, 21, 22, 31, 43, 383
リッコーヴァー（Hyman G. Rickover）
　　　　　　　　　　　　　　　280, 282
レスター・ウィッテ会計事務所　192, 193
レッド・バンク・オイル社事案　　131
連邦取引委員会（Federal Trade
　Commission）　　　　　　　☞ FTC

**わ　行**

ワールドコム事件　　　　　　　　　6
ワールドコム社（WorldCom）　　353
ワーンツ（William W. Werntz）
　　　　　　　　　　　　　51, 71, 115
ワイデン（Ronald Wyden）　318, 321
和解（settlement）
　　　　　　　　179, 180, 183, 187, 193

## 著者略歴

岡嶋　慶（おかじま　けい）

| | |
|---|---|
| 1992年3月 | 慶應義塾大学商学部卒業 |
| 1994年3月 | 慶應義塾大学大学院商学研究科修士課程修了 |
| 1997年3月 | 慶應義塾大学大学院商学研究科博士課程単位取得退学 |
| 1998年4月 | 静岡産業大学経営学部専任講師 |
| 2005年4月 | 静岡産業大学経営学部助教授 |
| 2006年4月 | 拓殖大学商学部助教授（2007年4月より准教授に職名変更） |
| 2014年4月 | 拓殖大学商学部教授（現在に至る） |

---

拓殖大学研究叢書（社会科学）48
アメリカにおける監査規制の展開
―監査基準の形成とエンフォースメント―

〈検印省略〉

平成30年11月15日　初版発行

著　者　岡　嶋　　慶
発行者　拓　殖　大　学
制　作　㈱国　元　書　房

〒113-0034
東京都文京区湯島3-28-18-605
電話(03)3836-0026　　FAX(03)3836-0027
http://www.kunimoto.co.jp　E-mail : info@kunimoto.co.jp

印　刷：プリ・テック㈱
製　本：協栄製本㈱
表　紙：㈲岡村デザイン
カバー：　　　　事務所

ⓒ 2018 Kei Okajima
Printed in Japan

ISBN978-4-7658-0570-4

JCOPY〈㈳出版者著作権管理機構　委託出版物〉

本書の無断複写は著作権法上での例外を除き禁じられています。複写される場合は，そのつど事前に，㈳出版者著作権管理機構（電話03-3513-6969，FAX 03-3513-6979，e-mail : info@jcopy.or.jp）の許諾を得てください。